国家哲学社会科学成果文库

NATIONAL ACHIEVEMENTS LIBRARY
OF PHILOSOPHY AND SOCIAL SCIENCES

论佛教对中国
传统法律之影响

周东平　李勤通　著

中国社会科学出版社

周东平 男，汉族，厦门大学本、硕、博毕业，史学博士，现任厦门大学法学院教授，博士生导师，曾任日本京都大学人文科学研究所客座教授。兼任中国法学会董必武法学思想（中国特色社会主义法治理论）研究会常务理事、中国法律史学会常务理事及东方法律文化分会执行会长等。在《历史研究》《法学研究》《法制史研究》《東方學報》等国内外学术刊物发表论文、译文约一百篇，独著《犯罪学新论》《中国茶文化史》，合著《二十世纪唐研究》《中国法制史考证》《東アジアの死刑》等，主编《〈晋书·刑法志〉译注》《中国法制史》及连续出版物《法律史译评》，主持国家社科基金一般项目、后期资助项目、哲学社会科学成果文库项目等，参与国家社科基金重大项目及多项国际合作研究项目。《隋〈开皇律〉十恶渊源新探》，2007 年获第七届福建省社科优秀成果二等奖；《〈晋书刑法志〉译注》，2019 年获第十三届福建省社科优秀成果二等奖；第二届中国法律史学会优秀研究成果一等奖。

李勤通　男，汉族，分别在山东大学、苏州大学、厦门大学获得法学学士、法律硕士、法学博士学位，现任湖南大学法学院副教授，硕士生导师。在《法制与社会发展》《华东政法大学学报》《学术月刊》《社会》《唐史论丛》《中国社会历史评论》等刊物上发表论文三十余篇，参编《〈晋书·刑法志〉译注》，主持国家社科基金后期资助项目一项、省部级课题两项等，参与其他课题若干。

《国家哲学社会科学成果文库》
出版说明

为充分发挥哲学社会科学研究优秀成果和优秀人才的示范带动作用，促进我国哲学社会科学繁荣发展，全国哲学社会科学工作领导小组决定自 2010 年始，设立《国家哲学社会科学成果文库》，每年评审一次。入选成果经过了同行专家严格评审，代表当前相关领域学术研究的前沿水平，体现我国哲学社会科学界的学术创造力，按照"统一标识、统一封面、统一版式、统一标准"的总体要求组织出版。

全国哲学社会科学工作办公室
2021 年 3 月

摘　要

中国的自然环境存在地理的封闭性、四季变化的明显性、水旱灾害的频仍性及北方游牧民族的威胁性等问题。在小农经济模式下，专制型政权得以产生，中国古代形成以世俗性、伦理性为主要特征的法律体系，从来不存在所谓教权对政权的控制问题，甚至不存在系统的独立宗教组织。

在此背景下，佛教作为外来宗教在中国的传播史，是一个不断适应中国社会并本土化的发展过程。中国对于佛教的接纳则是一种主体性的自觉、吸纳和领受，继而发展出适合自己的本土佛教思想。由此，佛教对中国的政治、经济、文化等诸多领域产生深远影响，传统法律亦莫能例外，在各个层面都可以见到佛教的影子。当然，中国传统文化也制约着佛教对各个领域包括传统法律的影响限度。

在这个总背景下，佛教对中国传统法律的影响之论题或可以从三个层次的四个方面展开。所谓三个层次，指佛教对中国传统法律本体、法律内容以及法律实践的影响。所谓四个方面，则是对这三个层次的具体展开，其中对法律本体的影响尤其体现为对罪观念的影响；对法律内容的影响主要体现为对法律结构、表现形式与刑罚制度的影响；对法律实践的影响则主要体现为对法律实效的影响。

以下扼要介绍这四个方面的影响。

第一，佛教的罪观念对中国传统法律的罪观念产生深远影响。

这方面主要可分为六点论述：①佛教罪观念与儒法罪观念异中有同。②在业报观影响下，佛教主张业与报的分离，它对中国传统法律中罪、刑难分的意识产生作用，从而推动后者的分离。③业报观的个体性还建立起佛教的罪责自负观，并对中国传统法律以家族为中心的罪责观产生影响，进而对族刑范围的缩小、刑罚的社会预防功能等产生影响。④佛教的罪观念有明显的价值位阶差异，并通过十恶、五逆等对中国传统法律中罪的位阶差异的明确化产生影响。⑤佛教罪观念的独特性推动了中国传统法律中部分具体罪名的形成，以及对特殊群体的专门规范。⑥在此基础上可以发现，佛教之罪与中国传统法律中的罪在伦理性、报应性以及具体罪之间存在诸多相似，而在规制对象、规范内容、惩罚措施以及技术手段等方面则存在差异。因此，中国古代法律对佛教罪观念的吸收情况应予区分，而以保障权力结构和根本伦理规范为限制，从而体现中国古代法律对外来文明吸收的有限性。

第二，佛教对中国传统法律表现形式与结构也产生多方面的影响。

这方面主要体现为：①佛教用语逐渐成为传统法律用语。通过分析隋唐以至明清的部分法律用语，可以发现佛教用语对法律的影响历代皆有，但相较于其他领域，其对法律的影响显然较小，尤其法典编纂中，可能存在刻意规避佛教用语的做法。②佛教对中国传统法律规范的表达方式产生若干个方面的影响：《唐律疏议》的义疏体、问答体可能受到佛教义疏体的影响；明律的语言表达方式具有简洁性与通俗性，可能受佛经传播经验的影响；有"象教"之称的佛教的图像传播方式，对《大明律》以及其他法律形式中图像的出现可能具有借鉴作用。③佛教对中国传统法律的整体结构也可能产生重要影响。佛教受中国传统影响，更早地将"律"作为对独立的禁止性规范的统摄，这也使得律能够在词义上与刑法的内容相吻合，可能为西晋律令分野的形成奠定工具基础。同时，佛教的传入和发展，也使传统法律中出现某些专门规范佛教的篇目，如《道僧格》和《庆元条法事类》中的《道释门》等。

第三，佛教对中国传统刑罚制度的轻缓化以及中古五刑的定型产生了影响。

与这部分相关的有：①佛教对刑罚或处罚的态度归纳为三种：佛教针对佛教徒的处罚观、佛教地狱刑罚观以及佛教世俗刑罚观。其中，教育刑是这些刑罚观的核心意识，它对中国传统刑罚观产生了影响。②佛教的刑罚观通过与政治有密切关系的高僧、崇佛的君主等，推动世俗法律的轻缓化。③佛教的发展对髡刑在中国的消失具有推动作用。髡刑在中国古代存在牺牲、风俗、卑贱象征、刑罚等多重意义。在佛教理念中，髡发既是对佛祖的模仿，也是摆脱世俗烦恼的象征。随着佛教社会地位的提高，髡发很难再被视为卑贱象征，作为刑罚的耻辱性意义也随之降低。最终，中国传统伦理文化对佛教的调和妥协，使得髡发自北周以后不再作为刑罚之一，整齐了中古五刑体系。④佛教对中国传统刑罚的执行也产生莫大影响。断屠月、斋日等不行刑自魏晋南北朝开始逐渐成为定制，且因为佛教而实施的赦免等也不断出现，尤其极度信仰佛教的君主以之为理由而赦免的，往往历代多有。

第四，佛教对中国传统法律实践产生积极与消极两方面的影响。

与这部分相关的主要有以下几个方面：①佛教戒律与中国传统法律的异同是前者对后者形成影响的基础。整体来看，佛教戒律与中国传统法律的相似性是两者关系的主流。但佛教戒律在一定程度上否定中国传统法律中的家族义务与国家义务。相同性有助于佛教徒守法，相异性则会侵蚀人们的守法意识。②在中国传统社会中，民间无讼观念乃至官员化死为生的司法观念的变化，受到佛教的一定影响；佛教地狱观念的效果则具有两面性。③从佛教对中国传统法律实效的积极性来看，无论出家佛教徒还是在家佛教徒，相当一部分在谨守戒律的同时，也能够遵守法律，无论是高僧大德还是普通信众皆如此。④佛教也不乏消极性影响，如有相当一部分佛教徒并未谨守戒律；佛教在经济、政治以及刑事方面的特权使其吸引了部分非基于信仰的佛教徒。历史地看，佛教理论成为底层民众斗争的重要思想工具，佛教教义也成为部分谋反行为的理论基础，故佛教徒也是中国古代常见的谋反群体。同时，中国古代的佛教徒还犯下不同种类的重罪与轻罪，这些都反映出佛教徒内部的鱼龙混杂，以及佛教对中国传统守法实践所产生的消极影响。

佛教对中国传统法律的影响建立在整体的宗教管理体制下，体现中国本土法律文明与外来法律文明的深刻冲突。但这种冲突的结果，既非本土战胜外来，也非外来战胜本土，而是本土对外来文明的有限接受。总体来看，佛教对中国传统法律从本体到内容再到具体实践都产生深远影响。在具体研究中还发现，佛教对中国传统法律的影响自魏晋南北朝开始有逐渐上升的趋势，法律在诸多方面受到佛教影响，迨及明清则有衰退趋势。由此，佛教对中国传统法律的影响呈现一个相对明显的抛物线形态。可以说，佛教对中国传统法律所产生的影响具有强烈的时代特征，某些时期与统治者的喜好也存在密切关系。

　　同时，还需要明确佛教对中国传统法律的影响不宜高估，它不仅受到时代的局限，而且仍笼罩在儒法的基本法律价值统摄之下，体现为传统法律对佛教理念既接受又限制的态度。虽然中华法系是世俗法与伦理法，但仍然具有巨大的包容性，使其能够在相当程度内接受外来法律文明，尽管后者与前者在理念上存在巨大差异。当然，这种接受也是有限的，以不从根本上冲击中国传统理念为基础。

目　　录

Contents

导　言

一　研究背景、目的与意义

（一）研究背景

在任何一个民族的法律发展史中，宗教与法律的关系总是格外引人关注。在西方法律史的沿革中，宗教与法律的关系一直是吸引众多学者着力的内容，中世纪基督教法律观更是理解整个西方法律史的重要环节。而在西方法律文明向外扩张的过程中，宗教与法律的关系不仅是探源其法律文明的基础，也是对现实法律秩序提供解释力的重要层面。实际上，即使在对已经高度现代化的法律秩序进行解释时，宗教仍然不失为一个重要侧面。例如在对美国宪法秩序进行解释的研究中，基督教对美国宪法制定过程的影响就是一个重要主题。

当我们把目光投射到中国法律史研究时，宗教与法律的关系也颇受学术界关注。不过，这种关注很大程度上是作为主流法律观外的枝节存在。纵观各种中国法律史教科书，宗教与法律关系的内容相对较少。当然，如果从儒家的宗教性出发观照中国法律史的话，可以发现中国法律史整体来说就是一种宗教与法律融合的历史。但是，不仅儒家的"儒教"性仍然有待于取得共识，而且以世俗国家主导的立法、司法等为叙述逻辑的方式，不可避免地使得更具宗教性色彩的法律史内容受到忽视。其中，佛教与中国法律史的相互关系便是相对薄弱的环节，亟待学术界的深化研究。

（二）研究目的

佛教是人类历史上影响最为深远，也是对人类观念影响最为深刻的宗教之一。在佛教的发展与传播过程中，中国是受其影响最为广泛深远的国家之一，举凡物质文化、精神文化以及制度文化等概莫能外。有关佛教与中国本土的思想、文化、制度之间的冲突与融合问题，已有大量的研究成果问世。

在整个中华传统文化中，传统法律作为重要组成部分也深受佛教的影响。在数千年的中国法律发展历程中，东传于两汉之际的佛教自魏晋南北朝时期才逐渐在这一领域产生影响，但却意义深远。从法律本体到法律制度再到法律实践等，中国法律史的方方面面都可以看见佛教的影子。从这个意义上来说，除了儒、法之外，佛教可以说是对中国法律史影响最为深远的意识形态之一。厘清佛教在中国法律史中的地位，是深入研究中国法律史，推动其知识结构进一步完善的必然需求。不过，与这种需求不相称的是，佛教与中国法律史的关系虽然已经为学术界所重视，但在主流法律史叙事中却鲜见其内容。当然，这并不是说佛教与中国传统法律的关系并未得到深入研究。事实上，学术界对于这一主题已经有相当精深的研究（详见下面的研究综述）。

但是，佛教在主流法律史研究中仍然处于边缘地位，其与中国传统法律的关系尚未得到全面清晰的梳理。例如，在佛教与中国传统法律关系的研究上，学术界多醉心于传统法律如何规范、影响佛教，而疏于后者如何影响、反作用于前者，故在佛教如何具体而深刻地影响传统中国的法律思想、法律制度、司法运作、犯罪预防等一系列问题上，除个别先行研究外，整体呈现积贫积弱状态。当佛教与中国传统法律之间的关系未得以厘清轮廓时，其在主流法律史叙事中的定位必然难以准确，也无法得到重视。儒法在法律史中的主流地位，使本土道教和外来佛教等宗教对法律的影响都处于边缘地位。因此，进一步探讨佛教与中国传统法律之间的关系，对两者的关系进行更为全景式的研究，不仅有助于深入分析中国法律史中宗教与法律的关系，而且有益于厘清这一命题在整个中国法律史中的定位。

当然，佛教与中国传统法律的关系之所以处于边缘化或者呈弱势地位，不仅与这一命题自身的知识储量有关，而且与儒法两家在历史上占据核心地位的传统局面有关。这意味着佛教与中国传统法律的关系不得不在儒法影响的边缘处生存。同时也提醒我们，佛教与中国传统法律关系这一命题不可能从真正意义上摆脱自身的边缘性。然而，无论从实现中国法律史知识的完整性出发，还是从拓展中国法律史研究的广度和深度出发，这一命题仍然是不可忽视的重要研究方向。因此，佛教与中国传统法律的关系这一命题对整个中国法律史的研究具有相当重要的学术意义。而在这一命题中，目前的研究成果已经在一定程度上将中国传统法律对佛教的影响等做了较好的勾勒，举凡私入道、僧道拜君亲、僧官法律制度等皆为适例。不过，这些内容很大程度上是围绕佛教中国化这一命题展开，它意味着尽管相关研究呈现法律性，但其历史性或者宗教性的色彩更浓重。相较之下，佛教对中国传统法律的影响尽管已经得到学术界重视，但相关研究仍然存在较多不足，且系统性也不强。综上可见，深入剖析佛教对中国传统法律的影响具有相当高的学术意义，无论对本命题还是对整个中国法律史的研究皆然。

（三）研究意义

前面已经总体上有所涉及，此处申言之。

1. 有助于深化中国传统法律的研究。目前，对中国古代法律与各种宗教之间关系的全面系统考察与研究的成果尚不多见，故本论题具有重要学术意义。历史上佛教与传统法律的关系，举其大者不外乎两个相互交叉影响又逐步交融的层面：一是传统法律如何规制佛教；二是佛教如何影响传统法律。只有克服对后者研究的薄弱局面，才能正确阐明传统法律发展的宗教性侧面。本论题致力于提升后者的研究水平，待条件成熟时，还可以扩展到对东亚地区的相关比较研究。

2. 综观儒释道三教影响中国传统法律的不同表现及其特征，尤其在汉语世界"罪"的词语用法没有像西方那样特别区分为刑事的罪（crime）与宗教的罪（sin）的背景下，阐明佛教之罪与法律之罪在形式与实质上的相同与相异，从不同角度揭示中华法系（尤其是刑事法律）接纳佛教理念的层次与限度，更深入地探讨中华法系中的佛教因素。

3. 本论题涉及知识储备度要求极高的交叉学科，法史学界不能坐等其他学界先我着鞭，要有强烈的紧迫意识，有所突破，以丰富"法与宗教"论题的内涵，促进佛教史和历史学的研究，在学际交流对话中证明本学科的学术尊严和地位。

4. 本论题是中国古代重要的社会治理命题之一。宗教与法律关系的研究不仅具有学术或者知识意义，在当代中国，这也是不得不面对的重要现实问题。时至今日，关于宗教问题的法律化仍然是我国法治化进程中的难题。宗教是如何影响法律，法律又如何规制宗教，是中国自古以来的重要治理命题。中国传统治理经验或者法律实践究竟能够在多大程度上对现代社会产生借鉴意义，尽管对此仍存在争议，但相同领域内问题的形成与解决往往具有超越时空的相似性。宗教试图在法律中尽可能地融入自身的价值理念，法律则不可避免地试图将宗教纳入自身的控制体系内。在佛教的发展史中，佛教究竟是如何一步步地影响中国传统法律，中国传统法律又是如何一步步地针对其中存在的问题而调整自身的规范策略，这种宗教与法律互动的历史发展形态应该说具有一定程度的普遍规律性，从而对推进我国现代法治化进程具有重要的借鉴意义。

在面对宗教时，现代法律也必然需要处理宗教与自身的协调性问题。处理这种关系的基本前提就是要准确理解宗教是如何影响法律，而法律又如何明确规范宗教的合理空间或界限。通过梳理中国传统法律与佛教之间的互动关系，佛教"自律"与法律"他律"的关系，宗教问题法律化等经验教训的这些问题可以得到一定解读。当然，其中还会有一些细节性的考虑，如宗教与人口、财政等方面的关系。这些都是我国现代法治化进程中需要考虑，而在中国法律史发展过程中反复出现并累积了一定治理经验的层面。由此可见，探讨佛教对中国传统法律的影响这一论题，能够为我国现代法治的发展提供历史经验，具有一定的现实意义。

不过，佛教之所以对中国传统法律制度与文化形成影响，很大程度上是建立在佛教政治地位的基础上。统治者对佛教的认同甚至推动，使佛教的触角能够一步步深入法律之中。这意味着，佛教之所以能够对中国传统法律产生重要影响，很大程度上与统治者的个人喜好存在关系。当然，佛教对中国整个社会的影响可以说无远弗届，但统治者的个人风格所造成的治理策略的差异，必然对这一问题产生影响。因此，中国历史上既可以发现梁武帝、隋文帝式的佞佛，也可以发现三武一宗式的灭佛。这就提醒我们，在探讨佛教对中国传统法律影响这一问题时，不能过分夸大佛教的影响，而要充分认识到其局限性，尤其是对政治的依附性。而一旦政治对佛教采取否定态度时，佛教对中国传统法律的影响力也会随之降低。当然，更重要的是，认识佛教对中国传统法律的影响显然要建立在儒法两家的主流影响力的基础上。也就是说，佛教对中国传统法律的影响是存在且也是重要的，但又必然是支流的。只有建立在这种全面性的基础上，才能真正把握佛教与中国传统法律的关系，从而能有正确而又深刻的理解。

二　相关研究综述

尽管佛教对中国传统法律的影响这一命题仍然有待进一步挖掘，但不容否定的是，目前这一研究领域已经积累了不少的研究成果，而且佛教中国化的相关研究也必定涉及这一命题。因此，本论题在梳理相关成果的时候，对这些内容都将有所涉及，但主要围绕佛教与中国传统法律的关系层面展开。

在有关佛教与法律关系的早期研究中，日本学者做了开拓性的研究，不过相关研究主题较为局限，主要集中在与佛教有关的律令上，尤其是《道僧格》的研究上。[①] 这些研究尽管具有相当的前沿性，但其论题不足以撑起整个佛教与中国传统法律关系这一命题。

其后，相关研究主要围绕佛教中国化的主题展开。这些研究中有相当一部分内容与法律关系紧密，最典型的就是沙门应否致拜君亲的相关研究。[②] 沙门应否致拜君亲是一个在中国佛教史、政治史以及法律史上延续数百年的论

---

① 日本学者认为他们国史上的《僧尼令》，系以唐代《道僧格》为母法而制定的，故有此研究。参见 [日] 佐藤诚实《律令考》，原载《国学院杂誌》5—13、5—14、6—1、6—2、6—3，1899年11月—1900年3月；后收入 [日] 佐藤诚实著，泷川政次郎编：《佐藤誠實博士律令格式論集》，律令研究会出版，汲古书院1991年版，第124—125、136页；[日] 泷川政次郎：《佐藤博士の律令学》就指明佐藤诚实的这一开创性研究，见上引书第52页；[日] 三浦周行：《僧尼に関する法制の起源》，氏著《法制史研究》，岩波书店1919年版，第1113—1114页。

② 参见周东平《论佛教礼仪对中国古代法制的影响》，《厦门大学学报》（哲学社会科学版）2010年第3期。

争，同时也是佛教中国化的重要命题。这一命题自近代以来就为佛教史学界所关注，如汤用彤在 1938 年完成的《汉魏两晋南北朝佛教史》就已经有所涉猎，① 只不过未系统分析这一问题。随着研究的逐渐深入，部分日本学者对此进行专门论证，② 其后国内很多学者也着力于此。③ 但这些研究主要从儒佛冲突、佛教与政治等角度展开，极少如前引周东平论文那样从法律角度展开。

另外，在佛教中国化的主题中，僧官制度也是极为突出的层面。自魏晋南北朝开始，中国历代统治者试图通过僧官这一特殊群体实现对僧侣的控制。随着时间的推移，僧官制度不断发展和完善，成为中国古代政治体制的重要组成部分。从这一角度来看，僧官制度显然可以构成中国传统行政法律研究的一部分，但是从这种视角进行研究的成果相对较少，④ 且主要为片段性的研究。在这一问题上，更多的研究成果主要集中在政治史尤其政权与教权的冲突、国家对僧侣的管理等角度上。⑤ 此外还有专门研究国家对佛教管理政策变迁的，如郭文的研究指出，中国古代对佛教的控制历经从俗施僧制到僧事俗制的转变。⑥ 这种转变从本质上说也是相关法律制度的指导原则所

---

① 参见汤用彤《汉魏两晋南北朝佛教史》，商务印书馆 1938 年版。

② 参见［日］藤善真澄《唐中期仏教史序説——僧尼拝君親を中心に》，《南都仏教》（22），1969 年 1 月，第 20—34 页；［日］砺波护《唐代における僧尼拝君親の断行と撤回》，《東洋史研究》第 40 卷第 2 号，1981 年 9 月，第 219—252 页。

③ 参见岳辉《从魏晋南北朝时"沙门不敬王者"的争论看佛教的中国化》，《宗教学研究》2000 年第 2 期；杨曾文：《为协调佛法与王法立论——慧远〈沙门不敬王者论〉析》，《佛学研究》2004 年刊，第 65—74 页；刘立夫《儒佛政治伦理的冲突与融合——以沙门拜俗问题为中心》，《伦理学研究》2008 年第 1 期；刘剑锋《两晋沙门敬不敬王者之争再考察——以儒佛关系的变迁为切入点》，《北方论丛》2008 年第 5 期；王玲霞《神圣与世俗之间——从〈沙门不敬王者论〉看慧远的政治思想特点》，《中北大学学报》（社会科学版）2016 年第 2 期；圣凯《〈维摩诘经〉僧俗伦理与隋唐"沙门致敬王者"的论争》，《西南民族大学学报》（人文社会科学版）2016 年第 5 期，等等。

④ 参见何柏生《佛教与中国传统法律文化》，《法商研究》1999 年第 4 期；夏清瑕《明代宗教法律制度》，《南京财经大学学报》2004 年第 3 期，等等。

⑤ 参见谢重光、白文固《中国僧官制度史》，青海人民出版社 1990 年版；王永会《中国佛教僧团发展及其管理研究》，博士学位论文，四川大学，2001 年；周奇《唐代宗教管理研究》，博士学位论文，复旦大学，2005 年；谢重光《中古佛教僧官制度与社会生活》，商务印书馆 2009 年版；马晓菲《明代僧官制度研究》，博士学位论文，山东大学，2014 年，等等。

⑥ 参见郭文《中国佛教僧制思想研究》，博士学位论文，南京大学，2013 年。

发生的转变。但前述研究多未直接从法律层面展开探讨。

随着研究的逐渐深入，一方面不少历史学与佛教史学者开始认识到法律层面也是中国古代佛教史研究的一个重点，另一方面中国法律史的研究者也开始对这一领域进行拓荒。在 20 世纪 90 年代中后期，殷啸虎的《佛教与古代法制》、何柏生的《佛教与中国传统法律文化》等文开启相关研究。① 尽管这些研究多为宏观上的讨论，却在很大程度上为相关研究尤其是中国内地的相关研究厘定了大致的主题范围。如殷文研究了刑法中与佛教及僧人有关的罪名（如十恶）、法律对僧人戒律的规定、法律对僧人犯罪的专门规定，以及佛教对司法审判理念、司法程序、司法官的审判观念与心理的影响等内容；何文则从三个方面论述了佛教对中国古代法律的影响：第一，佛教在忠孝观念、平等观念、赋税增减、组织起义、盗匪信仰、包庇罪犯、僧尼自身的犯罪等方面对传统法律秩序构成冲击；第二，佛教在维护君主专制、预防犯罪、扼制官吏暴虐、感化罪犯、案件侦破、维护婚姻稳定等方面能够发挥作用，与传统法律秩序有可融合之处；第三，佛教推动了传统法律中僧官制度、清规、僧尼刑事管辖权、私人道、禁毁佛像、行刑日期、赦宥、五逆罪、禁止僧人的特定世俗活动等专门制度的设立。同时，该文指出，佛教对中国传统法律文化影响具有消极影响大于积极影响、司法影响大于立法影响、百姓影响大于官吏影响等特点。其后的很多研究都可以从中找到立意。这些研究主题又可以划分为立法、司法、刑事法律、民事经济法律、行政法律等几个层面。

第一，佛教与立法的关系。实际上，佛教与中国传统法律的关系，相当一部分都可以从立法这一范畴内找到自身的地位，在此则主要涉及两者在宏观法律方面的关系。首先，在立法原则方面，既有学者研究了佛教对中国传统立法思想的影响，② 也有学者研究了中国传统法律中有关佛教立法的主

---

① 参见殷啸虎《佛教与古代法制》，《文史知识》1994 年第 2 期；何柏生《佛教与中国传统法律文化》，《法商研究》1999 年第 4 期。

② 参见李放《南北朝时期佛教对法律思想的影响》，《船山学刊》2008 年第 3 期；彭瑞花《浅议佛教对中国传统法律思想的影响》，《太原师范学院学报》（社会科学版）2014 年第 5 期，等等。

要原则。① 其次，在立法形式方面，既有相当一部分学者对《道僧格》进行更为深入的研究，② 也有学者对佛教与具体法律形式之间的关系进行了研究。③ 最后，在立法内容方面，诸多研究都有民事、刑事或者行政方面的针对性（详见以下相关论述），还有一部分则属于概括性梳理。④

第二，佛教与司法的关系。在中国传统法律发展过程中，不仅立法层面与佛教发生关系，而且司法层面也与之有深刻的关系。相关研究主要体现在以下几个层面：其一，有学者深入探讨佛教对中国传统无讼观念的影响。⑤ 其二，有学者深入分析佛教对传统司法的原则、制度及其过程的影响。⑥ 其三，还有学者对与佛教有关的司法案例进行研究。⑦ 从整体来看，佛教与司

---

① 参见顾俊杰《论佛教与中国传统法律文化的冲突与融合》，《同济大学学报》（社会科学版）2006 年第 3 期。

② 参见郑显文《唐代〈道僧格〉研究》，《历史研究》2004 年第 4 期；董春林《论唐宋僧道法之演变》，《江苏社会科学》2010 年第 10 期；张径真《法律视角下的隋唐佛教管理研究》，博士学位论文，中国社会科学院，2012 年；赵晶《唐代"道僧格"再探——兼论〈天圣令·狱官令〉"僧道科法"条》，《华东政法大学学报》2013 年第 6 期，等等。

③ 参见张海峰、周会蕾《唐朝法律与佛教关系探析》，何勤华主编《法与宗教的历史变迁》，法律出版社 2011 年版，第 357—372 页；陈灵海《通往唐永徽〈律疏〉之路——中古佛教律学与世俗律学互动论》，《学术月刊》2015 年第 9 期。

④ 参见王立民《中国古代刑罚与佛道教——以唐宋明清律典为例》，《法学研究》2002 年第 3 期。

⑤ 参见龚培《本土禅宗流变与国民无讼心理》，《兰州学刊》2005 年第 4 期；夏清瑕《佛教伦理对传统法律影响三题》，《江淮论坛》2010 年第 4 期；陈义和《佛教观念对中国古代法律的影响初探》，《比较法研究》2014 年第 4 期，等等。

⑥ 参见严耀中《论佛教戒律对唐代司法的影响》，荣新江主编《唐代宗教信仰与社会》，上海辞书出版社 2003 年版，第 151—168 页；严耀中《试论唐宋间法律对僧尼的直接约束》，戴建国主编《唐宋法律史论集》，上海辞书出版社 2007 年版，第 182—189 页；王晶波、王晶《佛教地狱观念与中古时期的法外酷刑》，《敦煌学辑刊》2007 年第 4 期；常红星《从清〈刑案汇览〉看法律层面的以儒摄佛》，《乐山师范学院学报》2010 年第 10 期；陈义和《佛教观念对中国古代法律的影响初探》，《比较法研究》2014 年第 4 期，等等。

⑦ 参见李力《出家·犯罪·立契——1—6 世纪"僧人与法律"问题的初步考察》，《法制史研究》第 17 期；陈登武《地狱·法律·人间秩序：中古中国宗教、社会与国家》，五南图书出版公司 2009 年版；陈晓聪《中国古代佛教法初探》，博士学位论文，华东政法大学，2011 年；柳立言《从〈名公书判清明集〉看南宋审判宗教犯罪的范例》，柳立言主编《性别、宗教、种族、阶级与中国传统司法》，"中研院"历史语言研究所会议论文之十二，2013 年，第 93—141 页；陈晓聪《中国古代佛教法初探》，法律出版社 2014 年版，第 178—207 页，等等。

法的相关研究主要以佛教对中国传统司法的影响为中心，还有部分研究更加强调司法对佛教的控制。

第三，佛教与刑事法律的关系。刑法是中国古代控制社会最为重要的手段之一，在佛教向中国传播的过程中，中国古代国家对佛教的刑法控制也极具特色。因此，关于佛教与中国传统刑事立法关系的研究是最多的，具体可以体现在以下几个层面：其一，在罪名方面，有学者针对十恶、五逆等做出极为深入的研究。① 其二，在刑法对佛教的规范方面，有学者针对沙门致拜君亲、私入道、造祆言祆书罪以及其他犯罪等做了研究。② 其三，在刑法保障佛教的方面，有学者针对禁毁天尊佛像等做了研究。③ 其四，在刑罚制度方面，有学者针对佛教与髡刑消失的关系、行刑日期等做了研究。④

第四，佛教与民事经济法律的关系。在中国法律史的发展过程中，佛教不仅与刑事法律关系密切，而且与民事经济法律也存在一定联系。一方面，佛

---

① 参见陈俊强《皇恩浩荡——皇帝统治的另一面》，五南图书出版公司 2004 年版，第 258—268 页；周东平《隋〈开皇律〉十恶渊源新探》，《法学研究》2005 年第 4 期；张海峰《唐律"十恶"一词的佛教渊源》，《现代法学》2012 年第 3 期；岳纯之《论唐五代法律中的十恶与五逆》，《史学月刊》2012 年第 10 期；陈义和《佛教观念对中国古代法律的影响初探》，《比较法研究》2014 年第 4 期；陈义和《佛教与宋代法律》，中国政法大学出版社 2015 年版，等等。

② 参见 [日] 布目潮渢《隋開皇律と仏教》，《仏教研究論集——橋本芳契博士退官記念》，清文堂 1975 年版，第 365—376 页；雷晓鹏《中国古代刑法对佛道教的规范》，《宗教学研究》2005 年第 4 期；鲁统彦《隋唐时期僧尼角色研究》，博士学位论文，首都师范大学，2005 年；周东平《隋〈开皇律〉与佛教的关系论析》，《中国文化与法治》，社会科学文献出版社 2007 年版，第 184—198 页；张海峰、周会蕾《唐朝法律与佛教关系探析》，何勤华主编《法与宗教的历史变迁》，法律出版社 2011 年版，第 357—372 页；张雪松《唐代法律对宗教异端书籍查禁制度探析——以佛教疑伪经录为个案的研究》，《世界宗教文化》2015 年第 3 期；谢晶《家可出否：儒家伦理与国家宗教管控》，《北方法学》2015 年第 4 期；刘炳涛《试论清代调整佛教和道教的法律制度及其特点》，《西安石油大学学报》（社会科学版）2016 年第 5 期，等等。

③ 参见 [日] 布目潮渢《隋開皇律と仏教》，《仏教研究論集——橋本芳契博士退官記念》，清文堂 1975 年版，第 365—376 页；周东平《隋〈开皇律〉与佛教的关系论析》，中国法学会律史学会编《中国文化与法治》，社会科学文献出版社 2007 年版，第 184—198 页；王立民《中国古代刑罚与佛道教——以唐宋明清律典为例》，《法学研究》2002 年第 3 期。

④ 参见李俊强《从佛教史的角度看髡刑的废除》，《湘潭大学学报》（哲学社会科学版）2014 年第 2 期；周东平《论佛教礼仪对中国古代法制的影响》，《厦门大学学报》（哲学社会科学版）2010 年第 3 期；刘淑芬《中古的佛教与社会》，上海古籍出版社 2008 年版，第 101—105 页。

教对中国传统民事法律产生了影响，相关研究涉及唐代的和离制度①、典权②等。另一方面，中国传统经济法律也试图对佛教经济尤其是寺院经济等进行控制，防止佛教经济规模过大以至于侵害国家利益，这也是部分研究的主题。③

　　第五，佛教与行政法律的关系。在中国传统法律发展的过程中，对佛教的行政法律控制也是极为重要的方面。相关研究主要体现在佛教中国化这一命题中，而随着研究的深入，部分学者开始从法律角度对此进行研究，主要包括以下几个方面：其一，沙汰僧尼；其二，僧官制度；其三，考课制度；其四，僧侣行为以及居所的控制；其五，其他法律控制措施。④

　　除此之外，还有两个方面的研究需略作说明。首先，有一部分硕士、博士学位论文针对佛教与中国传统法律的关系进行了研究。⑤ 这些研究所关注

---

　　①　参见张朝阳《佛教与唐律"和离"制度》，《华中科技大学学报》（社会科学版）2015 年第 4 期。

　　②　参见吴向红《典之风俗与典之法律——本土视阈中的典制渊源》，《福建师范大学学报》（哲学社会科学版）2007 年第 2 期。

　　③　参见郑显文、于鹏翔《试论唐律对唐前期寺院经济的制约》，《中国经济史研究》1999 年第 3 期；郑显文《唐代佛教寺院土地买卖的法律文书初探》，《普门学报》2002 年总第 7 期；张海峰《唐代佛教与法律》，上海人民出版社 2014 年版；陈义和《佛教与宋代法律》，中国政法大学出版社 2015 年版。

　　④　参见李力《出家·犯罪·立契——1—6 世纪"僧人与法律"问题的初步考察》，《法制史研究》第 17 期；夏清瑕《明代宗教法律制度》，《南京财经大学学报》2004 年第 3 期；鲁统彦《隋唐时期僧尼角色研究》，博士学位论文，首都师范大学，2005 年；张海峰、周会蕾《唐朝法律与佛教关系探析》，何勤华主编《法与宗教的历史变迁》，法律出版社 2011 年版，第 357—372 页；谭万全《论传统法制对宗教组织的合法性要求——以汉传佛教寺院为例》，《华中科技大学学报》（社会科学版）2010 年第 5 期；田庆锋、蒙爱红《法治视域下的清代金瓶掣签立法探析》，《河南师范大学学报》（哲学社会科学版）2012 年第 6 期；游彪《宋代有关僧尼的法条初探》，《河南大学学报》（社会科学版）2013 年第 3 期；张海峰《唐代佛教与法律》，上海人民出版社 2014 年版；陈义和《佛教与宋代法律》，中国政法大学出版社 2015 年版；刘炳涛《试论清代调整佛教和道教的法律制度及其特点》，《西安石油大学学报》（社会科学版）2016 年第 5 期。

　　⑤　参见田庆锋《清代西部宗教立法研究——以藏传佛教与伊斯兰教为中心》，博士学位论文，中国政法大学，2011 年；谢山《唐代佛教兴衰研究》，博士学位论文，河南大学，2014 年；李俊强《佛教对中古法律之影响》，硕士学位论文，湘潭大学，2006 年；韩阳《两晋南北朝时期的佛教与法律》，硕士学位论文，苏州大学，2007 年；文浩《论佛教对中国古代法制的影响》，硕士学位论文，厦门大学，2009 年；邹霖《佛教对魏晋南北朝法制的影响》，硕士学位论文，西南政法大学，2014 年；应小均《唐代寺院土地管理的法律研究》，硕士学位论文，西南政法大学，2014 年；蒋蕊蔓《唐代的宗教法与世俗法的关系——以僧尼犯法的惩治为主要考察对象》，硕士学位论文，苏州大学，2016 年，等等。此外还有一些硕士、博士学位论文与之有关，但限于篇幅、研究深度等原因，不再一一列举。

的焦点各异，但相关内容的重复率相对较高，而且论题或不以佛教与法律的关系为主要研究对象，或者研究成果意义不太大，因此本综述多予省略。其次，佛教在传入中国的过程中，对部分少数民族法律的影响很大程度上大于对中央政权的影响，因此也产生了一批研究成果。① 其中，部分研究以西藏、西夏、傣族等相关立法为主要对象，侧重于分析佛教对其立法的影响。这对于分析佛教与中央政府法律的关系颇富启发意义，比如佛教对少数民族地区死刑减少、刑罚轻缓化等都产生了积极影响，这与佛教对中央政府法律的影响如出一辙，只是在程度上有所区别。但是，这些研究仍然存在重复率高的问题，以至于相当一部分研究意义不大。

综上可以发现，这一领域已经累积了相当一部分研究成果，并且具有不同程度的研究价值。通过系统梳理这些研究成果，既可以为更深入的研究打下基础，又能够发现其中的不同，以找准合理的研究方向。在这些研究中，成就与不足同样明显，具体可以从以下几个角度展开阐析。

就其成就而言：第一，佛教与中国传统法律关系的研究在整体上已经达到相当的研究深度，并且取得一批有意义的研究成果，从而为进一步拓展和深化研究打下很好的研究基础。第二，佛教与中国传统法律关系的研究所涉及的领域极为广泛，从立法到司法，从刑事法律到民事经济法律再到行政法律，与法

---

① 参见牟军《西藏旧法在佛教发展中的作用》，《现代法学》1994 年第 4 期；韩小忙《〈天盛改旧新定律令〉中所反映的西夏佛教》，《世界宗教研究》1997 年第 4 期；李忠华《小乘佛教对西双版纳傣族封建法律制度的影响》，《云南社会科学》2003 年第 3 期；索南才让《藏传佛教对藏族民间习惯法的影响》，《西北民族大学学报》（哲学社会科学版）2004 年第 2 期；黄华均、刘玉屏《略论藏传佛教对蒙古〈卫拉特法典〉的渗透与影响——兼谈蒙古草原固有法对我国当代民族法制的几点启迪》，《中央民族大学学报》（哲学社会科学版）2004 年第 3 期；何峰《五世达赖喇嘛"十三法"探析》，《政治学研究》2004 年第 4 期；刀伟《傣族法律制度研究》，博士学位论文，中央民族大学，2005 年；吴云、方慧《元明清时期傣族成文法的形成与变迁》，《思想战线》2006 年第 5 期；索南才让《试谈藏族成文习惯法规的历史渊源与藏传佛教戒律之间的内在关系》，《宗教学研究》2007 年第 2 期；朱丽霞《"佛本指正"后的本教》，《宗教学研究》2007 年第 4 期；郑筱筠《历史上中国南传上部佛教的组织制度与社会组织制度之互动——以云南西双版纳傣族地区为例》，《世界宗教研究》2007 年第 4 期；邵方《西夏的宗教法》，《现代法学》2008 年第 4 期；邵方《西夏法制研究——以中华法系的传承与创新为视角》，博士学位论文，西南政法大学，2008 年；吴之清《云南傣族封建法律文明源于外来宗教的影响》，《宗教学研究》2008 年第 3 期；胡兴东《云南傣族传统法律中佛教因素》，《世界宗教研究》2012 年第 5 期。

律体系有关的主要领域都可以看到佛教的影响，由此可以发现佛教影响的广度和深度。第三，部分领域所取得的研究成果已经达到相当的高度。例如，对佛教与十恶、私入道、僧官制度等问题的研究，充分体现了相关领域的学术水平。

就其不足而言：第一，相关研究主题集中但内容零散。可以很明显地发现，除少数论文或者博士学位论文外，多数研究虽然汲汲于佛教与中国传统法律的关系，但往往在统一主题下再设立几个小主题，由这些小主题凑成的研究显得零散而且深度不够。因此可以发现，在上述综述中，同一篇论文有时候会出现在多个主题之下。同时，由于这些小主题常常具有相似性，导致部分研究不可避免地重复，并存在体系性不足的问题。第二，相关研究存在较强的断代性。佛教在中国的传播中呈现先增长后衰退的趋势，而佛教与法律关系的研究也呈现这种趋势，即侧重于魏晋南北朝乃至隋唐时期的佛教与法律关系的研究。虽然也有相关研究涉及隋唐之后，但不仅数量有限，而且在研究内容与层次上，很大程度上是对此前断代研究论题的复制或成果的延伸，欠缺创新性。第三，相关研究主要以中国传统法律对佛教的控制为中心。在这些研究中，虽可以发现有部分佛教对中国传统法律影响的内容，如义疏体的出现、禁毁佛像、行刑日期、髡刑的消失、典权等，但更多的研究内容主要涉及中国传统法律对佛教各个层面的控制。这就使得在佛教与中国传统法律的关系这一主题中内容有所偏重，也就意味着佛教对中国传统法律的影响这一层面的研究仍然薄弱。

总的来说，佛教与中国传统法律的关系这一命题已经受到学术界的很多关注，也取得一部分重要研究成果。但佛教对中国传统法律的影响不仅取得的成果比较有限，而且体系性不强，无法全面反映佛教与中国传统法律的关系。因此，佛教对中国传统法律的影响这一命题具有很强的学术针对性，有助于进一步补足目前相关学术研究的短板，并提出有学术意义的、可供讨论的新问题，从而将该领域的研究推向新的高度。

三   研究方法

佛教对中国传统法律的影响这一研究具有很强的交叉学科的色彩，无论其研究内容还是研究思路抑或研究方法，都体现出历史学与法学的双重性格。因此，在研究过程中，历史学方法与法学方法应该并重，从而践行交叉学科的独特性。

1. 文献学的方法。这是历史学的基本方法，也是本论题最基础的方法。"论从史出"是治史者的基本信念。凭借严谨的史学训练优势，综合运用版本目录学、音韵训诂学等考据学以及考古学知识，多方收集、梳理、考订、运用相关文献史料和出土文献，尤其佛道藏中的史料，使观点建立在扎实的论据上。如说明法律十恶借用佛教十恶为其形式即是一例。

2. 法学研究的方法。法学研究方法的运用是本研究法学定性的基本前提。在法学方法中有几种比较常见的研究方法，包括价值分析方法、规范分析方法以及社会分析方法等。价值分析方法的目的在于探讨法律规范应然与实然的价值取向，透过价值取向则可以建立起评价佛教对中国传统法律影响的基本准则。如佛教罪观念对罪责自负的推动，实际是建立在法律文明化这一价值理念的基础上。规范分析方法的目的在于对法律规范的内涵进行解析，发现法律的规范对象、规范方式以及责任分配等，从而更好地发现佛教在中国传统法律中的实际地位。社会分析方法的目的在于发现法律的实际运行状态，通过对法律实效的分析可以避免单纯规范层面研究的缺陷。如佛教对中国守法实践影响的相关研究，就是试图通过分析佛教对法律实效的现实影响而避免结果的片面性。

3. 整合与联系的方法。在分别运用历史学与法学方法的基础上，还应该综合两者，以改变以往单纯依托某一学科知识为视角的"孤独"立场。打破知识壁垒，强化整合与联系，综合运用法学、史学、佛教学的基本理论、知识和视角，以及比较分析、实证分析、社会学分析、政治学分析、逻辑推理与归纳等研究方法，深入说明（尤其在评判环节上）佛教如何影响传统法律的历史背景、表现形式及其实质与限度，这也是本论题可能取得突破的基本保证。如佛教在本土化之前之后对传统法律的影响力就不一样，孝、平等、罪的观念分析等均是其例。

这些属于本论题的基本研究方法，而在不同的研究主题上又有不同的侧重，这样才能尊重个别研究的独特性，并在此基础上提出具有说服力的学术主张。例如在佛教对髡刑消失的影响这一主题上，通过比较研究的方法，可以发现中国传统髡发观念与佛教髡发观念的差异，这样才能进一步分析出当佛教的髡发观念被中国传统法律观念接受时所面临的障碍，以及佛教对髡刑消失的影响。因此，本书综合采取多种研究方法，并根据具体问题的差异而有所侧重。

四　研究创新与不足

本论题在充分吸收前人研究成果的基础上，试图在多个层面做出新的尝试，以做出更具有学术含量和创新意义的研究成果。具体来说，本论题在研究创新方面有如下几处。

第一，提出新的观点。本论题基于佛教与中国传统法律的互动视角，提出佛教影响中国传统法律的一些学术界尚未关注或者较少关注的新观点或看法，如十恶之罪的形式来源于佛教；佛教罪观念对中国传统法律中罪刑关系的影响；佛教之"罪"在中国古代的法律化及其限度；中国传统族刑的限缩等可能受到佛教罪责自负观念的影响，仅以中国古代儒家的刑罚思想并不能充分证成族刑的变迁；佛教戒律与中国传统法律之间在家族义务、国家义务等方面存在矛盾；中国传统法律中六杀或者七杀的最终形成也可能受到佛教的影响；中国古代的律令分野在形式上可能受到佛教戒律规范形式的影响。诸如此类的观点，或多或少对当前学术界的传统观点有所修正或者触及盲区，乃至填补空白。

第二，提出新的命题。前人论述佛教与中国传统法律的关系方面往往更注重从细节出发，如论证刑法中某些罪名，或者司法程序中某些制度的佛教渊源等。本论题在细节方面提出新的命题，如推进佛教与髡刑消失之间关系的研究深度，认为佛教髡发作为对佛祖的模仿和摆脱世俗烦恼的象征，可以否定髡发在中国传统中所具有的身份与礼教象征等；佛教图形传播方式对中国传统法律中图形的影响；中国古代国家规范佛教的独立法律篇目开始形成应在唐代的《道僧格》。又如佛教戒律与中国传统法律的关系虽是相关研究的重点之一，但多数研究主要集中在佛教戒律与法律的相同性上，本论题在此基础上对两者的差异性做了较为深入的阐述。此外，也注意在整体层面提出新的命题，如佛教对中国传统法律本体论的影响，佛教对中国传统法律影响呈现先增强后削弱的抛物线形态，等等。

第三，深化对佛教与中国传统法律关系的认识。通过本论题的研究可以发现，中国传统法律的法律本体、法律内容、法律实效等都受到佛教的影响，这与佛教对中国政治、经济与文化的全面影响如出一辙。即使本论题已经涉及中国古代法律实践与佛教的内在关系，目前所用资料和研究领域仍然较窄。故佛教与中国传统法律关系这一命题是仍有巨大研究空间的富矿，有待进一步发掘。一方面，这种发掘有助于摆脱相关研究的局限性，从而拓展研究的深度与广度；另一方面，则有助于对中华法系中的佛教因素进行重新评价，从而更为深刻地认识中国传统法律制度与文化。

第四，佛教对中国传统法律的影响有其自身的限度。中国传统法律具有强烈的世俗性和伦理性，各种宗教莫不受到国家的诸多规制。外来的佛教之所以能够对中国传统法律产生深远影响，不仅因其接受政府的规则，还因其能够在发展过程中逐渐实现中国化。这意味着，尽管佛教对中国传统法律有深远影响，但这种影响要受到根本原则的制约。一旦涉及相关问题，佛教不仅不能对中国传统法律产生影响，反而成为被规制的对象。

第五，有较好的社会影响和效益。本论题善于综合多学科研究方法，研究进路较之前人有一定的突破。征引文献资料丰富扎实，无论在原始资料尤其佛教经典中的史料发掘运用上，还是对既有学术研究成果的吸收上，比较翔实细腻，增强了研究结论的可信度和说服力。

当然，受制于学力以及研究倾向的不同，任何学术研究都可能存在自身的不足，尤其是力图做出重要创新时。创新不仅面临特定的资料环境所导致的论据说服力问题，而且常常还面临自身所提是否伪命题的质疑。这就要求研究应该做到尽可能的严谨和全面，同时还应该充分认识到自身的缺陷。这样，才能为更有价值的学术反思和进一步的学术研究奠定基础。就本论题目前的研究来说，主要有以下两个方面的不足。

第一，整个体系仍然有待完善。佛教对中国传统法律的影响尽管有其层次性与深浅差异，但总的来说各个方面都有所影响。本论题目前的研究成果主要集中在佛教对中国传统法律影响的背景、法律本体、法律形式、法律内容、法律实践等方面。但这并非所有层面。例如，佛教对中国传统司法也产生了很重要的影响，不仅目前的研究成果已经证明了这一点，而且本论题也已搜集了相当一部分资料予以证明。又如佛教对于罪犯的教化矫正等也产生了影响。但目前限于时间和精力，这一部分资料仍然在整理过程中，这就使得本论题在体系上还存在不足，有待进一步完善。

第二，部分研究成果的论据仍然有待补足。在本论题的研究中，一部分研究成果的论据说服力相对有限。例如在论证佛教对律令分野的影响中，本论题的论证之所以成立，是建立在佛教更早地用律来完全指代禁止性规范，这一点可以从翻译佛典中获得证据。但是，尽管以"律"为名的佛典早于律令分野出现，律令分野是否确实受其影响，并没有直接的证据，这一点不可避免地会降低论据的说服力。同时，一部分论据的说服力仍然有待补足。例如，在论证佛教对守法实践的消极影响时，本论题主要利用正史尤其二十五史中的资料作为证据，但事实上其他史料中也有大量资料可资论证。如很多学者利用古代笔记小说等文学资料论证当时的法律实态，而文学资料中也有大量僧侣犯罪的材料可资利用，这也是本论题所存在的不足。

总的来说，本论题取得一定的研究成果，做出一定的研究创新。但对这样一个论题宏大、问题涉及面广、学术积累度要求高、驾驭难度比较大的论题而言，仍然存在很多不足。但是，不足并非妄自菲薄或者自我否定，而是强调作为中国法律史研究中的重要命题——佛教对中国传统法律的影响这一论题，可能远非几个学者的一两个课题就能全部解决。同时，目前的研究也为进一步的深入挖掘提供了重要引导。一方面，目前的研究成果所框定的知识体系有一定的长处，可以成为整个研究的框架性指导。另一方面，进一步的研究可以面向这些不足做出有针对性的专门探讨，通过完善这些内容，可以把本论题的研究推向更新的深度与层次。

第 一 章

佛教对中国传统法律产生影响的
历史背景与脉络

一　中国传统社会的特质与古代法的世俗性、伦理性

（一）中国传统社会

一般意义上的中国传统社会，指的是从中国地域内形成人类社会开始直到 1840 年鸦片战争为止的整个前近代社会。由于中国远古时期的法和法律现象，缺乏充分可信且数量足够的资料可供采择，故学者对其上限往往暂取始于夏代国家的形成。法律的发展在中国近代社会是滞后于社会发展的，社会的近代化并没有立即导致法律的近代变革。因为整个社会的变化有一个从边缘到核心逐渐渗透和展开的过程，政治法律制度作为统治的核心部分，其变化只有等到整个社会的变化达到一定程度方有可能发生。晚清从闭关锁国到师夷船坚炮利之长技，再到中体西用的变化历程，梁启超将之归纳为从器物到制度的演变，① 学者或认为经由"海防论—洋务论—时务论"乃至共和

---

① 参见梁启超《五十年中国进化概论》，收入梁启超《饮冰室合集》之三十九，中华书局 1989 年版，第 43—44 页。

革命的演变,① 都说明了此点。

　　由于有社会变化的积累在先,包括法律制度在内的政治系统的变革多是不得已而为之,但其一旦发生,速度又是迅猛的。就法律史实而言,在晚清法律改革之前,西方法学知识已经有所输入,其法律制度在通商口岸也有一定的实践,传统法律体系则在应对业已变动的社会情势时因左支右绌而广受批评,变法的呼声一度高涨。但从社会整体以及主流思想意识来考察,传统法律仍在起主要的规范作用。直到 1902 年(光绪二十八年)清廷宣布变法修律之时,西方法律观念与制度尤其是其制度部分才开始大规模地移植到近代中国,中国传统法律的近代化方才肇端。因此,从中国法律史的角度来考察的中国传统社会的下限,可以不取通说的 1840 年鸦片战争爆发为标志,或可以将其截止于 1902 年清廷宣布变法修律。

　　在中国数千年的悠久历史中,从对中国法律史有重大且持续影响的视角来考察,需借用"年鉴史学派"关于"长时段"的概念②来概观中国传统社会的历史,才具有基本的可操作性。尽管有学者批评布罗代尔对政治事件的影响评价过低,但其关于历史长时段的主张对于考察像中国这样悠长而且无间断的历史应有相当的启示意义。类似的研究方法,亦可见于瞿同祖从社会学功能主义立场对中国法律史的考察,虽然他也注意到历代法制的因革损益,但其重点显然不在于其变,而在其不变,即所关注的是其基本精神与特征。为此,《中国法律与中国社会》打破此前法律史家多按朝代兴替分析法律思想与制度的做法,注意到历史的"重大的变化"③,将汉代至清代两千

---

　　① 参见 [日] 岛田正郎《清末における近代的法典の编纂——东洋法史论集　第三》,创文社 1980 年版,第 3—4 页。

　　② 年鉴学派的第二代领军人物布罗代尔提出了历史时段的三种划分,即"长时段""中时段"和"短时段",并提出与这三种时段相适应的概念,分别为"结构""局势"和"事件"。所谓"结构",是指长期不变或者变化极其缓慢,但在历史上能起经常或深刻作用的一些因素,如地理、气候、生态环境、社会组织、思想传统等;所谓"局势",指的是在较短时期(三五十年到一二百年)内起伏兴衰、形成周期和节奏的一些对历史起重要作用的现象,如人口消长、物价升降、收成增减等;所谓"事件",是指一些突发的事变,如革命、条约、地震等,这些事件犹如闪光的尘埃,对历史进程只起微小的作用。参见张芝联《费尔南·布罗代尔的史学方法》,见 [法] 费尔南·布罗代尔《15 至 18 世纪的物质文明、经济和资本主义》,顾良、施康强译,生活·读书·新知三联书店 2002 年版,第 7 页。

　　③ 瞿同祖:《中国法律与中国社会》,中华书局 1981 年版,"导言"第 2 页。

余年间的法律作为一个整体来分析，试图寻求共同点以解释法律之基本精神及其主要特征，并进而探讨此种精神及特征有无变化。

（二）中国古代农耕经济社会的特质

中国古代农耕经济占据主导经济地位，概观这样的社会，尤可注意者当是西周宗法制所确定的以"亲亲""尊尊"为核心的礼制，秦帝国统一中国所确立的基本政治制度，汉武帝"独尊儒术"所确定的思想观念对此后整个中国传统意识形态的深远影响。它们共同奠定了中国传统社会的基本走势，也给予中国法律史深深的烙印。其社会特质可以简要梳理如下。

1. 社会的基本经济形态——农业自然经济

在农业自然经济形态下，国家组织和思想观念上都具有浓厚的氏族血缘色彩。通常认为，东方国家在原始社会末期农村公社没有解体时就被推入阶级社会，并且农村公社在相当长的时期内保留着，此后社会形态的演变始终难以完全摆脱这种烙印。传统中国亦是如此。

公社内部血缘关系十分重要，它决定了人们的社会地位，成为维系公社成员关系的一种内在力量，因此血缘的纽带不会轻易松弛。公社中原有的家长的管理或者统治的形式，又直接演变为专制制度，成为国家的基本制度；而这一制度亟须公法的支持，故公法乘势坐大。

中国国家形成之初，无论国家组织还是思想观念，都带有浓厚的血缘色彩。统治阶级内部仍在一定程度上按血缘关系的亲疏远近来确定社会成员的社会地位，并按照氏族家长制的传统方式来管理社会组织和国家，其典型就是效法家长制的集权统治模式成为治国的基本模式。这一特点深深影响了此后数千年的中国政治与法律制度。

在漫长的古代中国，氏族公社残余长期存在，以父系为核心的宗法氏族组织主导着社会基本结构，该模式长期发挥着惯性作用。从先秦到秦汉，直至清末，宗法氏族组织都是中国古代社会的核心组织模式，即便受法家影响而主张"一断于法"的秦代亦难以完全摆脱。在这种情况下，以家长制为特征的集权统治成为基本统治方式。家长制的特征是伦理性的。家长对家庭的控制以伦理规则为前提，要求各色家庭成员尊重其权威，并将这种尊重或服从视为伦理性义务。

2. 社会的基本组成单位——宗法制度

"宗"在中国古代社会常与"族"连在一起，合称"宗族"，但"宗"与"族"具有不同的含义。"族"是与一个人有血缘关系的所有人的集合，"宗"是供奉同一始祖的所有族人。① 生民之初，由于智识尚谈不到进化，为了生存，一群人聚集在一起。其中母与子的关系基于本能不同于其他关系。随着人类智识能力的发展，渐渐由知道母亲到与同一母亲之人再到与母亲同一母亲之人，由此产生了亲族观念。社会发展到父系氏族后期，便有根据父系血缘来维护家长世袭权力的传统。围绕男性家长，按照与家长血缘远近亲疏来确定其在家族或宗族中的地位。在夏商两代，这种按照血缘确定身份的做法得以保留下来，更与国家政权紧密结合在一起，只不过这种做法纯本乎传统和习俗，其确定性并不是那么明显，而且在国家中也没能得到彻底的贯彻。套用哈耶克的话来说，这还是属于秩序的"自生自发"状态。为了改变由这种不确定和不彻底所导致的社会不安定局面，以周公为代表的周初统治者将这种用血缘关系确定个人身份的做法进行"组织化"。②

这种组织化的具体内容如何？即规定宗法。宗有大小之分。关于周代宗法的主要内容，见于《礼记·大传》，曰："别子为祖，继别为宗，继祢者为小宗。有百世不迁之宗，有五世则迁之宗。百世不迁者，别子之后也。宗其继别子之所自出者，百世不迁者也。宗其继高祖者，五世则迁者也。"③ 该制度还规定，由小宗所派生的"亲族之远近，则自六世而往，皆为路人矣"④。周代天子与诸侯之关系，实多宗族之关系，即使那些少数功臣受封为诸侯的，周朝统治者也拟制了相同的宗族关系，即通过联姻，成为甥舅关系而纳入宗法范围。宗法因此覆盖了整个社会生活而无遗漏矣。周王为周族之王，自称天子，奉祀周族的始祖，称"大宗"，由其嫡长子继承天子之位。其余儿子大多分封为诸侯，对天子是"小宗"，在其本国则为"大

---

① 参考吕思勉《中国制度史》，上海教育出版社 2002 年版，第 294 页。

② 参考［英］弗里德利希·冯·哈耶克《法律、立法与自由》（第一卷），"导论"，邓正来等译，中国大百科全书出版社 2000 年版。

③ （汉）郑玄注，（唐）孔颖达正义：《礼记正义》，吕友仁整理，上海古籍出版社 2008 年版，第 1363 页。

④ 吕思勉：《中国制度史》，上海教育出版社 2002 年版，第 295 页。

宗"。诸侯也由其嫡长子继位，其余儿子也大多被封为卿或大夫。这些卿或大夫，在其本家为"大宗"，对诸侯为"小宗"。由此类推，层层分封，在全国的贵族内部形成以周天子为中心的森严等级体系。就这样，国家政权即与宗法族权结合在一起。

宗法制度确立以后，最主要的问题就是通过一系列的行为规范来确定上下等级之间的权利义务关系。这些行为规范，统称为礼。此即所谓的"周公制礼"。

尽管西周所确定的宗法制度到春秋战国时代遭到破坏，自战国开始，列国尤其秦废除封建而实行郡县，政治体制的结构摆脱严格意义上宗法制的限制。但作为行为规范的礼，尤其是礼的背后体现的"亲亲""尊尊"观念大部分保留下来，成为整个中国传统社会的重要行为指南和价值判断准则。到晚清，法律改革中尚爆发了礼法之争，更足以说明由宗法所产生的礼对于传统中国社会的重要性。

3. 社会的基本政治制度——君主专制制度

（1）君主专制制度的产生与不断强化。试考察中国历史上第一个君主专制主义统一国家——秦朝。秦朝虽然只有短短十五年就二世而亡，但秦之统一，实奠定此后两千年来中国的国家雏形。首先，秦帝国统一，初步确立了中国的版图。秦灭六国，秦始皇二十六年（前 221 年）分天下为三十六郡，合内史为三十七个统县政区。[①] 后代王朝虽然随着其实力的增减，版图时有放大缩小之别，但主要部分则于此时基本定型。其次，中华民族初步形成。春秋时华夷杂处，经过战国时各诸侯国的开拓疆土、同化蛮夷，[②] 到秦统一，中国人"群居生息于同一版图，沐浴寝馈于同一文化，以中国人治理

---

① 参见周振鹤、李晓杰、张莉《中国行政区划通史·秦汉卷（上）》，复旦大学出版社 2017 年版，第 12 页。

② 据钱穆考证，"春秋时华夷杂处之大势，粗略言之，徐有淮夷，青有莱夷，雍有犬戎、义渠，豫有陆浑之戎，冀有鲜虞、赤狄、白狄、山戎，荆扬有蛮。经春秋至战国，西北诸国有渐次城郭化者，亦有渐次驱逐而北避者。秦、赵、燕三国竞务拓边，燕开渔阳、右北平、上谷、辽西、辽东诸郡；赵灭中山，开雁门、代、云中诸郡；秦开九原、陇西、北地诸郡，魏开上郡亦入秦。中央诸戎则以韩、魏灭伊、洛诸戎，楚破南阳九夷而渐就消灭。东方淮海诸夷，率与诸夏同化。南方则有楚、越两国之开地。大抵今浙江、福建两省为越人所辟，湖南、云贵为楚所辟。巴、蜀则开于秦。两广、安南则在秦并六国后始为中国郡县"。钱穆：《国史大纲》，商务印书馆 1996 年修订版，第 116—117 页。

中国疆土，发展中国文化，盖自此始大定其基础"①。最后，创建中国的基本政治制度。在中央，建立皇帝为核心的专制制度；在地方，不行传统的分封制度而实行郡县制度，由中央派遣有一定任期的官员到地方，代表中央政府进行管理，强化了中央对地方的控制与管理，保持了国家政权的统一。② 自秦亡之后的整个中国传统社会，中央政府的皇帝专制制度一直得到保留，并随着专制主义的发展和完善而得到强化。在地方，尽管不时仍有分封与郡县之间的争论（唐代之前尤其多见），作为地方政权组织的郡县名称也时有变化，但作为一种主要趋势，仍然是由中央政府派遣有任期的官员直接治理地方。所以，不少历史学者都同意"二千年来之政，秦政也"③ 这样的论断。

（2）君主专制制度的影响。中国的君主专制主义是传统社会政治领域最明显的特征，它作为国之"大经大法"而凌驾于其他一切政治制度之上，后者多是由君主专制所派生并为其服务的。中国传统社会的政治思想、法律思想乃至所有的思想意识，如果对君主专制有利，则有可能得到当权者的倡导而获得发展的可能；如果对君主专制有直接或间接的抨击，则往往会被视为思想"异端"，轻则被迫退出公共话语空间而进入私人话语领域，重则因言获罪，毁书绝版，身陷文字狱而受野蛮刑罚的摧残。又如传统政治中一度存在君、相权力的冲突，最终也以相权失败而告终。

4. 社会的官方意识形态——从儒法对立到儒学独尊及其他

要理解东方国家的法律制度，必须研究隐藏于其背后的东方传统法律文化。文化冲突理论告诉我们，法是一种表现主流社会价值理念的文化现象。法文化反映着特定文化背景下人们对法的价值的认识与情感，特别是民族传统文化中所孕育的法的特定价值。因此，文化的共同体意识也是形成共同法律体系的基础。

中国法文化的基本思想是儒家思想，"中国民族的传统的法心理属于儒

---

① 钱穆：《国史大纲》，商务印书馆 1996 年修订版，第 117 页。

② 学术界一般认为周朝的统一和秦朝的统一并不一样。按照钱穆的说法，周代是封建的统一，秦是郡县的统一。参见钱穆《中国文化史导论》，商务印书馆 1994 年修订版，第 94 页。

③ （清）谭嗣同：《仁学》，收入《谭嗣同全集》，生活·读书·新知三联书店 1954 年版，第 54 页。

家伦理型"①。法家的功利主义、道家的清静无为等传统思想也参与塑造中国法文化的多样性。

早在春秋战国这个"礼崩乐坏"的变革时期，"百家"学说出现，竞相入世，以图游说各诸侯国君主以使天下归于一。结果主张功利和绝对专制主义的法家借助秦国统一中国而获得成功。但秦帝国"以吏为师"，将法家学说上升为帝国意识形态之后，对整个国家进行全面的整合与控制，统治的严苛使得秦二世而亡。②

汉帝国建立之初，刘邦在陆贾的建议之下，承认"行仁义，法先圣"③的道理。到文景二帝以及汉武帝前期，主张"无为而治"的黄老思想一直处于占统治地位的意识形态。

但此期，儒家思想也在新形势下发生微妙变化，像贾谊等儒者鉴于秦代儒生固守理想主义所付出的"被坑"代价，为了诱使当权者采纳其主张，刻意强调"制事者因其则，服药者因其良，书不必起仲尼之门，药不必出扁鹊之方，合之者善，可以为法，因世而权行"④。因而，儒家知识分子注意到权变的重要性，不再死守固有的道德理想主义，渐渐有了实用的入世倾向。

到汉武帝时期，随着国力的强盛，黄老的"无为而治"思想作为国家的意识形态渐渐不合时宜，儒家有抬头的趋势，如布衣出身的儒者公孙弘曾在武帝时担任丞相一职。当此之时，儒家学者董仲舒对儒家学说进行改造，使之适应作为国家意识形态的需要。简而言之，董仲舒对儒家思想的改造可分为三个方面。

首先，针对原始儒家对形而上的宇宙本源"天"阐释的薄弱，使得其所主张的道德学说和礼乐制度的终极根据有所缺乏，终难以使人信服的弱

---

① 俞荣根：《儒家法思想通论》，广西人民出版社 1998 年版，第 26 页。

② 关于秦帝国与法家重刑主义之关系，《汉书·刑法志》认为，"陵夷至于战国，韩任申子，秦用商鞅，连相坐之法，造参夷之诛，增加肉刑、大辟，有凿颠、抽胁、镬亨之刑。至于秦始皇，兼吞战国，遂毁先王之法，灭礼谊之官，专任刑罚，躬操文墨，昼断狱，夜理书，自程决事，日县石之一。而奸邪并生，赭衣塞路，囹圄成市，天下愁怨，溃而叛之"。（汉）班固：《汉书》，中华书局 1962 年版，第 106 页。

③ （汉）司马迁：《史记》，中华书局 2014 年版，第 3270 页。

④ （汉）贾谊：《新语校注》，王利器校注，中华书局 1986 年版，第 44 页。

点，董仲舒重新阐释了"天"的观念，"天者，群物之祖也，故遍覆包函而
无所殊，建日月风雨以和之，经阴阳寒暑以成之，故圣人法天而立道"①。
"天"在此意义上是宇宙间所有秩序的本原。"天"的中心与本原则是
"元"，"元"即是"一"。董氏更借助天象与阴阳五行的观念来解释人间现
象，主张人有善恶，治理则应刑德相配。"天"还不仅在空间上具有根本意
义，在时间上亦复如此，"法古"成为世间秩序在历史上的依据，儒家传承
的经传承成为知识的主要来源。

其次，董仲舒在"天"的基础上重新梳理了"天人关系"，认为"为生
不能为人，为人者天也，人之人本于天"②，天对人的作用主要表现于
"性"。由于每个人吸收了不同的"天性"，故人生而具备不同的"性"，需
要后天的教养。由于"天"生人之初就"使人生义与利"，为了不让"义"
被"利"所遮蔽，因此需要用儒家思想中合于"天"的阴阳五行的"纲常"
为准则进行教化，并规范行为。

最后，君主权力合于"天"，具有至高无上性，但他应该按照"天"所
生人的禀赋进行管理，一方面是制定法律，用刑律威慑，另一方面是按照儒
家经典的指导进行教化，但教化是首要的。

经过董仲舒的改造，儒家学说终于形成"理路贯通、兼备形上形下、可
以实用于社会的国家意识形态，完成了从理想主义到现实主义的过渡"③。
到汉武帝建元元年（前140年）冬十月，董仲舒向汉武帝建策，提出"《春
秋》大一统者，天地之常经，古今之通谊也。今师异道，人异论，百家殊
方，指意不同，是以上亡以持一统，法制数变，下不知所守。臣愚以为诸不
在六艺之科、孔子之术者，皆绝其道，勿使并进。邪辟之说灭息，然后统纪
可一而法度可明，民知所从矣"④。汉武帝采纳了董氏建议。此即"罢黜百
家，独尊儒术"。儒学被"官学化"。

从此之后，儒家思想成为中国传统社会的主流意识形态，并在官方的倡

---

① （汉）班固：《汉书·董仲舒传》，中华书局1962年版，第2515页。
② （清）苏舆：《春秋繁露义证》，钟哲点校，中华书局1992年版，第318页。
③ 葛兆光：《中国思想史——七世纪前中国的知识、思想与信仰世界》，复旦大学出版社2001
年版，第265—266页。
④ （汉）班固：《汉书·董仲舒传》，中华书局1962年版，第2523页。

导下深深影响了民间。可以说，在此后的中国传统社会，无一人能完全脱离儒家之影响。

（三）中国古代法的世俗性、伦理性特征

1. 中国古代法的世俗性

张金鉴将中华法系的特色之一归纳为理性主义，以区别于一般古代法的"神授"主义。[1] 他认为中国传统法律须依据理性而制定，以天理作为法的理论依据，并以合乎天理作为立法的指导思想。其目的在于维持正义，因此有效的法律必须是公平合理的正当法律。所谓理性者，即"天理"与"公理"。天指自然，不具有宗教神秘、迷信色彩，这使中国古代法区别于一般古代法的神授主义，十分可贵。天理、国法、人情三者是维系社会秩序的三大要素，但人情符合王道，国法本于天理仍反映出公平正直的理性。也就是说，法律应合乎天理，实际意义在于要求法律要顺乎人情，合情合理，以此提高法律的威信和强制力。天理决定法律的思想富有哲学意味，从实际出发，面向现实，在一定程度上类似于欧洲中世纪自然法学派的理论，而与法律精神为强权说、契约说、关系说、模仿说、功利说均有所不同。这种特征的出现与如下要素有关。

（1）从经济上看，是大河文明背景下产生的经验型农业与小农经济的自给自足性所致。由于抗御自然灾害的需要——对公共权力机关的依赖性，使世俗社会的公权力迅速发达，相对而言，其亦压制了教权。在中国历史上，从来不存在所谓的教权对政权的控制问题，甚至不存在系统的独立宗教组织。

（2）从政治上看，农村公社残余的存在，使其控制社会的模式依然存在巨大惯性，即从父系氏族社会组织发展到父家长式的集权政权，对宗教多出于利用而不是真正的崇拜，更不容其超越君权。所以，中国古代的"神判"很早就退出历史舞台的核心区，巫、史、占卜者等皆为统治之具，不具有立法权，其法律解释权也早已受到限制。维护君主专制主义的政治统治地位是中国古代法存在和发展的主要目的。

---

[1] 张金鉴：《中国法制史概要》，台北正中书局 1974 年版，第 2—4 页。

（3）从思想上看，梁漱溟指出："中国缺乏宗教，中国人淡于宗教，伟大的宗教在中国没有产生过，有则均为外来。中国有的就是伦理。"[1] 这是因为中国缺少产生宗教的合适土壤——单纯农耕经济的现实性、功利性，压抑了民族的超现实幻想。中国古代特别推崇、渲染世俗思想，并把它作为国家的主要指导思想，而非宗教思想。所以，历史上儒、道、释三教均以能服务于人主为殊荣，最终沦落为专制主义的工具。

以上原因共同决定了中国法只能是世俗法而非宗教法。

2. 中国古代法的伦理性

农业社会的结构反映在中国历代法律中的精神即为家族本位。在中国历史上，国家与个人的关系从未成为政治思想上的严重问题或争辩中心。同时，独裁者的极权主义或绝对自由的个人主义，两者均不见容于中国传统的政治思想。此种情形，实为家族组织居间调剂之故。既然政教（化）合一，政治中心不离于伦常，而伦常的中心则围绕着家族，故家族主义是中国政治的出发点、施政的中心。所谓"天下之本在国，国之本在家"[2]；"家齐而后国治，国治而后天下平"[3] 即是。这种伦常关系反映于法律，就使法律具有伦理性特征，并通过具有尊卑等级的各种法律制度设计（核心为官民之分、良贱鸿沟、家族成员的尊卑长幼之别等）予以落实。

伦理性强调单向义务，"峻礼教之防，准五服以制罪"，刑以弼教，法以济礼，法律具有一准乎礼的伦理性特征。尽管这种判断多被用于隋唐律，但这种伦理性诉求非为儒家所独有。考诸以法家为指导思想的秦律，维护伦理性仍然是法律的重要功能。[4] 这不仅体现在秦律严厉打击杀害、殴詈父母

---

① 梁漱溟：《文化是整体还是可以零售》，《世界经济导报》1988 年 9 月 19 日第 10 版。

② 杨伯峻译注：《孟子译注》，中华书局 1960 年版，第 167 页。

③ （汉）郑玄注，（唐）孔颖达正义：《礼记正义》，吕友仁整理，上海古籍出版社 2008 年版，第 2237 页。

④ 参见崔永东《从竹简看儒法两家法律思想的法律化》，收入氏著《简帛文献与古代法文化》，湖北教育出版社 2003 年版，第 212—266 页；孙家洲《试论战国、秦、汉时期立法指导思想的演变》，《杭州师院学报》（社会科学版）1986 年第 1 期；杨振红《从出土秦汉律看中国古代的"礼"、"法"观念及其法律体现》，《中国史研究》2010 年第 4 期。

祖父母和不孝等行为，而且体现在秦律对家长权的承认上。① 这种情况的出现应当源自先秦时期这些被视为理所当然的伦理观念，② 或者说日用而不知。③ 无论何种学派都无法完全否定伦理性对法律应有的影响。至法律儒家化后，伦理性对中国传统法律的影响得到进一步强化，成为贯穿整个中国法律史的价值主线。

以现代的眼光看待，中国古代的家族、社会伦常关系本为涉及私权的民法问题。但对于乱伦失序问题，我国古代从不轻易视为私人损失，而认为是对社会的严重威胁，必由国家施以刑罚。如此一来，私权为公益所掩盖，个人被社会所统化。

以伦理性处理诸种社会问题，就不得不面对非家族性的伦理关系。伦理的基础主要以家族为前提，面对非血缘性的人际关系，中国传统往往会将之转化为伦理性关系。无论是以婚姻为基础的姻亲关系，还是非姻亲类的上下级、师徒等都被拟制伦理化。以唐律为例，按照《唐律疏议·名例律》"十恶"条不义的规定，国官邑官与府主、吏卒与官长、学生与见受业师等都被用"义"的伦理连接在一起；按照《唐律疏议·名例律》"称道士女冠"条的规定，"诸称'道士'、'女官'者，僧、尼同。若于其师，与伯叔父母同"，④ 虽然出家人与世俗之人的亲缘关系被割断，但却又被纳入另一种拟制的亲缘关系中，从而仍旧受伦理性的影响。高明士认为，中国传统法律的伦理关系可以分为亲属关系和义合关系，两者在律令制度下共同塑造了一种"大家庭结构的秩序"。⑤ 无论何种关系，中国传统法律都习惯于透过伦理性将之编织在一起，并使用强制力予以规范。

---

① 比如，睡虎地秦简《法律答问》载："免老告人以为不孝，谒杀，当三环（原）之不？不当环（原），亟执勿失。"睡虎地秦墓竹简整理小组：《睡虎地秦墓竹简》，文物出版社 1990 年版，第 117 页。谒杀可以视为对家长权的承认，虽然父母不能私自处死，但是可以送交官府请求处死。

② 参见孙家红《关于"子孙违犯教令"的历史考察——一个微观法史学的尝试》，社会科学文献出版社 2013 年版，第 42 页。

③ 参见葛兆光《中国思想史》，复旦大学出版社 2001 年版，"导论"第 14 页。

④ （唐）长孙无忌等：《唐律疏议》，刘俊文点校，中华书局 1983 年版，第 143—144 页。

⑤ 参见高明士《"义"与非血缘人伦秩序——以唐律所见义合与义绝为例》，《法律史译评》第八卷，中西书局 2020 年版，第 263—284 页。

二 佛教对中国古代社会、文化观念、法律意识的影响概论

佛教东传后，以其独有的魅力迅速在中国生根发芽，并成为中国古代最具影响力的宗教之一。总的来说，佛教的意识形态与中国传统价值格格不入：佛教主张众生平等，中国传统主张等差有序；佛教主张慈悲为怀，中国传统主张教化与刑罚相结合；佛教主张个体体验，中国传统主张家族伦理；佛教主张出世，中国传统主张入世，诸如此类不一而足。巨大差异并未给佛教东传造成隔绝，反而是中华文明以其包容性将佛教融入自身。这种交融是相互的，佛教之所以能够融入中国，很大程度上是因为其对自身进行了改变；与此同时，佛教也在相当程度上影响了中国的政治、经济与文化。

（一）佛教的传入与本土化

佛教于公元前6—前5世纪兴起于古印度。① 有关佛教传入中国的时间有很多传说，但一般认为其大约在两汉之际传入。② 最早，佛教主要在上层社会流传，依附于黄老神仙之术，被视为道术的一种，因此为上层人士所热衷。按《后汉书·光武十王列传》载，楚王英"少时好游侠，交通宾客，晚节更喜黄老，学为浮屠斋戒祭祀"③。这是东汉开始信奉佛教的重要证据。佛教早期的传播较为缓慢，但是东汉末年的社会动荡乃至魏晋南北朝的分裂与战争为佛教的流行奠定了深厚的精神土壤，苦难中的人们不可避免地借助宗教以获得慰藉与希望。

东汉末年，佛教的影响力开始扩张。《后汉书·陶谦传》载："同郡人笮融，聚众数百，往依于谦，谦使督广陵、下邳、彭城运粮。遂断三郡委输，大起浮屠寺。上累金盘，下为重楼，又堂阁周回，可容三千许人，作黄

---

① 参见杜继文主编《佛教史》，江苏人民出版社2008年版，第1页。
② 参见任继愈《中国佛教史》第一卷，中国社会科学出版社1985年版，第1页。
③ （南朝宋）范晔：《后汉书》，中华书局1965年版，第1428页。

金涂像，衣以锦綵。每浴佛，辄多设饮饭，布席于路，其有就食及观者且万余人。"① 当此之时，较大规模的佛教寺庙已经开始兴建，而且获得不少信众。到两晋时期，佛教不仅影响到社会诸多阶层，而且还受到最高统治者的青睐。《晋书·简文三子·会稽文孝王道子传》载："中书令王国宝性卑佞，特为道子所宠昵。官以贿迁，政刑谬乱。又崇信浮屠之学，用度奢侈，下不堪命。"②《晋书·恭帝纪》又载："（晋恭帝）其后复深信浮屠道，铸货千万，造丈六金像，亲于瓦官寺迎之，步从十许里。"③ 到南北朝时期，佛教的影响开始深入中国社会的各个方面，并且受到统治者的大力支持。尽管曾一度出现北魏太武帝、北周武帝等的灭佛运动，但是佛教仍然在嗣后的隋唐时期达到高峰。唐代后，佛教一度有所衰落，但元代统治者却又对佛教采取推动政策。自明代之后，统治者对佛教采取限缩政策，佛教的发展进入新阶段。

在佛教东传的过程中，两个文明之间的冲突也开始爆发。佛教徒髡发异服，与本土人的形象绝然不同。更重要的是，作为一种入侵的新意识形态，佛教带有强烈的伦理性。产生在农耕文明基础上的中华文明也带有强烈的伦理性，汉武帝独尊儒术后这一点变得更加鲜明。伦理之争是诸神之战，必然带来激烈冲突。面对外来文明，中国传统士大夫毅然站出来捍卫自己所坚持的价值理念。相对应的，佛教徒则必然需要回击，这样才能争取自身的生存空间。其中，《牟子理惑论》就被认为是佛教徒回应中国传统文明非难时所产生的早期作品。不过，这种冲突在早期并不严重。这可能与政府的早期佛教政策有关。在佛教传入的早期，政府并不允许本土人出家。④《高僧传·佛图澄传》载："唯听西域人得立寺都邑，以奉其神，其汉人皆不许出家。"⑤《旧唐书·傅奕传》也载："西晋以上，国有严科，不

---

① （南朝宋）范晔：《后汉书》，中华书局 1965 年版，第 2368 页。

② （唐）房玄龄等撰：《晋书》，中华书局 1974 年版，第 1733 页。

③ （唐）房玄龄等撰：《晋书》，中华书局 1974 年版，第 270 页。

④ 参见李力《出家·犯罪·立契——1—6 世纪"僧人与法律"问题的初步考察》，《法制史研究》第 17 期。

⑤ （南朝梁）释慧皎：《高僧传》，汤用彤校注，中华书局 1992 年版，第 352 页。

许中国之人，辄行髡发之事。"① 虽然不能排除有人私自出家的现象，但在这种情况下，佛教与中国传统伦理之间的冲突恐怕是有限的。

随着佛教影响的深入，本土人信奉乃至出家的现象变难以控制。无论是在传统理念上，还是在法律制度中，本土人出家的现象意味着他们的行为与法律之间产生极为严重的冲突。例如，从个体行为上来看，佛教徒需要髡发异服。其毁损须发的行为，与儒家伦理的"身体发肤，受之父母"② 相悖，轻易毁伤者会被视为触犯不孝这一法律与伦理的大忌。从严格执法的角度出发，将面临是否要处罚佛教徒的问题。再如，从集体行为上来看，佛教徒以戒律作为自身的生活标准，出世的价值理念要求僧团应当以自治作为主要活动模式。但在"溥天之下，莫非王土。率土之滨，莫非王臣"③ 的理念下，管理与控制僧团是统治者的诉求。教权与王权在这种情况下就产生激烈的冲突。例如，自东晋成帝时庾冰提出以后，沙门应否致拜君王就成为这种冲突的典型表现。

面对来自本土伦理观念的非难，佛教徒积极推动佛教伦理、行为模式等的本土化，以此来减少佛教传播的阻碍。可以说，正是在实现本土化的基础上，佛教才能在中国古代为各阶层所普遍接受，并产生巨大影响。佛教的本土化大约可以分为三种情况。

第一，自我变革，佛教徒积极变革自身与政治统治者之间的关系。例如，在沙门应否致拜君父的问题上，佛教徒曾经坚持认为自身是方外之宾，不应受世俗统治者的干涉。④ 但是在现实面前，道安认为："不依国主，则法事难立，又教化之体，宜令广布。"⑤《魏书·释老志》载道武帝时："法果每言太祖明叡好道，即是当今如来，沙门宜应尽礼，遂常致拜。谓人曰：

---

① （后晋）刘昫：《旧唐书》，中华书局 1975 年版，第 2716 页。

② （唐）李隆基注、（宋）邢昺疏：《孝经注疏》，金良年整理，上海古籍出版社 2009 年版，第 4 页。

③ ［日］竹添光鸿：《毛诗会笺》，台北大通书局 1975 年版，第 1363 页。

④ （晋）慧远：《沙门不敬王者论》，收入（南朝梁）僧祐撰，李小荣校笺《弘明集校笺》，上海古籍出版社 2013 年版，第 254—272 页。

⑤ （梁）释慧皎：《高僧传》，汤用彤校注，中华书局 1992 年版，第 178 页。

'能鸿道者人主也，我非拜天子，乃是礼佛耳。'"① 僧侣的这些妥协缓和了佛教与统治者之间的冲突，得到统治者的更大认同。而来自统治者的支持是推动佛教在整个中国古代发展的最重要力量。当然，一旦佛教威胁到政治统治时，统治者也不会心慈手软。

第二，深入挖掘，佛教徒对契合中国传统理念的理论资源进行深入研究，寻求两者之间的契合点，进而化解来自传统伦理的压力。在儒道释的历次论争中，佛教徒们十分擅长寻找与中国传统伦理相合的佛教理念。在《弘明集》《广弘明集》等所记载的文献中，面对儒道的攻击，佛教徒们往往以佛理比拟儒道之理，以释迦比拟孔子、老子等。② 外来文明与本土文明的冲突被转变为圣贤之间的对话。有学者总结提出，佛教徒所力证的一点即为"僧人所力倡的德行与儒家名教的基本原则并没有根本区别；佛教是儒家与道家思想之最完美的结合"③。人类文明的相似性被转变为佛教在中国生根的依据。再举一例，佛教的孝观念被放大。中国传统伦理对佛教最重要的批评就是无父无君。但是佛教理论中也有关于尊君重父的思想，如《阿阇世王问五逆经》载，佛教的五逆罪为"杀父、杀母、害阿罗汉、斗乱众僧、起恶意于如来所"④。这种理念在来到中国后被更大程度地发掘出来。

第三，随时吸收，佛教徒根据不同时代所产生的新变化不断进行自我改良。自传入中国后，佛教不断发生变化。这种变化不仅是迎合中国传统观念产生的，而且随着中国社会的变化而变化。例如，农禅结合的出现就与会昌灭佛后佛教经济的衰落有深刻联系。⑤ 更进一步说，农禅合一的出现本质上是对佛教戒律的修正。农业生产对生物的潜在伤害使得戒律禁止佛教徒从事此类活动，⑥ 但是面对政治、经济现实的改变，中国的佛教徒们积极进行自

---

① （北齐）魏收：《魏书》，中华书局 2017 年版，第 3293 页。

② 在这个过程中，佛教徒还创造出格义这种方式，用儒道经典中的名词、概念等阐述佛教思想。参见刘立夫《论格义的本义及其引申》，《宗教学研究》2000 年第 2 期。

③ ［荷］许理和：《佛教征服中国》，李四龙等译，江苏人民出版社 2017 年版，第 373 页。

④ 《阿阇世王问五逆经》，收入大正新修大藏经刊行会《大正新修大藏经》第十四册，台北新文丰出版有限公司 1983 年版，第 775 页下。

⑤ 参见何蓉《佛教寺院经济及其影响初探》，《社会学研究》2007 年第 4 期。

⑥ 参见王建光《禅宗农业的形成与发展》，《中国农史》2005 年第 4 期。

我改革，努力适应，从而创造出一种新的生活方式。中国历代佛教徒为了应对中国社会的变迁不断修正佛教的理念、生活方式等，为自身的长久发展奠定了基础。

佛教的本土化为其化解了诸多难题，也为佛教在中国的发展奠定了基础。当然，这种本土化现象并非完全主动的。历代统治者对佛教的规制也加速了其本土化过程，甚至直接改变佛教的某些规定，例如设立度牒制度以加强对出家的限制等。在这种意义上，佛教之所以会本土化不仅因其面临来自儒道的非难，更重要的是遭遇到国家的直接压力。不过，随着佛教中国化的不断发展，佛教与中国传统文化紧紧连接在一起，中国传统中的很多东西已经无从分辨究竟源自本土还是受到佛教影响。

（二）佛教对中国古代社会的影响

佛教在中国的发展以其本土化为前提，但一旦落地发芽后，佛教也反过来对中国古代社会的政治、经济、文化等都产生了影响。"佛教中国化过程既是佛教不断适应中国社会的过程，同时也是中华文化对外来的佛教文化的创造性吸收和发展的过程。"① 中国传统社会的方方面面都牵涉在内，随着儒道释三教合流，内外文明的交叉使得这些内容很难辨识。但是透过对历史发展轨迹的梳理，我们仍然可以从中窥见一斑。

在政治上，中国古代的政治体制、法律制度等都受到佛教的影响。佛教的政治理念与中国传统政治理念并不相同，其君权民授、政教合一、维护三宝等政治理念②显然无法被中国传统政治体制所完全容纳。但是，佛教仍然通过其他方式对中国古代政治产生影响。第一，尽管佛教徒宣称自己是方外之人，但很多佛教徒却与中国古代的政治密切相连。自魏晋南北朝以来，不少佛教徒都热衷于参与政治，③ 甚至对政治进程产生过影响。④ 第二，佛教的出现使中国古代的统治者不得不思考政治上的应对方式。在统治者看来，

---

① 纪华传：《坚持佛教中国化的历史根源与时代意义》，《世界宗教文化》2017 年第 5 期。

② 参见王永会《佛教政治哲学简论》，《社会科学研究》2000 年第 3 期。

③ 参见方立天《佛教与中国政治》，《社会科学战线》1987 年第 2 期。

④ 比如佛教徒在刘裕称帝过程中发生的作用。参见杨耀坤《刘宋初期的皇权政治与佛教》，《四川大学学报》（哲学社会科学版）1997 年第 1 期。

佛教徒仍然是王化下的臣民，规制僧侣被认为是国家的权力。晋代开始就设立僧官管理僧团。① 只是管理的依据既可以来自佛教戒律，也可能来自国家法律。再如，唐宋时作为僧尼身份证明的度牒制度的完善，也是国家对僧侣管制方式的深化。第三，佛教成为政治正当性的重要依据之一。比如，《隋书·文帝纪》等史料浓墨重彩地铺陈隋文帝杨坚与佛教的深厚渊源，隋文帝夺取政权的做法在其中被描述为君权神授。而隋唐的统治者们也热衷于把自身描述为佛教转轮王，进而获取双重天命的正当性依据。② 第四，佛教对中国法律制度等也产生深远影响，这是本书描述的重点，在此不再赘述。

在经济上，佛教对中国古代的经济结构、活动方式等产生过影响。第一，佛教寺院经济的出现与发展。随着佛教立足与迅速传播，其开始以寺院为基础大量吸纳人、财、物等资源。这使得自魏晋南北朝开始，寺院经济就成为中古经济的重要组成部分，"南北朝时期的寺院地主经济正是以其独有的特征，构成地主经济的特殊一翼，并在南北朝的社会和政治生活中发挥了它的独特作用"③。虽然经历过两次灭佛的打击与战乱，但到隋唐时期，寺院经济仍然达到高峰。④ 由于寺院经济的庞大，其成为整个中国经济的重要组成部分，影响了中国的经济形态。第二，佛教在中国古代多种经济方式的发展中扮演了重要角色。例如，佛教在中国传统典当制度的形成中发挥了重要作用。⑤《魏书·释老志》载："（北魏宣武帝）永平四年（511）夏，诏曰：'僧祇之粟，本期济施，俭年出贷，丰则收入。山林僧尼，随以给施；民有窘弊，亦即赈之……"⑥ 这被认为是典当制度出现的重要证据。又如唐

① 参见谢重光《中古佛教僧官制度和社会生活》，商务印书馆 2009 年版，第 11—12 页。

② 参见孙英刚《转轮王与皇帝：佛教对中古君主概念的影响》，《社会科学战线》2013 年第 11 期。

③ 参见简修炜、庄明辉《南北朝时期寺院地主经济与世俗地主经济的比较研究》，《学术月刊》1988 年第 11 期。

④ 参见何蓉《佛教寺院经济及其影响初探》，《社会学研究》2007 年第 4 期。

⑤ 参见吴向红《典之风俗与典之法律》，《福建师范大学学报》（哲学社会科学版）2007 年第 2 期；周建波《佛教寺院金融与中国金融业的发展》，《世界宗教研究》2018 年第 2 期。

⑥ （北齐）魏收：《魏书》，中华书局 2017 年版，第 3303 页。

代开始寺院有唱衣活动，这是一种特有的拍卖制度。① 再如，佛教还直接参与商品经济活动。如《燕翼诒谋录》载："东京大相国寺乃瓦市也，僧房散处，而中庭两庑可容万人，凡商旅交易，皆萃其中，四方趋京师以货物求售转售他物者，必由于此。"② 佛教的世俗化，使其逐渐内化于中国古代的经济生活中，对中国古代经济的影响不可谓不深入。

在文化上，佛教逐渐成为中国人日常生活的一部分，成为古代乃至现代中国人文化行为与文化观念的重要组成部分。第一，佛教对中国传统中的文化行为产生影响。在佛教传入过程中，中国人某些传统的行为模式开始发生改变。例如，佛教对我们的日常生活用语等产生了很大影响，诸如所有、别人、庄严等词汇都源自佛教。③ 又如，佛教的节日开始为中国人所纪念，这不仅体现在断屠日月的形成，④ 而且体现在佛诞日等逐渐成为中国人的重要节日。⑤ 再如，中国人的丧葬习俗等也因为佛教发生重要变化，⑥ 不仅丧葬仪式中的佛教要素显著增多，而且佛教徒自身的火葬形式也被理解和接纳。第二，佛教对中国传统中的文化观念产生影响，比如报应观念、地狱观念、平等观念等。中国传统中已经存在报应观念和地狱观念等。《周易·坤卦》云："积善之家，必有余庆；积不善之家，必有余殃。"⑦ 这种报应观念在佛教报应论的基础上得到加强，报应不仅为中国人所深刻认同，而且成为日常话语的一部分。中国古代也有自身的地狱观念，佛教传入后，其地狱观念也深刻地影响了中国人的思维。⑧ 同样，佛教的平等观念对中国传统社会中平

---

① 参见刘进宝《从敦煌文书看唐五代佛教寺院的"唱衣"》，《南京师大学报》（社会科学版）2007 年第 4 期。

② （宋）王栐：《燕翼诒谋录》，诚刚点校，中华书局 1981 年版，第 20 页。

③ 详见后文第三章第一节。

④ 参见刘淑芬《中古的佛教与社会》，上海古籍出版社 2008 年版，第 75—114 页。

⑤ 参见宋立道《佛教与中国文化》，《佛学研究》2017 年第 1 期。

⑥ 参见王伟萍《论佛教在六朝的确立及其对中土丧葬观念的影响》，《云南社会科学》2015 年第 4 期。

⑦ 黄寿祺、张善文撰：《周易译注》，上海古籍出版社 2001 年版，第 33 页。

⑧ 参见杜斗城《〈地狱变相〉初探》，《敦煌学辑刊》1989 年第 1 期；陈登武《从人间世到幽冥界——唐代的法制、社会与国家》，北京大学出版社 2007 年版，第 260 页。

等观念的发展也有影响。① 第三，佛教对中国传统文化的影响在很大程度上
奠基于其世俗化。所谓佛教的世俗化，一方面是佛教的去神圣化过程，另一
方面是佛教调整自身以接近世俗社会的过程。② 自进入中国以来，佛教就不
断接近普罗大众，甚至逐渐走进大众的生活。历史地看，佛教在中国的传播
与接受是一个从上层到下层的过程，也是一个从专门化向日常化发展的过
程。例如，佛教会向大众提供经忏法式，满足人们的精神需求。"从社会功
能上来看，瑜伽教僧是以服务社会大众为主，应付他们的消灾度亡需求，从
而在与信众之间建构起市场性的供需消费关系。"③ 为大众提供这些服务是
明显的世俗化，而在这个过程中，大众能够对佛教有更高的亲和度，也就更
能接受佛教传递的文化资源。

从这些内容可以看出佛教对中国古代社会的巨大影响，很多方面已经成
为塑造整个中华文明的基础元素。当然，佛教的影响远不止于此。再试举几
例。在物质文化上，佛教对中国古代的器物发展也产生了影响，例如念珠、
如意、寺院、桥梁、椅子等建筑或生活用具等。④ 在精神文化上，我国的雕
塑与绘画艺术伴随着佛教的传入而有了很大发展，有关佛祖菩萨等的雕塑很
多都是中国历史上留存下的瑰宝，而且这些还深刻影响了中国传统的审美取
向。再比如说，中国古代的文学作品也深受佛教的影响。佛教对中国古代社
会的影响深入到方方面面，很多也为我们现在所继承，对中华文明的形成发
挥了重要作用。

（三）佛教对中国古代法律意识的影响

佛教传入后，对中国古代的法律意识也产生了很大影响。中国古代法律
是世俗的、伦理的，佛教的意识是神圣的、伦理的。正是这种冲突使佛教进
入中国的过程并不顺利。不过，随着佛教被中国统治者与社会所接受，佛教

---

① 参见夏金华《论佛教平等观的独特性及其表现与影响》，《华东师范大学学报》（哲学社会科
学版）2009 年第 3 期。

② 参见陈雷《宋代佛教世俗化的向度及其启示》，《宁夏社会科学》2019 年第 5 期。

③ 圣凯：《中国佛教信仰与生活史》，江苏人民出版社 2016 年版，第 267 页。

④ 参见［美］柯家豪《佛教对中国物质文化的影响》，赵悠等译，中西书局 2015 年版，第
117、133、190、212 页。

对中国古代的法律意识也开始产生影响。这种影响可以分为两个层面：第一，固化了某些法律意识；第二，冲击了某些法律意识。从中可以看出佛教影响的多元性。

受传统观念的影响，中国古代的法律意识具有较强的世俗性、伦理性，同时普罗大众对法律还具有一定的抵触心理，这还与中国传统的无讼观念有内在联系。只是仍需要注意的是，尽管古人对法律有所抵触，《四库全书总目提要》所谓"刑为盛世所不能废，而亦盛世所不尚"① 的观点一直为人所乐道，但秦汉时期缘法而治的思想仍然深入人心。汉宣帝所谓"汉家自有制度，本以霸王道杂之，奈何纯任德教，用周政乎"② 的说法大约可以被视为当时法律意识的集中体现。这种观念一直延续到汉末。《晋书·刑法志》载应劭云："夫国之大事，莫尚载籍也。载籍也者，决嫌疑，明是非，赏刑之宜，允执厥中，俾后之人永有鉴焉。"③ 以"载籍"作为"决嫌疑，明是非，赏刑之宜，允执厥中"的基础，可以视为秦汉法律意识的延续。这说明当时的人较为普遍地认同法律对国家和社会的重要意义。甚至否定法律的儒家士人，也会撰写律令章句，解释法律，以此表达自己的政治理念。④

只是随着独尊儒术的推进，法律的功能受到越来越多的质疑，礼教思想逐渐抬头。尽管今人对古代政治模式的论断有儒表法里之说，⑤ 但在人们的法律意识中，礼制仍然优于法制。这种礼制优于法制的思维会从根本上冲击法律的世俗性。世俗性意味着法律的工具性，法律是实现政治目的的手段。因此，《韩非子·心度》称："夫国之所以强者，政也；主之所以尊者，权也。故明君有权有政，乱君亦有权有政，积而不同，其所以立异也。故明君操权而上重，一政而国治。故法者，王之者也；刑者，爱之自也。"⑥ 但是，在礼治思想下，法律是先验的，法律之上存在更永恒的价值。故而《汉书·刑

---

① （清）纪昀：《四库全书总目提要》，河北人民出版社 2000 年版，第 2163 页。
② （汉）班固：《汉书》，中华书局 1962 年版，第 277 页。
③ （唐）房玄龄等撰：《晋书》，中华书局 1974 年版，第 920 页。
④ 龙大轩：《汉代律章句学考论》，博士学位论文，西南政法大学，2006 年。
⑤ 参见李泽厚《新版中国古代思想史论》，天津社会科学院出版社 2008 年版，第 306—321 页；秦晖《传统十论》，东方出版社 2014 年版，第 141—204 页。
⑥ （清）王先慎：《韩非子集解》，钟哲校注，中华书局 1998 年版，第 474 页。对"王之者也"的"者"字，也有版本作"本"。但顾广圻认为当作"自"。

法志》称："圣人既躬明哲之性，必通天地之心，制礼作教，立法设刑，动缘民情，而则天象地。故曰先王立礼，'则天之明，因地之性'也。刑罚威狱，以类天之震曜杀戮也；温慈惠和，以效天之生殖长育也。"① 在这种观念下，人们的法律意识会区分国家法律与先验价值，或者说国法与礼制，法律显然不是第一位的。从这种角度出发，我们可以理解何以合乎礼制思想的复仇在整个中国古代史中屡禁不止。这种礼制思想下的法律意识本质上能够为佛教所接受。

在佛教的观念中，王法与佛法之间的关系一如法律与礼制。如《法苑珠林》卷二十一《士女篇第十二》载："昔过去时，此阎浮提有一国王，名曰法增，好喜布施。持戒闻法，慈悲众生，不伤物命。正法治国，满二十年。其间闲暇，共人博戏。时有一人，犯法杀人，臣以白王。值王慕戏，脱荅之言：随国法治。即依律断，杀人应死。寻即杀之。王戏罢已，问诸臣言：罪人何所？臣荅：杀竟。王闻是语，闷绝躄地，水洒乃稣，垂泪而言：宫人妓女象马七珍，悉皆住此，唯我一人独入地狱。我今杀人，当知便是旃陀罗王。不知世世当何所趣！我今决定不须为王。即舍王位，入山自守。其后命终，生大海中，作摩竭鱼。其身长大，七百由旬。"② 按照这个解释，佛法在王法之上，按照王法执行刑罚的行为被视为对佛法的违背。这种观念对中国古代的法律意识也有深远影响。例如，《旧唐书·傅奕传》载："其有造作恶逆，身坠刑网，方乃狱中礼佛，口诵佛经，昼夜忘疲，规免其罪。"③ 尽管傅奕此言是为了否定佛教，但从中可见，时人认为诵念佛法可以消除罪孽，这不仅意味着佛法能够减轻人的再犯可能性，而且意味着佛法对刑罚的替代性。这种观念合乎中国传统"法上有法"的法律意识，能够被中国传统中否定法律功能的礼制思想所借鉴。当然，佛教对无讼观念的推动也有类似效果。④ 从这个角度出发，佛教固化了中国传统中的法律虚无主义意识。

① （汉）班固：《汉书》，中华书局1962年版，第1079页。
② （唐）释道世：《法苑珠林校注》，周叔迦、苏晋仁校注，中华书局2003年版，第687—688页。
③ （后晋）刘昫：《旧唐书》，中华书局1973年版，第2715页。
④ 详见后文第五章第二节。

除此之外，佛教的慈悲观、生命观也影响到中国古代法律意识，皇帝的赦免、法官的慎刑与活人思想等都与之有密切关系。这些制度与理念在中国法律中是固有的，但是随着佛教传播，深受佛教影响的人开始用佛教思想指导自己的行为，从而固化了传统思想。

不过，佛教与中国传统伦理的内在冲突在更大层面上冲击了法律意识。中国传统法律意识具有以家族主义为基础的伦理特征。中国古代虽然也有自己的个体主义观念，先秦的杨朱就是适例，但是杨朱的思想并未产生多大影响。相较而言，佛教理念的主张是个体主义的。《般泥洹经》卷上云："夫志行命三者，相须所作，好恶身自当之。父作不善，子不代受。子作不善，父亦不受。善自获福，恶自受殃。"① 这种以个体主义为基础的观念意味着人们可以接受罪责自负，也可以接受对国家与家族义务的拒绝。尽管佛教的个体主义在实践中存在弱化现象，② 但总的来说仍然具有十分重要的影响力。中国传统法律意识中的个体主义观念恐怕也多少受到佛教的影响。

三 中国古代国家对宗教规制的特色

（一）中国古代国家对宗教规制的概观

在中国历史发展中，夏商时期尚处于神权法时代，政权在一定程度上受制于神权。③ 随着周武灭商，以德配天的政治理念仍然带有神权法的色彩。历经春秋战国的纷争，一匡天下的秦朝推行法家思想，以统一的法制管理整个国家。神权在这种情况下成为被规制的对象。从秦汉律中可以发现，巫、祝等都由国家按照《史律》进行教育、选拔。④ 以法为教、以吏为师要求把

---

① 《般泥洹经》，收入《中华大藏经》（汉文部分）第三十三册，中华书局1988年版，第532页中。

② 比如，僧侣出家应该是出家无家，但是很多时候仍然与世俗家庭关系密切，甚至常住其中。参见鲁统彦《隋唐时期僧尼角色研究》，博士学位论文，首都师范大学，2005年。

③ 参见晁福林《试论殷代的王权与神权》，《社会科学战线》1984年第4期。

④ 参见李勤通、周东平《秦汉初期律令中的史官职业教育体系》，《现代大学教育》2016年第1期。

全体臣民都规范到法律之下，宗教也不例外。

宗教性的行为也需要按照国家法律或国家需求才具有合法性。如《史记·封禅书》载："诸此祠皆太祝常主，以岁时奉祠之。至如他名山川诸鬼及八神之属，上过则祠，去则已。郡县远方神祠者，民各自奉祠，不领于天子之祝官。祝官有秘祝，即有菑祥，辄祝祠移过于下。"① 所谓秘祝，"是每逢灾祸的征兆降临，秘祝便举行祠祭，将君主的过错转移给官员和百姓的一种行为"②。虽然汉文帝在十三年（前 167 年）废除秘祝，但仍旧能够说明国家规制宗教行为的基本原则——合乎君主利益的宗教行为才能够被国家所容忍。

但对其他宗教行为，国家持反对甚至打击态度。如《史记·孝文本纪》载孝文帝称："民或祝诅上以相约结而后相谩，吏以为大逆，其有他言，而吏又以为诽谤。此细民之愚无知抵死，朕甚不取。自今以来，有犯此者勿听治。"③ 民间祝诅被官吏严厉打击，汉文帝认为这些都是愚民无知的结果，废除了相关处罚。这说明汉初对宗教行为进行严格控制，但是汉文帝时开始有所改变。不过从两汉历史来看，对祝诅的打击仍然频频出现。再如，秦汉时期将民间非官方、非正统的祭祀视为淫祀，无论是中央还是地方都持打击态度。④

东汉末年，太平道起义、佛教的传入与发展等产生出新的规制需求。一方面，太平道之类宗教势力不受控制的弊端呈现出来；另一方面，佛教自治需求对传统宗教规制手段产生冲击。虽然统治者在早期对佛教采取较为宽容的态度，且赋予其诸多特权，但是佛教发展所导致的尾大不掉对国家政治、经济等产生很大影响。同时，佛教徒的良莠不齐也恶化了社会风气，带来很多不良后果。国家开始通过各种方式对佛教进行规制。在规制佛教的同时，道家也成为规制对象，或者说形成佛道一体规制的模式。魏晋南北朝之后，国家对佛道的规制越来越强，明代更采取限制佛教发展的策略，这些都对佛道规制产生影响。除佛道这些国家认可的宗教之外，中国古代还有很多民间

---

① （汉）司马迁：《史记》，中华书局 2014 年版，第 656—657 页。

② 参见董云香《先秦秦汉移祸巫术诸问题研究》，博士学位论文，东北师范大学，2016 年。

③ （汉）司马迁：《史记》，中华书局 2014 年版，第 537 页。

④ 参见贺科伟《移风易俗与秦汉社会》，中国社会科学出版社 2014 年版，第 175—181 页。

宗教和邪教，更需要国家进行规制以维护统治秩序。由于民间宗教与邪教被认为对生产、统治安全产生了诸多不良影响，国家包括中央和地方政府往往会采取限制或打击政策。总的来看，中国古代国家对正统宗教、民间宗教、邪教等采取了不同的规制方式，也制定了不同的法律规则。

（二）中国古代国家对正统宗教的规制

在中国古代，正统宗教主要包括佛教、道家，以及更迟传入的基督教、伊斯兰教等，不过相关的国家规制主要涉及的还是佛道，本书也主要以佛道为对象进行论述。中国古代国家对佛道的规制可以从如下三个方面来观察：第一，管理体制；第二，管理手段；第三，管理内容。

1. 管理体制

中国古代对佛道的管理体制大约建立于魏晋南北朝时期。秦汉时期，宗教的团体性较弱，或者说力量较为分散，国家所管理的主要是宗教行为。东汉末年的黄巾军起义虽已展现出宗教的巨大力量，但也未设专门机构予以管理。佛教的出现推动了专门管理体制的出现。[1]

作为出世宗教，佛教僧团希望能够用戒律进行自治。慧义曾经称："戒律是沙门之秘法，自非国主，不得预闻。"[2] 这种诉求在佛教发展的早期曾经部分实现，[3] 但是这种自治还要通过政府影响下的僧官来实现。在进一步发展中，佛教徒不仅不断干预政治，而且还在特权保障下胡作非为，致使政权受到佛教的冲击。同时，佛教影响下的起义或者谋反等也不断出现，这对规制佛教提出更强烈的要求。

晋代开始，国家设立专门的僧司管理佛教事务。[4] 《续高僧传·释僧迁传》载："中兴荆邺，正位僧端，职任基月，道风飙举，恂恂七众，不肃而

---

① 道家的宫观制度是在模仿佛教僧团的基础上形成的。参见周奇《唐代宗教管理研究》，博士学位论文，复旦大学，2005 年。

② （南朝宋）慧义：《答范伯伦书》，收入（南朝梁）僧祐撰，李小荣校笺《弘明集校笺》，上海古籍出版社 2013 年版，第 652 页。

③ 参见谢重光《魏晋隋唐佛教特权的盛衰》，《历史研究》1987 年第 6 期。

④ 参见谢重光、白文固《中国僧官制度史》，青海人民出版社 1990 年版，第 12 页。

成。昔晋氏始置僧司，迄兹四代，求之备业，罕有斯焉。"① 一般认为，这时的僧官制度尚不完善。

到北魏道武帝和后秦姚兴年间，完备的僧官制度才建立起来。《魏书·释老志》载："皇始中，赵郡有沙门法果，诚行精至，开演法籍。太祖闻其名，诏以礼征赴京师。后以为道人统，绾摄僧徒。"② 《高僧传·僧䂮传》载："（后秦弘始七年，405年）大法东迁，于今为盛，僧尼已多，应须纲领，宣授远规，以济颓绪。僧䂮法师，学优早年，德芳暮齿，可为国内僧主。僧迁法师，禅慧兼修，即为悦众。法钦、慧斌共掌僧录。给车舆吏力。䂮资侍中秩，传诏羊车各二人，迁等并有厚给。"③ 从后者可见，僧官已经具有国家给俸的官吏色彩。北魏又在中央设立监福寺，后来改为昭玄寺，并委任高僧管理全国僧务。④ 僧官制度的完善意味着其身份的转变，他们从僧侣共同体的一员逐渐带有官僚性质，并享受政府提供的待遇，最终成为统治者管理佛教的重要工具。⑤ 魏晋南北朝时期建立起来的僧官体制对后世影响深远。

到隋唐时期，僧官制度再次发生重大转变。一方面，世俗官僚取代僧人成为管理僧侣的主体。隋代开始以鸿胪寺下的崇玄署管理佛道事务。"隋唐僧官制度与南北朝僧官制度的最大区别就是由僧人担任的僧官权力的虚化和由朝廷官员担任首长的管理佛教事务的机构权力的强化……'国家管辖制'的措施，标志着隋唐朝廷对于佛教教团和僧众管理的'官僚化'的最终完成。"⑥ 另一方面，武则天时期管理佛教的机构从鸿胪寺下的崇玄署改为礼部下的祠部司。这是武则天为显示自身崇佛所做出的姿态，⑦ 即承认佛教的本土性，而不再认其为外来宗教。隋唐之后，历代都有较完备的僧官制度，

---

① （唐）道宣：《续高僧传》，郭绍林点校，中华书局 2014 年版，第 214 页。

② （北齐）魏收：《魏书》，中华书局 2017 年版，第 3292—3293 页。

③ （梁）释慧皎：《高僧传》，汤用彤校注，中华书局 1992 年版，第 240 页。

④ 参见李向平、黄海波《中国古史上的宗教管理——世俗皇权下的神圣世界》，《学术月刊》2005 年第 1 期。

⑤ 参见王永会《中国佛教僧团发展及其管理研究》，博士学位论文，四川大学，2001 年。

⑥ 赖永海主编：《中国佛教通史》第八卷，江苏人民出版社 2010 年版，第 119 页。

⑦ 参见谢重光、白文固《中国僧官制度史》，青海人民出版社 1990 年版，第 102—103 页。

但重大改革性的内容并不多见。

在设立僧官制度管理佛教的同时,道教事务也由专门的国家机关管理,而且两者往往由同一机构管理。如《通典》卷二五《职官七》载:"隋初,置崇玄署令、丞,至炀帝,改郡县佛寺为道场,置道场监一人;改观为玄坛,监一人。"① 崇玄署不仅管理佛教事务,而且管理道教事务。不过唐代时,佛道并非总由同一机构管理。

按《唐会要》卷四十九《僧尼所隶》载:"开元二十四年(736 年)七月二十八日,中书门下奏:'臣等商量。缘老子至流沙,化胡成佛法,本西方兴教,使同客礼,割属鸿胪,自尔已久。因循积久,圣心以元元本系,移就宗正,诚如天旨,非愚虑所及。伏望过元日后,承春令便宣,其道僧等既缘改革,亦望此时同处分。'从之。至二十五年(737 年)七月七日制:'道士女冠,宜隶宗正寺,僧尼令祠部检校。'至天宝二载(743 年)三月十三日制:'僧尼隶祠部,道士宜令司封检校,不须隶宗正寺。'" 武则天在将佛教改由祠部主管后,道教仍由鸿胪寺主管。因此,开元二十五年,唐玄宗将道教改由宗正寺主管,以明皇帝与道教祖师老子的血缘关系。佛教的主管机构仍为祠部。到唐宪宗时,"元和二年(807 年)二月,诏僧尼道士同隶左街右街功德使。自是祠部司封,不复关奏"②。佛道管理体制又归于统一。总体来看,中国古代国家以政治凌驾于宗教之上,通过国家机关强化对佛教的管理,以保障对宗教的全面掌控。

2. 管理手段

中国历代王朝通过各种手段加强对宗教的管理。对于宗教而言,管理手段主要来自两个方面。一方面,宗教无法完全摆脱来自国家法律的束缚;另一方面,宗教内部的教规、教律等也是约束教徒的重要手段。一般来说,后者往往是一种自治手段。但是在中国古代的宗教管理中,宗教内部的教规、教律等也成为国家管理宗教的重要依据。

以佛教为例,无论是佛教戒律还是国家法律都成为国家管理的手段。早

---

① (唐)杜佑:《通典》,王文锦等点校,中华书局 1988 年版,第 704 页。

② (宋)王溥:《唐会要》,中华书局 1955 年版,第 860 页。

期僧团主要运用戒律和权威高僧所制定的僧制来管理。① 这些自治手段往往依赖于自律。但随着佛教的迅速发展，僧团内部鱼龙混杂的现象使僧侣也希望借助于国家力量维护内部纯洁。

《魏书·释老志》载："（永平）二年（509 年）冬，沙门统惠深上言：'僧尼浩旷，清浊混流，不遵禁典，精粗莫别。辄与经律法师群议立制：诸州、镇、郡维那、上坐、寺主，各令戒律自修，咸依内禁，若不解律者，退其本次。又，出家之人，不应犯法，积八不净物。然经律所制，通塞有方。依律，车牛净人，不净之物，不得为己私畜。唯有老病年六十以上者，限听一乘。又，比来僧尼，或因三宝，出贷私财。缘州外。又，出家舍著，本无凶仪，不应废道从俗。其父母三师，远闻凶问，听哭三日。若在见前，限以七日。或有不安寺舍，游止民间，乱道生过，皆由此等。若有犯者，脱服还民。其有造寺者，限僧五十以上，启闻听造。若有辄营置者，处以违敕之罪，其寺僧众摈出外州。僧尼之法，不得为俗人所使。若有犯者，还配本属。其外国僧尼来归化者，求精检有德行合三藏者听住，若无德行，遣还本国，若其不去，依此僧制治罪。'诏从之。"②

面对僧尼违戒的现象，僧官惠深请求朝廷对之强化管理，但是具体规则仍按照佛教戒律等拟定的僧制。从佛教戒律本身来看，僧团内部的管理排斥杖打等严重的身体性惩罚，③ 但是他们希望借助外来力量进行矫正。从国家的角度出发，这种做法成为国家运用强制力推行佛教戒律的滥觞。以国家力量推行戒律非止于此，如南朝梁的《出要律仪》、隋代的《众经法式》等也具有这种性质。而且这些制度在一定程度上也是通过国家力量制定的，其性质介于戒律与法律之间。实际上，历代沙汰僧尼的做法本质上来说也是试图用国家强制力保障戒律的实施。当此之时，戒律等就成为国家管理佛教的重要手段。

在戒律之外，国家还会通过法律对佛教进行管理。这不仅体现为相当一部分法律往往对僧侣有效，而且体现在国家会颁布专门法律以管理僧侣。例

---

① 参见谢重光、白文固《中国僧官制度史》，青海人民出版社 1990 年版，第 12 页。

② （北齐）魏收：《魏书》，中华书局 2017 年版，第 3303 页。

③ 参见孙桂彬《理论与现实：从杖打透视佛教律学本土化》，《世界宗教研究》2016 年第 3 期。

如，《唐律疏议》中有不少有关佛教的内容，对僧侣的行为等进行管理。这些法律往往是适用于僧侣的专门规定。① 再如，国家还会制定与佛教有关的法律篇目，集中规定与僧侣有关的法律条文。唐代的《道僧格》和宋代《庆元条法事类》中的《道释门》等都是适例。综合运用戒律和法律等手段对宗教进行管理的做法往往为历代王朝所认可。从这个角度出发，中国古代的国家不仅承担着维护国家秩序的功能，而且起着维护宗教内部秩序的功能。

3. 管理内容

在管理体制的基础上，国家从各个方面对宗教进行监管。在中国政治理念中，建立一套对人、财、物进行全面控制的政治体制往往是制度设计的初衷。

王国维《殷周变革论》称："欲观周之所以定天下，必自其制度始矣。周人制度之大异于商者，一曰立子立嫡之制，由是而生宗法及丧服之制，并由是而有封建子弟之制、君天子臣诸侯之制；二曰庙数之制；三曰同姓不婚之制。此数者，皆周之所以纲纪天下。其旨则在纳上下于道德，而合天子、诸侯、卿、大夫、士、庶民以成一道德之团体，周公制作之本意，实在于此。"② 自西周开始，家、国、天下都是君主希望能够控制的对象。宗教则在不同程度上冲击着这种以君主为中心的自上而下的控制体系。为了维护这种制度以保障君权，国家需要在这些层面上对宗教加以控制，以把宗教限制在君权可控的范围内。

再以佛教为例，在某些方面，佛教与中国古代国家政治控制秩序之间的矛盾尤为突出。随着佛教的迅速发展，佛教占据了大量的人口和财富。同时，僧侣内部的混杂对政治秩序也存在着潜在威胁。这些都成为中国古代法律规制佛教的重要内容。

首先，中国古代国家对佛教徒的出家进行严格限制。中国古代国家承认僧侣的合法地位，但是严格控制佛教徒的出家，举凡度僧、度牒、僧籍都由

---

① 参见周东平、李勤通《论佛教之"罪"在中国古代的法律化及其限度》，《厦门大学学报》（哲学社会科学版）2017 年第 6 期。

② 王国维：《观堂集林》，河北教育出版社 2001 年版，第 232 页。

国家严格管控。为保障国家控制的有效性，如唐律、明律还对"私入道""私创庵院"等行为规定了刑罚。

其次，中国古代国家对佛教徒占有的财产等进行限制。在寺院的特权制度下，寺院占有过多财产是对国家的严重侵蚀。国家不得不通过各种手段限制寺院经济。一般意义上，如唐代规定了对僧侣的授田，这被认为是通过均田制对寺院所持有的土地占有量的限制。① 又如，《田令》规定："诸官人、百姓，并不得将田宅舍施及卖易与寺观。违者，钱物及田宅并没官。"② 再如唐玄宗对无尽藏的取缔。③ 郑显文所复原的《道僧格》中有"凡道士、女道士、僧、尼不合畜奴婢、田宅私财，违者，许人告发，物赏纠告人"④ 的规定。在极端意义上，三武一宗的灭佛也有限制佛教经济发展的意义在内。

最后，中国古代国家对佛教徒的日常行为进行严格限制。这个方面的内容较多，在此仅举几例。其一，梁武帝时开始在僧侣中推行"断酒肉"的素食要求，严禁僧侣食肉饮酒；⑤ 其二，法律明令禁止僧侣娶妻；⑥ 其三，经过数百年的反复论争，《大明律》最终要求僧道要拜父母；⑦ 其四，僧俗在活动上被要求分开，很多朝代都禁止僧俗混杂。⑧ 诸如此类，不一而足。从中可以看出，僧侣的日常行为受到国家的严格控制。

通过管理体制，运用管理手段，中国古代国家对宗教事务进行全面规制。尽管专职的宗教人员在中国古代大量存在，但他们仍然受到国家的密切关注。神圣与世俗之间的界限，并未因为人们的跨越而产生阻隔的力量，反而是国家承担起维护神圣的角色。在神权与王权的斗争中，王权至上仍旧是中国古代的基本原则，所以，虽然中国古代很多皇帝都是僧道的信徒，但僧

---

① 参见周奇《唐代宗教管理研究》，博士学位论文，复旦大学，2005 年。

② 参见戴建国《唐〈开元二十五年令·田令〉研究》，《历史研究》2000 年第 2 期。

③ 参见杨学勇《三阶教化度寺无尽藏机构的管理与运转》，《敦煌学辑刊》2017 年第 3 期。

④ 参见郑显文《唐代〈道僧格〉研究》，《历史研究》2004 年第 4 期。

⑤ 参见圣凯《中国佛教信仰与生活史》，江苏人民出版社 2016 年版，第 58 页。

⑥ 参见陈晓聪《中国古代佛教法初探》，法律出版社 2014 年版，第 148 页。

⑦ 参见周东平《论佛教礼仪对中国古代法制的影响》，《厦门大学学报》（哲学社会科学版）2010 年第 3 期。

⑧ 如《魏书·高祖纪上》载："诏沙门不得去寺浮游民间，行者仰以公文。"（北齐）魏收：《魏书》，中华书局 2017 年版，第 163 页。

道却仍是他们的臣民，国家对宗教有着强大的管理能力。

（三）中国古代国家对民间宗教的规制

民间宗教或者说民间信仰的概念并不清晰，① 但大致指的是官方认可的宗教之外的宗教形式。尽管有的学者对这一概念的使用存疑，而且也指出中国古代有没有正统或者官方的宗教都是有问题的，② 但在中国古代确实存在一些不为官方所认可，甚至为官方所打击的宗教形式。而且这些宗教形式与邪教又有明显不同，后者往往带有一定的煽动性并且具有某些政治性目的。因此有学者称："唐宋以来，我国宗教信仰逐渐形成以儒释道'三教'为正统，以夜聚晓散、男女混杂、吃菜事摩，乃至于'杀人祭鬼'为异端的正、邪二元格局；而在正邪之间又存在着广大的民间宗教信仰作为中间'灰色'地带。"③ 针对这种现象，普遍使用的民间宗教这一概念能够在一定程度上加以描述。

中国古代民间宗教在先秦时期已经十分盛行，当然严格意义上说，这些还称不上是宗教，但是带有宗教色彩。孔子云："非其鬼而祭之，谄也。"④ 这种观念在一定程度上反映了中国古代对民间祭祀的态度，淫祀无福被认为是中国古代对民间宗教的主流态度。⑤《史记·滑稽列传》所载西门豹杀祝巫之事可能也是当时社会观念的反映。受法家影响的秦代对这些现象进行整合，"国家制定统一的祭典，建立官祀系统，通过限制民间祭祀内容、禁止民间另立私社和控制祭祀频率等办法来打击淫祀"⑥ 尽管秦汉时期对这些民间宗教进行控制，但某些事情在民间仍然层出不穷，历代多有。

---

① 参见［德］柯若朴《中国民间宗教的基本形态和传承方式》，盛洋译，《文学遗产》2013 年第 6 期。

② 参见孙英刚《跨文化的迷惘："民间宗教"概念的是与非》，《学术月刊》2010 年第 11 期。

③ 刘泳斯：《民间信仰在"三教合一"形成与发展过程中的历史作用》，《中国文化研究》2012 年秋之卷，第 95—101 页。

④ 杨伯峻：《论语译注》，中华书局 1980 年版，第 22 页。

⑤ 参见王青《孔子的祭祀观及其对汉代社会的影响》，《南都学坛》（人文社会科学学报）2007 年第 5 期。

⑥ 杨华：《秦汉帝国的神权统一》，《历史研究》2011 年第 5 期。

由于民间宗教往往既容易破坏社会经济，而且可能会对社会秩序造成冲击，① 因此历代对之采取限制的做法。不过，在规制上，政府也并未采取绝对禁止的措施，而是针对不同情况采取不同策略。

第一，中国古代国家对民间宗教多数情况下采取限制措施，历代文献多见。

例如，《汉书·平帝纪》载："二月……班教化，禁淫祀，放郑声。"②《三国志·魏书·武帝纪》载："（曹操）迁为济南相，国有十余县，长吏多阿附贵戚，赃污狼藉，于是奏免其八；禁断淫祀，奸宄逃窜，郡界肃然。"③《三国志·魏书·司马芝传》载："诸应死罪者，皆当先表须报。前制书禁绝淫祀以正风俗……"④《旧唐书·太宗本纪上》载："壬子，诏私家不得辄立妖神，妄设淫祀，非礼祠祷，一皆禁绝。"⑤《宋史·英宗本纪》载："诏有司察所部左道、淫祀及贼杀善良不奉令者，罪毋赦。"⑥

这些既有悖儒家礼制观念，又对国家秩序产生冲击。因此，民间宗教在多数时间为国家所禁止，通常做法是禁毁祭祀房屋用品、惩罚主事之人。无论中央政府，还是地方官吏，都对之采取禁止的态度。不少朝代还用严刑进行惩罚，比如汉代、宋代等。⑦

第二，中国古代国家对民间宗教在部分情况下会进行利用或吸收，这也并不少见。

例如，《汉书·郊祀志下》载："莽遂崇鬼神淫祀，至其末年，自天地六宗以下至诸小鬼神，凡千七百所，用三牲鸟兽三千余种。后不能备，乃以鸡当鹜雁，犬当麋鹿。"⑧《后汉书·皇后纪》载："常以鬼神难征，淫祀无福。乃诏有司罢诸祠官不合典礼者。又诏赦除建武以来诸犯妖恶，及马、窦

①　参见贺科伟《移风易俗与秦汉社会》，中国社会科学出版社 2014 年版，第 177—178 页。

②　（汉）班固：《汉书》，中华书局 1962 年版，第 351 页。

③　（晋）陈寿：《三国志》，中华书局 1964 年版，第 4 页。

④　（晋）陈寿：《三国志》，中华书局 1964 年版，第 388 页。

⑤　（后晋）刘昫：《旧唐书》，中华书局 1975 年版，第 31 页。

⑥　（元）脱脱等：《宋史》，中华书局 1977 年版，第 259 页。

⑦　参见贾艳红《论汉代政权对民间信仰的多重政策》，《齐鲁学刊》2012 年第 4 期；杨建宏《略论宋代淫祀政策》，《贵州社会科学》2005 年第 3 期。

⑧　（汉）班固：《汉书》，中华书局 1962 年版，第 1270 页。

家属所被禁锢者，皆复之为平人。"① 《陈书·后主张贵妃传》载："又好厌魅之术，假鬼道以惑后主，置淫祀于宫中，聚诸妖巫使之鼓舞。"② 《新唐书·苏源明传》载："是时，承大盗之余，国用寠屈，宰相王玙以祈禬进，禁中祷祀穷日夜，中官用事，给养繁靡，群臣莫敢切诤。昭应令梁镇上书劝帝罢淫祀，其它不暇及也。"③ 《明史·邹缉传》载邹缉上书明太祖称："至宫观祷祠之事，有国者所当深戒。古人有言，淫祀无福。况事无益以害有益，蠹财妄费者乎！"④

当民间宗教对统治者有利，或者说统治者认为其会对自己有利的时候，他们就会对之进行利用。⑤ 甚至，某些淫祀会进入皇宫禁地，成为皇帝或后妃们祈福、祝咀的途径。这些材料说明部分统治者试图利用民间宗教达到自己的特殊目的，但不仅如此。例如，中国古代存在将淫祀转变为国家祀典的现象。历代都有对各种神灵的祭祀，这是所谓的正祀。这种正祀既是辨识宗教合法性的基础，同时也是民间宗教被统治者所接纳的途径。以宋代为例，尽管数量较少，但是民间宗教通过皇权册封等转变为国家正祀的现象仍然存在。⑥ 又例如，妈祖信仰就是通过这种方式在宋代成为官方正祀的。⑦ 这种方式不仅有利于统治者对民间宗教的控制，而且能够对民众进行引导，进而获取民众支持。这使得宋代对民间宗教的规制存在打击与吸收两种策略。⑧

第三，中国古代国家对民间宗教在部分情况下还会加以引导。

例如，《旧唐书·张文瓘附张文琮传》载："州境素尚淫祀，不修社稷。文琮下教书曰：'春秋二社，盖本为农，惟独此州，废而不立。礼典既阙，风俗何观？近年已来，田多不熟，抑不祭先农所致乎！神在于敬，何以邀

① （南朝宋）范晔：《后汉书》，中华书局1965年版，第422页。
② （唐）姚思廉：《陈书》，中华书局1972年版，第131页。
③ （宋）欧阳修、宋祁：《新唐书》，中华书局1975年版，第5772页。
④ （清）张廷玉等：《明史》，中华书局1974年版，第4435页。
⑤ 参见赵静静《风俗与教化之间——论唐政府对地方淫祀活动的态度》，《天中学刊》2018年第1期。
⑥ 参见皮庆生《宋人的正祀、淫祀观》，《东岳论丛》2005年第4期。
⑦ 参见闫化川《民间信仰的"正名传播"及其路径考察》，《世界宗教研究》2017年第6期。
⑧ 参见皮庆生《论宋代的打击"淫祀"与文明的推广》，《清华大学学报》（哲学社会科学版）2008年第2期。

福?' 于是示其节限条制, 百姓欣而行之。"① 《宋史·李惟清传》载: "蜀民尚淫祀, 病不疗治, 听于巫觋, 惟清擒大巫笞之, 民以为及祸。他日又加箠焉, 民知不神。然后教以医药, 稍变风俗。"② 《清史稿·云茂琦传》载: "调六合, 连年大水, 灾民得赈, 无流亡。邑多淫祀, 毁其像, 改书院。"③

对民间宗教的规制很多时候也是地方官吏的职责, 地方官吏并非总是采取极端措施, 有时候也会通过教化的方式对百姓进行引导。从这几份材料中可以看出, 尽管地方政府常常会先行捣毁淫祀, 但更重要的是这些官员试图通过各种方式对百姓进行引导。部分官员甚至还接受或宽容民间宗教。④ 在这种意义上, 地方官员可能把信奉民间宗教的百姓视为愚民而非暴民, 将之视为可教化的对象。因此, 在具体应对的过程中, 很多官员并未采取绝对禁止的措施, 而是通过各种方式予以引导, 试图使民心重新归化。

在规制民间宗教的过程中, 中国古代国家采取了多元措施, 堵与疏的策略在不同层面、不同时期、不同地域等具有一定的弹性。而且中国民间宗教的一个特点是与正统宗教之间有千丝万缕的联系。⑤ 但是民间宗教与邪教之间并非存在不可逾越的界限, 一旦民间宗教跨过某些界限, 就有可能从单纯的民间信仰转变为带有特殊目的的邪教。事实上, 即使是正统宗教, 在古代也经常会为起义或谋反等行为提供正当性依据。因此, 官方对民间宗教的规制总体上采取禁止策略。但又因其危害性常常并不明显, 甚至有可以被利用的空间, 中国古代国家又会对之采取适度包容乃至利用的策略。

(四) 中国古代国家对邪教的规制

所谓邪教, 有学者从法律性质出发认为, "中国自东汉时始有宗教, 因而邪教的形成亦应始自东汉。邪教在宗教理论上本指为邪恶、妖妄与怪诞不

---

① (后晋) 刘昫:《旧唐书》, 中华书局 1975 年版, 第 2816 页。

② (元) 脱脱等:《宋史》, 中华书局 1977 年版, 第 9216 页。

③ (民国) 赵尔巽:《清史稿》, 中华书局 1977 年版, 第 13065 页。

④ 参见王瑜《宋代"淫祀"观及地方政府官员的政治实践》,《西安电子科技大学学报》(社会科学版) 2016 年第 6 期。

⑤ 参见何善蒙《批判、模仿与价值认同: 对传统中国民间宗教与正统之间互动关系的一种考察》,《世界宗教研究》2011 年第 3 期。

经的宗教教派，但在法律上则应指不容于政府的一切非法宗教。邪教通常不仅拥有系统的异端理论、怪异的法术以蛊惑大众，而且还拥有严密的组织以威胁政府与社会的安全。因而在古代，邪教一直是法律惩禁的对象"①。还有学者从政治属性出发认为，"对于民间宗教，明清王朝则有区别的对待，只要不威胁到王朝和社会秩序，王朝一般不采取强力干涉，如果威胁到王朝和社会秩序，则属于严厉镇压的范围，也就成为所谓的'邪教'了"②。

这两种界定方式对邪教的主要特征做出概述：第一，邪教的本质是邪恶的，并非带有向善的目的；第二，邪教具有理论性、巫术性、蛊惑性、组织性；第三，邪教往往具有强烈的政治性，并且不惮于使用暴力手段实现特定目的；第四，邪教区别于正统宗教，与一般的民间信仰也有区别；第五，邪教为法律所严厉禁止，并且为政府坚决打击。不过，符合这些特征的邪教应该是发展到较晚时期的特征。

例如，秦汉时期的左道行为有时候就带有邪教的部分特征。③ 如《汉书·郊祀志下》载谷永上书汉成帝称："诸背仁义之正道，不遵《五经》之法言，而盛称奇怪鬼神，广崇祭祀之方，求报无福之祠，及言世有仙人，服食不终之药，遥兴轻举，登遐倒景，览观县圃，浮游蓬莱，耕耘五德，朝种暮获，与山石无极，黄冶变化，坚冰淖溺，化色五仓之术者，皆奸人惑众，挟左道，怀诈伪，以欺罔世主。"④ 这种妖言惑众、诈伪惑主的行为显然带有邪教性质，不过政治性较弱，而且往往缺乏理论性，只能说有邪教的雏形。随着时代发展，左道行为的政治性与理论性增强，例如东汉末年的黄巾起义。《后汉书·杨震传》载："先是，黄巾帅张角等执左道，称大贤，以诳燿百姓，天下繦负归之。"⑤ 尽管从我们今天的角度出发，黄巾起义有其

---

① 伍乾：《中国古代对巫术邪教的法律惩禁》，《法学》1999 年第 9 期。

② 柏桦、刘更光：《宗教与邪教——明清时期刑罚政治观》，《西南大学学报》（人文社会科学版）2007 年第 1 期。

③ 需要说明的是，在秦汉时期左道未必只指巫蛊、祝诅等具有邪教性质的行为。在当时，左道泛指"因违背正道、背弃经义而导致了'乱朝政'的结局"。［日］大庭脩：《汉律中的"不道"概念》，徐世虹译，杨一凡、［日］寺田浩明主编《日本学者中国法制史论著选·先秦秦汉卷》，中华书局 2016 年版，第 348 页。

④ （汉）班固：《汉书》，中华书局 1962 年版，第 1260 页。

⑤ （南朝宋）范晔：《后汉书》，中华书局 1965 年版，第 174 页。

正当性，但在时人看来，这是一种可以被视为邪教的活动。

而针对这种情况，国家从来都是持严厉打击态度的。中国传统法律中的执左道、造畜蛊毒、造袄书袄言、伪造经文、师巫邪术等罪名被认为就是针对邪教的。① 而且，相关处罚一般都比较严酷。如《宋史·刑法志一》载："左道乱法，妖言惑众，先王之所不赦，至宋尤重其禁。凡传习妖教，夜聚晓散，与夫杀人祭祀之类，皆著于法，诃察甚严。"② 再如，《大明律·礼律·祭祀》"禁止师巫邪术"条规定："凡师巫假降邪神，书符咒水，扶鸾祷圣，自号端公、太保、师婆，及妄称弥勒佛、白莲社、明尊教、白云宗等会，一应左道乱正之术，或隐藏图像，烧香集众，夜聚晓散，佯修善事，煽惑人民，为首者，绞；为从者，各杖一百，流三千里。若军民装扮神像，鸣锣击鼓，迎神赛会者，杖一百，罪坐为首之人。里长知而不首者，各笞四十。其民间春秋义社，不在禁限。"③

对邪教的这种严禁态度在古代基本是上下一致的。例如，针对吃菜事魔等邪教组织，宋代的廖刚在《乞禁妖教札子》中提出："臣谨按：《王制》曰：'执左道以乱政，杀；假于鬼神，时日卜筮，以疑众，杀。'非乐于杀人，为其邪说诡道，足以欺惑愚众，使之惟己之从，则相率为乱之阶也。今之喫菜事魔，传习妖教正此之谓。臣访闻两浙、江东西，此风方炽。倡自一夫，其徒至于千百为群，阴结死党，犯罪则人出千钱或五百行赇，死则人执柴一枝烧焚，不用棺椁衣衾，无复丧葬祭祀之事。一切务灭人道，则其视君臣上下复何有哉？此而不痛惩之，养成其乱，至于用兵讨除，则杀人将不可胜数矣。宣和间，江浙数州已见此事，厥鉴未远也。臣闻传习事魔为首之人，盖有所利而为之，诓惑愚民，怵以祸福而取其财物，谓之教化，此最不可恕者。"④ 而在《名公书判清明集》中，地方官吏也严厉打击这些吃菜事魔的参与者。⑤ 这几为统治者的共识。

① 参见伍乾《中国古代对巫术邪教的法律惩禁》，《法学》1999 年第 9 期。
② （元）脱脱等：《宋史》，中华书局 1977 年版，第 4981 页。
③ 怀效锋点校：《大明律（附大明令　问刑条例）》，辽沈书社 1990 年版，第 87 页。
④ （宋）廖刚：《高峰文集》第二卷，文渊阁四库全书本。
⑤ 参见中国社会科学院历史研究所宋辽金元史研究室编《名公书判清明集》，中华书局 1987 年版，第 535—537 页。

对邪教的严厉打击，甚至使统治者草木皆兵。如清代是邪教频发的时代，统治者对邪教也采取严厉打击态度。在实践中，发生很多疑似邪教而采取措施，但最终被证明并非邪教的案件。如《清实录·乾隆朝实录》卷一百一十三"乾隆五年三月下"载："署四川巡抚布政使方显奏：据绵竹县知县安洪德禀称：'县属有陈八台等，供奉神像，抄写经本，藏匿通书，喫斋拜佛，等语。'臣看此案情节，似属邪教，随飞饬该县研讯通详，毋得徇纵。得旨：'看来尚非邪教可比，既已查办，不得过刻，累及无辜也。'"① 可以说，中国古代国家对邪教的规制是一致的，都是采取严厉打击的姿态，防止其对政治秩序产生冲击。

正统宗教、民间宗教、邪教等对政治秩序、社会秩序的影响不同，所以国家的规制措施也有差异。但是，这些规制措施并非一成不变。这不仅体现在前述淫祀转变为正祀的案例中，而且在正统宗教中也有体现。例如，《高僧传·佛图澄传》载："佛出西域，外国之神，功不施民，非天子诸华所应祠奉。往汉明感梦，初传其道，唯听西域人得立寺都邑，以奉其神，其汉人皆不得出家。魏承汉制，亦修前轨。今大赵受命，率由旧章，华戎制异，人神流别。外不同内，飨祭殊礼，华夏服祀，不宜杂错。国家可断赵人悉不听诣寺烧香礼拜，以遵典礼。其百辟卿士，下逮众隶，例皆禁之。其有犯者，与淫祀同罪。"② 按照这个记载，佛教最初被认为有淫祀性质，因此中国人不许出家，甚至不许进寺烧香礼拜。但是随着国家与社会对佛教的接纳，佛教不仅转变为正祀，而且成为正统宗教。虽然这种例子是少数，但是相关案例仍然能够说明，统治者会根据需求调整宗教规制方式，从而也为宗教提供了生存空间。

---

① 《清实录》第十册《高宗纯皇帝实录》，中华书局1987年版，第666页下、667页上。

② （南朝梁）释慧皎：《高僧传》，汤用彤校注，中华书局1992年版，第352页。

第 二 章
佛教对中国传统法律中罪观念的影响

作为外来宗教，佛教对中国传统法律文化的影响深入各个层面，法律的实质与形式皆在其列。就实质而言，它主要涉及应然法律的基本问题，亦即影响到中国古代认识法律应当是什么的基本观念。在中国传统法律文化中，儒法两家作为主要影响者各有不同功能，佛教实际上也在其中发挥作用。当然，佛教的这种作用很难比拟儒法两家，但仍然通过对法律要素的塑造间接影响到国家与社会对法律应然状态的理解。其中，作为刑法的基本要素，佛教对中国传统法律中的罪观念有着重要影响，进而使得何以为罪、缘何而刑、刑应何为等受到不同程度的影响。目前来看，研究佛教影响中国传统法律中具体罪名的成果相对较多，[①] 而研究佛教如何影响中国传统法律中罪观念的成果尚属鲜见。因此，本章试图对这一问题深入探讨，以发掘佛教对中国传统法律文化更深层次的影响。

---

① 典型的如十恶五逆、盗毁天尊佛像、私入道等。参见［日］布目潮沨《隋開皇律と仏教》，《仏教研究論集——橋本芳契博士退官記念》，清文堂 1975 年版，第 365—376 页；殷啸虎《佛教与古代法制》，《文史知识》1994 年第 2 期；何柏生《佛教与中国传统法律文化》，《法商研究》1999 年第 4 期；周东平《隋〈开皇律〉十恶渊源新探》，《法学研究》2005 年第 4 期；周东平《论佛教礼仪对中国古代法制的影响》，《厦门大学学报》（哲学社会科学版）2010 年第 3 期；岳纯之《论唐五代法律中的十恶与五逆》，《史学月刊》2012 年第 10 期；谢晶《家可出否：儒家伦理与国家宗教管控》，《北方法学》2015 年第 4 期，等等。

一　佛教罪观念的解析

佛教之所以能够对中国传统法律中的罪观念产生影响，首先在于它自身对罪有与众不同的认知，尤其与中国传统法律中的罪观念有很大差异。这种差异正是中国传统的罪观念能够吸收佛教的罪观念而为我所用的基本前提。为此，首先必须对佛教的罪观念及其本质有比较清晰的认识。

何谓佛教的罪观念？《佛学大辞典》称："恶，乖理之行。于现在与将来招苦之行也。"①《佛源语词词典》称："恶，本意指罪过、罪孽。佛教用以指一切违背道德、事理及对他人有损害、不利的行为。并认为恶行将导致将来轮回之苦，受到恶的报应。"②《佛光大辞典》称："罪，违反道理，触犯禁条而招受苦报之恶行为，称为罪或咎。亦有称烦恼为'罪'者，然大抵以身体、言语、意念（即身、口、意）等三方面所犯之恶行（业），称为罪业。罪为恶之业，故称罪恶；以其能妨碍圣道，故称罪障；又以其属污秽之行为，故称罪垢。复由于罪之行为可招致苦报，故又称罪报。且其行为乃招罪报之根本，故亦称罪根。"③ 从这三种看法来说，佛教对什么是罪有着独立见解，而且多数学者对于佛教罪的看法大同小异，有详略之分而无本质之别。

从这些大同小异的观点中可以看出，佛教的罪观念主要有以下几个重要特点：第一，佛教的罪是违背道理、事理或禁条的行为；第二，该行为可以由身体、言语、意念等体现出来；第三，佛教的罪会招来苦的业报。佛教的罪是一种能够引起业报的特定行为，即罪是一种业。"作为能够导致果报之因的行为，叫做'业'。'业'是梵文的意译，音译'羯磨'，意思是'造作'。'业'分身（行为）、口（言语）、意（思想）三类，也就是人的一切身心活动。任何思想行为都会给行为者本人带来一定的后果。"④ 业报是罪的结果，那么罪就是业报的原因。佛教的罪观念也就依附于佛教所特有的轮回业报观。

---

① 丁保福：《佛学大辞典》，上海书店1991年版，第2052页下。
② 孙维张主编：《佛源语词词典》，语文出版社2007年版，第78页。
③ 慈怡主编：《佛光大辞典》，佛光文化事业有限公司1999年版，第5563页中下。
④ 杜继文主编：《佛教史》，江苏人民出版社2008年版，第17—18页。

　　在佛教理念中，引起业报的是为缘起。《杂阿含经》卷十二载："尔时，世尊告诸比丘：'我今当说因缘法及缘生法。云何为因缘法？谓此有故彼有。谓缘无明行，缘行识……乃至如是如是纯大苦聚集……'"① 佛教认为世界处于永恒不断的流变过程中，缘起说是对这种世界观的深刻认识。世界之所以能够发生变化是因为因缘。故《杂阿含经》卷二载佛祖之语："有因有缘集世间，有因有缘世间集。"② 所谓因缘就是引起世界流变的条件，从人的角度来看，有所谓十二因缘，即老死、生、有、取、爱、受、触、六入、名色、识、行、痴。尽管在佛教理论中，这十二因缘之间是互为因果、无先后始终之别的，③ 因为人若无法认识到佛教的真理便无法跳脱轮回，但是痴具有人生和世俗世界的本源意义。④ 由于本源从理论上仍然会存在先后之别，所以痴为行之缘，行为识之缘，识为名色之缘，名色为六入之缘，六入为触之缘，触为受之缘，受为爱之缘，爱为取之缘，取为有之缘，有为生之缘，生为老死之缘。

　　在十二因缘说中，身、口、意是为行，⑤ 缘起于痴，而又引起识。所谓痴亦称为无明，指的是人愚昧无知不识佛理的状态；所谓识是指人的灵魂。这样就可以理解，身、口、意三业源于人对佛理在心理上的无知，而又会影响到人的灵魂状态。因此可以说，佛教的罪源于个人的愚昧无知，同时受因果报应的影响随灵魂的不灭而终有果报。故佛教的罪进一步来说具有以下特点：第一，佛教的罪是根源于人的内心状态，是无明产生的结果，也就是说它具有强烈的主观色彩；第二，佛教的罪具有个体性，⑥ 它之所以存在是因

---

① 恒强校注：《阿含经校注·杂阿含经》，线装书局 2012 年版，第 261 页。
② 恒强校注：《阿含经校注·杂阿含经》，线装书局 2012 年版，第 40 页。
③ 参见成建华《佛教义理研究》，宗教文化出版社 2012 年版，第 102 页。
④ 参见杜继文主编《佛教史》，江苏人民出版社 2008 年版，第 17 页。
⑤ 参见宽忍法师《佛教手册》，中国文史出版社 2010 年版，第 29 页。
⑥ 如《弘明集》卷十三《奉法要》云："且秦制收孥之刑。犹以犯者为主。主婴其罚然，后责及其余。若衅不当身，而殃延亲属。以兹制法，岂唯圣典之所不容，固亦申、韩之所必去矣。是以《泥洹经》云：'父作不善，子不代受。子作不善，父亦不受。善自获福，恶自受殃。'至矣哉斯言，允心应理。"（南朝梁）僧祐撰，李小荣校笺：《弘明集校笺》，上海古籍出版社 2013 年版，第 718—719 页。这一说法既合乎儒家罪责自负的观念，又带有自身的特点，即将罪责自负与善恶自承加以联系，从而与儒家的善恶报应观存在区别，反映出佛教的罪责自负观受到其轮回报应观的影响，体现出各个层面的罪责自负性。

为个人无明状态的存在，由此形成以个体为中心的轮回流转；第三，佛教的罪是对佛理的愚昧无知，故亦是对佛教所建立起来的伦理价值体系的否定，即否定佛教规则的行为；第四，佛教的罪并不会随身体的损伤、死亡等而得到完全解脱，而是随永恒的轮回而轮回。

从这里可以看出，佛教罪观念之所以能够对中国传统法律文化产生影响的主要原因及其障碍。第一，从根本上来说，佛教罪观念的主观主义色彩与儒家的法律思想具有内在契合之处。第二，从内容上来说，佛教伦理价值观念与中国传统伦理价值之间的内在差异，使得当中国传统伦理价值吸收特定的佛教伦理价值观念时，佛教的罪观念就能顺理成章地进入法律理念中；但当中国传统伦理价值拒绝吸收特定的佛教伦理价值观念时，佛教的罪观念就会被排斥于法律理念外。第三，罪是引起业报的基础，也就是说罪与罚具有内在关联，但又非同一。具体来看，佛教罪的个体性与中国传统法律文化的家族主义有所冲突；而其轮回性与中国传统法律文化中报应刑观念之间既有契合亦有冲突，契合之处在于两者都具有报应性，冲突之处在于刑法中的报应刑具有即时性，而佛教罪却涉及过去、现在与未来，由此可能弱化报应刑所具有的报应意义和威慑色彩。

二　佛教罪与中国传统法律之罪的异同

受罪观念影响，某些行为为佛教理念所否定，进而成为佛教意义上的罪。佛教罪观念影响中国传统法律的过程往往或是佛教罪转化为法律之罪的过程，或是佛教罪被法律排斥的过程。这种转化或排斥的前提以佛教罪与中国传统法律之罪存在的异同为前提。两者的相似性往往意味着佛教罪可以转化为法律之罪，或者说法律之罪可以兼容佛教罪，当然也不尽然；两者的相异性意味着，佛教罪有转化为法律之罪的内在动力，但这种差异也会成为转化的障碍。通过比较两者的异同，可以更深入地认识佛教罪观念与中国传统法律的关系。

（一）佛教罪与中国传统法律之罪的相似性

任何社会都可能存在一部分规范违反者，如何界定他们的违法或者违规行为，不仅是单纯的惩罚问题，而且必然涉及惩罚的正当性。"处罚人，必须有某种理由，必须有某人做了某种足以受罚的坏事的事实。"①"罪"之所以为"罪"，本质上是因其违反了人类社会的某种伦理规则。罪的出现，是人类社会善恶伦理不断进化、完善的结果，它是刑罚正当性的依据。"罪"还是一个与特定时空相联系的概念，何者为罪？在不同民族、国家或者文化类型中存在不同程度的差异，甚或截然相对。作为外来宗教，佛教具有理念的独特性，其罪的观念亦是如此。不过，佛教罪观念与中国传统法律文化中罪的观念仍颇有相似之处。例如，佛教戒律与中国传统法律在止恶扬善、罚当其罪等规范原则与精神方面都有相似之处。就此而言，尽管中国传统法律之罪早已产生，但其与外来的佛教罪仍有不少相同或相似之处。

1. 佛教罪与中国传统法律之罪的伦理相似性

所谓伦理，"是指人们应当如何的行为规范：它外化为风俗、习惯，而内化为品性、品德"②。尽管不同伦理规范往往有不同行为要求，但无论何种伦理皆涉及善恶之分，只是善恶的具体内容会受伦理性差异的影响。"戒律与法律的目的都是为了止恶扬善，建立和维护良好的社会秩序；戒律与法律都规定了一定的罚则，一旦违反就要接受相应的惩罚等等。"③ 中国传统法律之罪与佛教罪都体现了人们对美好秩序的期望。对于止恶扬善的追求，意味着法律需要反映伦理规范才能获得正当性，进而提高人们从内心遵从的可能。

中国传统法律中有相当一部分罪具有很强的行政管理性或经济性，法定犯罪色彩浓厚。但随着法律儒家化的发展，中国传统法律之罪的伦理性增强。违反儒家观念的五伦、五常成为刑法中罪的主要渊源。因此，有学者称之为儒家伦理法，认为"它至少包括以下三个层面：第一，儒家伦理法是把

---

① ［日］西原春夫：《刑法的根基与哲学》，顾肖荣等译，法律出版社 2004 年版，第 1 页。

② 王海明：《新伦理学》（修订版），商务印书馆 2008 年版，第 2 页。

③ 彭瑞花：《浅议佛教对中国传统法律思想的影响》，载《太原师范学院学报》（社会科学版）2014 年第 5 期。

宗法家族伦理作为大经大法的法文化体系；因此，第二，在这个体系中，宗法家族伦理被视为法的渊源、法的价值，伦理凌驾于法律上，伦理价值代表法律价值，伦理评价统率法律评价，立法、司法悉以伦理为转移，由伦理决定其弃取；并且，第三，在现实的社会生活和政治生活中，以伦理代表法律，伦理与法律之间没有明确的界限，宗法伦理道德被直接赋予法的性质，具有法的效力，从而形成法律伦理化和伦理法律化的双向强化运动"①。"一准乎礼"的唐律是这种伦理法的集大成形态。实际上，即使在法律儒家化之前，伦理对法律之罪的影响也已极为深入。例如，《尚书·盘庚中》记载商王盘庚在迁都之前的训令："乃有不吉不迪，颠越不恭，暂遇奸宄，我乃劓殄灭之，无遗育。"不迪就是不道。孔传："不善不道，谓凶人。"②战国时期也有"逆大道"罪。所谓大道就是大常或天常，包括君臣之义、父子之亲、夫妇之辨等。逆大道的行为既违背了国家伦理也违背了家族伦理。③又如，汉代王杖简册中有"逆不道"罪，其侵害对象为被授王杖的老人，侵害的是汉朝尊老敬老政策。④因此，伦理性在很大程度上奠定了中国传统法律之罪的基础。

　　佛教罪也以伦理性为前提。《摩诃僧祇律》卷三十载："诸恶莫作，诸善奉行，自净其意，是诸佛教。"⑤佛教罪较少直接用罪来指称，但无论是五逆还是十恶，⑥它们本质上都属于佛教之罪，是佛教善恶伦理观的体现。佛教常用十善十恶指代自身伦理规范的具体内容。按《增一阿含经·火灭

---

　　①　俞荣根：《儒家法思想通论》，广西人民出版社 1998 年版，第 138 页。

　　②　（汉）孔安国传，（唐）孔颖达正义：《尚书正义》，黄怀信整理，上海古籍出版社 2007 年版，第 357 页。

　　③　参见崔永东《〈王杖十简〉与〈王杖诏书令册〉法律思想研究——兼及"不道"罪考辨》，《法学研究》1999 年第 2 期。

　　④　参见陈迪《王杖简册所见逆不道罪探析——兼论秦汉时期的上谳制度》，华中科技大学法学院"法律史料整理与研究工作坊"2015 年学术研讨会（内部交流论文集），第 68—78 页。

　　⑤　大正新修大藏经刊行会：《大正新修大藏经》第二十二册，台北新文丰出版有限公司 1983 年版，第 475 页下。

　　⑥　佛教还有业、孽两个词与罪相关，孽是业一词在恶的方面的衍生。但这两个词本质上与其说是对行为本身的评价，不如说是对行为结果的评价，业、孽更像是罪的承担方式。关于业的果报性，参见王月清《中国佛教伦理研究》，南京大学出版社 1999 年版，第 33 页。

品》载，佛教的十善与十恶为放生与杀生、布施与偷盗、贞洁与邪淫、诚实语与妄语、和合语与离间、爱语与恶口、有义语与绮语、无贪与贪婪、无嗔与嗔恨、正见与邪见。① 通常认为十善十恶奠定了佛教善恶观念的基础，《占察善恶业报经》称："言十善者，则为一切众善根本，能摄一切诸余善法。言十恶者，亦为一切众恶根本，能摄一切诸余恶法。"② 佛教于十恶之外，又有五逆之说，《阿阇世王问五逆经》载："有五逆罪，若族姓子、族姓女为是五不救罪者，必入地狱不疑。云何为五？谓杀父、杀母、害阿罗汉、斗乱众僧、起恶意于如来所。如是五不救罪，若有男女施行此事者，必入地狱不疑。"③ 十恶五逆代表着佛教对社会秩序的一般性看法，是善人所不为的，修行人更不能违反。

两种罪之伦理性的相同，导致它们进一步产生两个相似性：第一，罪具有宇宙观的意义；第二，罪具有主观色彩。就罪的宇宙观意义而言，伦理不仅意味着善恶秩序的存在，而且意味着善恶秩序的恒常。因此，伦理规范的有效性需要借助其与宇宙观的直接联系。在中国传统中，"法律必须体现上帝的意志"④。"就唐律而言，犯罪的成立是因为犯罪者不能安于宇宙既定的秩序，即不'安分'，亦即不能遵守其所处位置的规范（主要指家与国家之内），致使整体的秩序被破坏。罪的程度是视破坏秩序的程度而定"⑤。对佛教来说也是如此。"《阿含经》中提到的'正法'主要有两种：世间正法和出世间正法。世间正法主要是指五戒十善等人天善法，出世间正法则是指导向涅槃解脱之法。"⑥ 既然五戒十善是人天善法，也就意味着它们不仅规范着人间秩序，而且规范着宇宙秩序。《梵网经》称："一切众生皆有佛性，

① 参见《增一阿含经》卷七，《中华大藏经》编辑部《中华大藏经》（汉文部分）第三十二册，中华书局1987年版，第62页。

② 《占察善恶业报经》卷上，《中华大藏经》编辑部《中华大藏经》（汉文部分）第二十三册，中华书局1987年版，第289页。

③ 大正新修大藏经刊行会：《大正新修大藏经》第十四册，台北新文丰出版有限公司1983年版，第775页下。

④ 李申：《中国儒教史》（上卷），上海人民出版社1999年版，第865页。

⑤ 甘怀真：《唐律"罪"的观念》，《中西法律传统》第六卷，北京大学出版社2008年版，第92页。

⑥ 杨荔薇：《原始佛教"正法律"的法理学研究》，博士学位论文，四川大学，2005年。

一切意、识、色、心，是情是心，皆入佛性戒中。"① 而"盖观佛之法，其大体有二：一真身观；二应身观。真身观云者，佛身遍满于宇宙，观宇宙之实在，即观佛之真实身也。应身观云者，就佛在人间所现形相，而观念之也"②。佛充斥于宇宙中，众生皆受佛戒的规范，那么性戒代表的就是宇宙秩序，性戒所代表的不杀、不盗、不淫、不妄语亦如是。就罪的主观色彩而言，伦理观的道德非难性主要评价的是人的心理，因此主观心态成为评价罪的基础。受儒家影响，中国传统法律制度中存在原心定罪的观念，功善意恶往往比功恶意善更容易受到非难，这一点已无须多言。对于佛教而言，主观也是善恶评价的主要对象。《马祖语录》称："一切法皆是心法，一切名皆是心名，万法皆从心生。心为万法之根本。"③ 对心的强调意味着伦理的主观性。又如前文所言，心理状态上的无知是导致罪产生的缘起。善恶与罪当然也就是对这种主观状态的进一步评价。基于此，佛教罪与法律之罪的相似性甚明。

综上，佛教罪与中国传统法律之罪都强调罪的伦理性，进而将其推进到宇宙论层面和以人心为主的主观判断层面。罪既源自其善恶性，必然会要求自身成为评价人的标准。强烈的伦理性意味着持有这种观念的人很难容忍被认为是错误的观念或行为。法律或者宗教都会根据善恶观进行社会性反思和反应，并对某些观念或行为进行制度性否定。因此，罪的伦理性必然导致法律或宗教从实践或理论上对其报应，并予以具体化。

2. 佛教罪与中国传统法律之罪的报应相似性

对中国传统法律之罪而言，罪刑之间具有很强的对应性。有罪则有刑，是法律理论与实践上的必然。《尚书·盘庚上》曰："无有远迩，用罪伐厥死，用德彰厥善。"④《唐律疏议·名例律》云："名者，五刑之罪名……但名因罪立，事由犯生，命名即刑应，比例则事表，故以《名例》为首

① 赖永海主编，戴传江译注：《梵网经》，中华书局 2012 年版，第 194 页。
② 蒋维乔：《中国佛教史》，群言出版社 2013 年版，第 96 页。
③ 邢东风辑校：《马祖语录》，中州古籍出版社 2008 年版，第 125 页。
④ （汉）孔安国传，（唐）孔颖达正义：《尚书正义》，黄怀信整理，上海古籍出版社 2007 年版，第 348 页。

篇。"① 这些文献均反复强调有罪则有刑的观念。《论语·尧曰》则称："敢昭告于皇皇后帝：有罪不敢赦。"② 简言之，罪刑关系之间的必然联系是世俗王权也不能轻易否决的。法家还从工具主义角度论述了罪刑对应的意义。如《韩非子·奸劫弒臣》曰："民后知有罪之必诛，而私奸者众也，故民莫犯，其刑无所加。"③ 这不仅强调罪刑之间的必然关系，而且指明其政治意义。甚至即使法律没有规定某种罪，但一旦司法认为其有罪，法律仍会以刑对此进行反馈，《唐律疏议·杂律》"不应得为"条即是适例。在中国传统观念中，罪刑关系涉及所有社会主体，甚至包括君主。《尚书·西伯戡黎》载纣王灭国之前："王曰：'呜呼！我生不有命在天？'祖伊反曰：'呜呼！乃罪多，参在上，乃能责命于天？'"④ 后世发展了禅让、革命等内涵，以应对君主之罪。尽管难免局限性，且君主之罪的影响也极为有限，但仍不失是罪刑对应必然性的一种体现。

相比较而言，佛教的报应不为刑，但戒律有与罪对应的处罚规则。⑤ 同时，佛教业报观也在构建这种对应关系。"佛教的三世因果思想认为，十善十恶之所以有善恶的区分，是因为这身、口、意的三类行为，必然产生相应的果报。"⑥ 因果报应论是佛教伦理的基石。⑦ 罪与业报之间有着必然性。《增一阿含经·善恶品》载："云何修行十法生恶趣中。于是，有人杀生、盗劫、淫泆、妄言、绮语、恶口、两舌斗乱彼此、嫉妒、嗔恚、兴起邪见，是谓十法。其有众生，行此十法，入恶趣中。"⑧ 《阿毗昙毗婆沙论》则称："何故名善？苔曰：有爱果、妙果、适意果、可意果，故名善，报果说亦如

---

① （唐）长孙无忌等：《唐律疏议》，刘俊文点校，中华书局 1983 年版，第 2 页。

② 杨伯峻：《论语译注》，中华书局 1980 年版，第 207 页。

③ （清）王先慎：《韩非子集解》，钟哲校注，中华书局 1998 年版，第 101 页。

④ （汉）孔安国传，（唐）孔颖达正义：《尚书正义》，黄怀信整理，上海古籍出版社 2007 年版，第 384 页。

⑤ 劳政武认为佛教戒律具有近于"刑罚"的性质。参见劳政武《佛教戒律学》，宗教文化出版社 1999 年版，第 39 页。

⑥ 傅映兰：《佛教善恶思想研究》，博士学位论文，湖南师范大学，2013 年。

⑦ 参见方立天《中国佛教伦理思想论纲》，《中国社会科学》1996 年第 2 期。

⑧ 《增一阿含经》卷四十三，《中华大藏经》编辑部《中华大藏经》（汉文部分）第三十二册，中华书局 1987 年版，第 499 页。

是。何故名不善？答曰：有不爱果、不妙果、不适意果、不可意果，故名不善，报果说亦如是。于此相违是无记。"① 这种将善恶与其业报直接进行同意理解的观念，本质上就是承认罪与业报的必然联系性。"业报轮回思想的基本原理是佛教伦理的'因果律'，即一切事物皆有因果法则支配，善因必产生善果，恶因必产生恶果，所谓善因善果，恶因恶果。"② 佛教的业报不仅停留在理念上，而且有着现实可能。"在原始宗教规范中，包含着伦理道德的因素；而宗教规范的伦理化，则是制度型宗教阶段才发生的。宗教规范经历了一个由宗教禁忌向伦理化、道德化的戒律、礼仪、律法的变化过程。"③ 无论现实的戒律、世俗刑罚，还是来世业报、地狱惩罚，都构成佛教罪与业报直接的现实性，当然后者主要是现实的感观或心理刺激。

罪刑关系的必然性要求这种对应关系能够合乎人们的普遍观念，故罪刑之间的均衡性就显得极为重要。无论中国传统法律还是佛教对此都有深刻认识。《尚书·康诰》载："人有小罪，非眚，乃惟终，自作不典，式尔，有厥罪小，乃不可不杀。乃有大罪，非终，乃惟眚灾，适尔，既道极厥辜，时乃不可杀。"④ 周公在这里要求司法要区分故意和过失、惯犯和偶犯，⑤ 实际上就是从社会危害性和人身危险性等层面判断罪的严重程度，进而实现罪刑均衡。《尚书·吕刑》曰："五辞简孚，正于五刑。五刑不简，正于五罚。五罚不服，正于五过。五过之疵，惟官、惟反、惟内、惟货、惟来。其罪惟均，其审克之。"⑥ 五刑、五罚、五过的刑罚设计也是考虑到罪严重程度的结果。历代刑法的规定都必然考虑到这一点。佛教理念与之也有相似之处。例如，《四分律》《五分律》《摩诃僧祇律》等建构起的就是重罪重刑、轻罪

---

① 《阿毗昙毗婆沙论》卷二十八，《中华大藏经》编辑部《中华大藏经》（汉文部分）第四十四册，中华书局 1990 年版，第 636 页。

② 王月清：《中国佛教善恶报应论初探》，《南京大学学报》（哲学·人文·社会科学）1998 年第 1 期。

③ 王宏选：《法律文化视野下的宗教规范研究》，博士学位论文，山东大学，2007 年。

④ （汉）孔安国传，（唐）孔颖达正义：《尚书正义》，黄怀信整理，上海古籍出版社 2007 年版，第 536 页。

⑤ 参见黄源盛《中国法史导论》，元照出版有限公司 2012 年版，第 126—127 页。

⑥ （汉）孔安国传，（唐）孔颖达正义：《尚书正义》，黄怀信整理，上海古籍出版社 2007 年版，第 782—783 页。

轻刑的戒律体系。再如，佛教理念还区分性罪和遮罪。"违反'性罪'是要被屏除僧团的，而'遮罪'则须忏悔才可以除罪。"①　罪与业报之间的均衡也一目了然。无论佛教罪还是法律之罪，都主张有罪即有刑（业报），同时还认为两者应该具有均衡性。

3. 佛教罪与中国传统法律之罪的内容相似性

中国传统法律之罪与佛教罪的相似之处不仅体现在理念上，而且也体现在具体内容上。从本质上说，人们对理想社会的期盼常有相似之处，故对善恶也会有相似看法。不仅如此，"为适合中国国情，佛教逐渐引进了中国传统伦理思想说，在孝亲祭祖、奉敬君王等最基本的伦理观念和政治观念上，彻底地服膺儒家学说，使佛教的伦理观念发生了全新的变化。尤其是从宋代以来，佛教从一般地提倡普度众生，转向了实实在在地忠君、爱国、孝亲，依附于儒家的基本理念"②。佛教在本土化过程中大量吸收儒家伦理观，故两者在内容上的相似性不断增强。不过，由于传统法律的复杂性，本书仅考察佛教主要的罪来分析两者的相似性。

《观无量寿经义疏》称："第三品明恶有三人：初明作十恶，次明作四重，后明作五逆，不明谤法阐提。故明恶不尽。十恶、四重、五逆并得生西方。若是谤法阐提，不得生也。"③　十恶、四重、五逆被佛教视为最重的罪。东传之后，中国佛教的善恶观尽管有四种善恶、五善五恶、十善十恶等不同说法，但仍以十善十恶的说法对社会影响最大。④　关于十恶的说法大同小异，张海峰在《长阿含经》《增一阿含经》《大哀经》等基础上提出，十恶为杀、盗、淫、妄言、绮语、恶口、两舌、嫉妒、恚害、邪见。⑤　所谓四重是指四重罪，亦即四重禁或四波罗夷罪。⑥　四波罗夷罪指杀、盗、淫、妄，也是佛教罪中的四种极重之罪。《阿阇世王问五逆经》又载："有五逆罪，

---

① 陈晓聪：《中国古代佛教法初探》，法律出版社2014年版，第185页。

② 唐大潮：《明清之际道教"三教合一"思想论》，宗教文化出版社2000年版，第133页。

③ （隋）吉藏：《观无量寿经义疏》，收入大正新修大藏经刊行会《大正新修大藏经》第三十七册，台北新文丰出版有限公司1983年版，第245页中。

④ 参见业露华《中国佛教伦理思想》，上海社会科学院出版社2000年版，第45页。

⑤ 参见张海峰《唐代佛教与法律》，上海人民出版社2014年版，第61页。十恶解释可参见杨荔薇《原始佛教"正法律"的法理学研究》，博士学位论文，四川大学，2005年。

⑥ 参见丁福保《佛教大辞典》，文物出版社1984年版，第388页。

若族姓子、族姓女，为是五不救罪，必入地狱无疑。云何为五？谓杀父、杀母、害阿罗汉、斗乱众僧、起恶意于如来所。"① 由于佛教经典众多，对十恶、四重、五逆的说法各有侧重，但就其影响而论，上述三种界定是较为常见的。

在此基础上，本书试以《唐律疏议》为例，将与前述佛教罪的大致对应关系列表如下。

表 2-1 主要的佛教之罪与法律之罪对应表

十恶	对应法律罪	四重	对应法律罪	五逆	对应法律罪
杀	贼罪	杀	贼罪	杀母	恶逆
盗	盗罪	盗	盗罪	杀父	恶逆
淫	奸罪	淫	奸罪	害阿罗汉	贼罪
妄言	造祆书祆言罪、诈伪罪等	妄言	造祆书祆言罪、诈伪罪等	斗乱众僧	
绮语				起恶意于如来所	盗毁天尊佛像罪
恶口					
两舌					
嫉妒					
恚害					
邪见					

从表 2-1 来看，佛教的十恶、四重、五逆各有侧重。从中还可以看出，四重是从十恶的前四恶析出的，佛教以此来强调此四重罪的严重性，故十恶的前四恶、四重与法律之罪极为相似。《晋书·刑法志》追记《法经》的指导思想是"王者之政，莫急于盗贼"②。尽管《法经》是否存在有诸多争议，但从出土秦汉律来看，秦汉政府是严厉打击盗贼犯罪的。贼、盗、奸、诈伪等，自然犯罪色彩甚浓，历来属于严重的秩序类犯罪，对社会的危害性极大。由此可见，法律之罪与佛教罪对严重破坏社会秩序的行为都予以强烈否

---

① 大正新修大藏经刊行会：《大正新修大藏经》第十四册，台北新文丰出版有限公司 1983 年版，第 775 页下。

② （唐）房玄龄：《晋书》，中华书局 1974 年版，第 922 页。

定。若进一步剖析，我们还可以发现法律之罪不仅与佛教罪有所重合，而且对佛教罪还有一些回应。

第一，杀罪在佛教中并不限于杀人，也包括世间万种生物，故佛教禁止杀生。中国古代亦有此种想法，《荀子·王制》载："圣王之制也，草木荣华滋硕之时则斧斤不入山林，不夭其生，不绝其长也；鼋鼍、鱼鳖、鳅鳝孕别之时，罔罟毒药不入泽，不夭其生，不绝其长也"①。《吕氏春秋·十二纪》亦有类似说法。② 法律上很早就有禁屠钓的规定，如《睡虎地秦简·田律》规定："春二月，毋敢伐材木山林及雍（壅）隄水。不夏月，毋敢夜草为灰，取生荔麛鷇（卵）鷇，毋□□□□□毒鱼鳖，置穽罔（网），到七月而纵之。"③ 佛教传入后，更有诸多诏令从某种程度上来回应佛教杀罪。如《魏书·宣武帝纪》记载北魏宣武帝永平二年"十有一月甲申，诏禁屠杀含孕，以为永制。"④ 梁武帝时下令："不曾见禽兽有一自死者，若非杀生，岂有死肉。买肉自杀，其罪一等，众僧食肉，罪剧白衣。"⑤《旧唐书·裴谞传》载："时（建中初）十月禁屠杀，以甫近山陵，禁益严。"⑥ 自佛教盛行后，禁屠之令不绝于史书，尽管其与古代生态环境可持续发展的需要也有关系，但不能不说也受到佛教的极大影响。

第二，针对佛教罪中淫罪的严重性，传统法律对僧尼犯奸罪予以加重处罚。如《唐律疏议·名例律》"称道士女官"条规定："诸称'道士''女官'者，僧尼同。"疏议曰："依《杂律》云'道士、女官奸者，加凡人二等'。但余条唯称道士、女官者，即僧、尼并同。诸道士、女官时犯奸，还俗事发，亦依犯时加罪，仍同白丁配徒，不得以告牒当之。"⑦ 僧尼犯奸罪要加凡人二等，且不得以告牒当之，这种身份犯的制度设计，使他们受刑极重，也体现国家对佛教罪的支持态度。当然，佛教罪在其他层面上也与法律

---

① （清）王先谦：《荀子集解》，沈啸寰、王星贤点校，中华书局2012年版，第165页。

② （战国）吕不韦门客编：《吕氏春秋全译》，关贤柱译注，贵州人民出版社1997年版，第8—9页。

③ 睡虎地秦墓竹简整理小组：《睡虎地秦墓竹简》，文物出版社1990年版，第20页。

④ （北齐）魏收：《魏书》，中华书局2017年版，第249页。

⑤ （清）俞正燮：《癸巳存稿》卷十三《佛教断肉述义》，清连筠簃丛书本。

⑥ （后晋）刘昫：《旧唐书》，中华书局1975年版，第3567页。

⑦ （唐）长孙无忌等：《唐律疏议》，刘俊文点校，中华书局1983年版，第143—144页。

之罪有相似性，诸如佛教要求"不作国贼，拥护国王，不漏国税，不犯国制"，违之则为罪。①

不过应该看到，尽管法律之罪与十恶、四重在具体内容上有相同之处，但十恶的特点非常鲜明。即十恶的道德说教性强烈，尤其体现在它与法律之罪有所不同的后六罪上。一定意义上可以说，绮语、恶口、两舌、嫉妒、恚害、邪见等也为中国传统伦理规范所否定（如"七出"），但它们都因道德性太强而多数无法成为法律之罪直接否定的对象，例如法律很少会直接规定要惩罚挑拨他人、嫉妒他人、心怀邪见之人。而对比法律之罪与十恶、四重还会发现，尽管四重在佛教罪中已经是最严重的了，但与中国传统法律之罪的尊卑等级性还是有很大差异。四重之间似乎看不出内在的严重性差异，佛教对犯戒佛教徒的态度都是逐出僧团。与之不同的是，法律中的贼、盗、奸、诈伪等有着明显的刑罚等级差异。甚至其内部也会根据侵害对象的不同而对应着不同的刑罚。也正因此，五逆显得特别独特和重要，它除了提高对僧团本身的保护外，还专门强调针对父母的大罪。《十诵律》卷三十六载："夺父王命得大逆罪。"② 这实际上也是进一步说明杀父罪行的严重程度。因此，与其他佛教罪略有差异的是，五逆有向中国传统不孝罪靠拢的趋势。这样，十恶、四重对应着法律中比较重要的秩序类犯罪，体现平等性色彩；五逆则对应着法律中至为重要的伦理性犯罪，差异性明显。

（二）佛教罪与中国传统法律之罪的相异性

佛教罪与中国传统法律之罪有诸多相似性，但两者终究多有差异。与法律的根本差异是，尽管佛教罪强调自身在一定意义上的普世性，但它的根本目的还是在于规范佛教徒③的修行。性罪与遮罪的佛教罪差异已经反映出这一点。当然，性罪与遮罪共同建构起佛教戒律体系，④ 戒律是佛教罪的主要

---

① 李学竹：《佛教教义中的爱国思想》，《中国藏学》2007 年第 1 期。

② 大正新修大藏经刊行会编：《大正新修大藏经》第二十三册，台北新文丰出版股份有限公司1983 年版，第 262 页上。

③ 佛教徒有出家与在家之分，因在家教徒对佛教之罪的承受很难在制度层面体现，故本书的佛教徒专指出家教徒。

④ 参见劳政武《佛教戒律学》，宗教文化出版社 1999 年版，第 159 页。

文本载体。佛教戒律有两重体系，性罪为重罪体系，强制色彩更重；遮罪为轻罪体系，教化色彩更浓。不过，戒律本质上因规制僧团而出现。慧义曾称："戒律是沙门之秘法，自非国主，不得预闻。"① 相比之下，中国传统法律之罪则以所有人为规范对象。故以规范佛教徒为主的戒律和以规范所有人为主的法律可以作为比较重点。因其宗教性，戒律的道德色彩极为浓厚，不过中国传统法律的相当一部分内容也是道德法律化的结果。由此，戒律与法律的对比就变成两套不同道德体系的对比：一者，这两套道德体系之间存在规范内容的差异；二者，这两套道德体系存在制度化程度的差异。从整体来看，佛教罪与法律之罪的差异首先体现为规制对象的差异，其次体现在规范内容的差异，规范内容又可以包括规范实体与违反规范后的惩罚措施，最后则落脚到规范的立法技术上。

1. 佛教罪与中国传统法律之罪规制对象的相异性

中国传统法律之罪规制的对象是全体社会成员，甚至某些时候还包括最高统治者。佛教罪所欲规制的对象则主要是佛教徒。当然，佛教伦理具有的普世性，使其能够在一定程度上试图约束全体社会成员。"从佛学的一般意义出发，凡是有违佛教佛理的思想和行为都是恶，反之即是善。"② 佛祖提出善恶观有教化世人的目的，其性戒更有普遍性，"此戒不分内外、不异圣凡、不待佛制，违之，则属性罪，定遭果报"③。这些都是佛教罪试图规制全体社会成员的反映，这种规则还会以果报或业报为后盾。故有人认为"佛教是最早认识到'人人具有不同的宗教信仰，但精神修养上存在某种相似的道德准则'"④。此外，佛教罪还有大量专门面向佛教徒的内容。无论面向全体社会成员还是佛教徒，佛教罪是一种要求对象提高内在修养的信仰性规定，并不要求全部成为所有人绝对不能违背的行为准则。在这个角度上看，佛教罪十分宽容，纵使非佛教徒犯下专门针对佛教徒的罪，也不会受到佛教伦理的过度非难。比如佛教的杀戒包括对任何生命的杀害，但普通人杀生吃

---

① （南朝宋）慧义：《答范伯伦书》，收入（南朝梁）僧祐撰、李小荣校笺《弘明集校笺》卷十二，上海古籍出版社 2013 年版，第 652 页。

② 董群：《佛教戒律的伦理诠释》，《东南大学学报》（社会科学版）1999 年第 3 期。

③ 王建光：《中国律宗思想研究》，巴蜀书社 2004 年版，第 131 页。

④ 严耀中：《佛教戒律与中国社会》，上海古籍出版社 2007 年版，第 3 页。

肉并不会被认为十恶不赦。因此，法律之罪与佛教罪在规制对象上存在很大不同。

佛教罪面向佛教徒的特性，使其成为戒律的基础，后者依存于前者。戒律之所以出现，也正因为佛教徒犯下佛教罪，佛祖才不得不加强对僧伽的约束。① "佛教戒律是佛教的基础，是出家人和居家佛教徒应该遵守的具体规范。严格意义上讲，戒和律有差别，戒是指防非止恶之戒规，适用于出家人和在家居士，律仅指出家者之禁戒，并带有一定的惩罚性，如违反会被逐出佛门等。"② 就此而言，佛教罪的主要目的是给佛教徒提供行为标准，以保障其修行有成。"佛陀以戒、定、慧三学作为解脱道的概括。佛陀当年制戒，其目的在于'梵行久住'、'正法久住'。"③ 释慧皎云："入道即以戒律为本。"④ 正因为佛教罪是为了保障佛教的修行，修行则莫先于修心，追求内心的信仰。绮语、恶口、两舌、嫉妒、恚害、邪见等具有高度道德性的恶才能够成为佛教罪的组成部分。当然，佛教徒出家以自愿为前提，亦即佛教伦理的适用会以佛教徒的自愿为原则。基于此，佛教罪亦可视为佛教徒承诺的罪。

2. 佛教罪与中国传统法律之罪规范内容的相异性

佛教罪与中国传统法律之罪的内容也有很多不同，这种差异源自两者不同的伦理观念。在伦理取向上，佛教罪与法律之罪均具有强烈的道德伦理性，但两者承认不同的道德规范，这在上一部分所列表2-1中完全可以观察到。对比表2-1所列举的佛教罪与法律之罪，会发现有两个差异：第一，中国传统法律之罪更多涉及侵害尊卑、良贱、官民的问题；第二，佛教罪较多涉及个人修养的内容。之所以出现这种特点，应源于两者的深层次差异。

第一，佛教罪与中国传统法律之罪的价值取向不同。中国传统法律以维护礼法结构下的尊卑等级制度为目的，无论先秦还是秦汉及以后均是如此。

---

① 佛祖之所以定戒律，是因为佛教早期门徒须提那为满足世俗父母需求而与妻子发生性行为以求留下子嗣，这被认为是淫行。参见劳政武《佛教戒律学》，宗教文化出版社1999年版，第34—39页。

② 黄丽、刘志坚：《论佛教对中国法治的借鉴意义》，《政法学刊》2012年第1期。

③ 圣凯：《戒律对佛教神圣性的建构与诠释》，《中国宗教》2009年第4期。

④ （梁）释慧皎：《高僧传》，汤用彤校注，中华书局1992年版，第443页。

"从目前出土的秦及西汉前期的法律简的内容来看，它们反映了一个共通的法律原则，即因贵贱、尊卑、长幼、亲疏的不同而采取异其施的法律规定，亦即实现差异性的原则。"① 法家影响下的秦律也要维护家族内部的尊卑等差。再如，隋唐律令有良贱制、尊卑长幼制、官僚制等三个基本特点。② 因此，法律之罪的内容必然围绕保障尊卑等级秩序展开，直至清末制定《大清新刑律》时也不能避免。而佛教罪却以平等性为前提。"佛教在两汉时期从印度传入我国，它秉承的是一种绝对平等的观念，认为男女、父子、夫妻、主仆都是平等的关系。"③ 佛教试图打破一切世俗偶像。甚至，"佛教在国家问题上的主张接近于社会契约论。它从自然平等观出发，认为国家不是神造的，君主的权力也不是神授的，而是人性的必然产物，是'契约'的产物，在国家的产生过程上提出了这样一个合理的逻辑思路，即：贪（欲）—私有—争讼—君主—国家"④。佛教并未要求特别保护君、父的权威，如前述的十恶、四重就体现了相对的平等性。可见佛教的平等观是众生平等，故杀罪保护的是所有生灵的生命。而中国传统法律之罪以保护人的利益为中心。为此，儒家不主张完全戒杀生，更不限制在祭祀等必要时刻的杀生。许慎《说文解字》称："人，天地之性最贵者也。"段玉裁注："人者，其天地之德，阴阳之交，鬼神之会，五行之秀气也。又曰：人者，天地之心也，五行之端也，食味别声被色而生者也。按禽兽草木皆天地所生，而不得为天地之心；惟人为天地之心。故天地之生此为极贵。"⑤ 即使中国古代曾出现的保护自然界生物的法律规定，如睡虎地秦简《田律》中就有关于保育生态的规定，但其根本目的还是为了保障人类社会的可持续发展。

第二，佛教罪与中国传统法律之罪的规制目的不同。中国传统法律之罪不是为了个人的修行，其根本目的是保障政权的稳固。除前表2-1中所列的

---

① 杨振红：《从出土秦汉律看中国古代的"礼"、"法"观念及其法律体现》，《中国史研究》2010年第4期。

② ［日］布目潮沨、栗原益男：《隋唐帝国》，讲谈社1997年版，第185—187页。

③ 陈根发：《论宗教宽容的政治化与法律化》，《环球法律评论》2007年第2期。

④ 王永会：《佛教政治哲学简论》，《社会科学研究》2000年第3期。

⑤ （汉）许慎撰，（清）段玉裁注：《说文解字注》卷八，许惟贤整理，凤凰出版社2015年版，第640页。

这些伦理色彩较强的罪外，法律之罪还包括很多破坏行政管理秩序、经济秩序等的行为。前者如唐律中以维护行政管理秩序为目的的公罪。所谓公罪，《唐律疏议·名例律》曰："谓缘公事致罪而无私、曲者。"① 《钦定大清会典》卷十一称："曰公罪，有处分以励官职。"② 换言之，国家为了保障行政秩序的稳定高效而规定了公罪。公罪为历代所承袭。以唐律为例，《唐律疏议·职制律》"稽缓制书官文书"条、"官人无故不上"条、"用符节事讫稽留不输"条、"公事应行稽留"条等，皆为公罪之例。后者如经济管理秩序方面的犯罪，如《唐律疏议·厩库律》"故杀官私马牛"条规定："诸故杀官私马牛者，徒一年半……主自杀马牛者，徒一年。"疏议曰："官私马牛，为用处重：牛为耕稼之本，马即致远供军，故杀者徒一年半。"③ 为国家经济秩序和军事储备考虑，个人即使杀害自己拥有的马牛也构成犯罪。佛教罪的制定目的则在于通过戒律规制佛教徒的内心，通过净化内心而使自身到达更高的精神境界。也正是如此，法律之罪不认为是罪的事项有时却被佛教认为是罪，如前揭之绮语、恶口、两舌、嫉妒、恚害、邪见等。

　　3. 佛教罪与中国传统法律之罪惩罚措施的相异性

　　无论法律还是戒律，它们之所以出现都是因为罪的存在，但它们产生后却并不能使罪完全消失。因此，违法者与犯戒者历来多有。佛教罪和法律之罪对违反者的惩罚方式迥异，或者说两者的保障手段差异极大。就法律之罪而言，刑法的有效性不在于其严厉程度而在于及时性。"犯罪与刑罚之间的时间隔的越短，在人们心中，犯罪与刑罚这两个概念的联系就越突出、越持续，因而，人们就很自然地把犯罪看做起因。"④ 法律之罪的及时性本质是强调罪刑关系具有实现的必然性。中国古人很早就认识到这种罪刑关系对守法的影响。《韩非子·奸劫弑臣》称："秦民习故俗之有罪可以得免、无功可以得尊显也，故轻犯新法。"⑤ 因此，《韩非子·备内》称："士无幸赏，

---

① （唐）长孙无忌等：《唐律疏议》，刘俊文点校，中华书局1983年版，第44页。
② （清）崑冈等续修：《清会典》，商务印书馆1936年版，第117页。
③ （唐）长孙无忌等：《唐律疏议》，刘俊文点校，中华书局1983年版，第282—283页。
④ ［意］贝卡利亚：《论犯罪与刑罚》，黄风译，中国法制出版社2002年版，第66页。
⑤ （清）王先慎：《韩非子集解》，钟哲校注，中华书局1998年版，第101页。

无逾行，杀必当，罪不赦，则奸邪无所容其私。"① 甚至儒家人物朱熹等也主张"有功者必赏，有罪者必刑"②。因此，法律之罪要求行为与刑罚的现实对应，亦即法律之罪希望通过加强刑罚体系保障自身的实现，无论是所谓的上古五刑还是中古五刑莫不如此。刑罚的不断发展变迁，也是中国传统法律体系完善的一个重要层面。

佛教戒律的惩罚体系也有其独特性，"佛教法的惩罚观是着重于内心的忏悔而非肉体上的惩罚"③。尽管佛教罪也强调罪与惩罚之间的必然性，但这种必然性是一种以预防为主的思路，佛教理念由此发展出三种惩罚体系。第一，现实的刑罚或受戒。佛教徒若有罪，应根据罪的严重程度受到惩罚。重者如犯波罗夷罪者，要被逐出僧团并受到俗世刑罚的处罚;④ 轻者，则需受戒忏悔。"佛教戒律在司法中的运作，主要体现在两个方面：一是以受戒来替代刑罚处罚……二是以礼佛来替代刑罚处罚"⑤。有时候，这甚至成为俗世犯罪者企图脱罪的手段。如《旧唐书·傅奕传》载："其有造作恶逆，身坠刑网，方乃狱中礼佛，口诵佛经，昼夜忘疲，规免其罪。"⑥ 第二，以轮回业报为主的惩罚。"六道轮回是说存在六大类生命状态，生存境况相差悬殊，人只为其中一类。所有这些生命形式之中，每一个个体以它在一期生命之中的意识、语言、行为三方面的善恶积累，决定在某道中以某种形式投生，如此循环不已。根据这种理论，生命现象不再是出生→活着→死亡的简单线段，而呈现……出生→活着→死亡→中有→出生……一个生死相续、交替显现的无穷过程。"⑦ 因其轮回，所以人的善恶之果能够通过现世和未来

① （清）王先慎：《韩非子集解》，钟哲校注，中华书局1998年版，第116页。

② （宋）朱熹：《晦庵先生朱文公文集》卷十二《巳酉拟上封事》，收入朱杰人等主编《朱子全书》，上海古籍出版社、安徽教育出版社2002年版，第625页。

③ 陈晓聪：《中国古代佛教法初探》，法律出版社2014年版，第182页。

④ 参见劳政武《佛教戒律学》，宗教文化出版社1999年版，第177页；陈晓聪《中国古代佛教法初探》，法律出版社2014年版，第185—200页。

⑤ 周东平：《佛教礼仪对中国古代法制的影响》，《厦门大学学报》（哲学社会科学版）2010年第3期。

⑥ （后晋）刘昫：《旧唐书》，中华书局1975年版，第2715页。

⑦ 李海波：《佛教信仰及其死亡观念的当代意义》，《华东师范大学学报》（哲学社会科学版）2013年第5期。

展现出来，有罪必有恶果。所谓"不是不报、时候未到"，即就此而言。而且业报可能是多方面的，如"身体的病的直接原因是由于四大不顺，从而导致五脏不调。而造成四大不顺的原因，佛教认为主要是不当的业引起的。实际上，业分为先世所造业和现世所造业"①。业报轮回观在罪与罚之间建立了必然联系，以至于罪与罚之间的界限并不十分清晰。"这里侧重从果报的可爱、美妙、适意、可意与否来区分善恶，即众生的行为本身的善恶通过行为产生的结果之好坏来判断，并由判断善恶的标准出发，推导出善恶的定义：能产生或导致可爱、美妙、适意、可意的果报的行为本身即是善，能产生或导致不可爱、不美妙、不适意、不可意的果报的行为本身即是恶。"② 第三，以地狱受刑为主的惩罚。"佛教法的惩罚中最有特质的地狱的惩罚，这种惩罚方式对佛教徒是有约束力的，既是现世惩罚的延续，也是现世未惩罚的一个补充，通过这种方式可以到达处罚上的平等以及公平正义。"③ 佛教主张业报是不可避免的，但善无善报、恶无恶报的现实常常冲击到人们的信仰，地狱受刑则是弥补这一缺陷的努力。而且，"'冥律'最大的特点是它的'平民化'，经常可以发挥'王法所不及'的作用"④。地狱审判是任何人无法摆脱的，除非能够通过修行摆脱轮回。由此，佛教罪依靠未来审判在自身的理论中形成一个有罪必罚的惩罚体系。

如上，无论法律还是戒律都试图在罪与惩罚之间建立起密切联系以提高规制实效。然而现实中罪与惩罚之间往往不能构成必然联系，换言之，法律与戒律的实效性必然不可能是百分之百。为解决这些问题，法律采用刑讯、增强刑罚的严厉性等手段以提高自身的威慑力。佛教则借助过去、现在、未来三种力量以保持自身教义的说服力。这种对不同力量的依赖源于不同目的，也造就不同结果。

4. 佛教罪与中国传统法律之罪技术手段的相异性

受制于规制对象与内容等的需求，传统法律之罪的设计需要具有两种功

---

① 曹彦：《佛教的业报与疾病观》，《湖北社会科学》2015 年第 3 期。

② 傅映兰：《佛教善恶思想研究》，博士学位论文，湖南师范大学，2013 年。

③ 陈晓聪：《中国古代佛教法初探》，法律出版社 2014 年版，第 200 页。

④ 陈登武：《从人间世到幽冥界——唐代的法制、社会与国家》，北京大学出版社 2007 年版，第 258 页。

能：一是提供给人们以行为准则，二是提供给裁判机构以规范依据。其中，作为规范依据的法律还需要起到防止裁判机构滥用权力的作用。这就要求法律之罪应该尽量明确清晰，以提高指引性。因此，立法手段需要不断进化，这使得法律之罪在持续发展中形成比较成熟的立法技术。而佛教罪因其设立的目的主要是为修行，所以尽管戒律也在逐渐细化，但一直较为粗疏。"佛教伦理反映着道德自律和他律的结合，既遵从自律性，更重视他律，这里的自律性和他律性的概念，自律性表示道德的自觉性和非制度性，他律性表示道德的外力强制性和制度性。"① 基于功能的局限性与自律性，所以佛教罪与法律之罪在技术手段上有粗糙与精致的分别。

第一，法律表达比戒律更为明确。有些佛教罪的表达也十分简练，但简练的结果可能会使佛教罪本身的概念无法得到清晰阐明。"法的多义性和多元性，也是宗教法区别于世俗法的一个重要特征。"② 以五逆为例，它又分为小乘之五逆、大乘别说五逆、同类五逆等，并对恶行各有所侧重。再以十恶为例，杀、盗、淫、妄言等较容易判断，绮语、恶口、两舌、嫉妒、恚害、邪见则较难有定论。即使戒律做出具体规定，但也多属于道德条款，带有强烈的原则属性，难以成为内容明确的行为规则。相对而言，法律之罪的语言在不断发展中逐渐走向精确化。唐高祖针对隋律曾提出："有隋之世。虽云厘革，然而损益不定，疏舛尚多，品式章程，罕能甄备。加以微文曲致，览者或惑其浅深，异例同科，用者殊其轻重，遂使奸吏巧诋，任情与夺，愚民妄触，动陷罗网，屡闻厘革，卒以无成。"③ 因此，唐律在立法时颇为谨慎，其语言的精确性和严谨性达到较高程度。④ 如，《永徽律》把《贞观律》"大不敬"条的"言理切害"改为"情理切害"，以便"原其本情，广恩慎罚"。⑤ 故唐律的立法"内容比较规范，很便于实施"⑥，被历代

---

① 董群：《佛教戒律的伦理诠释》，《东南大学学报》（社会科学版）1999 年第 3 期。

② 何勤华：《宗教法本质考》，《法学》2014 年第 11 期。

③ （后晋）刘昫：《旧唐书》，中华书局 1975 年版，第 2134 页。

④ 参见侯欣一《唐律与明律立法技术比较研究》，《法律科学》1996 年第 2 期；钱大群《唐律疏义新注》，南京师范大学出版社 2007 年版，引论第 2 页。

⑤ （唐）长孙无忌等：《唐律疏议》，刘俊文点校，中华书局 1983 年版，第 12 页。

⑥ 王立民：《唐律与中国传统法制论纲》，《华东政法大学学报》2009 年第 5 期。

推崇。到明律，立法者又将唐律中一些深奥难懂的词句"俱易以平易浅近之语，若有不得其解者，则决然删除"①。这样就更为明确而具有引导性。

第二，法律的罪刑结构比戒律更为清晰。在结构上，法律与戒律之间有一定相似性，比如区分轻罪与重罪、根据罪刑均衡的原则规定不同后果。但法律还强调其对裁判的指导意义，需要为限制法官自由裁量而确定更为精准的定罪量刑体系。有学者曾提出佛教规范具有法律要素，但也不得不承认佛教法本身有"未完备性"。② 同时，尽管"佛教的戒律自有其内在的结构体系，这就是层次结构，即为不同层次的人制定不同的戒律，渐次上升"③，但戒律基本上属于"随犯随制"式的立法模式，多数立法都是事例。④ 尽管这种类似判例法的模式有其优势，但总体来说会导致佛教之罪无法形成清晰明确的定罪量刑体系。相比之下，一方面，法律在定罪上有较为清晰的罪与非罪的界限；另一方面，法律在量刑上有较为清晰的罪重与罪轻的标准。就前者而言，罪与非罪以犯罪构成要件为区分手段。如唐律杀罪有不同的犯罪构成，谋杀、故杀、斗杀、误杀、戏杀、过失杀等都有比较清晰的规定以便区别，从而为更为准确的量刑奠定基础。就后者而言，量刑会根据犯罪情节的差异而有所不同。例如，法律会根据行为模式的差异（如主观的故意或过失、单独犯罪与共犯、犯罪停止形态、赃额等）进一步判断罪的严重程度，由此形成更为准确的罪刑均衡的司法裁量标准。这样，此罪与彼罪、轻罪与重罪在法律中形成比较清晰的层次。罪的层次的清晰化则使得罪刑均衡成为可能。以唐律为例，有学者认为"唐律量刑精准、考虑周全，对每一个罪名在量刑上均规定要考虑各种量刑情节，以示慎重"⑤。这也是唐律根据罪之轻重制定比较清晰的法律规则后形成的结果。

第三，法律编纂比戒律更先进。劳政武曾认为，"自'波罗夷'到'灭

---

① 参见（清）薛允升《唐明律合编》"卷首"，怀效锋、李鸣点校，法律出版社 1999 年版，第 2 页。

② 参见陈晓聪《中国古代佛教法的证成》，《中国海洋大学学报》（社会科学版）2014 年第 3 期。

③ 董群：《佛教戒律的伦理诠释》，《东南大学学报》（社会科学版）1999 年第 3 期。

④ 参见劳政武《佛教戒律学》，宗教文化出版社 1999 年版，第 155—157 页。

⑤ 姜涛：《〈唐律〉中的量刑制度及其历史贡献》，《法学家》2014 年第 3 期。

净'共八类，都可以说是'罚'而非'罪'……这就是以'罚'为分类标准，把各种'罪'（条文）系串起来，在世俗法律上这种形式是极鲜见的"①。这使戒律如《四分律》等带有以刑统罪的法典编纂色彩。然而，中国古代早期就曾采取以刑统罪的模式（或曰以罚统罪）。《尚书·吕刑》载："墨罚之属千，劓罚之属千，剕罚之属五百，宫罚之属三百。大辟之罚，其属二百。五刑之属三千。"② 这正是此种法典编纂模式的体现。③ 随着立法技术的进步，中国古代的刑法典编纂模式改进为以罪统刑，并为历代所沿袭。中国早期之所以采取以刑统罪的模式，原因在于"最初的罪名体系尚欠发达，因而借助早熟的刑名体系以建构起附属于刑名的罪名体系"④。这种看法对佛教罪体系的形成也同样有说服力。当法律之罪的罪名体系逐渐成熟后，更发达的以罪统刑的法典编纂模式就取代了以刑统罪。而在惩罚明确但罪名纷繁复杂没有系统的情况下，佛教罪的体系持续表现出比较原始的状态。

　　对比可见，佛教罪与中国传统法律之罪具有深层次差异，这也是从技术层面比较佛教罪观念与中国传统法律中罪观念的结果。这些差异一方面使双方之间的相互影响存在可能性，另一方面又使两者之间存在很难打破的壁障。这首先意味着，佛教对中国传统法律的影响必然要建立在能一定程度上打破这些壁障的基础上。其次，由于这种壁障是中国固有文化的组成部分，而且这种文化传统数千年来占据主导地位，因此佛教的影响必然是有限的，甚或佛教需要经过某种程度的改造才能在这方面发挥作用。随着佛教影响中

----

　　① 劳政武：《佛教戒律学》，宗教文化出版社 1999 年版，第 158 页。

　　② （汉）孔安国传，（唐）孔颖达正义：《尚书正义》，黄怀信整理，上海古籍出版社 2007 年版，第 786 页。

　　③ 笔者认为，目前对中国上古时期是否确实存在"五刑"之体系，颇有歧见；而那时"五刑之属三千"的法典编纂模式是否史实，更需慎重对待。此处仅简单提示，具体参见周东平、薛夷风《北朝胡汉融合视域下中古"五刑"刑罚体系形成史新论——兼评冨谷至〈汉唐法制史研究〉》，《学术月刊》2021 年第 3 期。不过相较而言，以刑统罪的立法模式是较为粗疏的立法模式。刑罚之间的差别十分明显，以刑统罪并不需要太高的立法技巧；罪与罪之间的差别则较为复杂，罪的区分不仅建立在深刻认识到罪本质的基础上，而且还需要辨别不同罪间的社会危害性程度，这样才能设计出具有内部合理性的法典体系。

　　④ 陈涛、高在敏：《中国法典编纂的历史发展与进步》，《法律科学》2004 年第 3 期。

国传统法律的深入，两者之间的壁障被部分打破，佛教罪观念渗入中国传统法律中。这种情况之所以能够发生，主要是因为佛教罪观念虽然与中国传统主流罪观念存在冲突，但两者也有兼容性。进一步考察这种冲突与兼容，可以为分析佛教罪观念对中国传统法律的影响奠定基础。

三 佛教罪观念与儒法罪观念的冲突与兼容

佛教罪观念想要影响中国传统法律中的罪观念，必然要越过儒法两家的门槛。一般认为，罪观念在来源上受到道德规则、宗教理念、社会责任等因素的影响。[①] 中国古代罪观念的产生与发展也概莫能外，佛教理念具备对其形成影响的基本前提。有学者认为，中国古代罪的概念经历了战国之前对人或某种行为的抽象泛指、战国至两晋的违法性内涵增加、晋到清末的违法性和可罚性为中心三个阶段。[②] 亦即从刑法的角度来说，罪在中国古代逐渐发展出违法性与可罚性两个层面。这一看法注意到中国古代刑事司法中所适用法律的具体形态，不过并不是对罪本体的考察。但它注意到，什么是罪需要从法律渊源的角度进行观察，从真正对社会生活具有规范作用的法律实践中才能发现罪的本质。因此，对法律渊源的影响就是佛教罪影响中国传统法律中罪观念的具体途径。塑造中国传统法律渊源的主要有儒法两家，佛教要对中国传统法律中的罪观念产生影响，必然需经受与这两家的冲突与融合。

（一）佛教罪观念与法家法定罪观念的冲突与融合之可能

法家对于塑造整个中国传统法律文化具有根基性作用，它的工具主义法律观使得罪具有强烈的规范性色彩，相应的刑罚观则具有报应性与预防性。从现代法律的角度来说，所谓犯罪指的是对法益具有侵害性或威胁性，同时具有刑事违法性的行为。[③] 法家对于犯罪的理解兼及法益侵害性与刑事违法

---

① 参见郑定《"罪"之渊源与哲学依据》，《法学家》2006年第5期。

② 参见陈晓枫主编《中国法制史新编》，武汉大学出版社2007年版，第209—210页；陈晓枫、柳正权《中国法制史》，武汉大学出版社2012年版，第568—569页。

③ 参见陈兴良主编《刑法学》，复旦大学出版社2016年版，第18—19页。

性，但应该说法家对法益侵害性的理解是比较狭隘的，以保护君主利益为中心。如《韩非子·孤愤》称："臣有大罪者，其行欺主也，其罪当死亡也。"① 当然，围绕君主利益建构起来的是君权对国家的人、财、物的控制秩序，而法益侵害性就是对这种层层秩序结构的侵害。在此意义上，法家的法益观念仍然有多元性。

在这种罪观念下，法律的目的主要是维护君主专制统治。"法家的吏治观则建立在性恶论基础上，以权力中心主义为原则，主张行政安全优先。"② 刑法的目的主要是预防犯罪，保障君权。《韩非子·二柄》称："明主之所导制其臣者，二柄而已矣。二柄者，刑、德也。何谓刑、德？曰：杀戮之谓刑，庆赏之谓德。"③ 由此产生的是重刑主义的工具刑法观。④《韩非子·内储说上》曰："公孙鞅之法也重轻罪。重罪者，人之所难犯也；而小过者，人之所易去也。"⑤ 工具主义刑法观的基础是以明确的法律规定作为评价标准。这使其与儒家的罪观念有很大区别，正如梁启超所言："法家固未尝尽蔑视道德，惟以为道德者，只能规律于内，不能规律于外，只能规律一部分之人，不能规律全部分之人，故所当标以律民者，非道德而法律也。"⑥

因此，在法家的罪观念中，所谓罪从根本上来说是对君主利益的背弃，从形式上来说是对法律的违反。而且为了最大限度达到犯罪预防的目的，法家设计了众多的严刑酷法，并适用连坐的刑罚原则。如《史记·商君列传》所言，"令民为什伍，而相牧司连坐。不告奸者腰斩，告奸者与斩敌首同赏，匿奸者与降敌同罚"⑦。

从这里可以很明显地看出，佛教罪观念与法家罪观念的差异：第一，佛教的罪具有道德性色彩，具有实质性，而法家的罪道德性单薄，刑事违法性

---

① （清）王先慎：《韩非子集解》，钟哲校注，中华书局1998年版，第85页。

② 秦晖：《传统十论》，东方出版社2014年版，第144页。

③ （战国）韩非：《韩非子新校注》，陈奇猷校注，上海古籍出版社2000年版，第120页。

④ 参见马作武《先秦法家重刑主义批判》，《中外法学》2012年第6期。

⑤ （战国）韩非：《韩非子新校注》，陈奇猷校注，上海古籍出版社2000年版，第587页。

⑥ 梁启超：《梁启超论中国法制史》，商务印书馆2012年版，第41页。

⑦ （汉）司马迁：《史记》，中华书局2014年版，第2710页。

作为罪观念本质的意味很重；第二，佛教的罪具有个体性，主张罪责自担，而法家的罪则具有扩张性，为获得犯罪预防的最大收益而使其越出个体的范围；第三，佛教的罪强调个人的修养，而法家的罪更重视君主的利益。尽管两者的差异显著，但法家罪观念的工具色彩却使它能够在一定程度上容纳佛教的罪观念，即如果佛教的罪观念能够起到巩固君主统治的目的，两者就能在某种意义上融合。甚至可以说，佛教的罪如果想要产生更大的社会影响力，在某种意义上需要借助于法家的手段。实际上，儒法整合能够实现，很大程度上也是因为这种原因，"王道作为儒家的政治理想和王者的向往，其实效却只能在与霸道的配合中实现"①。

（二）佛教罪观念与儒家道德罪观念的冲突与兼容

与法家不同，儒家对罪的理解具有强烈的道德性亦即实质主义色彩。从本质上来说，儒家的罪观念与佛教具有很高的相似性，都主张罪是对特定秩序的破坏。在法律儒家化的早期，"汉代孔门弟子所看到的宇宙，是这样一种包含一切的关系的系统，即人、人类制度、事件和自然现象都以一种有序的、可预见的方式相互作用。缔造者们广泛地依靠类比来发展出这些关系的基本原则，也就是说，特定的自然中的层级被当做特定的人类关系和制度配置的模型"②。对这种与道德具有同质性的人类固有秩序的破坏就是罪。到唐代，这种看法随着法律儒家化的完成更具主导性。所以，《唐律疏议》对罪的理解就是对身份秩序的破坏。③ 当然，更为形而上的观点认为这不仅是对身份秩序的破坏，而且是对宇宙秩序的破坏。④

由此可以认定，佛教罪观念与儒家的罪观念都属于道德层面的罪，而且具有相当的宇宙论色彩。对比这种相似性，或许我们可以更加同情地理解"儒教之教，既是宗教之教，亦是教化之教。儒教不是一神教、多神教，更不

---

① 韩星：《儒法整合：秦汉政治文化论》，中国社会科学出版社 2005 年版，第 242 页。

② ［美］芮沃寿：《中国历史中的佛教》，常蕾译，北京大学出版社 2009 年版，第 8 页。

③ 参见甘怀真《〈唐律〉罪的观念》，中南财经政法大学法律文化研究院编《中西法律传统》第六卷，北京大学出版社 2008 年版，第 79—94 页。

④ 参见徐道邻 CRIME AND COSMIC ORDER，*Harvard Journal of Asiatic Studies*，Vol. 30（1970），pp. 111–125。

是泛神教，儒教是无神教"① 这种观点。但也正是因为两者都属于道德层面的罪，使其冲突加剧。因为道德本质意味着一旦具体道德规范存在差异，那么两者之间的冲突就很难弥合。自魏晋南北朝持续至唐宋的沙门应否拜君亲之争就很能够说明问题。但道德冲突却没有成为佛教融入中国传统法律文化的绝对难题。之所以能够如此，可能与佛教罪的双重性有关。即佛教将罪分为世界罪与佛法罪，世界罪具有普世性，可以规范人类全体，而佛法罪具有专门性，可以规范佛教徒。② 而世界罪典型的如四波罗夷罪，基本上属于任何道德体系都认同的罪，由此不会与儒家的罪观念产生根本冲突。佛法罪是两者冲突的重点，但由于佛法罪主要用于规范佛教徒，使这种冲突显得较为有限。

佛教罪观念与儒法罪观念的冲突与兼容，使佛教罪对中国传统法律的影响尽管可能，但又必然要受到一定的限制：第一，佛教罪与中国传统法律相冲突的内容可能会被修正，历史地看这是佛教中国化的具体体现；第二，佛教罪对中国传统法律的影响不可能是全面的，当然从实践来看在部分少数民族地区是全面的；第三，佛教罪对中国传统法律的影响可以存在整体层面和特殊层面之别，具有普遍性的佛教罪能够产生整体性影响，而不具有普遍性的罪则主要在特殊层面尤其是特殊群体层面产生较大的影响。受这种限制，佛教罪对中国传统法律中罪观念的影响被控制在一定的范围内，但却仍然有着比较深远的影响。

四　佛教罪观念对中国传统法律中罪刑关系的影响

在佛教的理念中，罪体现为身、口、意等行为，并带来相应的罪报。如《佛说观无量寿经》云："如此罪人，以恶业故，应堕地狱，命欲终时，地狱众火，一时俱至。"③ 罪与罪报之间的关系可以类比法律中的罪刑关系。

---

① 彭永捷：《认识儒教》，《社会科学》2011 年第 11 期。

② 参见王建光《中国律宗思想研究》，巴蜀书社 2004 年版，第 136 页。

③ 中华大藏经编辑局编：《佛说观无量寿经》，收入《中华大藏经》（汉文部分）第十八册，中华书局 1986 年版，第 668 页下。

在中国传统法律中，罪与刑之间的关系具有多重性。一方面，罪刑关系界限模糊，在相当长的时间内处于罪刑不分的状态；另一方面，刑法的合理性总是要求罪刑之间要形成基本的均衡，但刑罚本身的工具性必然会弱化罪刑之间的对应关系，尤其是在法家重刑止罪观念下，罪刑均衡可能会受到影响。相较之下，佛教的罪与罪报之间处于明确的分离状况，罪与罪之间的分别较为明显。因此，随着佛教的传入，其罪观念在某种程度上也推动了中国传统法律中罪刑关系的变化。

在中国传统罪刑关系中，罪刑分离是逐渐形成的。罪刑不分的情况源远流长。如中山王鼎中死、辠合称。① 《礼记·文王世子》载："公族其有死罪，则磬于甸人。其刑罪，则纤剸，亦告于甸人。"郑玄注："'纤'读为'歼'。歼，刺也。剸，割也。宫割、膑、墨、劓、刖，皆以刀锯刺割人体也。"② 刑罪与死刑相别而专指肉刑，这一点秦汉也如此。③ 但晋朝时罪已经有相当的独立性，如张斐《律注表》称："律有事状相似而罪名相涉者，若加威势下手取财为强盗，不自知亡为缚守，将中有恶言为恐猲，不以罪名呵为呵人，以罪名呵为受赇，劫召其财为持质。此六者，以威势得财而名殊者也。即不求自与为受求，所监求而后取为盗赃，输入呵受为留难，敛人财物积藏于官为擅赋，加欧击之为戮辱。诸如此类，皆为以威势得财而罪相似者也。"④ 但刘颂仍称："律法断罪，皆当以法律令正文，若无正文，依附名例断之，其正文名例所不及，皆勿论。"⑤ 所谓断罪，按照现在的理论就是定罪量刑，因此仍保存罪刑不分之余绪。甚至有学者提出："北周以前的刑律，刑名或称为'刑'，或称为'罪'，'刑'和'罪'的概念经常混淆不清。

---

① 中山王鼎制作于战国时期。文字整理参考于豪亮《中山三器铭文考释》，《考古学报》1979年第2期。

② （汉）郑玄注，（唐）孔颖达正义：《礼记正义》，吕友仁整理，上海古籍出版社2008年版，第859页。

③ 参见［日］富谷至《秦汉二十等爵制和刑罚的减免》，胡平生、陈青译，李学勤、谢桂华主编《简帛研究二〇〇一》，广西师范大学出版社2001年版，第577页。富谷至在另一本著作中直接将刑罪等同于肉刑。参见［日］富谷至《秦漢刑罰制度の研究》，同朋舍1998年版，第32页；《秦汉刑罚制度研究》，柴生芳、朱恒烨译，广西师范大学出版社2006年版，第20页。

④ （唐）房玄龄：《晋书》，中华书局1974年版，第929页。

⑤ （唐）房玄龄：《晋书》，中华书局1974年版，第938页。

北齐律仍是如此:'一曰死,二曰流刑,三曰刑罪,四曰鞭,五曰杖','罪''刑'相混十分明显。北周就不相同了:'一曰杖刑,二曰鞭刑,三曰徒刑,四曰流刑,五曰死刑',从此'罪'是'罪'、'刑'是'刑',二者判然有别了。"①

罪刑不分,一方面可能受到中国古代以刑识罪的法律意识的影响,另一方面可能由于政权压制神权,尤其受法家影响,罪的工具性色彩使其不具有本体性意义,从而使罪刑分别的意义不大。从法律的角度来说,罪是刑的前提,通过罪的轻重才能确定刑的轻重,由此形成行为→罪→刑的逻辑关系。这一点在唐律中说得非常清楚。《唐律疏议·名例律》疏议曰:"名者,五刑之罪名;例者,五刑之体例。名训为命,例训为比,命诸篇之刑名,比诸篇之法例。但名因罪立,事由犯生,命名即刑应,比例即事表,故以《名例》为首篇。"② 所谓名因罪立、事由犯生就把刑法适用过程分为犯(行为)、罪、刑三个不同的阶段。既然名因罪立,也就是说刑罚要适应罪的轻重,这就与《尚书·吕刑》所谓"刑罚世轻世重,惟齐非齐,有伦有要"③ 的观点有很大不同。因为罪的相似性意味着刑罚应该具有相似性,而不能因迎合政治需求发生变化。

与中国罪刑不分的法律传统相比,佛教认为罪和罪报具有相对稳定的对应性,两者有着明确界限,这种界限建立在佛教因果关系的理论基础上。如《释禅波罗蜜次第法门》云:"罪有三品。一者,违无作起障道罪。二者,体性罪。三者,无明烦恼根本罪。通称罪者,摧也。现则摧损行人功德智慧。未来之世,三涂受报,则能摧折行者色心,故名为罪。"④ 之所以佛教提出罪与罪报的分离,很大程度是因为佛教的轮回报应观面临着一个重要问

① 参见叶炜《北周〈大律〉新探》,中华书局编辑部编《文史》2001 年第 1 辑,中华书局 2001 年版,第 130 页。

② (唐)长孙无忌等:《唐律疏议》,刘俊文点校,中华书局 1983 年版,第 2 页。

③ (汉)孔安国传,(唐)孔颖达正义:《尚书正义》,黄怀信整理,上海古籍出版社 2007 年版,第 788 页。

④ (隋)智者大师:《〈释禅波罗蜜次第法门〉译释》卷二《分别释波罗蜜前方便第六》,苏树华译释,宗教文化出版社 2005 年版,第 122 页。"罪有三品"译释原作"罪有三种",但考《中华大藏经》本应为"罪有三品",所以从《中华大藏经》本。参见(隋)智者大师《释禅波罗蜜次第法门》,收入《中华大藏经》(汉文部分)第九十七册,中华书局 1995 年版,第 844 页上中。

题，人为恶却不得罪报。① 在时间或者说逻辑顺序上，罪与罪报并不是同时的，也就有了分离的基础。佛教为解决这一难题提出的是报应的四受法与三世报应说。四受法如《中阿含经》云："世间真实有四种受法。云何为四？或有受法现乐，当来受苦报；或有受法现苦，当来受乐报；或有受法现苦，当来亦受苦报；或有受法现乐，当来亦受乐报。"② 三世报应如《阿毗昙毗婆沙论》卷十一《杂揵度智品之七》云："有三种业。谓现报业、生报业、后报业。云何现报业？若业于此生作，亦令增益彼业，即此生中得报，非余生，是名现报业。云何生报业？若业于此生作，亦令增益彼业，次生中得报，非余生，是名生报业。云何后报业？若业于此生作，亦令增益彼业，后生中得报，是名后报业也。"③ 四受法说明的是业报的四种基本情形，三世报应则说明业报的不可避免性。四受法与三世报共同建构起罪与罪报在发生上的必然性。

罪与罪报之间的分离很早就被古代中国人认识到。《魏书·释老志》中就已经提出："凡其经旨，大抵言生生之类，皆因行业而起。有过去、当今、未来，历三世，识神常不灭。凡为善恶，必有报应。"④ 这种罪与罪报之间的分离关系也很有可能影响到中国古代对罪刑分离的理解。多数学者认为，隋律的"十恶"受佛教的影响颇大。⑤ 十恶很大程度上就是承认了罪的独立性。《开皇律》虽然失传，但这仍能从受其影响的唐律中得到更大的启示。考诸《唐律疏议·名例律》，"十恶"有罪而无刑，对各罪的具体刑罚则分别规定在相关分则之中。罪和罪报相分离的结果是罪与罪报之间的相对恒定性，不因世俗政权的变化而变化。因此，道宣在《四分律比丘含注戒本序》

---

① 参见董群《佛教轮回观的道德形而上学意义》，《东南大学学报》（哲学社会科学版）2007年第6期。

② 恒强校注：《阿含经校注·中阿含经》，线装书局2012年版，第851页。

③ 中华大藏经编辑局编：《阿毗昙毗婆沙论》，收入《中华大藏经》（汉文部分）第四十四册，中华书局1990年版，第407页上。

④ （北齐）魏收：《魏书》，中华书局2017年版，第3288页。

⑤ 参见周东平《隋〈开皇律〉十恶渊源新探》，《法学研究》2005年第4期；岳纯之《论唐五代法律中的十恶与五逆》，《史学月刊》2012年第10期；张海峰《唐律"十恶"一词的佛教渊源》，《现代法学》2012年第3期。

中称:"《四分戒本》者,盖开万行之通衢,引三乘之正轨也。"① 由此来看,罪本质上是一种道德评价,罪报则是缘于永恒不变的因果律给予的对价或反馈。对照来看,在法律的罪刑关系中,罪本身是一种基于社会相当性的道德评价,刑则是由国家公权力给予的对价或反馈。由于因果律或者道德评价的恒定性,所以刑罚应该具有相对的恒定性。

在中国早期法律观念中,当法律变化时刑也随之发生变化。由此建立起的思维模式是行为→刑。这种行为与刑的二元关系不具有稳定性,会随着社会的变化而变化,也就是所谓的"刑罚随世轻重也。刑新国用轻典,刑乱国用重典,刑平国用中典"②。但随着罪观念的成熟,罪就成为对行为的评价,刑则是对罪的反馈。这样就形成行为→罪→刑的思维模式。成熟时期的法家观念也认识到罪的重要性,通过确定罪的轻重来为之设定必要的刑罚。例如,法家认为贼、盗等罪的社会危害性最为严重,就为之规定了最为严厉的刑罚。学界关于法律儒家化的论述极为丰富,法律儒家化的历史进程也被认识得很清楚。但是法律儒家化所代表的法家理念与儒家理念的调和是如何实现的,仍然主要停留在以法律保障儒家价值观的层面,并未能深入分析。而如果从行为→罪→刑的思维模式出发,我们就能够清晰地发现儒家思想是如何嵌入法家体系中的。即罪作为一种道德评价主要建立在儒家伦理观念的基础上,由此,什么是罪以及罪的轻重等都有相对稳定的道德性,而刑作为制度性工具成为对儒家伦理价值的保障。这样,行为→罪→刑的结构能够同时容纳法家的刑罚工具与儒家的伦理观念,同时也就意味着法律在兼容儒法理念时必然存在内部的割裂。

由此可以看出,法律儒家化对于罪刑分离的内在需求,以及国家立法等为之所做的努力。但应该说,佛教的罪与罪报的分离提供了一种十分有参考意义的范例。作为佛教戒律就是采取罪与罪报的区分模式进行规范的。"我们常以'戒''律'并称,但在本质上,戒与律有着不同的属性,有着内容和意义上的差别。首先,戒是禁戒,律即法律,防非止恶曰戒,处断轻重、

---

① (唐)道宣:《四分律比丘含注戒本校释》,宗教文化出版社 2015 年版,第 4 页。

② 《尚书·吕刑》孔安国传。(汉)孔安国传,(唐)孔颖达正义:《尚书正义》,黄怀信整理,上海古籍出版社 2007 年版,第 788 页。

开遮持犯曰律。"① 具体到再以杀戒为例,《梵网经·十重戒》云:"佛言:
若佛子,若自杀,教人杀,方便杀,赞叹杀,见作随喜,乃至咒杀,杀因、
杀缘、杀法、杀业,乃至一切有命者,不得故杀。是菩萨应起常住慈悲心、
孝顺心,方便救护一切众生。而反恣心快意杀生者,是菩萨波罗夷
罪。"② 杀戒从表现方式上包括自杀、教人杀、方便杀、赞叹杀、见作随喜、
咒杀等;从杀的过程来看包括因、缘、法、业,亦即动机、外部条件、工
具、后果等。由此观察,多种行为构成杀戒,同时杀戒是对慈悲心、孝顺心
的违反,进而应受波罗夷③的处罚。这就形成一种行为→罪→刑的完整思维
模型,且罪是一种佛教伦理评价。这种思维方式与法律儒家化的嵌入式结构
十分相似。

尤其值得注意的是,《唐律疏议》中杀人罪的分类及处罚方式的起源主
要在于秦汉律,那时已有"斗杀""贼杀""过失杀""戏杀""盗杀"等杀
人罪类型。但这些杀人罪类型在后来的发展和完善时也可能受到佛教的某些
影响。第一,在整体层面上,《唐律疏议》将杀人行为按照其形态区分为
"谋杀""故杀""劫杀""斗杀""过失杀""戏杀""误杀"等类型(后代
宋元时期的律学著作将其概括为"七杀"④),进而处以各种刑罚。所谓六
杀,指"谋杀""故杀""斗杀""误杀""过失杀""戏杀",七杀则多
"劫杀"。⑤ 论者或以为,"七杀则容纳了故意、过失心理状态不同且犯罪阶
段、情节互不相同的七种杀伤罪,是古代区分有关故意、过失在'类犯罪'
上表现最充分之处,它们是当时科学程度最高的概括。因而,长期磨琢出来

---

① 王建光:《中国律宗通史》,凤凰出版社 2008 年版,第 20 页。

② 赖永海主编,戴传江译注:《梵网经》,中华书局 2013 年版,第 208 页。

③ 波罗夷是一种罚,而不是罪。参见劳政武《佛教戒律学》,宗教文化出版社 1999 年版,第
169 页。此处之所以用"波罗夷罪"一词,一方面可能是中国古代罪刑不分的观念对之也有反作用,
另一方面可能是指这些行为是应该受波罗夷处罚的罪。从实质上看,佛教罪与罚的分别是很清晰的。

④ 参见(宋)付霖《刑统赋解》"解曰:一部律义三十卷内,有五刑、十恶、八议、六赃、七
杀,……俱在《名例》卷内,以为总要也。"亦可参见(元)徐元瑞《吏学指南》卷三。明清时期
则流行"六杀"(剔除劫杀)的说法。

⑤ 参见刘晓林《唐律"七杀"研究》,商务印书馆 2012 年版,第 3 页;刘晓林《立法语言抑
或学理解释?——注释律学中的"六杀"与"七杀"》,《清华法学》2018 年第 6 期。

且区划较细的罪名及其罚则，自然就被作为定型化了的典型来使用"①。但宋人杨万里提出："罪莫大于杀人，罪至于杀人，何以议为也？则亦杀之而已……而今之法不然，杀人一也，则有曰'盗'曰'斗'之目焉，则有曰'故'曰'谋'曰'误'之别焉，曰'盗'曰'谋'曰'故'者法之所必死也，曰'斗'则生死之间也，曰'误'则生矣……此之谓法不执而多为之歧。"② 在杨万里看来，一方面，区分杀人罪使杀人者死的基本伦理受到冲击；另一方面，有些不同的杀人罪实际上处罚相同，因此没必要如此细分。尽管学者从源流角度对这些不同的杀人罪都有所梳理，③ 但另一方面如误杀很难找到出处，④ 同时，有些不同的杀罪实际上刑罚相同却何以仍分别规定在法律中，也颇难得到解答。如果参之佛教的杀戒，或可得到启发。例如，《梵网经》中杀的种类极为重视人的内心状态，⑤ 杀因、杀缘、杀法则可以涵盖所谓六杀或七杀。一方面，从杀因中可以区分出有杀心的谋杀与故杀，另一方面从杀缘中可以区分出斗杀、误杀、戏杀、过失杀等。实际上，

① 霍存福、丁顺相：《〈唐律疏议〉"以""准"字例析》，《吉林大学社会科学学报》1994年第5期。

② （宋）杨万里：《诚斋集》卷八十九《刑法下》，四部丛刊景宋写本。

③ 参见刘俊文《唐律疏议笺解》，中华书局1996年版，第1275、1480、1599、1604页；［日］水间大辅《秦律、汉律中的杀人罪类型》，载中国秦汉史研究会编《秦汉史论丛》（第九辑），三秦出版社2004年版，第326—334页。

④ 误杀作为词汇很早就在中国古代出现过。如《汉书·车千秋传》载："子弄父兵，罪当笞；天子之子过误杀人，当何罪哉！"（汉）班固：《汉书》，中华书局1962年版，第2883页。但在这里，一方面误杀概念并没有从"过误杀人"中独立出来，另一方面误杀可能也没有成为法律术语。与此相对，佛教的律藏中很早就有误杀的概念。如《摩诃僧祇律》卷十九载："有畜生，若五、若十、若二十，作行列行时。若欲煞前误煞中，欲煞中误煞后，欲煞后误煞中，欲煞中误煞前，皆越毗尼罪。"（东晋）佛陀跋陀罗、法显：《摩诃僧祇律》，收入中华大藏经编辑局编《中华大藏经》（汉文部分）第三十六册，中华书局1989年版，第797页上。但严格来说，这里的误杀相当于现在犯罪理论中的对象错误，与唐律中的误杀有所区别。不过在《四分律》，佛教的误杀概念已经与唐律相当。《四分律》卷十六载："若比丘经营作房舍，手失瓦石而误煞。"《四分律》，收入中华大藏经编辑部《中华大藏经》（汉文部分）第四十册，中华书局1990年版，第446页。这里的误杀就已经是没有杀心而有杀害之行的误杀。

⑤ 参见夏德美《晋隋之际佛教戒律的两次变革：〈梵网经〉菩萨戒与智𫖮注疏研究》，中国社会科学出版社2015年版，第249页。

从杀法中亦可以看到因为工具的不同所导致的杀人罪的差异。① 第二，从特殊层面出发。《梵网经》中的杀戒具有分层性，也就是说对不同对象的杀罪具有不同的轻重。按照智顗的《菩萨戒义疏》，杀戒的罪之轻重根据对象的不同分为三品，杀上品（诸佛、圣人、父母、师僧）是为逆罪，杀中品人、天是为重罪，杀下品四趣众生是为轻罪。② 这种观念意味着，在佛教的罪观念中，杀戒所犯之罪根据对象的不同分为逆罪、重罪、轻罪，这就与十恶中的杀人罪、一般杀人罪的分别有很大的相似性。因此，可以在一定程度上认为，佛教的杀戒对唐律中的杀人罪规范制定方法可能产生过影响。由此可以进一步认为，唐律杀人罪中的罪刑分离的规范类型可能也受佛教的影响。

　　从这种罪刑分离的规范类型中可以进一步发现，这一模式有助于罪刑均衡。也就是说罪的道德性会使其所保护的特定法益具有相对稳定的价值位阶，也就有相对稳定的对应刑罚。古人也认识到罪刑均衡的重要性。如《尚书·康诰》载："人有小罪，非眚，乃惟终，自作不典，式尔，有厥罪小，乃不可不杀。"③ 主张刑罚应该同犯罪者的主观意识相适应。又如《荀子·君子》云："刑当罪则威，不当罪悔。"④《晋书·刑法志》曰："法贵得中，刑慎过制。"⑤ 这都是罚当其罪的罪刑均衡观的体现。因此，完成罪刑分离模式并因此实现罪刑均衡的唐律，被元人柳贇推崇备至，"非常无古，非变

---

　　① 《梵网经》中的杀法，是指刀、杖、网、毒药、恶咒等杀害众生的方法。参见赖永海主编、戴传江译注《梵网经》，中华书局 2013 年版，第 209 页。而在唐律中，各种不同的杀人方法也成为法律规范的组成部分。如《唐律疏议·贼盗律》"以毒药药人"条规定："诸以毒药药人及卖者，绞；（谓堪以杀人者。虽毒药，可以疗病，买者将毒人，卖者不知情，不坐。）即卖买而未用者，流二千里。"又《斗讼律》"斗故杀人"条规定："诸斗殴杀人者，绞。以刃及故杀人者，斩。虽因斗，而用兵刃杀者，与故杀同。"参见（唐）长孙无忌等《唐律疏议》，刘俊文点校，中华书局 1983 年版，第 339、387 页。从这两条规定可以明显看出，唐律对杀人罪与杀人工具之间的关系十分关注，使用工具与不使用工具、使用什么工具都可能对杀人罪的成立或者说犯罪的形成产生影响。

　　② 参见夏德美《晋隋之际佛教戒律的两次变革：〈梵网经〉菩萨戒与智顗注疏研究》，中国社会科学出版社 2015 年版，第 243 页。

　　③ （汉）孔安国传，（唐）孔颖达正义：《尚书正义》，黄怀信整理，上海古籍出版社 2007 年版，第 536 页。

　　④ （清）王先谦：《荀子集解》，沈啸寰、王星贤点校，中华书局 2012 年版，第 436 页。"罪悔"，他本或作"罪则悔"。

　　⑤ （唐）房玄龄：《晋书》，中华书局 1974 年版，第 926 页。

无今。然而必择乎唐者，以唐之揆道得其中，乘之则过，除之即不及，过与不及，其失均矣"①。后世论者亦谓唐律"一准乎礼，以为出入得古今之平"②。唐律的这种做法，实际上也是此后历朝评价刑法合理性的基础。如窦仪《进刑统表》自谓："伏以《刑统》，前朝创始，群彦规为，贯彼旧章，采缀已从于撮要。"③ 清人刘承干则以为《宋刑统》与《唐律疏议》"初无异文"④，因此《宋史·刑法志一》称其："诏与新定《刑统》三十卷并颁天下，参酌轻重为详，世称平允。"⑤《大明律》与唐律相比，被认为"轻其轻罪、重其重罪"⑥，因此薛允升称："明律虽因于唐，而删改过多，意欲求胜于唐律而不知其相去远甚也。"⑦ 与中国传统的罪刑均衡观念比较，"佛教伦理意义的因果律，与哲学意义上的因果辩证法不同，它陈述的不是'凡果必有其因'，而是'相同的原因造成相同的结果'"⑧。这也是从因果律角度体现的罪刑均衡观念。由于因果律的超越时空性，佛教所理解的罪刑均衡也会有超越时空性，或者说不因朝代的改变而改变。这一点与唐律罪刑均衡所得到的评价颇为相似。从这一角度说，中国传统的罪刑均衡观念，或许也受到佛教的影响。

五　佛教罪的个体性对中国传统罪观念的影响

在佛教理论中，罪是个人生命轮回中的业，是个人无明的结果，也是导致果报的基础。佛教的因果报应思想不涉及祖先与子孙之间的问题，而终归

---

① （唐）长孙无忌等：《唐律疏议》，刘俊文点校，中华书局 1983 年版，第 664 页。

② （清）永瑢：《四库全书总目提要》卷八十二史部三十八，清乾隆武英殿刻本。

③ 薛梅卿点校：《宋刑统》，法律出版社 1999 年版，第 1 页。

④ 《宋重详定刑统校勘记》，收入吴翊如点校《宋刑统》，中华书局 1984 年版，第 549 页。

⑤ （元）脱脱等：《宋史》，中华书局 1977 年版，第 4962 页。

⑥ 参见周东平、李勤通《唐明律"轻其轻罪、重其重罪"再辨析》，《法制史研究》2015 年第 27 期。

⑦ （清）薛允升：《唐明律合编》，怀效锋、李鸣点校，法律出版社 1999 年版，"例言"第 1 页。

⑧ 王月清：《中国佛教伦理研究》，南京大学出版社 1999 年版，第 34 页。

是个人的问题。① 故《般泥洹经》卷上云："夫志行命三者，相须所作，好恶身自当之。父作不善，子不代受。子作不善，父亦不受。善自获福，恶自受殃。"② 这与儒家的观念有所不同。《周易·坤卦》云："积善之家，必有余庆；积不善之家，必有余殃。"③ 在中国传统文化中，同居共财的家庭或者家族是生活共同体，也是命运共同体。因此很多情况下，虽然罪是由个人导致，但刑罚却由家族承担，由此刑事责任的共同承担者得以扩大。这实际上是国家为减少可能招致的犯罪而采取加重犯罪人成本和责任的刑事政策。而在另一种情况下，法家的重刑主义主张将这种家族主义的刑事责任原则推广到非家族范围内，形成更普遍的连坐制度。由此导致罪的引起者与刑罚承担者不一致的情况。这显然与佛教罪责自负的理念相违背。"就善恶报应的主体承担者而言，印度佛教主张自报自受，即现在所受乃前世自作，今生所作来生自受；而中土伦理除说自作自受只限于现世范围，把来世报应的承担者设定为现世善恶行为主体的子孙，即主张一人作恶殃及子孙的'承负说'。"④ 可能受到佛教观念以及其他理念的影响，罪责自负的理念在某种程度上也影响了中国传统法律，推动了传统法律的进步。

（一）族刑收缩与罪责自负理念⑤

在中国传统法律文化中，族刑是从反面体现法律家族主义色彩的示例。"按现代刑法罪责自负的原则，只有犯罪人才承担刑事责任及相应的刑罚，而古代法律受'亲属一体'观念的影响，将没有犯罪行为的正犯亲属也看作是犯罪人，规定他们也需承担刑事责任。"⑥ 家族主义的特征使得族刑制

---

① 参见［日］釜谷武志《先秦至六朝时期的罪与罚》，《复旦学报》（社会科学版）2015年第1期。

② 《般泥洹经》，收入《中华大藏经》（汉文部分）第三十三册，中华书局1988年版，第532页中。

③ 黄寿祺、张善文撰：《周易译注》，上海古籍出版社2001年版，第33页。

④ 王月清：《中国佛教伦理研究》，南京大学出版社1999年版，第37页。

⑤ 从魏晋南北朝乃至隋唐时期，超出族刑范围的罪责不统一的现象也开始逐渐减少。参见李俊芳《晋朝法制研究》，人民出版社2012年版，第182—185页；刘俊文《唐律疏议笺解》，中华书局1996年版，第1248—1250页。这种罪责不统一的收缩与族刑的收缩应该具有本质上的同一性。限于篇幅，本书主要以族刑为例。

⑥ 魏道明：《始于兵而终于礼——中国古代族刑研究》，中华书局2006年版，第4页。

度很早就产生了。族刑的特征则是罪及亲属,这样,刑事责任的承担者要超出犯罪者的范围。因此,虽然未实施犯罪行为且无罪的犯罪者的亲属,却需要承担刑事责任。这意味着中国传统法律所采取的是罪责不相适应的刑事法律原则。

关于中国古代早期是否存在族刑的问题多有争论。① 但《史记·秦本纪》所载“(秦文公)二十年(前746年),法初有三族之罪”② 被公认为关于族刑的较早记载。其后,商鞅变法将族刑予以扩张,从家族范围扩充到具有监督关系的邻里或者同僚身上,由此发展出缘坐制度。《史记·商君列传》云:“令民为什伍,而相牧司连坐。不告奸者腰斩,告奸者与斩敌首同赏,匿奸者与降敌同罚。”③ 这正是缘坐的体现,也是族刑被扩张适用到非血缘关系人群上的表现。到汉代,族刑自吕后开始几经废立,但终未被废止。④ 更大范围的缘坐也一直存在。其后,缘坐制度在整体层面一直延续到清末法律改革时,清廷下令:“缘坐各条,除知情者仍治罪外,余悉宽免。”⑤ 至此,缘坐制度消失,罪责自负才从制度上建立起来。

其中,魏晋南北朝乃至隋唐是缘坐制度的定型时期,在这一时期,它们有收缩的趋势。如曹魏律尚规定:“至于谋反大逆,临时捕之,或汙潴,或枭菹,夷其三族,不在律令,所以严绝恶迹也。”⑥ 到晋律则开始削减:“减枭斩族诛从坐之条,除谋反適养母出女嫁皆不复还坐父母弃市。”⑦ 南朝时,族刑又有泛滥之势,但一方面女性不再因之处以死刑,如《隋书·刑法志》载梁律规定:“谋反、降叛、大逆已上皆斩。父子同产男,无少长,皆弃市。母妻姐妹及应从坐弃市者,妻子女妾同补奚官为奴婢”⑧;另一方面,前朝

---

① 参见丁凌华《五服制度与传统法律》,商务印书馆2013年版,第191—192页;魏道明《始于兵而终于礼——中国古代族刑研究》,中华书局2006年版,第84—90页。

② (汉)司马迁:《史记》,中华书局2014年版,第230页。

③ (汉)司马迁:《史记》,中华书局2014年版,第2710页。

④ 参见[日]水间大辅《汉初三族刑的变迁》,《厦门大学学报》(哲学社会科学版)2012年第6期。

⑤ (民国)赵尔巽:《清史稿》,中华书局1977年版,第4201页。

⑥ (唐)房玄龄:《晋书》,中华书局1974年版,第925页。

⑦ (唐)房玄龄:《晋书》,中华书局1974年版,第927页。

⑧ (唐)魏徵:《隋书》,中华书局1973年版,第699页。

的"夷三族"之刑已经基本绝迹。① 相较之下，北朝的族刑制度收缩得要慢一些。北魏前身代国的时候，法律规定："犯大逆者，亲族男女无少长皆斩。"② 太武帝时收缩为"大逆不道腰斩，诛其同籍，年十四已下腐刑，女子没县官"③。献文帝时进一步收缩为"自非大逆干纪者，皆止其身，罢门房之诛"④。后变化不大。隋朝《开皇律》规定："唯大逆谋反叛者，父子兄弟皆斩，家口没官。"⑤ 但司法实践中有些案例并没有适用得如此严酷。如《隋书·虞庆则传》载虞庆则谋反被杀后，其子虞孝仁仅"坐父事除名"。另一子虞澄道也没有被缘坐，甚至后来虞孝仁又因为"谋图不轨"被杀后，他也仅是"坐除名"。⑥ 其后，唐初法律规定："旧条疏，兄弟分后，荫不相及，连坐俱死，祖孙配没。"⑦ 此后的唐太宗时，法律减轻："祖孙与兄弟缘坐，俱配没。其以恶言犯法不能为害者，情状稍轻，兄弟免死，配流为允。"⑧ 因此，整体来说，缘坐自秦汉至隋唐呈现明显的减少趋势，这可以说是法律文明化的重要体现。这些趋势的出现有很多原因，其中佛教也应该发生了重要作用。

族刑是缘坐的一种特殊形态。所谓族刑，是指判处犯罪者及其特定范围内的亲属死刑。早期的夷三族，案《史记·秦本纪》集解引张晏注："父母、兄弟、妻子也。"如淳注："父族、母族、妻族。"⑨ 《汉书·景帝纪》如淳注："律，大逆不道，父母妻子同产皆弃市。"⑩ 有学者认为汉代可能有两种不同的族刑，一种是夷族，除本人被处死刑外，父母妻子同产弃市；另一种是夷三族，除本人被处死刑外，可能同辈、上辈直系血亲、下辈直系血

---

① 参见魏道明《始于兵而终于礼——中国古代族刑研究》，中华书局 2006 年版，第 122 页。

② （北齐）魏收：《魏书》，中华书局 2017 年版，第 3129 页。

③ （北齐）魏收：《魏书》，中华书局 2017 年版，第 3130 页。

④ （北齐）魏收：《魏书》，中华书局 2017 年版，第 3132 页。

⑤ （唐）魏徵：《隋书》，中华书局 1973 年版，第 711 页。

⑥ （唐）魏徵：《隋书》，中华书局 1973 年版，第 1175—1176 页。

⑦ （后晋）刘昫：《旧唐书》，中华书局 1975 年版，第 2136 页。

⑧ （后晋）刘昫：《旧唐书》，中华书局 1975 年版，第 2136 页。

⑨ （汉）司马迁：《史记》，中华书局 2014 年版，第 232 页。

⑩ （汉）班固：《汉书》，中华书局 1962 年版，第 142 页。

亲等也将被处死刑。① 这种观点或可商榷，但反映出族刑波及范围的广泛性。而这些被牵连处死的范围到唐律中已经大为减少。"在唐律中，属于被没官的谋反罪缘坐亲属，包括正犯的十五以下的儿子、母亲、女儿、妻、妾、子的妻妾、祖、孙、兄弟、姐妹，在秦汉时期的夷三族中，应当都是从坐处死的范围内的亲属。"②

族刑的限缩实际就是罪责自负观念的体现，越是认同罪责自负就越会将族刑的范围限缩到更小的程度。之所以如此，可能来自两种思想资源。首先，刑罚的轻缓化很大程度上是法律儒家化的结果。"儒家则素主'刑止一身'的仁民爱物原则。"③ 在儒家看来，罪责自负是一种基本价值观。如《左传·昭公二十年》引《尚书·康诰》："父子兄弟，罪不相及。"④《孟子·梁惠王下》云："罪人不孥。"⑤《荀子·君子》云："乱世则不然：刑罚怒罪，爵赏逾德，以族论罪，以世举贤。故一人有罪而三族皆夷，德虽如舜，不免刑均，是以族论罪也。"⑥《盐铁论·周秦》云："《春秋》曰：子有罪，执其父；臣有罪，执其君，听失之大者也。今以子诛父，以弟诛兄，亲戚相坐、什伍相连，若引根本之及华叶，伤小指之累四体也。如此，则以有罪诛及无罪，无罪者寡矣……子为父隐、父为子隐，未闻父子之相坐也，闻兄弟缓追以免贼，未闻兄弟相坐也。闻恶恶止其人，疾始而诛首恶，未闻什伍之相坐也。"⑦《后汉书·刘般传刘恺附传》称："《春秋》之义，'善善及子孙，恶恶止其身。'所以进人于善也。"⑧ 也就是说，儒家一直反对刑罚的扩张适用。儒家的这一观念根本上来自其恤刑理论，体现其对君主的德性要求。不过儒家有时也在一定程度上认同刑罚扩张适用的观念。如《三国

---

① 参见陈乃华《秦汉族刑考》，《山东师大学报》（哲学社会科学版）1985 年第 4 期；张建国《夷三族解析》，《法学研究》1998 年第 6 期。

② 张建国：《夷三族解析》，《法学研究》1998 年第 6 期。

③ 黄源盛：《汉唐法制与儒家传统》，元照出版有限公司 2009 年版，第 80 页。

④《十三经注疏》整理委员会整理，李学勤主编：《十三经注疏·春秋左传正义》，北京大学出版社 2000 年版，第 1605 页。

⑤ 杨伯峻译注：《孟子译注》，中华书局 1960 年版，第 36 页。

⑥（清）王先谦：《荀子集解》，沈啸寰、王星贤点校，中华书局 2012 年版，第 437 页。

⑦（汉）桓宽撰集：《盐铁论校注》，王利器校注，中华书局 1992 年版，第 585 页。

⑧（南朝宋）范晔：《后汉书》，中华书局 1965 年版，第 1309 页。

志·魏书·毛玠传》载钟繇言:"自古圣帝明王,罪及妻子。《书》云:'左不共左,右不共右,予则孥戮女。'"① 此一论调,成为儒家论证罪责不同一的理论依据,由此构成自身的内在矛盾。这也使得认为主要是儒家观念在推动族刑削减的看法可能存在不足。

相比之下,佛教从本体上论证了罪责自负的合理性。从佛教的刑罚观来看:第一,佛教主张刑罚轻缓化。② 《高僧传》卷九《竺佛图澄》:"[石]虎常问澄:'佛法云何。'澄曰:'佛法不杀。''朕为天下之主,非刑杀无以肃清海内。既违戒杀生,虽复事佛,讵获福耶?'澄曰:'帝王之事佛,当在心,体恭心顺,显畅三宝,不为暴虐,不害无辜。至于凶愚无赖,非化所迁,有罪不得不杀,有恶不得不刑。但当杀可杀,刑可刑耳。若暴虐恣意,杀害非罪,虽复倾财事法,无解殃祸。愿陛下省欲兴慈,广及一切,则佛教永隆,福祚方远。'"③ 在这段对话中,佛图澄对君主不得不使用刑罚作为政治工具的做法进行了中和,指出应该"当杀可杀,刑可刑耳",否则就会获得恶报。这显然合乎刑罚轻缓化的观念。这种刑罚观非止如此。再如释澄观《华严经疏钞》云:"以菩萨位唯有二种:一者法王,二者人王。法王教化、人王摄化。具菩萨戒处处为王故,发号施令无敢违故……大光王云:如诸菩萨为高盖,慈心普荫诸众生,故以离垢缯释为帝义,于法自在释为王义。不刑已下双显威德,谓不以刑戮征罚之威。但令感德从化,则威而不猛也。又加苦曰刑,削夺为罚。导之以德义,莫敢不服,则庶人无刑;齐之以礼乐,莫敢不敬,则大夫无罚。"④ 在这里,释澄观试图辅之以儒家关于德礼政刑的观点来说明佛教的轻刑主张,并且认为这是受菩萨戒的帝王所应为的。因此,这对某些有佛教信仰甚至自诩佛教圣王的中国帝王必然会有一定的吸引力。

第二,佛教所主张的罪的个体性要求罪报的个体性,进而也就认同刑罚的罪责自负观。如《弘明集》卷十三《奉法要》称:"古人云:'兵家之兴,不过三世。'陈平亦云:'我多阴谋,子孙不昌。'引以为教,诚足以有弘。

---

① (晋)陈寿:《三国志》,中华书局 1964 年版,第 371 页。

② 还可参见夏清瑕《佛教伦理对传统法律影响三题》,《江淮论坛》2010 年第 4 期。

③ (南朝梁)释慧皎:《高僧传》,汤用彤校注,中华书局 1992 年版,第 351 页。

④ (唐)释澄观:《大方广佛华严疏》,收入中华大藏经编辑局编《中华大藏经》(汉文部分)第八十五册,中华书局 1994 年版,第 798 页中。

然齐、楚享遗嗣于累叶，颜、冉靡显报于后昆。既已著之于事验，不俟推理而后明也。且鲧殛禹兴，舒、鮒异形，四罪不及，百代通典；哲王御世，犹无淫滥。况乎自然玄应不以情者，而令罪福错受，善恶无章，其诬理也，固亦深矣。且秦制收孥之刑，犹以犯者为主。主婴其罚，然后责及其余。若衅不当身，而殃延亲属，以兹制法，岂唯圣典之所不容，固亦申、韩之所必去矣。是以《泥洹经》云：'父作不善，子不代受。子作不善，父亦不受。善自获福，恶自受殃。'至矣哉斯言，允心应理。然原夫世教之兴，岂不以情受所存，不止乎已。所及弥广，则诚惧愈深。是以韬理实于韫韣，每申近以敛粗，进无亏于惩劝，而有适于物宜；有怀之流，宜略其事，而喻深领幽旨。若乃守文而不通其变，徇教而不达教情，以之处心循理，不亦外乎？"① 晋朝郗超的这段话首先提出祸福自担的基本命题，并以齐桓公、楚穆王杀兄弑父而子孙绵长，颜回、冉耕才德兼备而身死早亡为之辩护。在此基础上，郗超对于刑法祸及亲属的做法提出批判，由此体现佛教"业报不及亲属"② 的观点。因此，相比儒家，佛教不仅从轮回业报的个体性，而且从历史实践中深入解析罪的个人性色彩，由此建立起罪责自负的更为深刻的理论基础。

很有可能，儒佛两家罪责自负的思想都对族刑的宽缓化产生了影响。尤其值得注意的是，上文所引释澄观《华严经疏钞》主张刑罚轻缓化之文将世俗君主视为菩萨，一方面延续了将君主与佛或菩萨联系的思想传统，如《魏书·释老志》载道武帝时："法果每言太祖明叡好道，即是当今如来，沙门宜应尽礼，遂常致拜。谓人曰：'能鸿道者人主也，我非拜天子，乃是礼佛耳。'"③ 由此建立了要求君主进行刑罚轻缓化的吸引力。另一方面则对信佛君主形成一种观念约束，如将兄弟从族刑从死中剥离的唐太宗就自称

① （南朝梁）僧祐撰，李小荣校笺：《弘明集校笺》，上海古籍出版社 2013 年版，第 718—719 页。原文校笺者作"主婴其罚然，后责及其余"，句读似有误，今改。

② ［荷］许理和：《佛教征服中国：佛教在中国中古早期的传播与适应》，李四龙、裴勇等译，江苏人民出版社 2017 年版，第 240 页。

③ （北齐）魏收：《魏书》，中华书局 2017 年版，第 3293 页。

是"菩萨戒弟子"。① 因此,从这些方面来看,佛教罪责自负的罪观念很可能对传统刑法制度产生了一定影响,并推动族刑等违背罪责自负原则的制度的变化。

(二) 弱化刑法的社会预防功能

罪责自负的另一点,是强调罪与罪报之间的因果关系,也就是强调罪的报应性。从现代刑法理论来说,刑法的本质有报应论和目的论两种。而"不论是康德的等量报应刑,黑格尔的等价报应刑,还是宾丁的法律报应主义,作为报应刑的共同点都认为刑罚应当与犯罪所造成的侵害成正比,刑罚的轻重唯一由犯罪所决定。目的刑论认为刑罚并非是对犯罪的报应,而是预防将来犯罪,保护社会利益的手段"②。也就是说,报应论更重视对罪本身进行社会对价的报复,而目的论则更重视从刑法的实施中获得社会预防的功能。从法家观念出发,目的论的色彩很重,强调刑罚适用的社会预防功能,故《商君书》卷三《靳令》曰:"行罚:重其轻者,轻其重者,轻者不至,重者不来,此谓以刑去刑,刑去事成。"③《韩非子·六反》云:"且夫重刑者,非为罪人也,明主之法揆也。治贼非治所揆也,所揆也者,是治死人也。刑盗非治所刑也,治所刑也者,是治胥靡也。故曰:重一奸之罪而止境内之邪,此所以为治也。"④ 从儒家观念出发,德主刑辅带有很强的报应论色彩,但同时也不否定刑法本身的目的论色彩,如《尚书·大禹谟》云:"明于五刑,以弼五教,期于予治。刑期于无刑。"⑤ 因此,在儒家的慎刑理念中,"'德'与'罚'、教化与惩罚要结合起来,刑罚并不仅仅是禁暴惩恶,单纯为惩罚罪人,而且还要劝民为善,防止犯罪"⑥。也就是说,儒家并不反对

---

① 参见 (唐) 唐太宗《宏福寺施斋愿文》, (清) 董诰等编《全唐文》, 中华书局 1983 年版, 第 124 页。

② 王联合:《观念刑论纲》,《法学评论》2013 年第 1 期。

③ 高亨注译:《商君书注译》, 中华书局 1974 年版, 第 186 页。

④ (清) 王先慎:《韩非子集解》, 钟哲校注, 中华书局 1998 年版, 第 420 页。

⑤ (汉) 孔安国传, (唐) 孔颖达正义:《尚书正义》, 黄怀信整理, 上海古籍出版社 2007 年版, 第 230 页。

⑥ 吕丽:《中国古代刑法特色研究》, 博士学位论文, 吉林大学, 2012 年。

通过刑罚获得社会预防的效果。

　　相比之下，佛教的罪责自负要彻底得多。因此，这一时期刑法目的论色彩的弱化，很有可能在一定程度上受到佛教的影响。冨谷至在研究中国古代死刑制度的时候提出，中国古代的死刑制度具有两重性，一是对身体的处刑，一是对尸体的处刑。① 对身体的处刑意味着对犯罪者生命的剥夺，本质上是基于刑法的特别预防；对尸体的处刑则是通过枭首、磔等方式对遗体等进行再惩戒，本质上则是基于刑法的一般预防目的，用以威慑民众，抑制犯罪。而随着北魏将绞刑规定为死刑执行方式，② 死刑理念逐渐变为以剥夺生命为中心，也就是说以特别预防为中心，而淡化一般预防的色彩。从这一角度讲，北朝时期刑法的报应功能被认为先于预防功能，这与罪责自负价值观念存在契合。而这既与法家设重刑使民远罪的思维不符，也不能完全融于儒家刑期无刑的理念。因此，这有可能在受少数民族固有法影响（冨谷至前揭文已指出）之外，还受到佛教的影响。其后，隋唐律以斩、绞为主的死刑制度的最后定型，也是对这种理念的继承。

　　尤其值得注意的是，佛教为防止罪的出现采取的是戒律的方式。一方面，"制戒的主要目的，在使七众得到精神解脱，即解除无明烦恼的束缚"③。另一方面，佛教主要是通过戒体来防止犯罪，而"明戒体者。若依通论，明其所发之业体。今就正显，直陈能领之心相"④。也就是说，"'戒体'是一种能领受戒法的心理状态（心相）……无论遭遇到任何情况，这种心理状态能够自我要求，洁净己心，绝不做恶行；并有足够智慧定力去使自己的动机与行为跟原先所自我要求的，顺应各种境界"⑤。因此，从佛教的罪观念出发，罪责应该是自负的，罪责也主要是通过对佛理的追求而避免的，这不能来自外界的威慑而应来自自我的明悟。所以，这种罪责自负的罪观念必然要求刑法社会预防性的减弱。

---

　　① ［日］冨谷至：《前近代中国的死刑论纲》，周东平译，《法制史研究》第 14 期。

　　② 参见［日］冨谷至《从终极的肉刑到生命刑——汉至唐死刑考》，周东平译，《中西法律传统》（总第七卷），北京大学出版社 2009 年版，第 26 页。

　　③ 劳政武：《佛教戒律学》，宗教文化出版社 1999 年版，第 293 页。

　　④ （唐）道宣：《四分律删繁补阙行事钞校释》，宗教文化出版社 2015 年版，第 63—64 页。

　　⑤ 劳政武：《佛教戒律学》，宗教文化出版社 1999 年版，第 320—321 页。

（三）出家佛教徒与家庭的罪关系被剥离

佛教罪责自负观念产生的另一个结果，是剥离佛教徒与世俗家族的刑罚联系。这本质上属于对族刑限制的一个方面，但有必要予以着重说明。因为这种剥离是身份关系的分割，表现国家对佛教罪观念的完全认可。相较于族刑的限缩，这种剥离对罪责自负的认可程度要大得多。

关于僧侣与出身家庭或家族的关系，释迦牟尼很早就有解释。《杂阿含经》卷二十二载："彼天子说偈问佛：'为有族本不？有转生族耶？有俱相属无，云何解于缚？'尔时，世尊说偈答言：'我无有族本，亦无转生族，俱相属永断，解脱一切缚。'"① 佛祖自言出家之后无本族也无转生族，因此可知早期佛教理论把出家视为无家。佛教传入中国后，仍然在一定程度上继承了这种观点，沙门不拜君亲就是最重要的理论渊源。所谓僧侣沙门，《法苑珠林·敬僧篇》云："夫论僧宝者，谓禁戒守真，威仪出俗。图方外以发心，弃世间而立法。官荣无以动其意，亲属莫能累其想。"② 僧人出家后，与家属之间的关系从理论上已经存在割裂。尽管佛教并不否定出家人仍须尽孝道，③ 但沙门不拜君亲，本身就意味着僧尼在身份关系上与包括家族在内的世俗的断裂。"出家就意味着在世俗法中特定身份关系的终止，也完全符合佛教教义。"④ 当然在事实上，僧侣与家族的关系可能在若即若离之间。⑤

由于国家对僧尼出家身份的认可，罪责自负在僧尼身上显示得最为明显。不过至于什么时候国家开始认同这种罪责自负尚有疑问。从魏晋南北朝时期来看，僧尼由于谋反等而被诛杀的情况比较多见，如《魏书·太祖纪》载："沙门张翘自号无上王，与丁零鲜于次保聚党常山之行唐。夏四月，太

---

① 恒强校注：《阿含经校注·杂阿含经》，线装书局 2012 年版，第 480 页。

② （唐）释道世：《法苑珠林校注》，周叔迦、苏晋仁校注，中华书局 2003 年版，第 611 页。

③ 参见谭洁《从汉译〈阿含经〉考察早期佛教孝道思想》，《江汉论坛》2011 年第 7 期。

④ 谢山：《唐代佛教兴衰研究》，博士学位论文，河南大学，2014 年。

⑤ 参见杨梅《唐代尼僧与世俗家庭的关系》，《首都师范大学学报》（社会科学版）2004 年第 5 期。

守楼伏连讨斩之。"① 《魏书·高祖纪上》载："癸丑，沙门慧隐谋反，伏诛。"② 又载："沙门法秀谋反，伏诛。"③《魏书·高祖纪下》载："沙门司马惠御自言圣王，谋破平原郡。擒获伏诛。"④《魏书·世宗纪》载："泾州沙门刘慧汪聚众反。诏华州刺史奚康生讨之。"⑤ 又载："秦州沙门刘光秀谋反。州郡捕斩之。"⑥ 又载："丁巳，幽州沙门刘僧绍聚众反，自号净居国明法王。州郡捕斩之。"⑦ 有学者基于此而认为："僧尼犯罪，不株连亲属，在南北朝时期已经成为惯例，唐代法律将僧道设为缘坐的特殊群体，是沿袭前代约定俗成的惯例而已。"⑧ 但仅仅因为史书行文没有记载对于僧侣亲属的株连，就认定没有相关的法律，恐怕很难令人信服。一方面，这里面可能有政治性考虑。如《北史·王叡传》载："沙门法秀谋逆事发，多所牵引。叡曰：'与杀不辜，宁赦有罪，宜枭斩首恶，余从原赦，不亦善乎！'孝文从之，得免者千余人。"⑨ 另一方面，非僧尼而犯谋反罪但是没有记载有亲属被株连的情况也存在。如《北史·景穆十二王传上》载："时冀州沙门法庆既为妖幻，遂说勃海人李归伯。归伯合家从之，招率乡人，推法庆为主……斩法庆，传首京师，后禽归伯，戮于都市。"⑩ 因此，很难就此认定北朝的僧侣犯罪已经不再株连亲属。

比较明确的僧尼不因世俗家庭而受族刑缘坐的规定来自唐代。《唐律疏议·贼盗律》"缘坐非同居"条规定："诸缘坐非同居者，资财、田宅不在没限。虽同居，非缘坐及缘坐人子孙应免流者，各准分法留还。（老、疾得免者，各准一子分法。）若女许嫁已定，归其夫。出养、入道及娉妻未成者，

① （北齐）魏收：《魏书》，中华书局 2017 年版，第 44 页。
② （北齐）魏收：《魏书》，中华书局 2017 年版，第 166 页。
③ （北齐）魏收：《魏书》，中华书局 2017 年版，第 178 页。《天象志二》亦载："［太和］五年（481 年）二月，沙门法秀谋反，伏诛。"（北齐）魏收：《魏书》，中华书局 2017 年版，第 2569 页。
④ （北齐）魏收：《魏书》，中华书局 2017 年版，第 197 页。
⑤ （北齐）魏收：《魏书》，中华书局 2017 年版，第 247—248 页。
⑥ （北齐）魏收：《魏书》，中华书局 2017 年版，第 249 页。
⑦ （北齐）魏收：《魏书》，中华书局 2017 年版，第 256 页。
⑧ 张径真：《法律视角下的隋唐佛教管理研究》，博士学位论文，中国社会科学院，2012 年。
⑨ （唐）李延寿：《北史》，中华书局 1974 年版，第 3019 页。
⑩ （唐）李延寿：《北史》，中华书局 1974 年版，第 634 页。

不追坐。（出养者，从所养坐。）道士及妇人，若部曲、奴婢，犯反逆者，止坐其身。"所谓"入道"，疏议曰："谓为道士、女官，若僧、尼。"① 在这一规定中，僧尼作为出家人，已经不受原家族亲属所犯谋反罪的缘坐，而且自己所犯的谋反罪也不会缘坐原家族的亲属。这充分体现了唐代对出家人身份的认同，并且因此认同其罪责自负的理念。此后，《宋刑统》因之。但《大明律》与《大清律例》取消"缘坐非同居"，更不见僧人是否是族刑的承受者或者牵连世俗亲属的规定。这可能与明清时期僧俗关系的最终定型有关，即从《大明律》开始，僧道拜父母被明确规定为法律，如《大明律·礼律·仪制》"僧道拜父母"条规定："凡僧尼道士女冠，并令拜父母、祭祀祖先，丧服等第皆与常人同。"② 因此，佛教徒并不因出家就被认为与世俗家庭之间的关系已经割断。但总的来说，唐宋时期关于僧人缘坐的规定说明，国家法律认同僧人与世俗关系的切割，进而肯定出家佛教徒罪责自负的基本理论。由此，中国古代法律在整体上呈现家族主义色彩的时候，出家佛教徒的缘坐排除成为罪责自负最为典型和稀缺的体现，这也是集中体现佛教罪观念对中国传统法律文化影响的地方。

六　佛教罪观念对中国传统法律中罪之构成的影响

佛教罪观念不仅确立了何者为罪的伦理价值，而且为这些佛教伦理价值规定了明确的价值位阶，即确立了何者罪重、何者罪轻的价值秩序。前文已经提到，法律儒家化是通过嵌入式结构实现的，通过刑罚来处罚被儒家认为是犯罪的行为，而当佛教罪观念对中国传统法律产生影响时，也就是在影响这种嵌入式结构的基础上产生的。即当佛教伦理观念影响到罪的法律意识时，刑也做出相应的反应来回应这种诉求。由于在中国传统法律中，罪主要是由儒家伦理影响的，因此，当佛教罪观念试图对中国传统法律产生影响时，实际上是在与儒家竞争罪的设定过程中不断发展的。即在行为→罪→刑

---

① （唐）长孙无忌等：《唐律疏议》，刘俊文点校，中华书局1983年版，第323—324页。

② 怀效锋点校：《大明律（附大明令　问刑条例）》，辽沈书社1990年版，第93页。

罚的模式中，罪的确定是由儒释两家在竞争中确定的。① 但由于儒家的主导性，佛教的影响相对有限。具体来说，佛教对中国传统法律中罪的构成所产生的影响主要有两种：第一，影响了罪所侵害的法益的价值位阶；第二，佛教某些特定的罪直接影响罪的种类。

（一）佛教罪对中国传统法律中罪所侵害的法益位阶的影响

在佛教的罪观念中，不同的罪有不同的罪报，罪的轻重也就导致罪报的差异。从刑法的角度来讲，这就构成罪所侵害的利益的位阶差异。而所谓位阶，"意为'依某种次序形成的阶梯'。在刑法意义上，法益保护位阶是指不同法益按照某种次序形成的刑法保护阶梯。法益保护位阶是法律世界的客观现象，反映了不同法益之间在刑法规范上的轻重或主次关系"②。从整体上来说，中国传统法律的法益位阶主要包括国家法益、家族法益和个人法益。③ 儒家与佛教又各有自己关于法益位阶的主张，如《孔子家语·五刑解》云："大罪有五，而杀人为下，逆天地者罪及五世，诬文武者罪及四世，逆人伦者罪及三世，谋鬼神者罪及二世，手杀人者罪及其身。故曰大罪有五，而杀人为下矣。"④ 又如《孝经·五刑章》载："子曰：'五刑之属三千，而罪莫大于不孝。'"⑤ 佛教也有关于何种价值优先保护的价值位阶，并由此形成戒律轻重不同的层次。⑥ "佛教的戒律自有其内在的结构体系，这就是层次结构，即为不同层次的人制定不同的戒律，渐次上升。"⑦ 当这两种具有不同价值位阶的伦理体系发生碰撞时，佛教可能会在一定程度上获得既有体系的认可。佛教罪观念由此形成对罪所侵害的价值位阶的影响。

从学界既有探讨来看，中国传统法律中"十恶"的出现有实质来源与

① 当然，实际上法家对于罪的认知也曾产生重要影响，但本书仅基于儒释两家的对立进行论述。

② 姜涛：《基于法益保护位阶的刑法实质解释》，《学术界》2013 年第 9 期。

③ 参见李勤通《中国古代罪的观念及其文本化》，博士学位论文，厦门大学，2016 年。

④ 王德明主编：《孔子家语译注》卷七《五刑解》，广西师范大学出版社 1998 年版，第 329 页。

⑤ 胡平生译注：《孝经译注》，中华书局 2009 年版，第 27 页。

⑥ 佛教善恶主要有五种标准：戒律标准、利害标准、苦乐标准、迷觉标准、绝对标准。参见谢无量《佛学大纲》，蓝吉富《现代佛学大系》第四十六册，弥勒出版社 1984 年版，第 187 页。

⑦ 董群：《佛教戒律的伦理诠释》，《东南大学学报》（社会科学版）1999 年第 3 期。

形式来源，佛教"十恶"是其形式来源。① 佛教十恶之所以能够对法律十恶产生影响，从根本上来说可能是因为立法者对佛教的认同。从唐律十恶的具体条文来看，所谓十恶的具体罪目直接来自北齐律的"重罪十条"，但在更早的汉代就已经有若干的存在。② 而从行为→罪→刑罚的结构来说，法律"十恶"的形成也就是在立法上对罪这个层面做出的阶层性构造，那么，如果法律十恶在很大程度上受到佛教十恶的影响，这种罪所侵害的法益的阶层构造就是佛教十恶对法律十恶的影响途径。

　　在佛教的罪观念中，有多种不同但层次清晰的罪。例如，在《四分律》中，有波罗夷、僧伽婆尸沙、波逸提、波罗提提舍尼、偷兰遮、突击罗、恶说七种。③《四分律序》④ 称："以此七罪科分，升降相从，轻重位判，斯皆神口之所制，祸福之定楷者也。"⑤ 从根本上来说，这七罪是七种罪报，《四分律》是通过以刑统罪的模式进行编写的，以每一种罪报作为章名，各个章名下列出应受该种罪报的行为。这样就确定了不同行为所应受罪报的程度。以上仅就考察《四分律》而言。如果从佛教戒律的整体而言，"综合各部'广律'及'戒经'的规定，基本的'处罚'为五等，即：波罗夷、僧残、波逸提、提舍尼、突击罗。"⑥ 基于罪报的差异，佛教建构起一整套的价值秩序。不同的行为所侵害的法益位阶不同。在由罪报所统领的这些罪中，其中十恶、四重、五逆侵害法益的程度极为严重。故《观无量寿经义疏》称："第三品明恶有三人，初明作十恶，次明作四重，后明作五逆，不明谤法阐

---

① 参见周东平《隋〈开皇律〉十恶渊源新探》，《法学研究》2005年第4期。

② 参见戴炎辉《唐律十恶之溯源》，中国法制史学会出版委员会编《中国法制史论文集》，成文出版社1981年版，第1—72页。

③ 参见劳政武《佛教戒律学》，宗教文化出版社1999年版，第170页。

④ 对于《四分律序》，有学者提出其署名僧肇但当不是僧肇所做，且作为探讨《四分律》翻译时间的史料价值不大。但该文的作者应该是唐代的一名律师。参见徐文明《〈四分律序〉辨伪》，《佛学研究》2010年总第19期。所以，《四分律序》对《四分律》的内容总结是为对戒律的概述。

⑤ 《四分律》，中华大藏经编辑部《中华大藏经》（汉文部分）第四十册，中华书局1990年版，第235页上。

⑥ 劳政武：《佛教戒律学》，宗教文化出版社1999年版，第169页。

提,故明恶不尽。十恶、四重、五逆并得生西方;若是谤法阐提,不得生
也。"① 亦即在佛教罪观念所构成的价值位阶体系中,这三者所侵害的价值
处较高层面。

所谓十恶,有学者总结诸家经典,认为当为杀、盗、淫、妄言、绮语、
恶口、两舌、嫉妒、恚害、邪见。② 而《占察善恶业报经》称:"言十善者,
则为一切众善根本,能摄一切诸余善法。言十恶者,亦为一切众恶根本,能
摄一切诸余恶法。"③ 所谓四重,即四重禁或四波罗夷罪——杀、盗、淫、
妄等。④ 所谓五逆,《阿阇世王问五逆经》载:"有五逆罪,若族姓子、族姓
女为是五不救罪者,必入地狱不疑。云何为五?谓杀父、杀母、害阿罗汉、
斗乱众僧、起恶意于如来所。如是五不救罪,若有男女施行此事者,必入地
狱不疑。"⑤ 由于这三者在佛教罪观念中的重要地位,当佛教罪观念对中国
传统法律产生影响的时候,这三者必然最容易产生影响力,而且主要是通过
影响中国传统法律所保护的价值位阶来实现。

第一,中国传统法律以十恶为核心,提升相关罪名在法律体系中的地
位。从历史沿革来说,十恶的核心内容在秦汉时期就已经出现,⑥ 但却没有
如后世法典那样的地位。以谋反为例,秦汉时期谋反案件已经大量存在。但

---

① (隋)吉藏:《观无量寿经义疏》,收入大正新修大藏经刊行会《大正新修大藏经》第三十七
册,台北新文丰出版有限公司 1989 年版,第 245 页中。

② 参见张海峰《唐代佛教与法律》,上海人民出版社 2014 年版,第 61 页。十恶解释可参见杨
荔薇《原始佛教"正法律"的法理学研究》,博士学位论文,四川大学,2005 年。

③ 《占察善恶业报经》卷上,收入中华大藏经编辑部《中华大藏经》(汉文部分)第二十三册,
中华书局 1987 年版,第 289 页下。

④ 参见丁福保《佛教大辞典》,文物出版社 1984 年版,第 388 页。

⑤ 《阿阇世王问五逆经》,收入大正新修大藏经刊行会《大正新修大藏经》第十四册,台北新
文丰出版有限公司 1983 年版,第 775 页。

⑥ 参见戴炎辉《唐律十恶之溯源》,中国法制史学会出版委员会编《中国法制史论文集》,
成文出版社 1981 年版,第 1—72 页;[日] 大庭脩《汉律中的"不道"概念》,徐世虹译、杨一
凡、[日] 寺田浩明主编《日本学者中国法制史论著选·先秦秦汉卷》,中华书局 2016 年版,第
338—386 页;[日] 若江贤三《秦漢律における"不孝"罪》,《東洋史研究》1996 年第 2 期;同
氏《漢代の"不敬"罪について》,[日] 野口铁郎编《中國史における亂の構圖》,雄山阁 1986
年版。

汉代对于谋反予以赦免的案例并不鲜见。[①] 到魏晋南北朝时期仍然如此。如《晋书·董养传》载："每览国家赦书，谋反大逆皆赦，至于杀祖父母、父母不赦者，以为王法所不容也。"[②] 而十恶进入隋唐律，且被规定为"常赦所不免"后，这些罪一直被认为是最具法益侵害性的行为。据统计，有唐一代恩赦时曾 49 次提及"十恶"，其中绝大多数都是申明不赦的。在距唐朝开国 90 年的中宗景龙三年（709 年），方首次且可能也是唯一一次对十恶重罪进行赦免。[③] 通过这种历史变迁可以发现，法律对十恶重罪所采取的态度愈加严厉，而十恶从形式与实质上也多受佛教影响。所以，十恶所侵害的法益在法律体系中位阶的进一步提高，很可能也受到过佛教影响。

第二，佛教的五逆罪成为中国法律实践中的罪名，并成为国家赦免的例外，由此使与佛教重罪相同的罪行所侵害的法益之位阶得以提高。佛教典籍中，常有十恶五逆连用之说，甚至在《广弘明集》卷二十九《平魔赦文》中佛教徒提出要将五逆十恶与大赦联系起来。[④] 沈家本在《历代刑法考·赦八》中已感叹"五逆未知为何者五项"，以为无法确知。而有的学者认为五逆并非只是佛教五逆，如刘俊文、岳纯之认为五逆入法律是反逆之讹；[⑤] 陈

---

① 参见邬文玲《汉代赦免制度研究》，博士学位论文，中国社会科学院，2003 年。

② （唐）房玄龄：《晋书》，中华书局 1974 年版，第 2434 页。

③ 陈俊强：《皇恩浩荡——皇帝统治的另一面》，五南图书出版公司 2004 年版，第 258—268 页；《皇权的另一面——北朝隋唐恩赦制度研究》，北京大学出版社 2007 年版，第 210 页。

④ 参见《广弘明集》卷二十七《发愿庄严门三十一》："愿一切众生，皆从今日乃至菩提意，常觉知九十八使八万四千尘劳之法，十恶五逆九十六种邪师之法，三涂可厌生死大苦，愿意常知，一切众生，皆有佛性。佛为医王，法为良药，僧为看病者，为诸众生，治生死患，令得解脱，心常无碍，空有不染。"同书卷二十九《平魔赦文》亦有："可大赦天下，与同更始。改像教之号，为即真之岁。自二月八日昧爽已前，系囚见徒，悉皆原放。若为四魔所恼，浮游三界，犯十恶五逆，毁经坏像，三世所作一切众罪，能改过自新者，不问往愆。"（唐）道宣：《广弘明集》，收入大正新修大藏经刊行会编《大正新修大藏经》第五十二册，台湾新文丰出版有限公司 1983 年版，第 321 页中、384 页上。另，或被认为成立上限不早于隋文帝开皇八年（588 年），下限则可能不晚于武周延载元年（694 年）的《元始慈善孝子报恩成道经》中，亦记载有"十恶五逆"（《道藏》第二册，第 33 页）。"五逆"又见于施安昌《故宫博物院藏文物珍品大系——晋唐五代书法》第 175 页，大体均指不忠不孝而言，与佛教术语之本义不同。参见许蔚《〈慈善孝子报恩成道经〉的成立年代及相关问题》，《敦煌研究》2014 年第 4 期。

⑤ 参见刘俊文《敦煌吐鲁番唐代法制文书考释》，中华书局 1989 年版，第 427 页；岳纯之《论唐五代法律中的十恶与五逆》，《史学月刊》2012 年第 10 期。

俊强、张海峰则认为五逆即不孝之意，主要指的是子女不孝。① 这些观点尽管都想坐实五逆为何，但难免存在问题。其一，五逆在唐代赦文中是大量出现的，如果归之笔误或讹变，那么在皇帝诏书中出现如此众多的错讹，恐怕根本不可能。② 其二，如果认为五逆中只有不孝影响法律，那么会出现很大问题。首先，在唐代某些赦文中有"五逆十恶"③ 的写法，这意味着不孝先于谋反大逆，但自唐太宗开始就有将忠置于孝之上的努力，④ 这就与唐代忠先于孝的趋势不符。其次，在法律意义上，不孝也不能涵盖罪重于杀父、杀母的恶逆。《唐大诏令集》卷一百一十三载有唐懿宗咸通十三年（872年）发布的《迎凤翔真身德音》赦文。⑤ 该赦文中，十恶五逆也是作为赦免的例外。之所以有此赦免德音，是为迎佛骨。如是，将佛教认为的大罪排除于赦免之外是当然之义，故此处不予赦免的五逆必然超过杀父、杀母的范畴。再考虑到赦免受佛教影响较大，而将五逆罪排除在外，也并非不可理解。同时，法律上目前比较早的将十恶五逆连称并举的是唐代宗的赦

---

① 参见陈俊强《皇恩浩荡——皇帝统治的另一面》，五南图书出版公司 2004 年版，第 263—268 页；《皇权的另一面——北朝隋唐恩赦制度研究》，北京大学出版社 2007 年版，第 211 页；张海峰《唐代佛教与法律》，上海人民出版社 2014 年版，第 80—86 页。

② 唐代诏书的制作与颁布，有相当严格的流程，并逐渐形成中书舍人起草诏书、门下给事中审驳奏抄的制度。参见刘后滨《唐代中书门下体制研究——公文形态·政务运行与制度变迁》，齐鲁书社 2004 年版，第 88 页。同时，唐律也有专门应对制书存在问题的法律。如《唐律疏议·职制律》"受制忘误"条规定："诸受制忘误及写制书误者，事若未失，笞五十；已失，杖七十。转受者，减一等。"（唐）长孙无忌等：《唐律疏议》，刘俊文点校，中华书局 1983 年版，第 198 页。当制书流程如此严谨，而且法律也对制书有误有所规制时，很难想象这样的错误不断出现。

③ 《册府元龟》卷九十三《帝王部》"愍帝应顺元年（934 年）正月戊寅受朝于明堂殿大赦改元"。（宋）王钦若：《册府元龟》，明刻初印本。又，真德秀《读书记》卷十五《德行》指出："然所谓逆恶者，非必如法令所指五逆十恶之类也。"（宋）真德秀：《读书记》，清文渊阁四库全书本。可见，五逆在法令上是存在的。

④ 参见唐长孺《魏晋南朝君父先后论》，收入氏著《魏晋南北朝史论拾遗》，中华书局 1983 年版，第 247—248 页。

⑤ 参见（宋）宋敏求《唐大诏令集》，中华书局 2008 年版，第 592 页。

文，① 而唐代宗恰好又是极度信佛的皇帝，估计是他将佛教的五逆罪引入赦文，作为严惩不贷的打击对象，与十恶并称。佛教的五逆成为对赦免的限制。"此后，以'五逆十恶'或'十恶五逆'作为不予赦免的惯例，为中晚唐、五代、宋等帝王沿用。"② 五逆成为赦免的例外，这说明佛教所重视的五逆重罪直接影响了法律所保护的价值位阶的变化。

第三，某些一般犯罪，法律于僧尼有特别规定（相当于现代刑法中的不真正身份犯），当其有所触犯时，刑法就增强惩罚的严厉性，从而在特定人群中提高了这些罪所侵害的法益的价值位阶。如淫行是佛教四重罪之一，也是佛祖制戒的缘由。而至少从唐律开始，僧侣犯奸罪相比一般民众要被加重处罚。③《唐律疏议·杂律》"监主于监守内奸"条规定："诸监临主守，于所监守内奸者，（谓犯良人。）加奸罪一等。即居父母及夫丧，若道士、女官奸者，各又加一等。妇女以凡奸论。"疏议曰："若道士、女官，僧、尼同。"④ 以后历代沿之。另外，僧侣蓄妻亦受重罚。⑤ 同时值得注意的是，在汉代普通和奸并不被认为是犯罪，除非是与已婚妇女和奸、居父母丧期间和奸、近亲和奸、主奴之间或庶人与奴婢之间的和奸等。唐律则视普遍和奸为犯罪，冨谷至指出这主要受儒家影响。⑥ 但和奸与佛教罪观念也有内在相似性，即其是犯淫戒的行为。因此，唐律中和奸犯罪是否受到佛教的影响，可以进一步考察。

当然，佛教罪观念不仅只有使某些行为所侵害法益的位阶提高，某些特定的行为也会降低，甚至被除罪化。如《唐律疏议·贼盗律》"残害死

---

① （唐）唐代宗《去上元年号赦》曰："可大赦天下，自（上元）二年（761年）九月二十一日昧爽以前，大辟罪无轻重，已发觉、未发觉，已结正、未结正，见系囚徒、常赦所不免者，咸赦除之。其十恶五逆及伪造头首、官典犯赃，法实难容，刑故无小，并不在免限。"（宋）宋敏求：《唐大诏令集》，中华书局2008年版，第23页。

② 周东平：《论佛教对儒家思想及传统法律的影响——以隋文帝时代为中心》，《法制史研究》第24期。

③ 参见王立民《中国古代刑法与佛道教——以唐宋明清律典为例》，《法学研究》2002年第3期；何柏生《佛教与中国传统法律文化》，《法商研究》1999年第4期。

④ （唐）长孙无忌等：《唐律疏议》，刘俊文点校，中华书局1983年版，第496页。

⑤ 参见陈晓聪《中国古代佛教法初探》，法律出版社2014年版，第148页。

⑥ 参见［日］冨谷至《奸罪的观念——从汉律到唐律》，赵晶译，《中国古代法律文献研究》第八辑，第140—147页。

尸"条规定："诸残害死尸，（谓焚烧、支解之类。）及弃尸水中者，各减斗杀罪一等；（缌麻以上尊长不减。）弃而不失及髡发若伤者，各又减一等。"疏议曰："'残害死尸'谓支解形骸、割绝骨体及焚烧之类；及弃尸水中者：'各减斗杀罪一等'。谓合死者，死上减一等；应流者，流上减一等之类。"疏议又曰："如无恶心，谓若愿自焚尸，或遗言水葬及远道尸柩，将骨还乡之类，并不坐。"① 其中，愿自焚尸可能就受到佛教观念的影响，被除罪化。②

（二）佛教罪对中国传统法律中罪之种类的影响

佛教罪观念对中国传统法律中罪的构成的影响不仅在于对法律价值位阶的变化，也在于创造一些新的罪。这两者的区别在于，前者针对的是原本法律中存在的罪行，所产生的影响主要是法律所认定的罪的严重程度发生了变化，亦即引起法律价值位阶的变动；就后者而言，佛教罪观念产生的影响则创造了一些原本法律中不存在的罪，由此使得特定行为为法律所禁止。法律中因为佛教罪观念而产生的新罪主要有两种：一者是针对一般人的罪，二者是针对僧尼的罪。在中国传统刑法呈现法条逐渐减少的趋势下，③ 这种状况

① （唐）长孙无忌等：《唐律疏议》，刘俊文点校，中华书局1983年版，第343页。

② 参见张径真《法律视角下的隋唐佛教管理研究》，博士学位论文，中国社会科学院，2012年。

③ 与佛教传入中国的时间大约同时，中国传统刑法的法条开始出现减少趋势。由于汉承秦制，汉代早期采取"皆有法式"的治理模式。尽管其后汉代推行法律儒家化，但"以法治国"的理念并未从根本上缓解。因此汉代法律条文在四百余年间呈现不断增加的趋势。如《汉书·刑法志》载汉武帝时期"律令凡三百五十九章，大辟四百九条，千八百八十二事，死罪决事比万三千四百七十二事。文书盈于几阁，典者不能遍睹。"（汉）班固：《汉书》，中华书局1962年版，第1101页。] 东汉时的法律仍然在增加。《晋书·刑法志》载东汉永元六年（94年）陈宠上书称："今律令，犯罪应死刑者六百一十，耐罪千六百九十八，赎罪以下二千六百八十一，溢于《甫刑》千九百八十九，其四百一十大辟，千五百耐罪，七十九赎罪。《春秋保乾图》曰：'王者三百年一蠲法。'汉兴以来，三百二年，宪令稍增，科条无限。又律有三家，说各驳异。"（唐）房玄龄：《晋书》，中华书局1974年版，第920页。这一局面到曹魏时期还没有改变。《晋书·刑法志》称："叔孙宣、郭令卿、马融、郑玄诸儒章句十有余家，家数十万言。凡断罪所当由用者，合二万六千二百七十二条，七百七十三万二千二百余言，言数益繁，览者益难。"（唐）房玄龄：《晋书》，中华书局1974年版，第923页。针对汉代法律的增多趋势，曹魏的统治者已有充分的认识。因此，刑法条文从曹魏开始就逐渐减少。其后，西晋刑法的减少程度更为有力，晋武帝时期制定的《泰始律》仅有620条共27657（转下页）

更显示出佛教罪观念对中国传统法律影响的程度之深。

就前者而言，法律中有一些罪由于佛教而创造，并且要求所有人都不得违反。例如，《隋书·高祖本纪》载："敢有毁坏偷盗佛及天尊像、岳镇海渎神形者，以不道论。"① 之所以出现这种毁损、盗窃的特别罪，主要是从佛教罪观念中产生的。如五逆中包括害阿罗汉、斗乱众僧、起恶意于如来所等。那么从隋律开始出现的"盗毁佛及天尊像罪"等，至少对起恶意于如来所等做了回应。这一点在后世也得到继承。如《唐律疏议·贼盗律》"盗毁天尊佛像"条在尊崇道教、先道后释的前提下基本继承了该条，宋律因之。② 不过至明律，该特别条款消失。再如历代的禁屠令也有这样的性质。

（接上页）字，法典内容大为省减。南朝的宋、齐承继晋律，不过梁律条数有所增加，达 2529 条。相比之下，北朝律条逐渐减少的趋势更为明显。北魏太武帝正平元年（451 年）定刑律为 391 条（按：《通典·刑法二·刑制中》作"凡三百七十条"当是），北魏孝文帝太和五年（481 年）定刑律为 832 条，其后河清三年（564 年）的北齐为 949 条，北周《大律》为 1537 条。后来的隋《开皇律》多沿袭北齐律而为 500 条，律文更为简明，真正实现法典瘦身，简明化定型，被学者认为是"中国法典史上真正由繁入简的分水岭"［周东平：《"举重以明轻，举轻以明重"之法理補論——兼論隋律立法技術的重要性》，《東方學報》（京都）第八十七册，2012 年 12 月］，成为唐宋法典的范本。从这些趋势来看，自曹魏乃至隋唐，中国传统的刑法条文呈现急剧减少的趋势。与之形成鲜明差异的是，佛教罪是在这一法条减少的大背景下进入刑法的，而且在此之后对中国传统刑法的影响一直存在。当然在唐宋之后，尤其从《大明律》开始，佛教的罪观念对刑法的影响有所衰退。例如作为标志性的罪名，禁毁天尊佛像已经从《大明律》中消失。

① （唐）魏徵：《隋书》，中华书局 1973 年版，第 46 页。
② 《唐律疏议·贼盗律》"盗毁天尊佛像"条规定："诸盗毁天尊像、佛像者，徒三年。即道士、女官盗毁天尊像，僧、尼盗毁佛像者，加役流。真人、菩萨，各减一等。道而供养者，杖一百。"（唐）长孙无忌等：《唐律疏议》，刘俊文点校，中华书局 1983 年版，第 353 页。周东平曾指出：唯需注意者，隋文帝开皇二十年（600 年）的诏令是以"毁坏偷盗佛及天尊像"（同书《刑法志》则曰"尤崇尚佛道，……坏佛像天尊"）的形式，按"先佛后道"的顺序规定，也显示了隋代佛教的优先和崇高地位。迨至李唐，奉道教为国教，故唐律"盗毁天尊佛像"的规定中，变为"先道后佛"的顺序。此种情况，犹如"断屠月日"在隋文帝时依然是禁止正月、五月、九月及六斋日杀生的"岁三月六"，到唐高祖遂将"断屠月"与道教"十斋日"结合而成为"岁三月十"一样（参见刘淑芬《中古的佛教与社会》"'年三月十'——中古后期的断屠与斋戒"一节，上海古籍出版社 2008 年版，第 75—114 页），从中可以细细玩味隋唐两朝佛道教在政治、法律生活中地位的细微变化与差别。参见周东平《论佛教对儒家思想及传统法律的影响——以隋文帝的时代为中心》，《法制史研究》第 24 期，2013 年 12 月。

具体如《魏书·世宗纪》记载北魏宣武帝永平二年（509年）："十有一月甲申，诏禁屠杀含孕，以为永制。"① 梁武帝下诏："不曾见禽兽有一自死者，若非杀生，岂有死肉。买肉自杀，其罪一等，众僧食肉，罪剧白衣。"② 《旧唐书·裴谞传》载："时十月禁屠杀，以甫近山陵，禁益严。"③ 不仅法律层面能够反映出国家对佛教罪的重视程度，而且在实践中这些法律也得到较好的执行。④

就后者而言，僧尼不仅受到戒律的规范，而且某些具有戒律性质的内容直接成为法律规范的对象。如《唐律疏议·名例律》"除免比徒"条疏议曰："依格：'道士等辄著俗服者，还俗。'假有人告道士等辄著俗服，若实，并须还俗；既虚，反坐比徒一年。"⑤ 又如郑显文总结唐代《道僧格》有"假说灾祥及诈称得圣道条""饮酒食肉五辛条""作音乐博戏条""听着木兰条""和合婚姻条""停妇女条""不得私畜财物条""教化条"⑥等。⑦ 也有学者认为，疑伪经是唐律"造祆书祆言罪"条的适用。⑧ 不过，其中多数伪经并不具有侵害政权秩序性，很难认定是否会被适用"造祆书祆言罪"。因此，戒律与法律在某种意义上更具一致性。

---

① （北齐）魏收：《魏书》，中华书局2017年版，第249页。

② （清）俞正燮：《癸巳存稿》卷十三《佛教断肉述义》，清连筠簃丛书本。

③ （后晋）刘昫：《旧唐书》，中华书局1975年版，第3567页。

④ 参见刘淑芬《中古的佛教与社会》，上海古籍出版社2008年版，第110页。

⑤ （唐）长孙无忌等：《唐律疏议》，刘俊文点校，中华书局1983年版，第66页。

⑥ 赵晶将郑显文的此条复原与二叶宪香"因此乞财物过多者，以诈欺取财论，物征令还主"的复原对比，认为两者为一条。参见赵晶《唐代〈道僧格〉再探——兼论〈天圣令·狱官令〉"僧道科条"》，《华东政法大学学报》2013年第6期。故可以将之看作佛教戒律在法律中的体现。

⑦ 参见郑显文《唐代〈道僧格〉研究》，《历史研究》2004年第4期。董春林认为其中有"饮酒罪""娶妻通奸罪""诈伪罪"三罪。参见董春林《论唐宋僧道法之演变》，《江苏社会科学》2010年第10期。从鲁统彦的论述中也可以看出上述诸条与佛教戒律之间的关系。参见鲁统彦《隋唐时期僧尼角色研究》，博士学位论文，首都师范大学，2005年。张径真复原"斋会布施条"为"诸官百姓不得以奴婢、田地、房宅布施寺院，其僧尼不得辄受。违者在京并令司农即收，外州给下课户。"参见张径真《唐代〈道僧格〉复原研究》，《世界宗教文化》2012年第2期。这显然与佛教戒律有关，但不为罪。周相卿则提出唐代政府令僧尼严于修持。参见周相卿《隋唐时期佛教与法的关系》，《贵州民族学院学报》2002年第1期。

⑧ 参见张雪松《唐代法律对宗教异端书籍禁查制度探析——以佛教疑伪经录为个案的研究》，《世界宗教文化》2015年第3期。

　　由上述内容可以看出，无论是在整体层面的罪观念还是个别层面的具体罪名上，佛教都对中国传统法律产生一定影响。这说明佛教与中国传统法律中的罪观念有千丝万缕的联系。但中国自身的罪观念带有很强的独特性。如中国早期的罪观念带有强烈的政治性，具有对君、臣、民三者行为的规范性。① 这种罪观念也没有完全摆脱原始宗教色彩，② 而且这种原始性在中国古代法律中一直在某种程度上被传承，如将对他人的非法髡发行为视为犯罪，③ 又如巫蛊行为一直被视为不可饶恕的重罪。无论是政治性还是宗教性色彩，都说明中国传统罪观念的独特性，并且深受中国传统政治道德与社会道德的影响。如果说中国传统罪观念深受传统道德观影响的话，那就意味着佛教罪观念的出现，实际上是外来道德观对本土道德观的冲击。当一套外来道德系统能够被中国传统法律所接纳，一方面反映出中国传统法律文化所具有的开放性，另一方面也反映出中国传统法律文化所具有的实用性。

　　总的来看，佛教的罪观念对中国传统法律观念产生了非常深远的影响。从罪刑关系到罪所反映的价值位阶，从整体意义上对罪的理解到具体意义上对个罪的渗透，中国传统法律变迁过程中都可以发现佛教的影子。当然从一定意义上来说，佛教的这种影响未必总是进步的，还有可能带来某些退步。比如统治者出于对佛教的保护而扩大了刑罚适用的范围，尽管这对佛教发展有所助益，但从现代刑法的谦抑性角度出发则可视之为刑罚权的滥用。但是在做出这些判断的时候必须指出，佛教罪观念之所以能够对中国传统法律产

---

　　①　参见李勤通《"辠"与"罪"及其所见之刑法观的变迁》，《华东政法大学学报》2016 年第6 期。

　　②　参见［日］宫宅洁《中古古代"罪"的概念——罪秽、净化、分界》，柳立言主编《史料与法史学》，"中研院"历史语言研究所 2016 年版，第 69—102 页。

　　③　如《唐律疏议·斗讼律》"斗殴折齿毁耳鼻"条规定："诸斗殴人，折齿、毁缺耳鼻、眇一目及折手足指，（眇，谓亏损其明而犹见物。）若破骨及汤火伤人者，徒一年；折二齿、二指以上及髡发者，徒一年半。"（唐）长孙无忌等：《唐律疏议》，刘俊文点校，中华书局 1983 年版，第 384页。之所以髡他人的头发被视为比较严重的犯罪，主要是因为在中国传统观念中，头发的象征性使其能够成为巫蛊的对象。参见高国藩《中国巫术通史》，凤凰出版社 2015 年版，第 159—160 页。而唐律的规定在一定程度上说明法律认同对头发的伤害视同对身体其他部位的伤害，这也就意味着唐律在某种意义上认同罪所具有的原始巫术色彩。当然唐律之所以如此规定，可能也受身体发肤受之父母，不敢轻易毁损的礼制观念的影响。但我们仍然可以从中看出中国传统法律受原始宗教观念的深远影响。

生这些影响，很大程度上是在佛教中国化的基础上发生的。也就是说，当佛教伦理逐渐向中国传统文化靠拢后，中国传统文化包括法律文化才对佛教持有特定的开放性。

　　进一步来说，罪的存在是国家、社会与宗教基于不同的诉求而对何者为恶（危害性）做出的判断。诉求的不同使得不同主体对罪的界定也有所不同。作为对中国社会有深远影响的佛教，其关于罪的理念也深刻影响了国家法律对罪的规定性。但这种影响是双向的，佛教罪影响了法律之罪，反之，法律之罪也影响了佛教罪。这种相互影响的前提是两者的差异。从根本上说，在两者的相互影响中，法律之罪占据绝对上风。这是中国世俗政权及法律凌驾于宗教及教规的政治文化结构的必然结果。佛教罪之所以能够影响法律之罪，与它逐渐融入社会，成为重要文化要素有关，但更主要的是它能够在一定程度上为社会的稳定提供支持。如十恶入律不仅强化了君权，而且维护了中国古代的家族伦理秩序。而一旦不再符合政治需求，那么佛教罪观念的命运就可想而知，如沙门不拜君亲等。因此，佛教之罪不得不对自身进行结构调整以适应政治需求。这种主、次关系，也是整个传统罪文化的基本判断。这就提醒我们，尽管佛教罪观念对中国传统法律产生很大影响，但这种影响是有限的，不能被高估。

七　佛教罪观念影响中国传统法律的限度

　　中国传统法律对佛教罪的吸收并非总是乐于迎合。在佛教罪进入中国后，其与中国传统法律之罪间也非总能相安无事。作为共同约束社会群体的规则，当两者不完全兼容时，抵牾、斗争也就不可避免，这就构成佛教罪观念影响中国传统法律的限度。这种情况主要体现在两个方面：第一，法律要求保持对佛教徒的刑罚权；第二，佛教罪与中国传统法律之罪的具体冲突。反过来说，这也是中国传统法律吸收佛教罪的限度。

　　第一，刑罚权的归属之争。有罪就有罚，佛教罪有佛教罚，法律罪有法律罚，一罪一罚是公正的理念，但佛教罪与法律罪的惩罚方式差异显著。故刑罚权的归属尤显重要，中国古代政府与僧团在这个问题上进行过长期争斗。刑罚权归属可从两个层面分析。首先,刑罚权由谁掌握。早期僧团组织曾经试图追求自治。① 如梁武帝曾欲以白衣僧正的身份干预寺庙的管理事务,但被开善寺智藏法师以"佛法大海,非俗人所知"予以强硬回击。② 慧义也称:"戒律是沙门之秘法,自非国主,不得预闻。"③ 因此,晋代以来,佛教僧团内部主要采取僧团依僧律自治的模式。④ 不过,所谓自治实际是在政府能够控制的僧官统领下进行的。早期僧官还曾有一定司法权。⑤ 随着中央集权程度的不断提高,僧官的司法权逐渐消失。⑥ 世俗政权对僧人违反法律之罪的行为还要直接行使处罚权。不过虽然僧人罪犯会由世俗政权来判断,但审判依据也未必是世俗法律。⑦ 由此产生第二个问题,即刑罚权的规范依据。在佛教发展初期,佛教徒的行为应该由内部规范处理的思想就已经产生。如释慧皎云:"入道即以戒律为本。"⑧ 由于早期佛教戒律等尚不完善,对佛教徒的犯罪主要依据国家法。随着佛教的发展,佛教僧侣犯罪从北魏宣武帝时期开始逐渐用内律处理,但局限于轻罪。⑨ 这种做法得到后世的继承,如《天圣令·狱官令》唐11规定:"诸道女(士)、女冠、僧尼犯罪,徒以上及奸、盗、诈脱法服,依律科断,余犯依僧道法。"⑩ 同时,佛教徒的重罪仍依法律处断。因此,重罪依法律之罪、轻罪依佛教罪,成为两者冲突的解决之道。

　　第二,佛教罪与中国传统法律之罪的具体冲突。中国传统法律对佛教的

---

　　① 参见谢重光、白文固《中国僧官制度史》,青海人民出版社1990年版,第6页。

　　② (唐)道宣:《续高僧传》,郭绍林点校,中华书局2014年版,第171页。

　　③ (南朝宋)慧义:《答范伯伦书》,收入(南朝梁)僧祐撰、李小荣校笺《弘明集校笺》卷十二,上海古籍出版社2013年版,第652页。

　　④ 参见谢重光《魏晋隋唐佛教特权的盛衰》,《历史研究》1987年第6期。

　　⑤ 参见谢重光、白文固《中国僧官制度史》,青海人民出版社1990年版,第62页。

　　⑥ 参见刘长东《论宋代的僧官制度》,《世界宗教研究》2003年第3期。

　　⑦ 参见李向平、黄海波《中国古史上的宗教管理——世俗皇权下的神圣世界》,《学术月刊》2005年第1期。

　　⑧ 释慧皎:《高僧传》,汤用彤校注,中华书局1992年版,第443页。

　　⑨ 参见陈登武《从人间世到幽冥界——唐代的法制、社会与国家》,北京大学出版社2007年版,第282页。

　　⑩ 天一阁博物馆、中国社会科学院历史研究所天圣令整理课题组校证:《天一阁藏明钞本天圣令校证·附唐令复原研究》,中华书局2006年版,第342页。

排斥主要体现在沙门应否拜君亲与私入道等问题上。不拜君亲、皈依自由等被佛教所接受的行为最终被法律所禁止，虽然表面上似乎与佛教的罪观念无关，但佛教认为无罪的行为被犯罪化，却从反面说明佛教罪观念影响中国传统法律的限度。在佛教平等观念的秩序下，君、父并不比臣、子为高。《梵网经》曰："出家人法：不向国王礼拜，不向父母礼拜，六亲不敬，鬼神不礼，但解法师语。"① 《禅苑清规》则载沙弥受戒文："出家之后，礼越常情，不拜君王，不拜父母。"② 中唐之前，普遍的社会观念包括政治观念都认为僧尼应该与世俗家庭保持应有的距离。③ 经过数百年争论，这些被法律视为大罪的行为以沙门向世俗妥协而结束：一方面，宋代以后沙门从实践上向君主称臣；另一方面，《大明律·礼律·仪制》"僧道拜父母"条④明确将沙门不拜父母、不祭祀祖先的行为规定为罪。⑤ 就后者而言，佛门广大，度尽天下之人，却与现实政权产生争夺人口等问题。或认为法律之所以限制私入道，有经济、军事以及伦理等方面的考虑，⑥ 这些应该能够成为共识。佛教徒能否出家的问题最终以国家全面掌控为结果，而私入道也以入律为罪告终，《唐律疏议·户婚律》"私入道"条⑦足资证明。这种转变不仅从反面体现中国传统法律对佛教罪观念的排斥，而且意味着佛教理念必须做出相应调整以回应中国传统法律观念。在逐渐吸收孝亲祭祖、尊君敬王等中国传统伦理的核心要素后，佛教的伦理价值发生很大的变化，尤其宋代之后家国伦常更受佛教推崇。⑧

作为宗教团体，佛教进入中国后，它不仅希望自身的伦理性规范能够成为普遍的社会规范，也必然希望能够掌握自身的命运。因此，佛教很早就试

---

① 赖永海主编，戴传江译注：《梵网经》，中华书局 2012 年版，第 292 页。

② （宋）宗赜：《禅苑清规》，苏军点校，中州古籍出版社 2001 年版，第 110 页。

③ 参见鲁统彦《从"出家无家"到出家而有"家"——唐代僧尼孝道伦理现象略析》，《临沂师范学院学报》2008 年第 4 期。

④ 怀效锋点校：《大明律（附大明令 问刑条例）》，辽沈书社 1990 年版，第 93 页。

⑤ 参见刘立夫《儒佛政治伦理的冲突与融合——以沙门拜俗问题为中心》，《伦理学研究》2008 年第 1 期。

⑥ 参见谢晶《家可出否：儒家伦理与国家宗教管控》，《北方法学》2015 年第 4 期。

⑦ （唐）长孙无忌等：《唐律疏议》，刘俊文点校，中华书局 1983 年版，第 235—236 页。

⑧ 参见唐大潮《明清之际道教"三教合一"思想论》，宗教文化出版社 2000 年版，第 133 页。

图获得国家权力对自身独立性的认同，其冀望能够摆脱国家权力的干涉而形成独立行使权力的自治领域，这样可以最大限度地实现自我规制。但这种理念意味着中国传统治理结构中会出现法外之地，也很难得到大一统观念根深蒂固、王权一枝独秀的中国传统国家权力的认同。当这种理想无法有效实现时，争取自身规则的法律认同就变成退而求其次的选择。其中，与中国传统文化冲突最大的当属人伦关系。出家的人究竟是君父的臣民、子女还是方外之人，遂成为不断论争的焦点。

　　如果从佛教罪对中国传统法律影响的命题延伸出去，可以发现一个能够描述整个中华法系的特征。尽管对中华法系特征的探究自近代以来已经成果颇丰，① 但它们多从中华法系所有的静态特征上予以论证，描述的是中华法系成熟期的典型性，如礼法一体等。然而，中华法系也是不断自我反思和借鉴外来文明的结果，这是一个动态过程。如何反思或借鉴能够在很大程度上反映中华法系发展过程中所采取的实质性标准——区分可变通要素与不可变通要素。为了使中华法系的长时段动态特征具有认识意义，使用动态性的词汇来概述更能表达其成熟过程中的标准选择。例如，作为一个过程性的描述词汇，相对于礼法一体，法律儒家化更能够从时间维度把握中华法系容纳实质性行为规范时的伦理选择特征。

　　中华法系发展成熟的过程，也是一个对其他文化折冲、吸收、融合的过程，对此的观察有助于把握中华法系的动态特征。中华法系对佛教文明的包容性即是这种动态特征的重要例证之一。通常认为中华法系具有相当程度的包容性，典型例证是《唐律疏议·名例律》"化外人相犯"条，该条规定："诸化外人，同类自相犯者，各依本俗法；异类相犯者，以法律论。"② 论者或以为，这是"初唐统治者推行开明的民族政策在法律上的体现"③。这种说法有说服力，但无法完全描述这种开明性或包容性的限度。到《大明律·名例律》"化外人有犯"条，就变为"凡化外人犯罪者，并依律拟断"④。

---

① 参见周东平主编《中国法制史》，厦门大学出版社 2009 年版，第 41—45 页。
② （唐）长孙无忌等：《唐律疏议》，刘俊文点校，中华书局 1983 年版，第 133 页。
③ 苏钦：《唐明律"化外人"条辨析——兼论中国古代各民族法律文化的冲突和融合》，《法学研究》1996 年第 5 期。
④ 怀效锋点校：《大明律（附大明令 问刑条例）》，辽沈书社 1990 年版，第 20 页。

这种法律变迁反映出的是中国传统法律的根本限制，但无助于解释此前相关法律规则的内在限制。佛教理念被中国传统法律体系统合的过程恰恰能够说明这一问题，即尽管后者不断吸收前者的内容，但这并非无限制的。佛教罪的法律化及其限度，就鲜明地体现出中国传统法律在融合外来文化时所表现的不同侧面：一方面，佛教理念在法律层面受到国家支持；另一方面，这种支持具有有限性。

佛教理念在国家层面受到支持的问题，不仅可以从法律吸收佛教罪要素的角度考虑，还可以从国家与儒家对佛教的双重态度处着眼。在正统儒家士大夫那里，佛教作为外来文明并不具有合法性。《旧唐书·韩愈传》载其《谏佛骨表》称："佛本夷狄之人，与中国言语不通，衣服殊制。口不道先王之法言，身不服先王之法服，不知君臣之义、父子之情。假如其身尚在，奉其国命，来朝京师，陛下容而接之，不过宣政一见，礼宾一设，赐衣一袭，卫而出之于境，不令惑于众也。况其身死已久，枯朽之骨，凶秽之余，岂宜以入宫禁！"① 《近思录》卷十三《辨别异端》则称："明道先生曰：杨墨之害，甚于申韩；佛老之害，甚于杨墨。"② 理学排佛也是不遗余力。在政统与道统两分的传统中国，政统对佛教的接受性显然远高于道统，因此传统法律不仅从形式上接受十恶之罪，也从实质上接受五逆之罪。如果说礼法一体是中华法系的重要特征，而从政统接受佛教罪观念的历史来看，礼法一体的判断本身也随着时代变化而呈现程度性差异（典型的就是僧道拜君亲问题）。礼法一体的中华法系具有开放性的结构，可以容纳与中国传统有差异的文明，虽然这一过程主要由政统主导。③

当然，中国传统法律毕竟深受儒家影响，佛教罪观念从总体上不得不在夹缝中求生存。一方面，严格的佛教罪观念主要是佛教徒本身的行为准则；另一方面，法律又进一步为佛教徒的行为设下种种限制。斗争本身意味着中国传统法律对外来文明具有包容性，而佛教争取成果的有限性则说明这种包

---

① （后晋）刘昫等撰：《旧唐书》，中华书局 1973 年版，第 4200 页。

② （宋）朱熹、吕祖谦：《近思录集释》，岳麓书社 2010 年版，第 927 页。

③ 尤其当君主信奉佛教时，法律更容易接纳佛教之 "罪"。例如隋文帝时期所创设的十恶、禁毁佛像天尊等规定，都对法律产生巨大影响。而隋文帝不仅信奉佛教，甚至 "不悦儒术"。参见（唐）魏徵《隋书》，中华书局 1973 年版，第 1706 页。

容性仅在一定限度内成立。从这一角度说，尽管礼法一体受到佛教的冲击，但总体上仍然受制于中华法系本质的稳定性。中华法系在接受外来文明时的包容性会受到儒家理念的制衡。由此，我们可以进一步总结中华法系的动态特征：礼法一体的总体趋势，对异域文明的有限包容。

自佛教东传，出世的佛教理念与入世的中国传统之间有着鲜明差异。但这种差异并未成为佛教影响中国传统文化包括法律文化的绝对障碍。佛教罪在这一方面体现得尤为明显。中国传统法律基于多方面的考虑，以层次性的方式在一定程度上接纳了佛教罪观念。在这一过程中，佛教被认为兼具普世性与独特性，这种两面性针对不同群体具有不同的规范意义。这说明中国传统法律文化在接纳外来文明时十分注重策略，既不完全否认也不完全认同，而是根据理念及接纳群体的特征选择相当明智的接受模式。只是这种接纳有难以触碰的限度，尤其涉及权力分配及根本伦理规范时。由此，我们可以看出中国传统法律文化在接纳外来文明时所具有的包容性并非简单的接受，而是带有很强的模式选择性和有限性。

第 三 章

佛教对中国传统法律表现形式与结构的影响

佛教对中国传统法律的影响，不仅体现在实质内容上，也体现在法律形式中。中国传统法律主要是成文法，就其法律构成而言，字、词、句、篇、典是其基本结构要求。佛教东传后，这些要素都在某种程度上受到佛教影响，以至于被烙上或深或浅的佛教痕迹。目前，有关佛教对中国传统法律形式影响的研究已经有一定成果，典型的如十恶作为佛教用语对法律的形式影响，[①] 佛经义疏对《唐律疏议》等义疏体式法典形成的影响。[②] 这些研究深刻地发掘了佛教对中国传统法律形式的影响。不过，佛教的这种影响并未局限于此，深入研究后会发现，中国传统法律的语言、法律篇目的形成乃至法典编纂的变化等，都可能受到佛教的影响，尽管这些影响可能是有限的。

一　佛教对中国传统法律语言的影响

法律需要通过语言表达建构自身的规则体系与意义世界。对比先秦甲骨文金文、出土帛书和秦汉简牍，以及传世文献中的很多法律规范，我们不仅

---

① 参见周东平《隋〈开皇律〉十恶渊源新探》，《法学研究》2005 年第 4 期。陈俊强也质疑："隋代何以把这十条重罪定名为'十恶'呢？笔者颇疑是受佛教的影响。"见氏著《皇恩浩荡——皇帝统治的另一面》，五南图书出版公司 2004 年版，第 262—263 页。

② 参见张海峰《唐代法律与佛教》，上海人民出版社 2014 年版，第 14—58 页；陈灵海《通往唐永徽〈律疏〉之路——中古佛教律学与世俗律学互动论》，《学术月刊》2015 年第 9 期。

能够很明显地体会到它们在法律精神与内容上的差异，而且能够发觉不同时代法律文本的语言表述也存在诸多不同。

　　一般来说，越晚近的法律规范越容易被解读。之所以存在这种现象，不仅是因为历史变迁使意识形态、社会价值等都发生变化，还因为表达这些思想内容的语言工具等发生了显著变化。在汉语形成过程中，"佛教自汉代传入中国，经魏晋南北朝以至唐宋，有了极为广泛的传播，信奉的人多，佛教文化和观念深入人心。大量佛经译成汉语，对汉语尤其是汉语词汇产生了巨大的影响"①。佛教对汉语的影响可谓是全方位的，不仅包括俗语、成语，乃至官方文书等都是如此。事实上，"在东汉初期，天竺僧人白马驮经来中国之前，少数佛教词语已见于当时的皇家公文里。据《后汉书·光武十王传》记载：楚王英喜欢拜佛吃斋，于汉明帝永平八年（65 年）拿着黄缣白纨三十匹给朝廷，表示为自己赎罪。汉明帝批复他的诏书说：'王诵黄老之微言，尚浮屠之仁慈，洁斋三月，与神为誓，何嫌何疑，当有悔吝？其还赎以助伊蒲塞、桑门之盛馔！'这里就一气用了'浮屠'、'桑门'、'伊蒲塞'三个佛教借语"②。这种对佛教语言的运用在传统法律中同样存在。而且在不同时期，法律对佛教用语的吸纳也存在差异。因此，本章试图搜集、整理隋唐以降历代法律文本中相对典型的佛教用词，并在此基础上对佛教语言进入中国传统法律文本中的特点进行总结。

（一）隋唐法律中的佛教语言

　　隋唐继踵佛教兴起的魏晋南北朝，此时佛教在朝野的影响可谓极大，很多立法者也是佛教徒，③ 从而为佛教语言对隋唐法律的渗透奠定基础。其中

① 向熹：《简明汉语史》（上），高等教育出版社 1998 年版，第 542 页。
② 潘允中：《汉语词汇史概要》，上海古籍出版社 1989 年版，第 128—129 页。
③ 参见张海峰《唐代法律与佛教》，上海人民出版社 2014 年版，第 125—130 页；陈灵海《通往唐永徽〈律疏〉之路——中古佛教律学与世俗律学互动论》，《学术月刊》2015 年第 9 期。试举隋文帝为例，他生长于崇佛世家，名坚，字那罗延（言如金刚不可坏也），出生于冯翊（陕西省大荔县）的般若寺，即位后于"开皇五年，爰请大德经法师，受菩萨戒"。在统治期间，他大力弘扬佛教，被认为是中国历史上最优遇佛教的时期之一。故隋代政治深受佛教影响，其法律也莫能例外。参见［日］布目潮沨《隋開皇律と仏教》，佛教研究论集刊行会编《仏教研究论集——橋（转下页）

影响最为深远的，就是从"重罪十条"到"十恶"的转变，它意味着隋律对佛教名词的借用，即十恶之名的形式来源与佛教有关。① 此后，《隋书·刑法志》载："（隋文帝开皇）二十年（600年），诏沙门道士坏佛像天尊，百姓坏岳渎神像，皆以恶逆论。"② 《隋书·高祖纪下》对这一诏书记载得更为清楚："辛巳，诏曰：'佛法深妙，道教虚融，咸降大慈，济度群品，凡在含识，皆蒙覆护。所以雕铸灵相，图写真形，率土瞻仰，用申诚敬。其五岳四镇，节宣云雨，江、河、淮、海，浸润区域，并生养万物，利益兆人，故建庙立祀，以时恭敬。敢有毁坏偷盗佛及天尊像、岳镇海渎神形者，以不道论。沙门坏佛像，道士坏天尊者，以恶逆论。'"③ 佛、沙门等都是典型的佛教语言，它们在隋代（甚至更早的时期）已经初步成为普遍性的法律规范。

到唐代，译经事业发达，本土化的佛教流派纷呈，佛教语言对法律的影响更为广泛。除已经出现在隋律中的佛教词汇外，严耀中进一步指出，唐高祖颁布的《关内诸州断屠杀诏》中的"胎卵"，《唐律疏议》中的"杂药""不净物""方便""自觉""庄严"等都来自于佛教词汇。④ 除了像佛、僧、沙门等具有明显色彩的佛教词汇无须多做论述，唐代法律中还有其他一些词汇也受到佛教影响，典型的如下：

（接上页）本博士退官记念》，清文堂1975年版，第365—376页；周东平《隋〈开皇律〉与佛教的关系论析》，收入中国法律史学会编《中国文化与法治》，社会科学文献出版社2007年版，第184—198页。再如唐玄宗，作为唐代立法史上的重要人物，他不仅在开元二十八（或六）年（740年或738年）就曾誓愿为佛弟子，而且在天宝五年（746年）又被不空灌顶受菩萨戒。参见商务印书馆编《敦煌遗书总目索引》，中华书局1983年版，第184页；（宋）赞宁《宋高僧传》卷一《释不空传》，中华书局1987年版，第8页；马德《从一件敦煌遗书看唐玄宗与佛教的关系》，《敦煌学辑刊》1982年刊，第74页。唐玄宗的立法活动也深受佛教影响，如在他统治期间曾经一度废除死刑，当与佛教信仰不无关系。

① 参见周东平《隋〈开皇律〉十恶渊源新探》，《法学研究》2005年第4期。

② （唐）魏徵：《隋书》，中华书局1973年版，715页。

③ （唐）魏徵：《隋书》，中华书局1973年版，第45—46页。

④ 参见严耀中《论佛教戒律对唐代司法的影响》，荣新江主编《唐代宗教信仰与社会》，上海辞书出版社2003年版，第151—168页。

　　所有①：《唐律疏议·卫禁律》"宫门等冒名守卫"条规定："疏议曰：谓宫城门外队仗，及傍城助铺所，及朱雀等门，所有守卫之处，以非应守卫人冒名自代及代之者，各得徒一年。"② 其后，《宋刑统》《庆元条法事类》《通制条格》《大诰》《大清律例》等皆有该词。

　　别人③：《唐律疏议·卫禁律》"人兵入关妄随度"条规定："诸领人兵度关，而别人妄随度者，将领主司以关司论，关司不觉减将领者罪一等；知情者，各依故纵法。"④ 其后，《宋刑统》《通制条格》《大明律》等皆有该词。

　　庄严⑤：《唐律疏议·职制律》"御幸舟船有误"条规定："疏议曰：御幸舟船者，皇帝所幸舟船，谓造作庄严。不甚牢固，可以败坏者，工匠合绞。"⑥ 其后，《宋刑统》等亦有该词。

　　随近⑦：《唐律疏议·厩库律》"受官羸病畜产养疗不如法"条规定："疏议曰：依《厩牧令》：'官畜在道，有羸病不堪前进者，留付随近州县养饲疗救，粟草及药官给。'"⑧ 其后，《宋刑统》亦有该词。

　　五逆：《唐大诏令集》卷四《去上元年号赦》曰："可大赦天下，自（上元）二年九月二十一日昧爽以前，大辟罪无轻重，已发觉未发觉，已结

------

　　① 参见董志翘《中古文献语言论集》，巴蜀书社 2000 年版，第 4 页。所有一词在我国早期文献中已存在，如《荀子·儒效》载："性也者，吾所不能为也，然而可化也；情也者，非吾所有也，然而可为也。"但这些早期的"所有"，系指为某某所占有的意思。佛教的"所有"，则意指"一切"。如《无量寿经》上卷载："入众言音，开化一切。超过世间诸所有法，心常谛住度世之道，于一切万物随意自在。"（曹魏）康僧铠译：《无量寿经》，收入中华大藏经编辑局编《中华大藏经》（汉文部分）第九册，中华书局 1985 年版，第 590 页中。这是借用中国传统词汇而形成的新意，或称灌注得义。参见颜洽茂《试论佛经语词的"灌注得义"》，朱庆之编《佛教汉语研究》，商务印书馆 2009 年版，第 278 页。尽管该条唐律与佛教无直接关系，但"所有"的用法在此已经与汉语原意有所不同，或者说，这是佛教词汇逐渐成为唐代日常用语后的结果。
　　② （唐）长孙无忌等：《唐律疏议》，刘俊文点校，中华书局 1983 年版，第 169 页。
　　③ 参见钱群英《佛教戒律文献释词》，《语言研究》2004 年第 2 期。
　　④ （唐）长孙无忌等：《唐律疏议》，刘俊文点校，中华书局 1983 年版，第 175 页。
　　⑤ 参见王力《汉语史稿》，中华书局 1980 年版，第 522 页。
　　⑥ （唐）长孙无忌等：《唐律疏议》，刘俊文点校，中华书局 1983 年版，第 192 页。
　　⑦ 参见钱群英《佛教戒律文献释词》，《语言研究》2004 年第 2 期。
　　⑧ （唐）长孙无忌等：《唐律疏议》，刘俊文点校，中华书局 1983 年版，第 278 页。

正未结正，见系囚徒常赦所不免者，咸赦除之。其十恶五逆及伪造头首、官典犯赃，法实难容，刑故无小，并不在免限。"① 五逆一词对法律的影响已有较深入的研究，可参看本书前述相关内容。

（二）宋元法律中的佛教语言

唐代之后，佛教对法律语言的影响日渐深入，相关研究却比较薄弱。如有学者认为，佛教对《宋刑统》的词汇影响有"十恶""断屠月""禁杀日"等。② 但实际上不仅十恶作为词汇早在隋唐时期就已经进入法律，断屠、禁杀也并非佛教所创造的词汇（亦即未见于佛教经典之中），而是前代统治者为迎合佛教理念所创作的。编入《宋刑统》的其他佛教词汇则被忽略，而且其他宋代法律文本中的佛教词汇也没有得到足够重视。尤其值得注意的是，除主要继承《唐律疏议》的《宋刑统》之外，《庆元条法事类》等也吸收较多的佛教语言，而且这些词语出现的次数之多，较之其他法律文本殊为可观。同时，由于佛教在元代统治中占据极为重要的地位，佛教语言也更多地渗入当时的法律中。试举数例：

出家③：《宋刑统·户婚律》"僧道私入道"条载："【准】礼部式：诸五品以上女及孙女出家者，官斋行道皆听不预。"④ 据此，该词在唐代已进入法律。其后《庆元条法事类》《通制条格》《大清律例》皆有沿用。

在后⑤：《宋刑统·户婚律》"死商钱物"条载："【准】主客式：诸商旅身死，勘问无家人亲属者，所有财物，随便纳官，仍具状申省。在后有识

---

① （宋）宋敏求：《唐大诏令集》，中华书局2008年版，第23页。

② 参见陈义和《佛教与宋代法律》，中国政法大学出版社2015年版，第21—26页。

③ 参见邵天松《从〈法显传〉看佛典词汇的中土化》，《四川理工学院学报》（社会科学版）2008年第4期。

④ （宋）窦仪等：《宋刑统》，薛梅卿点校，法律出版社1999年版，第216页。按：《礼部式》此条出自《唐六典》卷四《尚书礼部》"祠部郎中"条："五品已上女及孙女出家者，官斋、行道，皆听不预。"（唐）李林甫：《唐六典》，陈仲夫点校，中华书局2014年版，第127页。此当为《祠部式》的条文，不过尽管唐六典中已经有出家一词，但该词进入刑律中当在《庆元条法事类》。出家一词一直被后世广泛沿用。如（五代）和凝《疑狱集》卷六《西山梦神讯杀僧》："其子曰：'若得千贯钱，我买本度牒沩山出家去。'"（清文渊阁四库全书本）

⑤ 参见董志翘《中古文献语言论集》，巴蜀书社2000年版，第2页。

认勘当，灼然是其父兄子弟等，依数却酬还。"①

上供②：《庆元条法事类》卷五《职制门二》"考课"条载："逐年合上供钱物有无出限、违欠。"③ 而且，该词在《庆元条法事类》中共出现101次。

救护④：《庆元条法事类》卷六《职制门三》："虽未被旨亦行，遇本司阙官或专奉指挥躬亲干办，及鞫狱、捕盗、救护河防不可亲诣，或属县非监司经由路即委通判幕职官，仍具事因申尚书省。"⑤ 该词在《庆元条法事类》中共出现3次。其后，《大明律》《大清律例》皆有采用。

放生⑥：《庆元条法事类》卷九《职制门六》载："诸内外见任官，因生日辄受所属庆贺之礼（谓功德疏、放生之类），及与之者，各徒一

---

① （宋）窦仪等：《宋刑统》，薛梅卿点校，法律出版社1999年版，第223页。

② 参见贾彦文《佛教文化对汉语词汇的影响》，硕士学位论文，天津师范大学，2014年。上供一词应该是佛教经典早出，如《摩诃僧祇律》《十诵律》《妙法莲华经》中多有，意为供奉、供养。其后，该词逐渐成为汉语中的日常词汇。如《旧唐书》卷一百四十八《裴垍列传》："先是，天下百姓输赋于州府：一曰上供，二曰送使，三曰留州。"（后晋）刘昫：《旧唐书》，中华书局1975年版，第3991页。从文义来看，这里的"上供"与佛教原意非常相似，故应是借鉴佛教词汇而产生的。《庆元条法事类》则又是沿用唐代用法的产物，其中渗透着佛教原意。由此也可见，佛教词汇对法律用语的影响之所以在此时有所扩大，一个可能的原因，是很多词语虽然源自佛经，但逐渐衍化为日常用语。这也意味着作为专有用法的佛教词汇对法律的影响可能没有表面上那么大。

③ （宋）谢深甫：《庆元条法事类》，清抄本。

④ 参见冯翠《〈妙法莲华经〉词汇研究》，硕士学位论文，西北师范大学，2013年。在古汉语的用法之中，救与护往往单独使用。如《后汉纪》卷十四《孝和皇帝纪下》载："其后宫人告阴后巫蛊事，后涕泣救护，无所不至。"（东晋）袁弘：《后汉纪》，张烈点校，中华书局2002年版，第285页。这里应该是救与护两个行为。大概从佛教典籍中开始，救护作为双音节词连用，即佛教以"救护"指称一个行为。

⑤ （宋）谢深甫：《庆元条法事类》，清抄本。

⑥ 参见梁晓虹《论佛教词语对汉语词汇宝库的扩充》，《杭州大学学报》1994年第4期。佛教的"放生"一词在南北朝佛典中已经流行，系指"赎取被捕之鱼、鸟等诸禽畜，再放之于池沼、山野，称为放生"。佛光大藏经编修委员会：《佛光大辞典》，佛光出版社1998年版，第3274页。受佛教影响，中古汉语中也接受了放生一词。如《隋书·刑法志》载："（齐文宣）帝尝幸金凤台，受佛戒，多召死囚，编篷篨为翅，命之飞下，谓之放生。坠皆致死，帝视以为欢笑。"（唐）魏徵：《隋书》，中华书局1973年版，第704页。由此可见，佛教词汇正处于变成日常用语的过程。当然在该例中，放生与佛教仍然有深切的关系。

年。"① 该词在《庆元条法事类》中共出现 2 次。

住持②：《庆元条法事类》卷五十《道释门》"识经拨度"条载："若师死即云某年月日本师身死（若不充主首或住持别官观之类，各随事言。）"③ 该词在《庆元条法事类》中共出现 19 次。但是，住持一词主要适用于《道释门》关于僧官的管理制度中。其后，《大元通制条格》《新集至治条例》《大明律》《大清律例》等皆有。

受戒④：《庆元条法事类》卷五十《道释门》"受戒"条载："诸戒坛非遇圣节辄开而受戒，并受之者各徒二年，临坛主首与同罪。"⑤ 该词在《庆元条法事类》中共出现 10 次。其后，《大元通制条格》亦存。

烧香⑥：《大元通制条格》卷五《学令》"庙学"条载："如遇朔望，自长次以下正官、首领官，率领僚属、吏员俱诣文庙烧香。"⑦ 其后，《大诰武臣》《大明律》《大清律例》等皆有。

---

① （宋）谢深甫：《庆元条法事类》，清抄本。

② 参见佛光大藏经编修委员会《佛光大辞典》，佛光出版社 1998 年版，第 2062 页。

③ （宋）谢深甫：《庆元条法事类》，清抄本。

④ 参见尤俊成《试论佛教对词汇的影响》，《内蒙古师大学报》（哲学社会科学版）1993 年第 2 期。古汉语中早就有受戒一词。如《汉书·薛宣传》载："宣得郡中吏民罪名，辄召告其县长吏，使自行罚。晓曰：'府所以不自发举者，不欲代县治，夺贤令长名也。'长吏莫不喜惧，免冠谢宣归恩受戒者。"（汉）班固：《汉书》，中华书局 1962 年版，第 3390 页。但这里的受戒是指受惩戒的意思，而佛教的受戒则是指受戒体成为正式佛教徒的仪式，两者殊为不同。《庆元条法事类》中的受戒显然是受佛教影响的结果。

⑤ （宋）谢深甫：《庆元条法事类》，清抄本。

⑥ 参见梁晓虹《论佛教词语对汉语词汇宝库的扩充》，《杭州大学学报》1994 年第 4 期。在佛教经典之前，《汉武帝内传》也有烧香一词，其文："帝……数自斋戒，整衣服，亲诣朝拜，烧香盥漱，然后执省之焉。"《汉武帝内传》，明正统道藏本。《汉武帝内传》虽然托名班固所著，但《四库全书总目》卷一百四十二子部五十二载，该文应制作于南朝齐梁之前，或为魏晋之间所著。而烧香一词在曹魏时期的《无量寿经》中已经出现，其卷下云："悬缯然灯、散华烧香，以此回向愿生彼国。"（曹魏）康僧铠译：《无量寿经》，收入中华大藏经编辑局编《中华大藏经》（汉文部分）第九册，中华书局 1985 年版，第 603 页中。因此，烧香一词应该是受佛教影响而产生的，并成为汉语日常词汇的。

⑦ 郭成伟点校：《大元通制条格》，法律出版社 2000 年版，第 69 页。

经行①：《大元通制条格》卷八《仪制》"贺谢迎送"条载："各路诸王、公主、驸马经行去处，若有必合迎接，依宣慰司所拟摘，委府官一员。"② 其后，《大明律》《大清律例》皆有。

建立③：《大元通制条格》卷十六《田令》"异代土地"条载："大德六年（1302 年）正月，中书省陕西行省咨：安西路僧人慧从告李玉将本寺正隆二年（1157 年）建立石碑内常住地土占种。照得见争地土，即系异代碑文志记亩数，似难凭准。"④

涅槃⑤：《大元通制条格》卷二十八《杂令》"禁屠"条载："西天田地里在先传流将来的道理说呵，三月初八日佛降生的日头，当月十五日佛入涅槃的日头，这日头真个显验，且的刺纳儿经文里有。"⑥

具足戒⑦：《大元通制条格》卷二十九《僧道》"选试僧人"条载："僧人每三年一次试五大部经，仰总统所选择深通经义有名师德，于各路置院选试僧人，就设监坛，大德登坛，受具足戒，给付祠部，然后许令为僧。"⑧

---

① 早期文献中亦有"经行"一词，如《汉书》卷七十一《薛广德传》载："萧望之为御史大夫，除广德为属，数与论议，器之，荐广德经行宜充本朝。"（汉）班固：《汉书》，中华书局 1962 年版，第 3074 页。但"经行"在这里的含义是行为、品德，佛教的"经行"则是经过的意思。此外，《汉武帝内传》载："诸仙佩之，皆如清章。道士执之，经行山川。百神群灵，尊奉亲迎。"《汉武帝内传》，明正统道藏本。该词汇的词义当与佛教经行相似，但晋代翻译的《摩诃僧祇律》中已经有"经行"一词，两者之间究竟谁影响谁，有待进一步的考证。

② 郭成伟点校：《大元通制条格》，法律出版社 2000 年版，第 136 页。

③ 早期文献中也有"建立"一词，如《史记》卷六《秦始皇本纪》载："古者天下散乱，莫之能一，是以诸侯并作，语皆道古以害今，饰虚言以乱实，人善其所私学，以非上之所建立。"（汉）司马迁：《史记》，中华书局 2014 年版，第 325 页。这里的"建立"主要是从抽象意义上来表达设立或者制定等语义。佛教的建立主要是在实质意义上指兴建、建造等。参见董志翘《中古文献语言论集》，巴蜀书社 2000 年版，第 3 页。

④ 郭成伟点校：《大元通制条格》，法律出版社 2000 年版，第 209 页。

⑤ 参见梁晓虹《佛教词语的构造与汉语词汇的发展》，北京语言学院出版社 1994 年版，第 144 页。

⑥ 郭成伟点校：《大元通制条格》，法律出版社 2000 年版，第 318 页。

⑦ "具足的本意是具备，后汉就曾出现。"江傲霜：《同经异译的〈维摩诘经〉及其对汉语词汇发展的贡献》，《海南大学学报》（人文社会科学版）2007 年第 2 期。但是，具足戒逐渐成为佛教专有名词。

⑧ 郭成伟点校：《大元通制条格》，法律出版社 2000 年版，第 335—336 页。

护持①：《大元通制条格》卷二十九《僧道》"词讼"条载："各寺院里已有护持来的圣旨，则那的他每根底不勾也那甚么。"②《新集至治条例》亦有。

布施③：《大元通制条格》卷二十九《僧道》"词讼"条载："收附江南已后诸人布施与来的、买卖来的、典来的田地呵，依在先体例里纳税粮者。"④

三宝：《大元通制条格》卷二十九《僧道》"追毁木印"条载："大德八年（1304年）七月，中书省刑部呈：官府用印，本以关防诈伪，取信于民。今僧尼道冠自造三宝木印，虽称经疏适用，诚恐行别生事端。合令有司尽行追毁相应，都省准拟。"⑤

（三）明清法律中的佛教语言

明清时期，佛教语言持续进入法律，不少由佛教经典所创造的词语进一步被吸纳为法律语言。但由于在语言发展过程中，佛教语言逐渐成为社会的日常语言，也成为法律语言，从而丰富了汉语词汇。⑥ 因此，很难认定这些

---

①　参见杨会永《〈佛本行集经〉词汇研究》，博士学位论文，浙江大学，2005年。

②　郭成伟点校：《大元通制条格》，法律出版社2000年版，第338页。

③　参见李明权《从语言学看佛教对中国文化的影响》，《法音》1993年第1期。布施一词在中国传统社会中早已存在，意为救济。如《韩非子·显学》云："今上征敛于富人以布施于贫家，是夺力俭而与侈惰也"。（清）王先慎：《韩非子集解》，钟哲校注，中华书局1998年版，第459页。但布施一词逐渐成为佛教专有名词，而且所引该条中的意义显然用的也是佛教词义而非中国传统词义。在《大元通制条格》之前，《唐六典》也有该词，其卷四《尚书礼部》"祠部郎中"条注云："以布施、持戒、忍辱、精进、禅定、智惠为宗，所谓六波罗密者也。自齐、梁之后，其道弥尊。"（唐）李林甫：《唐六典》，陈仲夫点校，中华书局2014年版，第126页。但是，一者《唐六典》本身的法典地位尚有争议，二者《唐六典》中的相关记载很难说是有规范意义的条文，相较之下，《大元通制条格》的记载更具法律性，所以以后者作为进入时期。

④　郭成伟点校：《大元通制条格》，法律出版社2000年版，第339页。

⑤　郭成伟点校：《大元通制条格》，法律出版社2000年版，第346页。更早的法律文献中亦有三宝一词。如《唐律疏议·诈伪律》"伪造御宝"条载疏议曰："皇帝有传国神宝、有受命宝、皇帝三宝、天子三宝，是名'八宝'。"（唐）长孙无忌等：《唐律疏议》，刘俊文点校，中华书局1983年版，第452页。但这里的三宝一词显然与佛教根本不同，佛教三宝为佛、法、僧。从这个角度讲，《唐律疏议》中的"三宝"一词并非受佛教影响而形成的。

⑥　参见潘允中《汉语词汇史概要》，上海古籍出版社1989年版，第129页；梁晓虹《佛教词语的构造与汉语词汇的发展》，北京语言学院出版社1994年版，第202页。

语言究竟是作为纯粹的佛教语言进入法律中（直接影响），还是作为已经日常化的佛教语言进入法律中（间接影响）。不过，即使这样，也能够从总体上说明佛教对整个中国文化以及法律的影响，故仍记述之。

享福①：《大诰》"民不知报第三十一"条载："民有不知报，而恬然享福，绝无感激之心。因不知其报，不知其感激，一旦天灾人祸并至，茫然不知其由，忧愁满室，抱怨横嗟，孰不知不知其报而若是耶。"②

再生父母③：《大诰三编》"秀才剁指第十"条载："人之生，父母但能生其身体而已，其保命在君。虽父母之命，非君亦不能自生，况常云人有再生父母。何谓再生父母？人本无罪，偶遇大殃而几死，或遇人而免。所遇之人，不分老壮而出幼者，但能回生于将死之期，是谓再生父母。"④

希望⑤：《大明律》卷二《吏律·职制律》"选用军职"条规定："若先行委人权管，希望实受者，当该官吏，各杖一百，罢职役充军。"⑥

缺乏⑦：《大明律》卷十四《兵律·军政》"失误军机"条规定："若临

---

①　参见李明权《从语言学看佛教对中国文化的影响》，《法音》1993 年第 1 期。"享福"一词最早出自《五分律》，而根据《高僧传》卷二《佛驮什传》载，《五分律》译于南朝宋。

②　杨一凡：《明大诰研究》，江苏人民出版社 1988 年版，附录第 221 页。

③　"再生"一词为中国古代所有，意指重生、复生。如《太平经》卷九十《冤留灾求奇方诀》云："人居天地之间，从天地开辟以来，人人各一生，不得再生也。"王明编：《太平经合校》，中华书局 1960 年版，第 340 页。佛教也借用这一词语。如《出三藏记集》卷十三《竺叔兰传》载："夫生者必有一死，死者不复再生，人神异途，理之然也。"（梁）释僧祐：《出三藏记集》，苏晋仁、萧錬子点校，中华书局 1995 年版，第 521 页。而且佛教最早使用"再生父母"一词。如《大方广佛华严经随疏演义钞》卷五十载："君即是我再生父母，何以报德。"《大方广佛华严经随疏演义钞》，收入中华大藏经编辑局编《中华大藏经》（汉文部分）第八十六册，中华书局 1994 年版，第 768 页。

④　杨一凡：《明大诰研究》，江苏人民出版社 1988 年版，附录第 386 页。

⑤　参见李明权《从语言学看佛教对中国文化的影响》，《法音》1993 年第 1 期。

⑥　怀效锋点校：《大明律（附大明令 问刑条例）》，辽沈书社 1990 年版，第 29 页。

⑦　在中国基本古籍库中检索，"缺乏"一词最初出现在《佛国记》中。又见（晋）法显《佛国记注译》，郭鹏等注译，长春出版社 1995 年版，第 40 页。其后，"缺乏"逐渐演变为一般意义上的缺少、缺失，如《东汉会要》卷三十三《兵中》："乏军兴，肃宗纪注云：'军兴而致缺乏，当死刑也。'"（宋）徐天麟：《东汉会要》，宋宝庆二年（1226 年）建宁刻本。按："缺乏"，《后汉书》卷三《章帝纪》作"阙乏"。又如《宋史》卷二百九十五《叶清臣列传》："诏谓：'朔方灾伤，军储缺乏。'此则三司失计置，转运使不举职，固非一日。既往固已不咎，来者又复不追，臣未见其可也。"（元）脱脱等：《宋史》，中华书局 1977 年版，第 9854 页。

敌缺乏，及领兵官已承调遣，不依期进兵策应，若承差告报军期。而违限，因而失误军机者，并斩。"① 其后，《大清律例》因之。

清规②：《大明律附例》卷一"除名当差"条载："罪名有玷清规、妨碍行止者，俱发落还俗。"③《大清律集解附例》沿用之。

在上述研究中需要特别注意，如有学者认为某些词汇是佛教译经师创造的新词汇，也存在于法律文本中，但实际上其中有些早已出现，不可不察。如"解脱"一词，颜洽茂认为是佛教新词。④《唐律疏议》中亦有，如《唐律疏议·断狱》"与囚金刃解脱"条规定："诸以金刃及他物，可以自杀及解脱，而与囚者，杖一百；若囚以故逃亡及自伤、伤人者，徒一年；自杀、杀人者，徒二年；若囚本犯流罪以上，因得逃亡，虽无伤杀，亦准此。"⑤ 但实际上，该词早在《史记》中就存在，如《史记·酷吏列传·宁成传》载："是时九卿罪死即死，少被刑，而成极刑，自以为不复收，于是解脱，诈刻传出关归家。"⑥ 而且佛教的解脱一词与《史记》以及《唐律疏议》的解脱并不相同，前者是指"解放，指由烦恼束缚中解放，而超脱迷苦之境地。以能超度迷之世界，故又称度脱；以得解脱，故称得脱"⑦，后者则是指摆脱、脱离外在控制等。因此，在考察佛教词汇对中国传统法律影响时，应当对每个词汇最早的出处、佛教含义、法律含义等进行专门探讨，这样才能发现这种影响是否真的存在。

---

① 怀效锋点校：《大明律（附大明令　问刑条例）》，辽沈书社 1990 年版，第 107 页。

② 参见尤俊成《试论佛教对词汇的影响》，《内蒙古师大学报》（哲学社会科学版）1993 年第 2 期。清规一词本身是佛教借用古汉语而成的，但是在古汉语的发展过程中，该词汇的佛教意义成为它的主要内涵。前者如（南北朝）陶弘景撰《真诰》卷之七："至于水火之戒，冰炭之喻，朗然照豁，敬承清规，务损之又损之，厶（谓应是以字）至于死灰也。"此处的清规当为道家语言，引申为供人遵循的美好规范。佛教中指僧人、信徒应遵守的规则，可能始于唐代咸和年间百丈山怀海禅师创立的"禅门清规"。

③ （明）舒化：《大明律附例》，明嘉靖刻本。

④ 参见颜洽茂《试论佛经语词的"灌注德义"》，朱庆之编《佛教汉语研究》，商务印书馆 2009 年版，第 278 页。

⑤ （唐）长孙无忌等：《唐律疏议》，刘俊文点校，中华书局 1983 年版，第 546 页。

⑥ （汉）司马迁：《史记》，中华书局 2014 年版，第 3807 页。

⑦ 佛光大藏经编修委员会：《佛光大辞典》，佛光出版社 1998 年版，第 5602 页。

(四) 佛教对中国传统法律语言影响的特点

随着佛教经典的传入与译经的发展，佛教语言逐渐成为中国传统语言的重要组成部分，同时也逐渐被法律所吸收，成为传统法律语言的一部分。不过，佛教对传统法律语言的影响不能简单概括了事。尽管由于检索的有限性，前述检出词汇不能完全反映佛教对传统法律语言的影响，但仍可以从中窥见某些特征。

第一，佛教对传统法律语言的影响呈逐渐深入的状况。无论广度还是深度都是如此，尤其是具有浓厚宗教色彩的语言。在隋唐时期，除了不可替代性的词汇如佛、菩萨、僧、塔等，十恶、五逆等较为常见的宗教色彩浓厚的词汇很早就进入法律中。到宋元明清时期，出家、上供、烧香、涅槃、具足戒等词汇进一步被吸纳为法律语言，尤其是在专门规范佛教的法律篇章中较为常见，如《庆元条法事类·道释门》等。

第二，佛教对法律语言的影响以宗教性色彩较淡的词语为主。这可以从前一个特征中进一步引申出来，即宗教性色彩较淡的佛教语言更容易出现在法律中。之所以出现这种情况，一方面可能是因为，法律语言具有一定的专门性和精确性，[①] 法律从社会认可度高的术语中予以吸收、接纳能够满足社会规范需求，如上供、储蓄、清规等；另一方面，基于儒家对佛教的排斥，[②] 佛教用语出现在法律中可能会受限，尤其是那些宗教色彩较浓的词汇。

第三，佛教对口语式的法律文本影响相对较大。从检出词汇来看，佛教词汇大量集中在《通制条格》《明大诰》等具有口语色彩的法律文本中。这主要是因为佛教对中国传统口语影响至为深远，"佛教词语很快突破佛教用义这一狭窄的范围，进入了全民语言，并和汉语原有词汇融为一

---

① 关于法律语言的专门性，参见熊德米《〈大清律例〉法律术语特征探析》，《西南政法大学学报》2016 年第 4 期。法律语言的精确性是其规范性的前提，"法的多义性和多元性，也是宗教法区别于世俗法的一个重要特征。"何勤华：《宗教法本质考》，《法学》2014 年第 11 期。

② 参见谢晶《家可出否：儒家伦理与国家宗教管控》，《北方法学》2015 年第 4 期。

体"①。人们在口语表达中也不会刻意回避佛教语言。相对而言，以儒生为主的立法者在法典式立法中可能仍然试图在法律语言方面保持与佛教的适度隔离。

第四，佛教对法律语言的整体影响仍然较小。从检出词汇来看，佛教词汇进入法律中的数量仍然相对较少。"初步的研究表明，佛教对汉语的影响确实在词汇上尤显突出。因翻译佛经的需要而产生了大批的佛教词语，如近代日本所编《佛教大辞典》就收了三万五千条。它们是汉语词汇家族中的重要成员。"② 这与法律文本中佛教语言的检出数量形成鲜明对比。同时，它与中国传统文学对佛教语言的运用也有显著差异。③ "至于南北朝后那些信奉佛教的大文学家，如王维、白居易、柳宗元等，他们的作品无论是在思想内容，还是语言形式上，都受佛教的影响，其诗文中佛教术语频频可见……而以写通俗诗闻名的诗人如王梵志、寒山等人的诗中，佛教用语更是其中的主要内容。"④ 而且值得注意的是，检索佛教用语在法律文本中的使用率还会发现，在光绪年间的《大清新法令》中，佛教用语有爆炸性增长，而《大清新法令》的颁布，主要是中西冲突的产物，其中儒释的冲突性已被淡化。这再次说明，传统立法很可能会特意避开佛教用语的出现。

佛教对中国传统法律语言的影响虽然深刻，但这种影响是否像想象中那么大则值得再考虑斟酌。佛教对法律的影响往往通过立法者、法律语言以及法律内容、司法等方面体现出来，尤其立法者的佛教信仰常被认为是推动佛

---

① 尤俊成：《试论佛教对汉语词汇的影响》，《内蒙古师大学报》（哲学社会科学版）1993 年第 2 期。

② 梁晓虹：《佛教词语的构造与汉语词汇的发展》，北京语言学院出版社 1994 年版，第 8 页。

③ 实际上即使日常法律用语中也可能会出现佛教词汇，但国家法典中却未必使用这些词汇。例如涅槃一词早在唐代的拟判文中已经出现，（唐）张鷟《龙筋凤髓判》卷上载："泥洹归静，涅槃入寂。法初不灭，故灭以归空；道本无生，故因生而不用。"蒋宗许等笺注：《龙筋凤髓判笺注》，法律出版社 2013 年版，第 73 页。但作为正式法律用语，涅槃则出现在《大元通制条格》中。

④ 梁晓虹：《论佛教词语对汉语词汇宝库的扩充》，《杭州大学学报》1994 年第 4 期。

教进入法律的重要动因。① 但如果立法者熟读佛教经典，那么应该有更多的佛教用语渗入法律文本中，但实际上相当有限，而且有被特意回避的可能性。从这一角度来看，佛教对中国传统法律有深远影响，但这一影响也不能高估。

二　佛教对中国传统法律规范形式的影响

法律概念、法律规范与法律原则是构成法律的基本要素。② 佛教对法律语言的影响在很大程度上是对法律概念的影响，不过如庄严、随近这些词很难说是具有规范意义的法律概念。佛教对法律词汇的影响可能不限于严格的法律概念，而且包括一些构成汉语基本结构的词汇。除此之外，佛教对中国传统法律中的法律规范等也有所影响，表现在实质与形式两个层面。就形式层面而言，佛教对法律规范形式的影响，具体来说又可以分为几个方面：第一，佛教经典的义疏体，与《唐律疏议》的法律形式有内在相似性；第二，佛教经典的问答体，与《唐律疏议》中的问答体解释模式有很强的相似性；第三，佛教经典通俗性对其传播的影响，与法律的传播与规范表达需求有内在相似性；第四，佛教经典的图表表达方式，与明清法律的图表表达有内在相似性。这些内在相似性，不应简单地视为仅仅是相似性而已。在整个中国传统文化的内部，各部分之间是很容易产生相互影响的，尤其是当这些部分之间存在时间先后顺序时。因此，我们可以条分缕析，发现其相互之间的深刻影响。

（一）佛教对中国传统法律义疏形式的影响

自《唐律疏议》以来，义疏体成为重要的法律形式。但关于义疏体究竟是受什么影响而形成的，尚未形成定说。或以为主要受来自魏晋以来对权

---

① 参见张海峰《唐代法律与佛教》，上海人民出版社 2014 年版，第 125—130 页；陈灵海《通往唐永徽〈律疏〉之路——中古佛教律学与世俗律学互动论》，《学术月刊》2015 年第 9 期。
② 参见张文显主编《法理学》，高等教育出版社 2007 年版，第 113—114 页。

威文献进行解释的文体习惯影响。① 刘俊文在《唐律疏议》卷一校勘记中也称:"昔者,圣人制作谓之为经,传师所说则谓之为传,此则丘明、子夏于《春秋》、《礼经》作传是也。近代以来,兼经注而明之,则谓之为义疏。疏之为字,本以疏阔、疏远立名。又,《广雅》云:'疏者,识也。'案疏训识,则书疏记识之道存焉。"② 但也有论者以为,以《唐律疏议》为代表的义疏体更多地受到佛教义疏体的深远影响。③ 之所以存在这种观点的差异,很大程度上源于不同学者在考虑这一问题时对形式和实质的不同侧重。由于学者所考虑的判断标准存在差异,他们判断义疏体究竟是源于中国本土还是基于佛教源流时,就有极大差异。

第一,侧重形式的学者往往从"义疏"之名出发,认为义疏最早应该是由佛教僧侣在注解经典过程中使用的,嗣后儒家学者因之。那么,《唐律疏议》自然也就是学习佛教而来。这一点自近代以来就有很多学者予以认同。如本田成之提出:"通三国六朝四百余年间,政治上变动激烈,文学上又空前的发达(古文除外),然而经学却没有客观的东西。经学要之是在两汉完成的学问,以后只是如何咀嚼、如何应用的问题。如王弼的《易注》,就是老庄哲学儒教化了的东西。到南北朝,佛教盛行,对于一切经论的席位的研究流行,撰成注疏。儒教不知不觉仿效之,于注上更加义疏,把两汉的单简的训话,更纵横微细地疏通证明,这是训诂学上一大变迁。"④ 梁启超亦称:"稍治佛典者,当知科判之学,为唐宋后佛学家所极重视。其著名之诸大经论,恒数家或十数家之科判;分章分节分段,备极精密。(道安言诸经皆分三部分,一序分,二正宗分,三流通分;此为言科判者之始。以后日趋细密。)推原斯学何以发达,良由诸经论本身,本为科学组织的著述。我国学者,亦以科学的方法研究之,故条例愈剖而愈精。此种著述法,其影响于学界之他方面者亦不少。夫隋唐义疏之学,在经学界中有特别价值,此人所共知矣。而此种学问,实与佛典疏钞之学同时发生。吾人固不敢径指此为

---

① 参见钱大群《〈唐律疏议〉结构与书名辨析》,《历史研究》2000年第4期。

② (唐)长孙无忌等:《唐律疏议》,刘俊文点校,中华书局1983年版,第24页。

③ 参见张海峰《唐代法律与佛教》,上海人民出版社2014年版,第14—58页;陈灵海《通往唐永徽〈律疏〉之路——中古佛教律学与世俗律学互动论》,《学术月刊》2015年第9期。

④ [日]本田成之:《中国经学史》,李俍工译,上海书店2001年版,第190页。

翻译文学之产物，然最少必有彼此互相之影响，则可断言也。而此为著述进化一显著之阶段，则又可断言也。"① 牟润孙则谓："昔者，先师胶州柯凤荪先生尝告润孙：'群经义疏仿自释氏者也'……前年重读南北史与高僧传，豁然得其端绪，而后知先师之说诚确然不可移易。撰疏一事，非仅为诂经之书创辟新体例，即在我国学术史上思想史上亦为大事因缘，影响极为深远。至于其中关键所系，厥为儒家讲经之采用释氏仪式一端。"② 后之学者也多从这些观点出发，认为佛教义疏早出，儒家义疏紧随其后。当然，这种观点不仅从形式出发，而且也认为在实质上儒家之所以会使用佛教义疏体，很大程度上是从形式上学习佛教敷座讲经③的仪式进而学习讲经之法的结果。④

　　第二，侧重实质的学者则多从义疏体的本质出发，强调义疏实乃一种经典解释学，义疏体本质上是中国传统经学发展的阶段之一。从以训诂、章句为中心的汉代经学，到以经义之学为主的晋代经学，再到以义疏为主的南北朝乃至隋唐的经学，之所以出现经学的不同发展阶段，很大程度上是因为不同阶段的经学发展有不同的实质诉求，因此"由汉儒的训诂、章句之学而发展至南北朝隋唐的义疏之学，是一个循序渐进的自然过程。只要儒家经典不停留于训诂、章句之学，便会发展到义疏之学。佛经传自印度，翻译多由中土僧人所为，作为一种外来文化，在其翻译与诠释过程中袭用中国原有儒家经典的体裁与方法，合乎情实，亦无可厚非"⑤。论者或由此认为："在没有

---

　　① 梁启超：《翻译文学与佛典》，收入梁启超《梁启超全集》，北京出版社 1999 年版，第 3806 页。

　　② 牟润孙：《论儒释两家之讲经与义疏》，弥勒出版社 1984 年版，第 1 页。

　　③ 所谓敷座讲经，《十诵律》卷四十一载："佛在舍卫国，新造祇洹竟，诸居士办供具，多诸比丘来，千二百五十人。诸比丘乱入、乱坐、乱食、乱起、乱去。诸居士呵责言：有余沙门婆罗门，次第入、次第坐、次第食、次第起、次第去。是沙门释子自言，善好有德，乱入、乱坐、乱食、乱起、乱去。不知谁得，谁不得，谁重得？诸比丘不知云何，是事白佛。佛言：'从今日，应次第入、次第坐、次第食、次第起、次第去。'"（后秦）弗若多罗和鸠摩罗什：《十诵律》，收入中华大藏经编辑局编《中华大藏经》（汉文部分）第三十七册，中华书局 1989 年版，第 794 页上。也就是说，敷座讲经是指按照一定的规则对听经者进行规范，并在这一特定环境中讲解佛教的行为。

　　④ 参见洪湛侯《诗经学史》，中华书局 2002 年版，第 234—235 页。

　　⑤ 姜广辉：《中国经学思想史》第二卷，中国社会科学出版社 2003 年版，第 731 页。类似观点又见冯浩菲《疏体小议》，载《文献》1995 年第 4 期。

确凿证据之前，仅凭释家义疏出现早于经典义疏，以及儒家义疏文体与释家有相似之处等方面，尚不足以得出经典义疏仿效自释家义疏而产生之结论。总之，南北朝义疏之学是两汉魏晋章句、传注之学发展的必然结果。"① 陈寅恪甚至直接指出："南北朝后期及隋唐之僧徒亦渐染儒生之习，诠释内典，袭用儒家正义义疏之体裁，与天竺诂解佛教之方法殊异。"② 那么，一旦认为义疏体本质上是延续汉代经学传统而来的话，则《唐律疏议》的义疏体显然不可能是受佛教影响而产生的。

何种观点更具合理性？需要进一步探讨。第一，形式观点主要有三个论点。其一，以义疏为名的著作始于佛教，但以名代实地将义疏视为绝对独立的新文体是否合理？对此，虽然基于不同哲学观点会有不同态度，但以名代实地将之视为事物的本质恐怕令人难以接受。这意味着，如果想要认同义疏体始于佛教，还需要证明义疏体与传统经学注解方式存在根本性差异。其二，佛教敷座讲经的方式是否能够建立起义疏体的独特性？敷座讲经是始自佛祖释迦牟尼的阐明佛法的仪式。如《摩诃僧祇律》卷三载："尔时世尊往众多比丘所，敷座而坐告诸比丘：'向瓶沙王来至我所，为我作礼于一面坐。而白我言："世尊，我先曾祖治罪人法以手拍头，正化相承乃至我身。"我即问言："大王，盗至几钱罪应至死，乃至应罚。"王言："十九钱为一罽利沙槃，分一罽利沙槃以为四分，若盗一分若一分直罪应至死。"我为瓶沙王随顺说法，欢喜而去。'"③ 尽管有学者指出："敷座说法，本于佛教，南北朝时，佛教盛行，论经亦从而效之，于是而有升座说经之例。"④ 但这种做法本质上与儒家甚至一般的教育方式究竟有何区别？如果仅仅因认同其仪式性，就断言其产生知识的方式存在独特性，恐怕殊难令人信服。由此衍生出下一个问题即其三，因讲经需要而诞生的义疏体是否具有独立性。"什么是义疏之学？'义'字兼有二义：一谓经之意旨，一谓义理之意；'疏'字亦

---

① 姜宁：《〈春秋〉义疏学研究（南北朝—隋唐）》，博士学位论文，南开大学，2010 年。

② 陈寅恪：《论韩愈》，收入陈寅恪《金明馆丛稿初编》，生活·读书·新知三联书店 2001 年版，第 321 页。

③ （东晋）佛陀跋陀罗、法显：《摩诃僧祇律》，收入中华大藏经编辑局编《中华大藏经》（汉文部分）第三十六册，中华书局 1989 年版，第 492 页下、493 页上。

④ 马宗霍、马巨：《经学通论》，中华书局 2001 年版，第 272 页。

兼有二义：一谓条录之意，一谓疏通之意。而义疏之体裁，实为系统全面疏解、串讲经书之书。"① 或以为佛教义疏体的特征在于注释的细密与全面，亦即 "注重完整，不遗漏经句"②。那么这种义疏体与中国传统经典注解方式的差别在哪里？与佛教义疏体具有相似性的是，中国传统经典注解方式也是在讲学中产生的。"经学自汉武帝以后至于东汉末年，经历了先后三次具有广泛影响的官方性的整合……与这种官方性的经学整合活动相伴随的，则是带有私学性质的经学传授兴盛，以及对经典作集成性注疏的出现。也就是说，在两汉经学传统的确立过程中，不断涌现出一批职业化的经学人物。他们除了传学授徒之外，更以注疏经典为其传学的手段。"③ 儒、释解经法都是为了深入解读经典或前人所作的解释等目的，只是由于在形式上存在着程度、方式、方法上的差异，能否直接以此认定两者不同？这恐怕难以令人信服。简单来说，义疏体与前代训诂、章句等，本质上属于教科书，只是由于时代差异，教科书的模式存在不同而已。因此，侧重形式而直接认定义疏体以及《唐律疏议》的义疏体源自佛教的观点恐怕存在不足。但形式性的观点却指出一个重要层面，即从名称上看，义疏之名确是佛教最先提出。因此，义疏体可能源流于中国传统，但又借名于佛教。

实际上，从佛教经典传播的切实需要出发，对佛典进行义疏具有现实性的需求。在佛教传入中土的早期，"通佛法有二难，一名相辨析难，二微义证解难。中华佛教，进至什公之时，一方经译既繁，佛理之名相条目，各经所诠不一，取舍会通，难知所据。远公问什数十事，大概属于此类。故什公答书，亦只往往取经论所言，互为解譬。故佛法之深义大旨，不能由之而显"④。由于文化差异，佛教经典进入中土后，必然不能很容易被人们理解，这与佛教的内在传播需求相悖。因此，需要寻找合理的方式将佛教理论通俗

① 姜广辉：《中国经学思想史》（第二卷），中国社会科学出版社 2003 年版，第 730—731 页。

② 张海峰：《唐代法律与佛教》，上海人民出版社 2014 年版，第 31 页。按照汤用彤的说法，"注疏之作，繁简不同，宗趣各别。" 不过，整体来看，"随文释义""其文较繁"的注疏比"明经大意""其文必简"的注疏作用要多。参见汤用彤《汉魏两晋南北朝佛教史》，上海人民出版社 2015 年版，第 385 页。

③ 姜广辉：《中国经学思想史》（第二卷），中国社会科学出版社 2003 年版，第 487 页。

④ 汤用彤：《汉魏两晋南北朝佛教史》，上海人民出版社 2015 年版，第 203 页。

化，进而增强其传播能力。从佛教的角度来说，解释经典的方式有两种。一是继承佛教传统的解释方式，二是向中国传统经典的解释方式学习。虽然佛教也有经典解释方法，但一来佛教义疏类经典向中土传播的程度有限，① 二来佛教义疏（如《唯识论义疏》）的"义疏"之名，显然不可能直接从佛教传来而更可能是格义②的结果。

正如范文澜所言："僧徒承受师传，为佛教做注，这是儒家给僧徒的影响。僧徒推衍佛旨，为佛经作疏，解释比注为周详。后来儒家也为儒家作义疏，这是僧徒给儒家的影响。"③ 故而，佛教向中国传统经典的解释方式学习的可能性更高，只不过又对之进行更合乎自身需求的改革，其后反而又影响到儒家。那么，如果承认义疏体根源于儒家传统，只是又受到佛教的影响而有所改变，就可以认为《唐律疏议》的义疏体从本质上来说可能根源于中国传统经典解释模式。但《唐律疏议》也受佛教后来对中国传统经典解释模式之改革的影响，尤其可能受到佛教律疏的影响，④ 更受到佛教所谓"义疏"之名的形式性影响。

（二）佛教对《唐律疏议》问答体的影响

问答体是《唐律疏议》的重要表达方式，它也可能受到佛教的影响。佛教经典经常采取问答体的形式来解释问题。一方面，这可能受佛教经典编纂方式的影响。"按佛教传说，结集三藏时，本系一人发问，一人唱演佛语。如此往复，以至终了，集为一经。故佛经文体，亦多取斯式。"⑤ 另一方面，

---

① 尽管早期亦有佛教的印度义疏传入。参见汤用彤《汉魏两晋南北朝佛教史》，上海人民出版社 2015 年版，第 611 页；张海峰《唐代法律与佛教》，上海人民出版社 2014 年版，第 21—22 页。但是纵观《出三藏记集》与《开元释教录》，以"义疏"为名者寥寥，如《出三藏记集》中的《毗摩罗诘堤经义疏》。也就是说，印度佛经义疏传入中土的数量十分有限，如此有限的数量却能对中国传统经书注疏体的发展形成影响，恐怕其说难有足够的说服力。

② "'格义'是一种用中国儒道学说来比附印度佛教学说的阐释方法。"高圣兵：《"格义"思想杂合之途》，《外语研究》2006 年第 4 期。

③ 范文澜：《中国通史》第二册，人民出版社 1994 年版，第 545 页。

④ 参见陈灵海《通往唐永徽〈律疏〉之路——中古佛教律学与世俗律学互动论》，《学术月刊》2015 年第 9 期。

⑤ 汤用彤：《汉魏两晋南北朝佛教史》，上海人民出版社 2015 年版，第 79 页。

佛教往往会采用更接近日常对话的形式，从而使其更容易为人们所接受。当然不仅佛教在佛经中会采取问答体的结构，事实上，中国传统经典包括法律形式中都有问答体，典型的如《论语》《孟子》《唐律疏议》及受其影响的《宋刑统》等。一般认为，《唐律疏议》中的"问答体"很可能受到中国传统法律解释形式的影响。① 但在"问答体"的发展过程中，可能也受到佛教的影响。兹举出自《论语》、睡虎地秦简《法律答问》《唐律疏议》、佛教经典与佛教徒论著中的问答各一例予以说明。

（1）《论语·学而》载："子贡曰：'贫而无谄，富而无骄，何如？'子曰：'可也；未若贫而乐，富而好礼者也。'"②

（2）《法律答问》载："父盗子，不为盗。今叚（假）父盗叚（假）子，可（何）论？当为盗。"③

（3）《唐律疏议·名例律》"免官"条载："问曰：免所居官之法，依律'比徒一年'。此条犯徒、流逃走，即获免官之坐，未知免所居官人逃亡，亦入犯徒免官以否？答曰：免所居官之色，亦有罪不至徒。本罪若其合徒，逃者即当免官之坐；若犯杖罪逃走，便异本犯徒、流，以其元是杖刑，不入免官之法。"④

（4）《摩诃僧祇律》卷一《明四波罗夷法初》载："尔时尊者优波离知时而问世尊：'若比丘比丘共口中行婬者，犯波罗夷不？'佛言：'俱波罗夷。'又复白佛言：'世尊，比丘与沙弥共口中行婬，犯波罗夷不。'佛言：'比丘波罗夷，沙弥驱出。'"⑤

（5）《沙门不敬王者论·求宗不顺化第三》载："问曰：'寻夫老氏之意，天地以得一为大……异夫众论者，则义无所取，而云不顺化，何

---

① 参见钱大群《〈唐律疏议〉结构与书名辨析》，《历史研究》2000年第4期。
② 杨伯峻：《论语译注》，中华书局1980年版，第9页。
③ 睡虎地秦墓竹简整理小组：《睡虎地秦墓竹简》，文物出版社1990年版，第98页。
④ （唐）长孙无忌等：《唐律疏议》，刘俊文点校，中华书局1983年版，第55页。
⑤ （东晋）佛陀跋陀罗、法显：《摩诃僧祇律》，收入中华大藏经编辑局编《中华大藏经》（汉文部分）第三十六册，中华书局1989年版，第471页中。

耶?' 答曰:'凡在有方,同禀生于大化……'"①

从上揭(1)—(4)的材料中,可以很明显地看出,《唐律疏议》的问答体与《沙门不敬王者论》的问答体结构极为相似。但是,还可以发现《论语》与《摩诃僧祇律》的问答体其实也颇为相似,而《摩诃僧祇律》与《沙门不敬王者论》的问答体两者反而不同。《论语》《摩诃僧祇律》的相同反映出问答体作为早期经典的表述方面是具有中外共同性的;《摩诃僧祇律》与《沙门不敬王者论》的差异则可能意味着,后者是较晚出的问答体。同时,《法律答问》的结构则具有独特性。这可能意味着,《沙门不敬王者论》的问答体可能是在《论语》《摩诃僧祇律》等早期问答体的基础上发展起来的,进而影响到《唐律疏议》。考诸《弘明集》的话会发现,一"问"一"答"的问答体是在僧俗辩难的过程中逐渐形成的。再举三例来说明这种问答体变化的渐进性。

(1)《牟子理惑论》载:"或问曰:佛从何出生?宁有先祖及国邑不?皆何施行?状何类乎?牟子曰:富哉问也!请以不敏,略说其要:盖闻佛化之为状也,积累道德,数千亿载,不可纪记……"②

(2)《牟子理惑论》载:"问曰:何以正言佛?佛为何谓乎?牟子曰:佛者号谥也,犹名三皇神、五帝圣也。佛乃道德之元祖,神明之宗绪。佛之言觉也……故号为佛也。"③

(3)《神不灭论》载:"客难曰:子之辨神形,尽矣。即取一形之内,知与不知……答曰:子之难,辨则辨矣,未本诸心,故有若斯之难乎?夫万化皆有也……"④

由上述材料可见,《沙门不敬王者》中的问答结构形式在这三者中都已

---

① (南朝梁)僧祐、李小荣校笺:《弘明集校笺》,上海古籍出版社2013年版,第259—260页。
② (南朝梁)僧祐、李小荣校笺:《弘明集校笺》,上海古籍出版社2013年版,第11页。
③ (南朝梁)僧祐、李小荣校笺:《弘明集校笺》,上海古籍出版社2013年版,第14页。
④ (南朝梁)僧祐、李小荣校笺:《弘明集校笺》,上海古籍出版社2013年版,第241—242页。

经出现，但又有所不同，即《沙门不敬王者论》的问答结构不仅采一"问"
一"答"，而且"问""答"之前都没有主语。不过，《牟子理惑论》与
《神不灭论》都有主语，而且"问""答"的实质结构是相同的，同时后者
并未采取一"问"一"答"的用语而用的是一"难曰"一"答曰"的结
构。由于《牟子理惑论》的作者被认为具有深厚的儒学乃至诸子百家的学
识，① 因此很难说它的问答结构究竟受儒、释两家谁的影响更大。但以问答
来进行讲经或辩难是佛教的通常形式，② 《高僧传·支遁传》载："晚出山
阴，讲维摩经，遁为法师，许询为都讲，遁通一义，众人咸谓询无以厝难，
询设一难，亦谓遁不复能通，如此至竟两家不竭。"③ 不过从《沙门不敬王
者论》与《神不灭论》来看，尽管问答体成为辩难的形式，但具体形式是
多样的，即不拘于一"问"一"答"，也有可能是一"难曰"一"答曰"。
当然，不论是东晋慧远的《沙门不敬王者论》，还是南朝宋郑道子的《神不
灭论》，面对来自统治者甚至整个中国传统知识分子的问难，这些知名佛教
徒往往采取问答体的方式撰写论著，逐一回答来自他者的挑战。而且从《牟
子理惑论》到《沙门不敬王者论》的发展反映出佛教徒应对辩难之文体方
式的逐渐成熟，后者一"问"一"答"式的问答体可能是在前者基础上发
展起来的，且影响最大，被后世继承的最多。

　　当然，无论儒家经典还是佛教经典，都常常通过实质的问答方式来表达
自身的观点，但两者的形式有所不同。从某种意义上说，中国传统的问答
体，更重视的是内容而非形式。④ 因此，问答主要体现在内容的实质衔接
上。如前引《法律答问》的结构就表现出对形式的忽视。相较之下，佛教
对于一"问"一"答"的形式结构可能更重视。因此，传统问答体的法律

---

① 参见任继愈《中国佛教史》第一卷，中国社会科学出版社 1985 年版，第 206 页。
② 牟润孙认为问答体自产生就受到佛教辩难的影响。参见牟润孙《论儒释两家之讲经与义
疏》，弥勒出版社 1984 年版，第 24 页。也就是说，问答体本来就是佛教经典及注疏为记录或者解释
辩难而创造的文体，那么佛教东传后的佛教徒之所以采取问答体应对来自世俗社会的问难，可能就是
受到佛教传统的影响。
③ （南朝梁）释慧皎：《高僧传》，中华书局 1992 年版，第 161 页。
④ 梁武帝时曾经有《毛诗答问》《春秋答问》等，但这些文献也被认为可能是受到佛教 "讲
经""论疏"等影响而出现的。参见冯炜《〈唐律疏议〉问答体疏证研究》，博士学位论文，吉林大
学，2011 年。

形式可能在发展中因为佛教的影响而改变了某些形式细节。而且从儒释典籍的某些对比中，还可以进一步推断这种一"问"一"答"可能更多地受到佛教影响。例如，唐代儒家经典注疏中一"问"一"答"式的结构殊为少见。《春秋公羊传注疏·隐公第一》载徐彦疏："问曰:《左氏》以为鲁哀十一年夫子自卫反鲁，十二年告老，遂作《春秋》，至十四年经成，不审《公羊》之义，孔子早晚作《春秋》乎? ○答曰:《公羊》以为哀公十四年获麟之后，得端门之命，乃作《春秋》，至九月而止笔，《春秋说》具有其文。"① 虽然《四库全书总目提要》认为这一记录方式与唐末邱光庭《兼明书》等有所类似，当为唐末文体，② 但这种做法却是儒家经典注疏方式的仅存。③ 之所以《唐律疏议》和徐彦疏《春秋公羊传注疏》采一"问"一"答"式结构，而其他儒家经典较少采取，或与儒释之间的斗争有关，儒家知识分子对于佛教经典的表述方式并不认可。例如唐代之后的《朱子语类》，其在记述方式上也采问答体结构，但却是一"问"一"曰"的方式。朱熹多读佛教经典，但又视佛教为异端，其问答体不采一"问"一"答"式的结构，或也反映了其认为儒释有别的心态。这又反过来证明，《唐律疏议》中一"问"一"答"的问答体形式更可能是受佛教影响而形成的。

(三) 佛教对中国传统法律规范表达的影响

在中国传统法律的发展过程中，法律规范的表达一直呈现专业化、精确化等特点，这些特点是在数千年的历史发展中逐渐形成与完善的。在这种变迁中，法律规范的简洁性、通俗性等有可能受到佛教经典的影响。这是因为在中国传统法律的早期发展过程中，由于法律面向群体的差异，简洁通俗等并未成为对法律的绝对要求。

在先秦时期，法律逐渐从秘密法走向成文公开法。成文法公布后，法律传播的对象也逐渐从特殊群体走向整个社会全体。但在早期，法律传播

---

① (汉) 何休解诂，(唐) 徐彦疏:《春秋公羊传注疏》，刁小龙整理，上海古籍出版社 2014 年版，第 1 页。

② 参见 (清) 纪昀总纂《四库全书总目提要》，河北人民出版社 2000 年版，第 682 页。

③ 参见饶宗颐《梵学集》，上海古籍出版社 1993 年版，第 270 页。饶宗颐还认为，自设问答是佛教东传前就存在的注疏方式。

的对象可能仍主要为专门群体。子产铸刑鼎时，孔子称："今弃是度也，而为刑鼎，民在鼎矣，何以尊贵？贵何业之守？贵贱无序，何以为国？且夫宣子之刑，夷之蒐也，晋国之乱制也，若之何以为法？"① 这段话似乎蕴含了刑法具有向民传播的倾向。但实际上，不仅"民在鼎矣，何以尊贵"可能不是指百姓因为知晓法律，而是指百姓与作为礼器的鼎发生关系导致根本上的礼制颠覆、贵贱失序，② 而且民可能指的是官员。③ 也就是说，成文法公布之后，并未以整个社会群体为直接传播对象。实际上从当时的法律规范来看，某些规范可能极为简单，以至于行为引导功能较差。如《左传·昭公十四年》载叔向云："己恶而掠美为昏，贪以败官为墨，杀人不忌为贼。《夏书》曰：'昏、墨、贼，杀，'皋陶之刑也。请从之。"④ 看上去"昏、墨、贼、杀"的律文简洁明晰，但与后世法律一相比较就知道，这种条文对法律规范的细节规定得极为粗糙，适用性不强。而且从春秋时期的裁判依据来看，主要有情理、先例、盟约、命令等，这也意味着普通百姓的生活似乎对成文法并没有太强的需求。⑤ 那么，法律可能主要面向专门群体进行传播。

秦汉时期，受法家的影响，法律传播的需求增强。但此时法律传播的主要对象还是面向专门群体。首先，在法律的影响下，国家采取"明主治吏不治民"⑥ 的策略。所以多数法律都以规范官吏为主。甚至 Barbieri-LowAnthony J.（李安敦）、Robin D. S. Yates（叶山）通过对文本内容与法律语言的分析指

---

① 《十三经注疏》整理委员会整理，李学勤主编：《十三经注疏·春秋左传正义》卷五十三《昭公二十九年》，北京大学出版社 2000 年版，第 1741—1742 页。

② 参见黄东海、范忠信《春秋铸刑书刑鼎昭示了什么巨变》，《法学》2008 年第 2 期。

③ 参见李勤通《令、格、式何以称刑书——对〈新唐书〉"唐之刑书有四"的解读》，《唐史论丛》第二十二辑。

④ 《十三经注疏》整理委员会整理，李学勤主编：《十三经注疏·春秋左传正义》卷四十三《昭公十四年》，北京大学出版社 2000 年版，第 1542 页。

⑤ 参见李远明《春秋时期司法研究——从纠纷解决的视角切入》，博士学位论文，华东政法大学，2012 年。

⑥ （清）王先慎：《韩非子集解》，钟哲校注，中华书局 1998 年版，第 332 页。

出，《二年律令》主要是供司法官吏阅读的，而非一般百姓。① 其次，这一时期法律传播的途径主要是"以法为教""以吏为师"②。在商鞅的制度设计中，法律必须通过官吏传播给百姓。《商君书·定分》称："法令皆副置一副天子之殿中。为法令为禁室，有键钥，为禁而以封之，内藏法令一副禁室中，封以禁印。有擅发禁室印，及入禁室视禁法令，及剟禁一字以上，罪皆死不赦。一岁受法令以禁令。天子置三法官，殿中置一法官，御史置一法官及吏，丞相置一法官，诸侯郡县皆各为置一法官及吏，皆比秦一法官。郡县诸侯一受宝来之法令，学问并所谓。吏民知法令者，皆问法官，故天下之吏民无不知法者。吏明知民知法令也，故吏不敢以非法遇民，民不敢犯法以干法官也。遇民不修法，则问法官，法官即以法之罪告之，民即以法官之言正告之吏。吏知其如此，故吏不敢以非法遇民，民又不敢犯法。如此，天下之吏民虽有贤良辩慧，不敢开一言以枉法；虽有千金，不能以用一铢。"③ 再次，从出土文献来看，秦汉法律规范本身比较艰涩难读。实际上，"秦汉简牍法律用语，是秦汉时期的一种行业用语，也是当时的一个社团方言。与当时的全民用语相比，有其自身特点；与当今汉民族共同语相比，更有显著的差异。通过仔细分析，我们认为它们主要有这样一些特点：简洁生动；常用省称；多罪刑共名；多一词多义；双音节结构占绝对优势等"④。也就是说，秦汉简牍中的法律语言带有相当的专门性，与日常用语存在差距。仅从睡虎地秦简来看，法律规范与非法律规范文本的对比就十分明显。以《为吏之道》为例，"在语言风格上，《吏道》显得质直朴素，可能是当时当地的口语"⑤。也有学者认为，《为吏之道》中的一部分"其体式显采用周秦西土最流行的文学表达形式。选取当代社会群众最熟谙并且欢迎的体式，是宦学识

① Barbieri-LowAnthony J. （李安敦）、Robin D. S. Yates（叶山）：*Law，State and Society in Early Imperial China：A Study with Critical Edition and Translation of the Legal Texts from Zhangjiashan Tomb no. 247*，Leiden：Brill 2015，pp. 34-37。

② （清）王先慎：《韩非子集解》，钟哲校注，中华书局1998年版，第452页。

③ 高亨注译：《商君书注译》，中华书局1974年版，第533、536—537页。

④ 赵久湘：《秦汉简牍法律用语研究》，博士学位论文，西南大学，2011年。

⑤ 谭家健：《云梦秦简〈为吏之道〉漫论》，《文艺评论》1990年第5期。

字教材普及实用的基本条件之一"①。日常语言与法律语言的差异，在很大程度上就意味着法律规范本身的传播对象显然不是普通百姓。当然，秦汉统治者仍然致力于法律传播，普通百姓的知法水平也并不低。不过，相较于官员，普通百姓很难说会是法律的主要传播对象。

到三国两晋南北朝乃至隋唐时期，法律面向百姓传播的需求仍然较低。一方面，这一时期从秦汉时期的律令不分，逐渐发展到三国两晋南北朝时期的律令分野，再到隋唐时期的律令格式并行，这使得令、格、式等成为专门规范官员的法律形式，② 针对百姓行为的法律规范则主要被规定在"律"中。但另一方面，作为主要规范百姓的法律形式，律仍然主要是裁判规则，很难说是行为规则。《晋书·刑法志》载曹魏时卫觊上书曰："刑法者，国家之所贵重，而私议之所轻贱；狱吏者，百姓之所悬命，而选用者之所卑下。王政之弊，未必不由此也。请置律博士，转相教授。"③ 无论是对"私议之所轻贱"的否定，还是置律博士，都意味着法律不被认为应该主要向百姓普及。其后，"律"不断精简，迨逦至于隋《开皇律》，其或被认为是"中国法典史上真正由繁入简的分水岭"④。但这些法律改革的主要目的在于约束司法官吏的自由裁量权，故唐高祖云："有隋之世，虽云鳌革，然而损益不定，疏舛尚多，品式章程，罕能甄备。加以微文曲致，览者惑其浅深，异例同科，用者殊其轻重，遂使奸吏巧诋，任情与夺，愚民妄触，动陷罗网，屡闻厘革，卒以无成"⑤。也就是说，唐律的制定同样主要以约束司法裁判为目的，广泛的传播需求有限。

之所以存在这种法律传播的倾向，很大程度上是因为在推动法律儒家化的过程中，统治者所主张的法律理念是"礼之所去，刑之所取，失礼则入于刑"⑥。在现代法律规范的构成理论中，法律规范主要由行为模式与法律后

---

① 吴福助：《睡虎地秦简论考》，文津出版社 1994 年版，第 143 页。
② 参见钱大群《律、令、格、式与唐律的性质》，《法学研究》1995 年第 5 期。
③ （唐）房玄龄：《晋书》，中华书局 1974 年版，第 923 页。
④ 参见周东平《"举重以明轻，举轻以明重"之法理补论——兼论隋律立法技术的重要性》，《东方学报》（京都）第八十七册，2012 年 12 月。
⑤ （后晋）刘昫：《旧唐书》，中华书局 1975 年版，第 2134 页。
⑥ （南朝宋）范晔：《后汉书》，中华书局 1965 年版，第 1554 页。

果组成。① 在中国传统社会治理的规范结构中，礼就是所谓行为模式，"律"则构成法律后果。② 虽然，律中也有行为模式，但礼的指导意义更大。那么，只要百姓知礼，也就无须知"律"了。不过，至少从明代开始，"刑与德的关系不再是'德主刑辅'中的'从属'、主次'关系，德对刑不再有制约作用，而只是刑罚的目的，刑罚也不必拘泥于'先教后刑'的框框，而可以'先刑后礼'"③。由此，明代立法的传播对象实现从司法官吏向官吏加百姓的转变。④ 法律面向百姓传播的内在转向意味着，它需要从篇目设计、规范表达等方面做出改变。对此，佛教经典能够提供很好的借鉴。

作为宗教，佛教经典以面向最广泛的社会群体进行传播为主要目的。"读汉译佛典的人都会注意到，佛典中的汉语与中国古典汉语十分不同。原因之一在于，来自印度、中亚等地的译者不熟悉汉语，使用了词汇的特殊表达，或是造大量新词，用以表现当时在中国没有的思想、概念，适用既成词汇时也远离了其本意。但是更大的原因在于为了教说大众，原典中使用了当时的传说、寓言及日常对话，描绘了当时的日常景象。"⑤ 因此，无论是佛教经典的写作本身，还是在引进中国的过程中，佛典文本都以通俗易懂为原则，以清晰表达为方式。前者如《法华经·方便品第二》："舍利弗，诸佛随宜说法，意趣难解。所以者何？我以无数方便、种种因缘、譬喻言辞演说佛法。"⑥ 又如鸠摩罗什译《十住毗婆沙论》卷一载："有人好文饰，庄严章句者。有好于偈颂，有好杂句者。有好于譬喻，因缘而得解。所好各不同，

---

① 参见张文显主编《法理学》，高等教育出版社 2007 年版，第 117 页。

② 当然这并不是说律中没有行为模式，任何一条律文都应该有行为模式和法律后果，这样，法官才能有依法裁判的可能性。在现代法律中，法律规则具有行为指导的功能，人们能够从独立的法律条文中获知行为模式和法律后果。但对古代法律或者说"引礼入律"后的法律而言，人们的行为是礼而非律，那么礼就是行为模式，而律主要是作为违礼的后果呈现，同时律中所规定的行为模式则主要是裁判规则而不是日常行为规则。这种差异蕴含着古今的功能差异，即古代法律或者说"引礼入律"后的法律主要是裁判规则，而现代法律既是行为规则又是裁判规则。

③ 曾宪义等：《中国传统法律文化研究》第一卷，中国人民大学出版社 2011 年版，第 172 页。

④ 参见周东平、李勤通《〈大明律〉采六部体系编纂模式原因考辨》，《法律科学》2017 年第 1 期。

⑤ ［日］新嶋静志：《佛典语言及传承》，裘云青、吴蔚琳译，中西书局 2016 年版，第 1—2 页。

⑥ 赖永海主编：《法华经》，王彬译注，中华书局 2013 年版，第 71 页。

我随而不舍。"① 后者如道宣在《四分律比丘含注戒本序》中称："今以戒本繁略，隐义局文，用则失仪，舍则非据。若不显相，人难具依。"② 因此，梁启超云："佛恐以辞害意且妨普及，故说法皆用通俗语。译家惟深知此意，故遣语亦务求喻俗……若专以文论，则当时诸译师，实可谓力求通俗。质言之，则当时一种革命的白话新问题也。"③

佛教经典对通俗易懂的语言要求很大程度上也决定了佛典传播力的大小。如果不能合乎这一要求，即便是佛学大师所译经典仍然有可能逐渐丧失影响力。例如，在佛教经典的翻译中，"玄奘已能做到'览文如己'，佛经的汉译在玄奘这里达到顶峰。同经异译的《说无垢称经》较之前译，辞藻更为华丽，行文更为整饬，表意更加准确和流畅。此译本的质量最高，流行应最广。可其译出后便被束之高阁，民众中广为流传的仍然是什公的《维摩诘经》。究其原因，是玄奘的译文语言过于文绉，用词过于典雅，虽然在译经事业上成就最高，然而不容易为民众所接受"④。因此，在佛教发展中，佛教经典的语言表达体现出很强的通俗性，也正是因为佛教语言相对的通俗性，所以佛教才能得到广泛传播，成为对中国最具影响力的宗教。佛教经典的传播与其语言表达的关系，在一定程度上也为法律所借鉴。这一点尤其体现在明代立法中。一方面最能体现通俗性的是《大诰》，甚至被认为"语言粗俗"⑤。一者，从用语来看，《大诰》中的语言不仅十分通俗，其中也有很多佛教用语；二者，《大诰》主要是通过案例进行传播的，这与佛教经典的表达有相似之处⑥。另一方面，

---

①　（东晋）鸠摩罗什译：《十住毗婆沙论》，收入中华大藏经编辑局编《中华大藏经》（汉文部分）第二十九册，中华书局 1987 年版，第 242 页上。

②　（唐）道宣：《四分律比丘含注戒本校释》，宗教文化出版社 2015 年版，第 9 页。

③　梁启超：《翻译文学与佛典》，收入梁启超《梁启超全集》，北京出版社 1999 年版，第 3806 页。

④　江傲霜：《同经异译的〈维摩诘经〉及其对汉语词汇发展的贡献》，《海南大学学报》（人文社会科学版）2007 年第 2 期。

⑤　刘涛：《明〈大诰〉与明代社会管理》，博士学位论文，山东大学，2014 年。

⑥　中国传统法律中存在具有拘束力的司法判例。甚至有人提出这是判例法。参见武树臣《中国古代法律样式的理论诠释》，《中国社会科学》1997 年第 1 期。但传统判例本身很难被用来做法律传播。相比较之下，佛教经典中有大量的事例作为解读佛法精神的方法，事例在佛法传播中的地位比中国传统法律传播中的案例重要得多。

《大明律》具有面向百姓的内在传播需求，①并将唐律中深奥难懂的一些词句"俱易以平易浅近之语，若有不得其解者，则决然删除"②。这种因为传播需求而改变语言表达方式的做法，与佛教的传播有内在相似性，因此很有可能在一定程度上受到佛教的影响。

（四）佛教对中国传统法律图表形式的影响

法律规范的传播存在一定的规律性，③佛教经典的传播与法典的传播也有相似之处。在传播过程中，佛教创造了许多方式来增强自身的影响力。除前文述及的语言特色外，佛教也十分擅长运用图表等方式传播自己的观念。在《大明律》中，"五刑图""狱具图""丧服图""服制图""例分八字之义"等图表占据重要地位，也是法律传播的重要手段。这种相似性出现的原因之一可能就是佛教带给中国传统法律的影响。

1. 中国传统的图形与知识传播

以图形来表达特定的内涵，也是中国的传统。④《周易·系辞上》又云："子曰：圣人立象以尽意，设卦以尽情伪。"⑤王弼《周易略例·明象》称："夫象者，出意者也。言者，明象者也。尽意莫若象，尽象莫若言。言生于象，故可寻言以观象。象生于意，故可寻象以观意。意以象尽，象以言著。"⑥中国古人认为，相比单纯的语言表达，图形可以更为清楚地表达特定的观念。因此，很多中国古代经典也是以图形的方式予以表达。如《周易·系辞下》云："古者包牺氏之王天下也，仰则观象于天，俯则观法于

---

① 参见周东平、李勤通《〈大明律〉采六部体系编纂模式原因考辨》，《法律科学》2017 年第 1 期。

② （清）薛允升：《唐明律合编》"卷首"，怀效锋、李鸣点校，法律出版社 1999 年版，第 2 页。

③ 美国学者皮尔士曾经指出，"直接传播某种观念的唯一手段是像（icon）"。参见唐小蓉《图像中的信仰与信仰中的图像——藏传佛教六道轮回图释义》，《宗教学研究》2007 年第 3 期。

④ 参见刘跃进、周忠强《"左图右史"的传统及图像在古代社会生活中的运用》，《苏州大学学报》（哲学社会科学版）2015 年第 3 期。

⑤ （清）阮元校刻：《十三经注疏（清嘉庆刊本）》第一册《周易正义》，中华书局 2009 年版，第 171 页。

⑥ （魏）王弼撰，楼宇烈校释：《王弼集校释》，中华书局 1980 年版，第 609 页。

地，观鸟兽之文，与地之宜，近取诸身，远取诸物，于是始作八卦，以通神明之德，以类万物之情。"① 所谓八卦，就是以图形来记述特定知识的手段。八卦对中国传统文化影响至为深远，也就是说以图形作为表现形式的知识体系在中国传统文化中占据重要地位。再如，《周易·系辞上》说："河出图，洛出书，圣人则之。"②《通志》卷七十二《图谱略》则称："河出图，天地有自然之象。洛出书，天地有自然之理。天地出此二物以示圣人，使百代宪章必本于此而不可偏废者也。图，经也。书，纬也。一经一纬，相错而成文。图，植物也。书，动物也。一动一植，相须而成变化。见书不见图，闻其声不见其形；见图不见书，见其人不闻其语。图至约也，书至博也，即图而求易，即书而求难。古之学者为学有要，置图于左，置书于右，索象于图，索理于书，故人亦易为学，学亦易为功。"③ 河出图、洛出书，具有强烈的谶纬意义，一方面已经说明图形在传播特定知识或观念时的重要性，另一方面据郑樵解释可知，图与书并举，也是强调视觉性的叙述，尤其是图在传播知识中的重要功能。因此，可以说中国古人很早就认识到图形在知识传播中的重要意义。

司马迁也曾认可图画能够阐述历史这一事实。他在《史记·留侯世家》的结尾就对读者说了如下话语："余以为其人计魁梧奇伟，至见其图，状貌如妇人好女。盖孔子曰：'以貌取人，失之子羽。'留侯亦云。"④

图形也与文献表达形式有密切关系。在简牍及之前的文字时代，插图的流通量极少，在官方或私人的藏书中，没有必要对插图的书或者不带插图的书进行分类。而随着文献表达形式的变化和印刷业的发展，大约 1000 年后，这种状况发生了变化。例如，在元朝的目录拟定事业中，一本书是否要加入插图，无论从物质的角度还是从存在论的角度来说，都应当有明确的分

---

① （清）阮元校刻：《十三经注疏（清嘉庆刊本）》第一册《周易正义》，中华书局 2009 年版，第 179 页。

② （清）阮元校刻：《十三经注疏（清嘉庆刊本）》第一册《周易正义》，中华书局 2009 年版，第 170 页。

③ （宋）郑樵：《通志二十略》，王树民点校，中华书局 1995 年版，第 1825 页。

④ （汉）司马迁：《史记》，中华书局 2014 年版，第 2049 页。

类。① 文章和插图书这两个媒体，虽然是完全不同的方法，但却完全能传达同样意思的内容。②

随着绘画艺术的不断发展，图形的表现力日益增强。除了传播特定的知识外，图形也承担教化功能，③ 将行为规范蕴含于图形之中，希望观看图形者能够从中得到启发而自觉约束自己的行为。如《文选》卷十一《鲁灵光殿赋》载："图画天地，品类群生。杂物奇怪，山神海灵。写载其状，讬之丹青。千变万化，事各缪形。随色象类，曲得其情。上纪开辟，遂古之初。五龙比翼，人皇九头。伏羲鳞身，女娲蛇躯。鸿荒朴略，厥状睢盱。焕炳可观，黄帝唐虞。轩冕以庸，衣裳有殊。下及三后，淫妃乱主。忠臣孝子，烈士贞女。贤愚成败，靡不载叙。恶以诫世，善以示后。"④ 又如《历代名画记》卷一云："夫画者，成教化、助人伦，穷神变、测幽微，与六籍同功，四时并运，发于天然，非由述作。"⑤ 张彦远并引曹植言："观画者，见三皇五帝，莫不仰戴；见三季异主，莫不悲惋；见篡臣贼嗣，莫不切齿；见高节妙士，莫不忘食；见忠臣死难，莫不抗节；见放臣逐子，莫不叹息；见淫夫妒妇，莫不侧目；见令妃顺后，莫不嘉贵。是知存乎鉴戒者图画也。"⑥ 在曹植看来，人们可以通过图形对某些特定的价值观念等产生最直观的感受，因此能够直击心灵的最深处，心灵与价值观的契合就可能影响到具体的行动，从而达到教化目的。这种以图形来实现教化的做法直到明清时期仍然存在。⑦

在中国传统文化中，不唯主流文化会采取图形的方式进行教化，如道教等也会采取这种手段。《太平经》卷一百与卷一百一载《乘云驾龙图》有"上古神人戒弟子后学者为善图"（东壁图）与"上古神人戒弟子后学者为

---

①　参见［荷兰］Oliver Moove：《中国の前近代絵入り史話における死刑と暴力の図像》，［日］冨谷至编《東アジアの死刑》，京都大学学术出版会 2008 年版，第 221—255 页。

②　中国的印刷本、日本的"图解"、埃及法老墓中的装饰带、英国的讽刺漫画、曼特尼亚的《凯撒的胜利》、图拉真的红柱，等等，皆是其例。

③　参见吴燕平《"教化"与"故实"——汉、晋人物画管窥》，《新美术》2008 年第 3 期。

④　（南朝梁）萧统编，（唐）李善注：《文选》，中华书局 1977 年版，第 171 页。

⑤　（唐）张彦远：《历代名画记》，俞剑华注释，上海人民美术出版社 1964 年版，第 1 页。

⑥　（唐）张彦远：《历代名画记》，俞剑华注释，上海人民美术出版社 1964 年版，第 5 页。

⑦　参见贺万里《儒学伦理与中国古代画像赞的图式表现》，《文艺研究》2003 年第 4 期。

恶图"（西壁图）。① 不过，从秦汉乃至魏晋来看，道教的图像"既有用于修炼者，又有用于服饵者"②，也就是说它以特定宗教知识表达为目的，很少是为了教化信众而绘制。

图形的教化功能有时也确实能发挥作用。如《汉书·外戚传下》载："成帝游于后庭，尝欲与婕妤同辇载，婕妤辞曰：'观古图画，贤圣之君皆有名臣在侧，三代末主乃有嬖女，今欲同辇，得无近似之乎？'上善其言而止。"③ 极端意义上，如《三国志·魏书·于禁传》载："帝使豫于陵屋画关羽战克、庞德愤怒、（于）禁降服之状。（于）禁见，惭恚发病薨。"④ 但总的来说，似乎图形在中国传统中被赋予的教化功能，并没有发挥太大作用。或许是由于日用而不知，⑤ 或许是由于中国传统更为重视其他教化方式，图形的教化功能不仅被古人论述得较少，被当代人关注的也不多。相较而言，佛教的图形表达则更受关注。

2. 传统佛教中的图形表达

自佛教东传，通过图形来表达其价值理念的方式一直占据重要地位。举凡寺庙、塔、雕塑、壁画等都可以看作是一种图形表达方式，当然更为纯粹的图像表达显然是雕塑与壁画。图形在佛教的表达中之所以如此重要，可能有两方面的原因：一者，佛教初创时，释迦牟尼关心的是人们的心灵解脱，不太重视甚至反对偶像崇拜，因此在释迦牟尼涅槃后的早期，偶像崇拜并不严重，纪念释迦牟尼的手段比较局限。后来，随着偶像崇拜的增强，通过塑像、绘画等方式礼拜佛教偶像以及传播佛理逐渐成为重要的宗教形式；⑥ 二者，对于佛教的传播而言，"佛教美术服务于佛教教化的目的，主要通过图像表述的思想而实现。当初，佛教美术造作的指导者，力图借助图像蕴涵的思想教化信徒，去恶从善，皈依三宝，或直接利用图像内容进行修行实践。

---

① 参见王明编《太平经合校》，中华书局 1960 年版，第 455、457 页。

② 张鲁君：《〈道藏〉人物图像研究》，博士学位论文，山东大学，2009 年。

③ （汉）班固：《汉书》，中华书局 1962 年版，第 3983—3984 页。

④ （西晋）陈寿：《三国志》，中华书局 1964 年版，第 524 页。

⑤ 参见葛兆光《思想史研究视野中的图像》，《中国社会科学》2002 年第 4 期。

⑥ 参见黄心川《从印度到中国：佛教造像的艺术之路》，《世界宗教文化》2001 年第 2 期；吴晓欧《古代印度佛教造像艺术溯源》，《吉林艺术学院学报·学术经纬》2004 年第 3 期。

在当时热烈的佛教文化氛围中，至少一部分人能够读解这些图像，再解说给前来观礼的人们"①。由于佛教图形具有不可取代的地位，它们在早期就作为重要的传教手段一起传入我国。② 尤其当佛教作为外来宗教面临文化隔阂之时，有人指出佛像则可能是先于佛经传入我国的。③

当然，与佛教在其他方面的中国化一样，要想在文化冲突中获得生存，佛教的图形表达方式需要与中国传统完成内在契合。因此，"佛教自西汉末年东汉初年传入中国以后，佛教造像与之同时进入中国。先后形成了以敦煌、云冈、龙门、麦积山为中心的四大石窟造像群，并制作了大量的独立造像。每一造像区域皆随着传入祖形的不同、祖述方式的不一与地域文化的差异显示出不同的造像流风。这些造像一方面在宗教功用上力图清晰地阐述佛教教义，以便信众循此修行，一方面在审美上满足了一方民众的情感要求与心理喜好，使教义找到了合宜的载体，也使信众有了发心向往的极乐世界"④。

一定程度上，佛教艺术的中国化，增强了其在中国佛教徒以及普通百姓中的可接受性。图形表达方式之通俗性与可接受性的提高，确实使得佛教获得更多信众。⑤ 如《法苑珠林》卷十五《敬佛篇》载："隋江都安乐寺释慧海，俗姓张氏，清河武城人也。善闲经论，然以净土为业，专精致感。忽有齐州僧道铨赍无量寿像来云：是天竺鸡头摩寺五通菩萨乘空往彼安乐世界图写仪容。既冥会素情，深怀礼忏。乃睹神光焰烁，庆所希幸。于是模写恳苦，愿生彼土，没齿为念。以大业五年（609 年）五月微患，至夜忽起，依常面西礼竟，跏趺而坐，至晓方逝，春秋六十有九。颜色怡和，俨如神在。"⑥《洛阳伽蓝记》卷二《城东》载："宗圣寺，有像一躯，举高三丈八

---

①　李静杰：《北朝隋代佛教图像反映的经典思想》，《民族艺术》2008 年第 2 期。又见王迪《汉化佛教空间的"象"与"教"——以禅为特征》，博士学位论文，天津大学，2013 年。

②　参见黄新亚《中国魏晋南北朝艺术史》，人民出版社 1994 年版，第 34—35 页。

③　吕澂：《中国佛学源流略讲》，中华书局 1979 年版，第 20 页；黄剑华：《略论早期佛教图像的传播》，《中原文物》2014 年第 1 期。

④　董立军：《中国古代造像史纲》，博士学位论文，中国艺术研究院，2005 年。

⑤　对于佛教徒而言，观像是修禅的重要步骤之一。参见丁明夷《佛教与中国雕塑》，文史知识编辑部编《佛教与中国文化》，中华书局 1988 年版，第 130 页。

⑥　（唐）释道世：《法苑珠林校注》，周叔迦、苏晋仁校注，中华书局 2003 年版，第 524 页。

尺，端严殊特，相好毕备，士庶瞻仰，目不暂瞬。此像一出，市井皆空，炎光辉赫，独绝世表。妙伎杂乐，亚于刘腾，城东士女，多来此寺观看也。"① 《历代三宝纪》卷十二载隋开皇十三年（593 年）："于时，台宫主将、省府官僚、诸寺僧尼、县州佐史并京城宿老等并相劝率。再日，设斋奉庆经像，日十万人。寺别勅使香汤浴像。"② 从这些例子可以看出，无论是出家佛教徒还是在家佛教徒，都对佛教图形的表达形式予以深刻肯定。这种对图像的崇拜之盛，可以说与对经文的念诵等不相上下。以晚唐五代宋初的敦煌为例，民间信仰佛教的主要方式就是诵经与礼佛两种，无论阿弥陀佛信仰、药师佛信仰、观世音菩萨信仰、文殊菩萨信仰、地狱十王信仰、毗沙门天王信仰等，莫不如此。③

　　在佛教图形表达中，佛教戒律清规也是重要组成部分。这又可以分为两个层面。第一，地狱变相。所谓变相，"就是一种以佛教（或道教）中神变或变现之事为主要内容的美术形式，与此相关的美术作品也可以称为变相"④。地狱变相就是将佛教的地狱想象付诸图形的一种美术作品。而佛教的地狱想象本质上是一种基于戒律的惩罚方式。在佛教尚未传入中土之前，印度佛教很早就认识到地狱变相的意义，⑤ 并产生了地狱变相的绘画。⑥ 中国传统文化中很早就建立起有自身特色的地狱想象，而在佛教传入后，本土的地狱想象就开始更多地受到佛教影响。⑦ 至于以图形表达地狱想象的《地

---

① （北魏）杨衒之：《洛阳伽蓝记》，周祖谟校释，中华书局 2010 年版，第 59 页。

② （隋）费长房：《历代三宝纪》，收入中华大藏经编辑局编《中华大藏经》（汉文部分）第五十四册，中华书局 1992 年版，第 318 页中。

③ 参见党燕妮《晚唐五代宋初敦煌民间佛教信仰研究》，博士学位论文，兰州大学，2009 年。

④ 于向东：《敦煌变相与变文研究》，甘肃教育出版社 2009 年版，第 36 页。

⑤ 《大方等大集经》卷三十一载："日密言：'世尊，彼维摩诘即我身也。世尊，我于彼土现白衣像，为诸众生宣说法要，或时示现婆罗门像、或刹利像、或毗舍像……饿鬼像、地狱像，为调众生故。'"（北京）昙无谶译：《大方等大集经》，收入中华大藏经编辑局编《中华大藏经》（汉文部分）第十册，中华书局 1985 年版，第 401 页下。这不仅意味着佛教很早就认识到图形在传播佛法中的重要作用，而且也指出地狱变相的意义。

⑥ 参见郑文《地狱观念的本土化与早期的地狱经变图》，《新疆艺术学院学报》2008 年第 1 期。

⑦ 参见杜斗城《〈地狱变相〉初探》，《敦煌学辑刊》1989 年第 1 期；陈登武《从人间世到幽冥界——唐代的法制、社会与国家》，北京大学出版社 2007 年版，第 260 页。

狱变相》图，则最晚出现在六朝时期的佛教美术中。① 其后，地狱变相成为重要的佛教图形表现方式。《历代名画记》卷三《记两京外州寺观画壁》载："塔之东南中门外偏张孝师画《地狱变》，已剥落。"② 该书还记载，当时的宝刹寺、三阶院、景公寺、化度寺、净法寺、福先寺等亦有地狱变相。如此之多的地狱变相，也能起到一定的教化成果。如《唐朝名画录·神品上一人·吴道玄》载："又尝闻景云寺老僧传云：'吴生画此寺地狱变相时，京都屠沽渔罟之辈，见之而惧罪改业者，往往有之，率皆修善。'所画并为后代人之规式也。"③ 第二，直接的戒律变相与清规图形。地狱变相是从惩罚的视角对戒律所作的图像，还有直接表达戒律内容的变相。如"敦煌石窟发现了多幅梵网经变、菩萨守戒十二誓愿戒律画"④，这就是对戒律的直接表达。在清规中，图形也一样成为重要的表达手段。如《敕造百丈清规》中就有告香之图、念诵巡堂之图、十六板首钵位之图、楞严盛会之图、小座图等。⑤ 通过图形，戒律清规的具体内容被明确传达，信众或僧侣的行为也就有更为准确的规范依据。因此可以看出，佛教发展中不仅善于运用图形表达自身的偶像崇拜或者教义理念，而且善于运用图形传播自身的行为规范。这与中国传统法律以文字为主要表达形式的做法有所差异，也就为其对中国传统法律的制定产生影响创造前提。

3. 元明法律中的图形表达

在中国法律传统中，图形与之也有一定的关系。《汉书·刑法志》载："盖闻有虞氏之时，画衣冠异章服以为戮，而民弗犯，何治之至也！"⑥ 这一观点也为后世所接受。如《晋书·刑法志》称："传曰：'三皇设言而民不违，五帝画象而民知禁。'"⑦ 又如《隋书·刑法志》亦云："五帝画象，

---

① 参见胡文和《地狱变相图》，《四川文物》1988 年第 2 期。

② （唐）张彦远：《历代名画记》，俞剑华注释，上海人民美术出版社 1964 年版，第 61 页。

③ （唐）朱景玄：《唐朝名画录》，清文渊阁四库全书本。

④ 彭瑞花：《菩萨戒研究》，博士学位论文，陕西师范大学，2015 年。

⑤ 参见（元）德辉编《敕修百丈清规》，李继武点校，中州古籍出版社 2011 年版，第 52、54、187、190、193 页。

⑥ （汉）班固：《汉书》，中华书局 1962 年版，第 1098 页。

⑦ （唐）房玄龄：《晋书》，中华书局 1974 年版，第 917 页。

殊其衣服，三王肉刑，刻其肤体。"① 何谓画象？《汉书·武帝纪》："朕闻昔在唐虞，画象而民不犯，日月所烛，莫不率俾。"应劭曰："二帝但画衣冠，异章服，而民不敢犯也。"颜师古曰："《白虎通》云：'画象者，其衣服象五刑也。'……"② 所谓画象，是指圣王将犯罪者的衣服画成五刑的样子，作为对其施行的耻辱刑。然而，现代人类学研究指出原始刑罚是极为残酷的。那么，这种耻辱刑是否属实？很早就受到怀疑。如《荀子·正论》曰："世俗为之说者曰：'治古无肉刑而有象刑：墨黥；慅婴；共，艾毕；菲，对屦；杀，赭衣而不纯。'是不然。以为治邪？则人固莫触罪，非独不用肉刑，亦不用象刑矣。以为人或触罪矣，而直轻其刑，然则是杀人者不死，伤人者不刑也。罪至重而刑至轻，庸人不知恶矣，乱莫大焉。凡刑人之本，禁暴恶恶，且惩其未也。杀人者不死而伤人者不刑，是谓惠暴而宽贼也，非恶恶也。故象刑殆非生于治古，并起于乱今也。"③ 与此相同的是，法家因极力鼓吹刑罚的威慑性，就必然否定象刑的功能。当然姑且不论其理想性，对象刑的想象也能够说明图形在法律方面的功用，对犯罪者可以形成羞耻感，而对旁观者则构成警示性。不过，通过图形来实现犯罪预防的想法显然与规范性的法律表达仍然存在一定差距。

　　而站在中国传统法律史的角度看，图形与法律之间的关系存在从无到有的发展关系。目前能够见到的商代法律主要保存于甲骨文和少量传世文献中，这种原始文字亦字亦图，但除非把汉字都视为图形，否则很难说图形与法律之间存在密切关系。能够见到的周代法律主要在《尚书·吕刑》及钟鼎文中，但没有关于图形的记载。虽然《周礼》有多处"悬法象魏"的说法，④ 并且后世有人认为象可能是五刑的图像。⑤ 但《周礼》作为后世对儒

---

① （唐）魏徵：《隋书》，中华书局1973年版，第695—696页。

② （汉）班固：《汉书》，中华书局1962年版，第160—161页。

③ （清）王先谦：《荀子集解》，沈啸寰、王星贤点校，中华书局2012年版，第319页。

④ 如《天官·冢宰·大宰》《地官·司徒·大司徒》《夏官·司马·大司马》《秋官·司寇·大司寇》中俱有记载。参见（汉）郑玄注，（唐）贾公彦疏《周礼注疏》，彭林整理，上海古籍出版社2010年版，第56、366、1104、1325页。

⑤ 例如，《朱子语类》卷七十八《尚书一》认为："问：'象以典刑，如何为象？'曰：'此言正法。象，如"悬象魏"之象。或谓画为五刑之状，亦可。'"（宋）朱熹：《朱子语类》，收入朱杰人等主编《朱子全书》第十六册，上海古籍出版社、安徽教育出版社2002年版，第2654页。

家理想的制度想象，能否作为确定无疑的证据使用需要慎重。① 其后，春秋战国时期成文法公布，所铸刑鼎、刑书，似乎也没有图形。商鞅变法后法家大盛，法律传播采取"以吏为师""以法为教"的策略，由此建立起从中央到地方官吏再到百姓的法律传播路径。在这一路径中，法律表达的准确性主要通过中央到地方官吏的校雠制度得以实现。②所谓校雠，《风俗通义》注引刘向《别录》称："雠校，一人读书，校其上下，得谬误为校；一人持本，一人读书，若怨家相对为雠。"③ 在文毋害的秦汉史官制度下，以图形为传播手段的必要性不足。因此，不仅在秦汉传世文献中没发现法律与图形的关系，而且出土文献中亦然。④ 这种现象可能随着礼法融合或者法律儒家化的不断发展而产生改变。

如果以礼、法作为中国传统法律的基本结构，⑤ 图形则很早就开始在中国规范传统中发挥作用。按《隋书·经籍志》，郑玄与阮谌等就曾经撰《三礼图》传世。⑥ 又按《隋书·礼仪志》载："沈约曰：'金象革木，《礼图》不载其形。'"⑦ 或可说明，《礼图》通常是载明图形的。再以服制为例，作为礼制重要组成部分的服制很早就开始被图表化。马王堆汉墓出土的西汉文献中就有图表化的宗枝丧服图，以帮助人们了解亲属间的服制关系。⑧ 元代龚端礼的《五服图解》中曾经提出，汉宣帝时王章曾经绘制了鸡笼图来描述五服关系，不过难辨此事的真假。⑨ 但是，通过图表来表达服制自汉代以来多有。如《三国志·吴书·孙奋传》裴松之注称，谢慈"撰丧服图及变

① 参见邢义田《治国安邦：法制、行政与军事》，中华书局 2011 年版，第 11 页。

② 参见陈中龙《试论〈二年律令〉中的〈二年〉——从秦代官府年度律令校雠的制度出发》，载《法制史研究》第 27 期，2015 年 6 月。

③ （汉）应劭：《风俗通义校注》，王利器校注，中华书局 1981 年版，第 495 页。

④ 在出土的秦汉法律文献中，似乎没有看到图形。与此不同，与法律文献一起出土的其他文献中，却常常有图形的出现。参见董涛《秦汉简牍〈日书〉所见"日廷图"探析》，《鲁东大学学报》（哲学社会科学版）2013 年第 5 期。

⑤ 参见俞荣根、秦涛《律令体制抑或立法体制？——重新认识中国古代法》，《法律科学》2018 年第 2 期。

⑥ （唐）魏徵：《隋书》，中华书局 1973 年版，第 924 页。

⑦ （唐）魏徵：《隋书》，中华书局 1973 年版，第 208 页。

⑧ 参见付举有、陈松长《马王堆汉墓文物》，湖南出版社 1992 年版，第 36 页。

⑨ 参见吴飞《五服图与古代中国的亲属制度》，《中国社会科学》2014 年第 12 期。

除行于世"。① 此后，历代也多有服制图。② 随着礼法融合或者说法律儒家化的发展，服制对法律的影响加深，尤以准五服制罪为代表。法律对服制的认可与服制的复杂性形成矛盾。这就为以图形表达的服制关系进入法律奠定基础。《宋史·礼志一》载："（宋太祖）即位之明年，因太常博士聂崇义上《重集三礼图》，诏太子詹事尹拙集儒学之士详定之。"③ 又载："妇为舅姑。乾德三年（965 年），判大理寺尹拙言：'按律及《仪礼丧服传》《开元礼仪纂》《五礼精义》《三礼图》等书，所载妇为舅姑服周；近代时俗多为重服，刘岳《书仪》有奏请之文。《礼图》《刑统》乃邦家之典，岂可守《书仪》小说而为国章邪？'"④ 尽管丧服图并未进入《宋刑统》，但已与后者共同构成司法裁判的依据。或者说，《丧服图》此时就已经法律化了。除丧服图外，其他礼图对国家制度也有影响。如《宋书·礼志五》载，南朝宋时，孝武帝"使尚书左丞荀万秋造五路"，其形制规格就受到礼图的影响。⑤ 然而，考诸礼图的发展，早期的礼图主要是用来解释礼制的，或者说是儒家解经的一种方式。⑥ 清代陈澧《东塾读书记》卷八称："《仪礼》难读，昔人读之之法，略有数端：一曰分节；二曰绘图；三曰释例。今人生古人后，得其法以读之，通此经不难矣。"⑦

到元代，图表开始在律学甚至法律文本中出现。⑧ 图表不完全同于图形，前者重在用表格的方式展现内容，后者在前者的基础上还包括画像等内容。但在古人的观念中，表是图的一种，都是用一种形象化方式来展现具体的内容。一如在前引《宋史·礼志一》所载"妇为舅姑"之争中，服制图（主要是表的形式）是《三礼图》的重要内容。明代之前，律文的图表表达

---

① （晋）陈寿：《三国志》，中华书局 1964 年版，第 1374 页。

② 参见吴飞《五服图与古代中国的亲属制度》，《中国社会科学》2014 年第 12 期。

③ （元）脱脱等：《宋史》，中华书局 1977 年版，第 2421 页。

④ （元）脱脱等：《宋史》，中华书局 1977 年版，第 2930 页。

⑤ （南朝梁）沈约：《宋书》，中华书局 1974 年版，第 495 页。

⑥ 参见丁鼎《中国礼图学的历史、现状与发展趋势》，《山东省社会主义学院学报》2019 年第 5 期。《隋书·经籍志》也是将这些礼图视为解经之作。参见杜云红《隋书经籍志研究》，文物出版社 2016 年版，第 197—198 页。

⑦ （清）陈澧：《东塾读书记》，生活·读书·新知三联书店 1998 年版，第 138 页。

⑧ 仅以表格而言，史书的表格出现得更早，如《史记》有十表，《汉书》有八表等。

也主要出现在律学注释中。例如，元代江西行省检校官王元亮在研究唐律的过程中，也曾经以图表对《唐律疏议》内的法律规范进行整理。这种做法与《敕造百丈清规》中的图表表达如出一辙，通过图表可以更加象形地表达不同规范在整个法律体系中的地位，有助于司法官吏更加准确地量刑。但由于法律解释对文字的依赖度更高，故王元亮所制之图表在文字比重上也高于《敕造百丈清规》。

王元亮生平不详，"精刑名之学"。元勤有堂刻本《唐律疏议》所缀柳赟《序》云："江西在声教渐濡之内，诸学经史，板本略具，而律文独阙。予间请于廉访使师公曰：'礼、刑其初一物。出礼入刑之论，固将以制民为义，而非以罔民为厉也。吾欲求《故唐律疏议》，稍为正讹缉漏，刊之龙兴学官，以庶几追还时会读法之遗'"，结果"行省检校官王君长卿，复以家藏善本及《释文》、《纂例》二书来相其役"。① 柳赟等人刊刻《唐律疏议》的目的在于弥补江西省内律文缺失的现状，而且希望能够找到古本，以对解读律义有所助益。因此王元亮献出家藏《唐律疏议》善本及自己所撰《唐律释文》和《唐律纂例》② 两书，一者作为底本，二者作为解读唐律的工具。当时王元亮撰此二书的目的虽有传播唐律的意义，但主要面向的群体是用法官吏。其《唐律释文·序》称："天厌前代，宝命我皇。圣慈惟刑是恤，冀同乐举觯，遂诏刑官，删修坠典，以宽猛相济，以轻重随时，一协公平，更无迷谬。然《刑统》之内，多援引典故及有艰字，法胥之徒，卒不能辨；又有新入仕员，素乖习熟，至临断案，事一决于胥，胥又无识，岂不有非圣慈者哉？"③《唐律纂例》的撰写显然也有同样的目的。刘有庆《唐律抹子序》谓："汴梁人王长卿精刑名之学，以唐律析为横图，用太史公

---

① （唐）长孙无忌等：《唐律疏议》，刘俊文点校，中华书局 1983 年版，第 664 页。又见（唐）长孙无忌等：《唐律疏议》，载孙星衍《岱南阁丛书》，收入《丛书集成新编》第二十七册，台北新文丰出版社 2007 年版，第 2 页。

② 按："《唐律纂例》"，（清）钱大昕《元史艺文志》卷二称之为"《唐律纂例图》"。

③ （唐）长孙无忌等：《唐律疏议》，刘俊文点校，中华书局 1983 年版，第 616 页。又见（唐）长孙无忌等《唐律疏议》，载孙星衍《岱南阁丛书》，收入《丛书集成新编》第二十七册，台北新文丰出版社 2007 年版，第 2 页。

诸表式，经纬错综成文，五刑三千，如指诸掌，其用心亦仁矣哉。"① 可见这是一部类似史书之表的关于唐律的图表类著作。并且，王元亮的《唐律纂例》是吸收、改造张伯川《律文抹子》（或称《唐律棋盘抹子》）而来的。"抹子"不是指书上有涂抹、标识的符号，而是指有关唐律的图表。按《四库全书总目提要》所载，其中收入的《唐律疏义》为"元泰定间江西儒学提举柳赟所校刊，每卷末附以江西行省检校官王元亮《释文》及《纂例》，亦颇可以资参订也"②。图表被认为有助于解读法律条文，并对司法者提供良好的指引，也是律学注释。但以图表解读法律条文，在元代主要局限于一些律学中，而其他律学著作如《吏学指南》等并未见到。

元代律学和法律形式的发展可能对《大明律》的编纂有所启示。作为法律文本，《元典章》中也已经出现不少图形，如《五刑之制》《狱具之制》《诸恶》《诸杀》《诸殴》《诸赃》等。③ 到《大明律》，图形成为法律规范的重要表达形式。《大明律》的正文之前有"五刑图""狱具图""丧服图""服制图""例分八字之义"等不同的图表，这是比《元典章》更为重要的立法文本。虽然这些并不是严格意义上的图形，但图表与图形有异曲同工之妙，即通过更加象形的方式来充分表达规范内涵。对于之所以用图表作为规范表达的方式，《明史·刑法志一》载："太祖谕太孙曰：此书首列二刑图，次列八礼图者，重礼也。顾愚民无知，若于本条下即注宽恤之令，必易而犯法，故以广大好生之意，总列《名例律》中。善用法者，会其意可也。"④ 朱元璋提出《大明律》在全书之前就把图形作为法律的重要内容予以制定，同时又指出其目的在于警示百姓不要轻易犯罪。当然，明代法律与图形的关系也不仅限于《大明律》。如《大明令》载："凡检尸图式，各府

① 又见于（清）周中孚《郑堂读书记》（民国吴兴丛书本）卷三十一《律书类》"故唐律疏义"条曰："又以唐律析为横图，用太史公诸表式经纬，错综成文，五刑三千，如指诸掌，其用心亦仁矣。今是本亦另附各卷之后。"

② （唐）长孙无忌等：《唐律疏议》，刘俊文点校，中华书局 1983 年版，第 678 页。又见（清）纪昀总纂《四库全书总目提要》，河北人民出版社 2000 年版，第 2162 页。

③ 《大元圣政国朝典章》，中国广播电视出版社 1998 年版。又见陈高华等点校：《元典章》，中华书局、天津古籍出版社 2011 年版，第 1331、1349、1383、1427、1502、1543 页等。又参见张田田《元代律学探析》，《中西法律传统》第 9 卷，2014 年，第 78—79 页。

④ （清）张廷玉等：《明史》，中华书局 1974 年版，第 2283 页。

刊印，每副三幅，编立字号，半印勘合，发下州县。"① 《明史·刑法志二》亦称："检验尸伤，照磨司取部印尸图一幅，委五城兵马司如法检验，府则通判、推官，州县则长官亲检，毋得委下僚。"② 再如，《明史·刑法志三》载明万历年间："每岁决囚后，图诸囚罪状于卫之外垣，令人观省。"③

　　从图形在法律和律学中出现的历史来看，《大明律》中的图表应当在一定程度上受到来自前代的礼图和律学、新法律形式的影响，如《丧服图》很明显地受到前代礼图的影响。只是问题在于，何以之前主要作为解经或者注律的图表成为国家根本法律的重要内容？《大明律》的重要性和规范性，毕竟是《元典章》无法比拟的。无论从朱元璋的说法中还是万历年间的做法中都可以看出，图形主要被用来发挥预防犯罪、传播特定法律知识的重要作用。这与佛教以佛法变相传播教义、以地狱变相教化众生的做法可谓有异曲同工之妙。在前文中，相当一部分研究已经提出佛教对明代法律的影响十分深远。曾为和尚的朱元璋对佛教有深刻的理解，其中也包括佛教与法律之间的关系，并且深知两者的内部弊病。其《诵经论》称："且佛之有经者，犹国著令；佛有戒，如国有律……然以朕观之，佛所以教人讽经者有二：若谈经、说法、化愚者，必琅然其声，使观听者解其意而善其心，所以不虑其意，止讽诵之……或曰：'民有善诵律令者如流。'朕将为识其意不堕刑宪，又知却乃真愚夫愚妇，徒然诵熟，罔知其意。"④ 朱元璋将佛教教义的传播与法律相类比，那么，他应该会认识到两者在传播路径上的相似性。而佛教是将讲经与图形并视为传播教义的重要方式。从《诵经论》中已经可以看出朱元璋对讲经效果的认同，而他对佛教图形的传播效果也有很清楚的认识，其《习唐太宗圣教序》云："及双林之有，故金色是藏，敛光不镜，时

　　① 怀效锋点校：《大明律（附大明令　问刑条例）》，辽沈书社 1990 年版，第 269 页。在宋代，则只有验尸格目，"诸初、复检尸格目，提点刑狱司依式印造，每副初、复各三纸，以《千字文》为号，凿定给下州县。"（宋）宋慈：《洗冤集录译注》卷一"一条令"，高随捷、祝林森译注，上海古籍出版社 2016 年版，第 6—7 页。

　　② （清）张廷玉等：《明史》，中华书局 1974 年版，第 2315 页。

　　③ （清）张廷玉等：《明史》，中华书局 1974 年版，第 2341 页。

　　④ （明）朱元璋：《明太祖集》，胡士萼点校，黄山出版社 1991 年版，第 210—211 页。

又画象而舒形，金容示现，妙音博被，拔苦趣于幽冥，遗教遐荒，济万类于三涂。"① 他在这段序文中对图像传播教义的方式有深刻的理解，强调图像的功能。不过，他也认识到佛教偶像、图画等对经济有所损害，所以并不推动佛教的相关活动。其《论僧纯一敕》云："况释迦非大厦而居，六载，大悟心通，方今梵像巍巍，楼阁峥嵘，金碧荧煌，华夷处处有之，此释迦之所感若是欤？集财而建造欤？"② 从这些论述中可以看出，作为明初最重要的立法者，朱元璋对佛教图形的教义传播功能有着十分深刻的认识，而他的政治理念对具有传播能力的法律则有超乎前代的需求。

明代对法律传播的需求超越此前的其他朝代，因此其法律传播的方式方法也是多样的：其一，新的法典结构有助于提高群体针对性的法律传播效力。③ 其二，通过"讲读律令"④，官吏、百姓都成为法律传播的对象。⑤ 其三，以更为通俗化的语言来建构法律规范，这不仅包括《大诰》，也包括《大明律》本身，等等。这些方法，或者接续法家传统（如"讲读律令"与秦汉的"以吏为师"有很大的相似性），或者借鉴前朝经验（如新的法典结构曾经借鉴《元典章》的结构⑥），或者颇具自身的独特性（如法律语言的简化），都说明明

---

① （明）朱元璋：《明太祖集》，胡士萼点校，黄山出版社 1991 年版，第 299 页。

② （明）朱元璋：《明太祖集》，胡士萼点校，黄山出版社 1991 年版，第 156—157 页。

③ 参见周东平、李勤通《〈大明律〉采六部体系编纂模式原因考辨》，《法律科学》2017 年第 1 期。

④ 《大明律·职制律》"讲读律令"条规定："凡国家律令，参酌事情轻重，定立罪名，颁行天下，永为遵守。百司官吏务要熟读，讲明律意，剖决事务。每遇年终，在内从察院，在外从分巡御史、提刑按察司官，按治去处考校。若有不能讲解，不晓律意者，初犯罚俸钱一月，再犯笞四十附过，三犯于本衙门递降叙用。其百工技艺诸色人等，有能熟读讲解，通晓律意者，若犯过失及因人连累致罪，不问轻重，并免一次。其事干谋反、逆叛者，不用此律。若官吏人等，挟诈欺公，妄生异议，擅为更改，变乱成法者，斩。"怀效锋点校：《大明律（附大明令 问刑条例）》，辽沈书社 1990 年版，第 35 页。从大明律这一点可以看出：第一，明确官吏传播法律的责任；第二，不仅要求官吏传播法律，而且禁止官吏变乱法规；第三，这种法律责任与秦汉"以吏为师""以法为教"的做法有些相似之处。这些内容反映出明初法律传播的迫切需求，甚至不惜采取法家式的法律传播方式。因此，《大明律》采取佛教的教义传播方式显然也并不令人意外。

⑤ 参见徐忠明《明清国家的法律宣传：路径与意图》，《法制与社会发展》2010 年第 1 期。

⑥ 参见［日］内藤乾吉《大明令解说》，刘俊文主编《日本学者研究中国史论著选译》（第八卷 法律制度），中华书局 1992 年版，第 380 页；周东平、李勤通《〈大明律〉采六部体系编纂模式原因考辨》，《法律科学》2017 年第 1 期。

代统治者在法律传播方面有非常独到的见解，而且不吝于向所有可借鉴的经验学习。那么，在明代统治者对佛教传播经验有深刻理解的情况下，他们当然会借鉴这些经验，实际上法律语言的简化本身，可能就已经受到佛教语言通俗化的影响。因此，明代法律中图形的使用，很有可能也受到佛教以图形传播教义与戒律的做法的影响。而这种做法进一步影响到《大清律例》，从而影响了中国主流法律形式数百年。当然，也需要注意到，中国传统中很早就开始用图形表达规范，只是并未出现在像《大明律》这样重要的立法中。也就是说，图形进入元明法律，很大程度上是受中国传统文化的影响，不过也很难说没有受到佛教影响。

三　佛教对中国传统法律整体结构的影响

佛教不仅对中国传统法律的语言、规范结构等都产生了一定影响，而且对整体的法律结构也可能产生过影响。法律结构主要包括两个方面，一是法典本身，二是法律篇目。对于法典本身来说，自魏晋之后，中国传统法典逐渐形成律令分野的结构，这与佛教的经、律、论结构有相似性；就法律篇目而言，由于佛教徒组织结构与行为规范的独特性，中国传统法律中逐渐形成独立的篇目来规范他们的行为，甚至于形成了延续上千年的独立法篇。这些都可能受到佛教的影响。

（一）佛教对中国传统律令分野的影响

在秦汉法律中，律令的内容之间并没有明确界限，或者说两者之间的区别不甚明晰。[①] 但到魏晋南北朝时期，律、令之间的规范分工逐渐明确，律以刑事类法规为主，令则以行政类法规为主。故《太平御览》卷六三八《刑法部四》载杜预《律序》称："律以正罪名，令以存事制。"[②] 嗣后随着格、式的出现与定型，最终形成唐代律、令、格、式的法律体系。

---

① 参见张忠炜《秦汉律令关系试探》，《文史哲》2011 年第 4 期。
② （宋）李昉：《太平御览》第六册，夏剑钦等点校，河北教育出版社 1994 年版，第 26 页。

之所以出现律令分野，目前来看可能有如下原因：其一，冨谷至认为律、令分野尤其是独立令典的出现有内、外两种动因。① 就外因而言，三国至晋的皇帝诏书的承载形式已经实现从简牍到纸的转变。在汉代，皇帝的诏令被写在简牍上，然后这些诏令被编缀成册书。受制于书写材料，这种记载诏令的册书往往采取首简（也即较早的诏令）被收卷在内并向末卷编绳的方式予以整理。当出现新的诏令时，它们可以直接被续编到末卷之上。这种简单的诏令整理方式较为实用，但不利于法典的全面整合、编纂。纸的出现不仅可以解决这些问题，而且它也较难直接用续页的方式实现诏令的接续。这就在客观上要求令典的出现。就内因而言，礼典的形成及其法源化对令典的出现形成推动作用。汉初叔孙通定礼仪，实际上已经具有规范性质。② 相较于律令体系，礼典（主要指《周礼》）的成型及其体系化更早，而且已经成为重要的法律依据。③ 那么参酌礼典制定更为体系的令典，遂成为法律的发展方向。其二，律令分野可能是法律儒家化对法律形式的需求。冨谷至所提出的两个动因，可能对令典的形成起到重要推动作用。不过，这些原因仅仅说明律、令分野的可能性，并没有说明律、令分野的必然性。就其必然性而言，魏晋南北朝是法律儒家化的重要时期。在儒家观念下，"礼之所去，刑之所取，失礼则入刑"④。即礼、刑之间需要明确界限。对应到国家统治策略的视野中，国家的教化功能与刑罚功能也需要有所区分，而且这种区分不仅需要体现在治理程序上，同时需要体现在治理工具上。⑤ 而且不仅礼、刑需要分开，政、刑也需要有所区别。如果政、刑不分离，那就意味着统治者的主要统治工具仍然是刑法。一旦政、刑分离，尽管两者之间仍然有比较密切的关系，但刑法作为统治工具的地位就有所收隐，法律儒家化所要求的德主刑辅的价值诉求才体现得更明显。所谓政、刑分离，在法典形式上的表

---

① 参见［日］冨谷至《通往泰始律令之路（Ⅱ）：魏晋的律与令》，朱腾译，中国政法大学法律史学研究院编《日本学者中国法论著选译》（上册），中国政法大学出版社 2012 年版，第 178—187 页。

② 参见张建国《叔孙通定〈傍章〉质疑——兼析张家山汉简所载律篇名》，《北京大学学报》（哲学社会科学版）1997 年第 6 期。

③ 参见祝总斌《略论晋律之"儒家化"》，《中国史研究》1985 年第 2 期。

④ （南朝宋）范晔：《后汉书》，中华书局 1965 年版，第 1554 页。

⑤ 参见李勤通《令格式何以称刑书》，《唐史论丛》第二十二辑。

现即为律、令分野。"律以正罪名，令以存事制"，正对应着政、刑关系。其三，还有一些因素也值得考虑。如学者引用《盐铁论》等资料论证的"对律篇价值重要与否的衡定，也导致了律、令内涵的新界定"，这可能也是西晋法典始分为刑罚法典的律典与行政法典的理由之一。① 也有学者重视《晋故事》等敕例集（敕例编纂的立法化）在作为《律》正罪名、《令》定事制体系的重要基石作用，"从而完成了从汉代律令体系向魏晋以来《律》《令》体系的转折"②。还有学者认为，"当时的学风即名理学和玄学的兴起，促成了新体例的确立"③。

至如冨谷至所言，如果独立令典的出现受到礼典形成的影响，那么独立律典的出现是否也与佛教独立的律藏有相关性？佛教经典在尚未形诸文字之时，就已经有经、律、论三藏之谓。④ 经、律、论则与佛教的定、戒、慧相对应。《出三藏记集》卷十一《比丘大戒序》释道安云："世尊立教，法有三焉：一者戒律也，二所禅定也，三者智慧也。"⑤ 所谓经藏，是为"佛所说之经典，上契诸佛之理，下契众生之机；有关佛陀教说之要义，皆属于经部类"；所谓律藏，是为"佛所制之律仪，能治众生之恶，调伏众生之心性；有关佛所制定教团之生活规划，皆属于律部类"；所谓论藏，是为"对佛典经义加以论议，化精简为详明，以抉择诸法性相；为佛陀教说之进一步发展，而后人以殊胜之智慧加以组织化、体系化的论议解释"⑥。佛教经典的各部分都有各自特点，共同组成佛教的理论体系。

作为佛教理论体系在重要组成部分，律藏的内容影响到了"律"字的内涵。释僧肇《长阿含经序》载："约身口则防之以禁律，明善恶则导之以契经，演幽微则辩之以法相。"⑦《大乘义章》卷一《教聚·三藏义》曰："所言律者，是外国名优婆罗叉，此翻名律，解释有二：一就教论，二就行

---

① 参见张忠炜《秦汉律令法系研究初编》，社会科学文献出版社 2012 年版，第 162—169 页。
② 楼劲：《魏晋南北朝隋唐立法与法律体系》，中国社会科学出版社 2014 年版，第 40—56 页。
③ 韩树峰：《汉魏法律与社会》，社会科学文献出版社 2011 年版，第 77—92、274—277 页。
④ 参见［澳］A.L. 巴沙姆主编《印度文化史》，闵光沛等译，商务印书馆 1997 年版，第132 页。
⑤ （梁）释僧祐：《出三藏记集》，苏晋仁、萧錬子点校，中华书局 1995 年版，第412 页。
⑥ 佛光大藏经编修委员会：《佛光大辞典》，佛光出版社 1998 年版，第 691 页上、中。
⑦ （梁）释僧祐：《出三藏记集》，苏晋仁、萧錬子点校，中华书局 1995 年版，第336 页。

辨。若当就教诠量名律，若当就行调伏名律。毗尼之教，诠此律行，故称为律。又生律行，故复名律。"① 同书卷七《染法聚·七不善律仪》曰："禁制之法，名之为律。"② 《摩诃止观》卷四上亦曰："律者，诠量轻重，分别犯非犯。"③ 《四分律行事钞资持记》卷中一上《释释相篇》曰："初明恶戒，通禁制止名律，造作有相名仪。"④ 在佛教理念中，律有禁止之意，更确切的说法为"含有调伏、灭、离行、善治等意，乃制伏灭除诸多过恶之意"⑤。这意味着律是对人之内心的约束，那么"戒律不仅仅是规则，而且也是原则，体现着对贪欲的彻底禁止"⑥。简言之，佛教的"律"意指禁止性规范。

　　然而，在律令尚未分野之时，律并非仅指禁止性规范。《尔雅·释诂》邢昺疏：律，"谓常法也"⑦。《尔雅·释言》云："坎、律，铨也。"郭璞注："法律皆所以铨量轻重。"⑧《说文解字·彳部》云："律，均布也。"段玉裁注："律者，所以范天下不一而归于一，故曰均布也。"⑨ 也就是说，律在当时泛指规范，而不限于刑事规范。例如，在《睡虎地秦墓竹简》中，《田律》《厩苑律》《仓律》《金布律》《关市律》《工律》等多属于行政规范。再如，张家山汉简《二年律令》中以"律"为名的法律篇目也不全是刑事规范。与此明显不同的是，从前引佛教对律字内涵的定义可以发现，尽

　　① （隋）释慧远：《大乘义章》，收入大正新修大藏经刊行会编《大正新修大藏经》第四十四册，台北新文丰出版股份有限公司 1986 年版，第 468 页上。

　　② （隋）释慧远：《大乘义章》，收入大正新修大藏经刊行会编《大正新修大藏经》第四十四册，台北新文丰出版股份有限公司 1986 年版，第 610 页下。

　　③ （隋）智者大师：《摩诃止观》，收入中华大藏经编辑局编《中华大藏经》（汉文部分）第九十四册，中华书局 1995 年版，第 740 页下。

　　④ （宋）释元照：《四分律行事钞资持记》，收入大正新修大藏经刊行会编《大正新修大藏经》第四十册，台北新文丰出版股份有限公司 1986 年版，第 264 页上。

　　⑤ 佛光大藏经编修委员会：《佛光大辞典》，佛光出版社 1998 年版，第 3789 页下。

　　⑥ 严耀中：《佛教戒律与中国社会》，上海古籍出版社 2007 年版，第 20 页。

　　⑦ （清）阮元校刻：《十三经注疏（清嘉庆刊本）》第五册《尔雅注疏》，中华书局 2009 年版，第 5586 页。

　　⑧ （清）阮元校刻：《十三经注疏（清嘉庆刊本）》第五册《尔雅注疏》，中华书局 2009 年版，第 5617 页。

　　⑨ （汉）许慎撰，（清）段玉裁注：《说文解字注》，许惟贤整理，凤凰出版社 2015 年版，第 137 页。

管"铨量轻重"等词也带有评价等规范性内涵，但佛教的律字内涵上显然更倾向于禁止、否定等意。当然，《管子·七臣七主》称："夫法者，所以兴功惧暴也。律者，所以定分止争也。令者，所以令人知事也。法律政令者，吏民规矩绳墨也。"① 《管子》将律视为"定分止争"的规范，这里似有禁止性规范的意思。但《商君书·定分》又载："一兔走，百人逐之，非以兔也。夫卖者满市，而盗不敢取，由名分已定也。故名分未定，尧、舜、禹、汤且皆如鹜焉而逐之；名分已定，贫盗不取。"② 这里说的定分止争，显然不限于禁止性规范。正如前面所引秦汉律令，相当部分以"律"命名的秦汉法律篇目中较少有禁止性规范。但律令分野后，律就主要指禁止性规范，令则别于律。

如果比较佛教"律"字与中国传统"律"字会发现，佛教"律"字的内涵与律令分野后律的性质更为相似。当然，这并不意味着律令分野中律的内涵是借鉴佛教而来。因为在时间顺序上，佛教使用律这一词语的时间也有可能后于律令分野，所以也有可能是律令分野影响到佛教翻译。即由于律令分野后，律主要指刑法，早期翻译家采取灌注得义的方式，灵活运用汉语中的"律"字来指代自身的禁止性规范。那么，谁首先只用"律"字专指禁止性规范，似乎能在一定程度上说明问题。就中国传统来说，律令分野之前，律应该泛指所有规范。就律令分野的过程来说，有学者提出曹魏时期已经基本完成，③ 但相当一部分学者则认为晋武帝时期是律令分野的关键节点。④ 综合来看，魏晋是律令分野的核心时间点。就佛教用词来看，有学者认为佛教用律字始于东晋的释道安。⑤ 一般认为律藏翻译进入中国的时期则始于曹魏，但不称"律"。《高僧传》卷一载："于时魏境虽有佛法，而道风

---

① 黎翔凤撰：《管子校注》，梁运华整理，中华书局 2004 年版，第 998 页。

② 高亨注译：《商君书注译》，中华书局 1974 年版，第 541 页。

③ 参见张建国《中国律令法体系概论》，《北京大学学报》（哲学社会科学版）1998 年第 5 期；李玉生《魏晋律令分野的几个问题》，《法学研究》2003 年第 5 期。

④ 参见李俊芳《晋朝法制研究》，人民出版社 2012 年版，第 48—53 页；范忠信《律令关系、礼刑关系与律令制法律体系演进》，《法律科学》2014 年第 4 期；楼劲《魏晋南北朝隋唐立法与法律体系》，中国社会科学出版社 2014 年版，第 47—49 页，等等。

⑤ 参见陈灵海《通往唐永徽〈律疏〉之路——中古佛教律学与世俗律学互动论》，《学术月刊》2015 年第 9 期。

讹替，亦有众僧未禀归戒，正以剪落殊俗耳。设复斋忏，事法祠祀。迦罗既至，大行佛法，时有诸僧共请迦罗译出戒律，迦罗以律部曲制，文言繁广，佛教未昌，必不承用。乃译出《僧祇戒心》，止备朝夕。更请梵僧立羯磨法受戒。中夏戒律，始自于此。"① 在这一记载中，佛教用"律"字的时间并不明确，可能是在曹魏时，也可能是在曹魏前。不过，《大宋僧史略》卷上《译律》载："佛制毗尼，纠绳内众。如国刑法，画一成规。未知谁将毗尼翻为律号。案汉灵帝建宁三年（170 年）庚戌岁，安世高首出《义决律》一卷，次有《比丘诸禁律》一卷。至曹魏世，天竺三藏昙摩迦罗到许洛，慨魏境僧无律范，遂于嘉平年中，与昙谛译《四分羯磨》及《僧祇戒心图记》云。此方戒律之始也。"② 据此记载，《义决律》与《比丘诸禁律》作为早期被翻译的戒律是在东汉末年，即在魏晋律令分野之前。如果这一记载准确的话，可能意味着佛教用律字指代禁止性规范的时间较曹魏要更早。

在佛教观念中，"诸恶莫作，诸善奉行，自净其意，是诸佛教"③。佛教的规范既包括诸恶莫作的禁止性规范，也包括众善奉行的义务性规范，综合起来就包括经、律、论的全部内容。④ 如果将律令分野之前的"律"概念与之比较的话，律可能对应的是经、律、论三者，即律包括禁止性规范和义务性规范。这是一种宽泛的"律"概念。但《义决律》与《比丘诸禁律》的翻译意味着，佛教翻译家并未采取宽泛的"律"概念，而且采取狭义的"律"概念。这意味着佛教对律字内涵的变化可能产生影响。如果在东汉末年，律就在某些场合中专指禁止性规范，那么律令分野时，直接以之来对主要是禁止性规范的刑法也就顺理成章了。就其他层面来看，一者，佛教徒的戒律有很好的规范效果，如内藤湖南就指出"早期的佛教僧人是严守戒律、举止严谨的"⑤；二者，佛教在汉末乃至魏晋的发展对戒律产生需求，戒律翻译迅速发展，"魏境的佛教特别重视对戒律的译介，反映出家僧侣的数量

---

① （梁）释慧皎：《高僧传》，汤用彤校注，中华书局 1992 年版，第 13 页。
② （宋）赞宁：《大宋僧史略校注》，富世平校注，中华书局 2015 年版，第 29 页。
③ （东晋）佛陀跋陀罗、法显：《摩诃僧祇律》，收入中华大藏经编辑局编《中华大藏经》（汉文部分）第三十六册，中华书局 1989 年版，1001 页下。
④ 参见劳政武《佛教戒律学》，宗教文化出版社 1999 年版，第 3 页。
⑤ ［日］内藤湖南：《中国史通论》，夏应元等译，社会科学文献出版社 2004 年版，第 247 页。

已经相当可观，有了整顿和规范内部纪律的需要"①。这些都意味着佛教戒律能够对国家、社会产生一定影响力，从而有可能使人们接受"律"字内涵的改变。在这种意义上，佛教可能为律令分野提供了某种语言工具，独立律典之所以最后成型，也受到"律"字新内涵的影响。

当然，《义决律》《比丘诸禁律》的出现，也不会是凭空为"律"字而创设的新意，它们应该是佛教翻译者观察到汉代大量以律命名的刑法篇目后，专取"律"在此一情境中的内涵而选用的。同时，在律令分野的结果反馈了佛教的"律"字内涵后，佛教翻译家就更青睐这一词语，《十诵律》《摩诃僧祇律》《四分律》《五分律》等皆以律为名。这是一个作用—反馈—再反馈的连续过程。当然，可能还有一种解释方式。即佛教翻译者虽然在早期选用了律字，但并未对律令分野产生任何借鉴作用。魏晋律令分野后，律与禁止性规范的关系如此密切，以至于后来的佛教翻译者从早期翻译中挑选了律字作为胜出者使用。这种可能性未必不存在。由于历史线索的模糊，这种论证不可避免地带有模糊性。

（二）中国传统法律中专门规范佛道教的篇目

如果说佛教对律令分野的影响可能带有一定程度上的猜测性，那么佛教对中国传统法律篇目的影响则确定无疑。随着佛教在中国的不断发展及其行为规范的特殊性，国家法中逐渐为之设置了专门篇目来规范。

在佛教传入的早期，中土虽然有上层人士信奉佛教，② 但出家僧侣主要以外国人为主。《高僧传·佛图澄传》载："唯听西域人得立寺都邑，以奉其神，其汉人皆不得出家。"③《旧唐书·傅奕传》亦称："西晋以上，国有严科，不许中国之人，辄行髡发之事。"④ 由于僧侣稀少且主要为外国人，所以专门立法的必要性不足。但随着本土僧侣的逐渐增多，尤其是在两晋南北朝后的暴增，如何合理、有效地管理日渐增多的僧侣也成为重要的法律

---

① 杜继文主编：《佛教史》，江苏人民出版社 2008 年版，第 136 页。
② 参见任继愈主编《中国佛教史》第一卷，中国社会科学出版社 1988 年版，第 106 页。
③ （南朝梁）释慧皎：《高僧传》，汤用彤校注，中华书局 1992 年版，第 352 页。
④ （后晋）刘昫：《旧唐书》，中华书局 1975 年版，第 2716 页。

问题。

《续高僧传》卷五《释智藏传》载:"(梁武)帝曰:'比见僧尼多未调习,白衣僧正不解律科,以俗法治之,伤于过重。弟子暇日欲自为白衣僧正,亦依律立法。此虽是法师之事,然佛亦复付嘱国王。向来与诸僧共论,咸言不异。法师意旨如何?'(释智)藏曰:'陛下欲自临僧事,实光显正法。但僧尼多不如律,所愿垂慈矜恕,此事为后。'"①梁武帝时期曾设立白衣僧正亦即未出家的俗人管理僧务,但白衣僧正只懂得用世俗法律来规范僧人,这引起梁武帝的不满,他希望由自己亲任白衣僧正来立专法,但被开善寺智藏法师予以拒绝。②这段典故既说明当时佛教管理中存在王权与教权之争,也说明当时如何规范僧侣确实是法律实践中的难题。

僧侣规范难题的解决主要是通过戒律与国家法的分工实现的。一般来说,这种分工是按照僧侣行为的性质确定规范依据的。《魏书·释老志》载:"(北魏)世宗即位,永平元年(508年)秋,诏曰:缁素既殊,法律亦异。故道教彰于互显,禁劝各有所宜。自今已后,众僧犯杀人已上罪者,仍依俗断,余犯悉付昭玄,以内律僧制治之。"③典型的做法是根据罪行轻重,轻罪交由僧官等依戒律处断,重罪由国家司法机关依律审判。只是不同朝代,轻罪与重罪的标准未必一致。而且,早期僧官在政府控制下还有一定的司法权。④但随着中央集权程度的不断提高,至少从宋代开始,僧官的司法权受到极大限制,甚至逐渐消失。⑤

在解决王权与教权之争的路径上,统治者采取了中和态度,既认同佛教本身的特殊性,又要求强化王权对佛教的控制力。前者要求承认佛教徒行为规范的特殊性,后者要求把制定和实施这种特殊规范的权力控制在王权手中。那么,王权就依照佛教戒律等制定专门法律以满足治理需求。这种态度既推动了对佛教管理的专门立法,也催生了专门法律篇目的形成。

---

① (唐)道宣:《续高僧传》,郭绍林点校,中华书局2014年版,第171页。

② 参见谢重光《中古佛教僧官制度与社会生活》,商务印书馆2009年版,第33—37页。

③ (北齐)魏收:《魏书》,中华书局2017年版,第3303页。

④ 参见谢重光、白文固《中国僧官制度史》,青海人民出版社1990年版,第62页。

⑤ 参见刘长东《论宋代的僧管制度》,《世界宗教研究》2003年第3期。

　　目前能够见到疑似这方面的最早专门立法是南朝梁的《出要律仪》，① 以及北魏的《僧制》。不过，《续高僧传》卷二十二《法超传》载梁武帝"以律部繁广，临事难究，听览余隙，遍寻戒检，附世结文，撰为一十四卷，号曰《出要律仪》，以少许之词网罗众部，通下梁境，并依详用"②。据此可知，《出要律仪》虽然由梁武帝编纂，但实际是对戒律本身的总结，不能认为是法律。相较而言，《魏书·释老志》载："（北魏孝文帝太和）十七年（493年），诏立《僧制》四十七条。"③ 因此，有学者认为《僧制》是国家对宗教的最早立法。④ 但孝文帝制定的《僧制》究竟是否为一份专门的法律篇目，抑或只是一份如《出要律仪》一般的戒律总结，值得深思。如严耀中认为："僧制从狭义上是在官方的参与下由僧方制定的并由僧人管理僧众的制度；从广义上说是佛教接受中国社会各种要素制约后所产生的准则与规范，具有宗教约束与世俗规范的双重性质。"⑤ 实际上，前述所引"以内律僧制治之"就说明当时的统治者把《僧制》视为内律。所谓内律，《魏书·释老志》载："尚书令高肇奏言：'谨案：故沙门统昙曜，昔于承明元年（476年），奏凉州军户赵苟子等二百家为僧祇户，立课积粟，拟济饥年，不限道俗，皆以拯施。又依内律，僧祇户不得别属一寺。而都维那僧暹、僧频等，进违成旨，退乖内法，肆意任情，奏求逼召，致使吁嗟之怨，盈于行道，弃子伤生，自缢溺死，五十余人。岂是仰赞圣明慈育之意，深失陛下归依之心。遂令此等，行号巷哭，叫诉无所，至乃白羽贯耳，列讼宫阙。悠悠之人，尚为哀痛，况慈悲之士，而可安之。请听苟子等还乡课输，俭乏之

---

　　① 在此之前，还有南朝宋僧璩撰的《僧尼要事》、南朝齐竟陵文宣王撰的《僧制》、南朝梁法云撰的《僧制》等。但这些显然都不属于国家层面的立法。

　　② （唐）道宣：《续高僧传》，郭绍林点校，中华书局2014年版，第819页。

　　③ （北齐）魏收：《魏书》，中华书局2017年版，第3302页。

　　④ 参见郑显文《唐代〈道僧格〉研究》，《历史研究》2004年第4期；谢山《唐代佛教兴衰研究》，博士学位论文，河南大学，2014年；李力《出家、犯罪、立契——1—6世纪僧人与法律问题的初步考察》，《法制史研究》第17期。

　　⑤ 严耀中：《佛教戒律与中国社会》，上海古籍出版社2007年版，第8页。尤其值得注意的是，僧制在形成的早期并无国家色彩。"汉地早期僧团的先驱者，为了轨范出家人的生活，已经因陋就简地发展出一套制度，此即后来所称的'僧制'。"龙泉：《汉地教团的建立及早期形态》，《法音》1996年第8期。

年，周给贫寡，若有不虞，以拟边捍。其暹等违旨背律，谬奏之愆，请付昭玄，依僧律推处。'诏曰：'暹等特可原之，余如奏。'"① 这里的内律、僧制存在换用现象，内律被等同于僧律。从内律的具体内容来看，其中包括对寺院经济的控制。这既合于佛教自身对经济的看法，也合于国家对寺院经济的看法。因此，内律僧制在该案例中与严耀中的看法若合符契。同时，该案例也提出，要通过昭玄寺②来解决这一问题，即通过僧官来解决问题。那么，《僧制》可能就是由国家组织制定的用于僧人自我管理的规范。就此，《僧制》应当是介于法律与戒律之间的专门立法，即已经具有国家立法的性质，但与一般立法又有所不同。

在孝文帝立《僧制》后，《魏书·释老志》又载北魏宣武帝永平二年（509 年）"沙门统惠深上言：'僧尼浩旷，清浊混流，不遵禁典，精粗莫别。辄与经律法师群议立制：诸州、镇、郡维那、上坐、寺主，各令戒律自修，咸依内禁，若不解律者，退其本次。又，出家之人，不应犯法，积八不净物。然经律所制，通塞有方。依律，车牛净人，不净之物，不得为己私畜。唯有老病年六十以上者，限听一乘。又，比来僧尼，或因三宝，出贷私财。缘州外。又，出家舍著，本无凶仪，不应废道从俗。其父母三师，远闻凶问，听哭三日。若在见前，限以七日。或有不安寺舍，游止民间，乱道生过，皆由此等。若有犯者，脱服还民。其有造寺者，限僧五十以上，启闻听造。若有辄营置者，处以违敕之罪，其寺僧众摈出外州。僧尼之法，不得为俗人所使。若有犯者，还配本属。其外国僧尼来归化者，求精检有德行合三藏者听住，若无德行，遣还本国，若其不去，依此僧制治罪。'诏从之。"③ 这段内容主要表达了两方面内容。其一，统惠深等希望在佛教内部修行等方面能够依照所谓"内禁"（可能即内律）来规范，就其用语而言，内禁与"此僧制"之间似乎被认为是有差别的。这意味着，尽管内禁对于僧侣蓄财已经有所规定，但法律并没有禁止。内禁与法律之间的区别明显。其二，从规范内容以及"违敕之罪""治罪"这些用词来看，统惠深等希望

---

① （北齐）魏收：《魏书》，中华书局 2017 年版，第 3304 页。

② 参见谢重光《中古佛教僧官制度与社会生活》，商务印书馆 2009 年版，第 56—67 页。

③ （北齐）魏收：《魏书》，中华书局 2017 年版，第 3303 页。

能够制定一些有国家强制力的法律规范，从而把某些内禁规范转变为国家法律。如果说孝文帝时期的僧制等同于内律，那么这里显然意味着内律或僧制与"此僧制"有差异。就此而言，统惠深所言并非孝文帝时期的《僧制》而是"此僧制"，是与"经律法师"商议后的立法建议，"此僧制"有更强的法律色彩。因此，它能够从反面说明孝文帝所立《僧制》与一般观念中的国家立法可能有所不同。简言之，统惠深等所提出的建议是指针对佛教徒的专门立法，希望能够以此规范佛教徒违反戒律的行为。但所谓"此僧制"，可能仅指专门规范佛教徒的立法，而非当时的专门篇目。因此，统惠深上书只能说明当时存在关于僧人的国家立法，不能说明已经存在独立的法律篇目。当然，也不能排除，统惠深等希望能够将戒律等转变为法律，并且将转变后的法律纳入《僧制》中。如果这样的话，《僧制》就是国家为规范僧侣所专门制定的篇目。但综合来看，这种可能性不大。因此，《僧制》可能是后世国家对佛教专门立法的雏形，介于法律与戒律之间。

还有学者提出《众经法式》是最早适用于僧尼的宗教法典，《众经法式》的式就是隋代律令格式的式。[①] 但已经有学者提出，隋代并没有真正形成格、式这两种法律形式。[②] 同时，关于《众经法式》的记载，《历代三宝纪》载："至（开皇）十五年（595年），以诸僧尼时有过失，内律佛制不许俗看，遂敕有司依大小乘众经正文诸有禁约沙门语处，悉令录出，并各事别，题本经名，为此十卷奖导出家。"[③] 《续高僧传》卷二《达摩笈多传》则载："至开皇十五年，文皇下敕，令翻经诸僧撰《众经法式》，时有沙门彦琮等准的前录，结而成之，一部十卷，奏呈入内。"[④] 在这些文献中，关于《众经法式》的制定主体似乎有矛盾，在《历代三宝纪》中是"有司"，而在《续高僧传》中是"翻经诸僧"。不过，按《续高僧传》卷二《释彦

---

① 参见张径真《法律视角下的隋唐佛教管理研究》，博士学位论文，中国社会科学院，2012年。

② 参见楼劲《隋无〈格〉、〈式〉考——关于隋代立法与法律体系的若干问题》，《历史研究》2013年第3期。

③ （隋）费长房：《历代三宝纪》，收入中华大藏经编辑局编《中华大藏经》（汉文部分）第五十四册，中华书局1992年版，第318页中下。

④ （唐）道宣：《续高僧传》，郭绍林点校，中华书局2014年版，第46—47页。

琼传》记载他被隋文帝授命主持翻译佛经等事，所以两不矛盾。从具体内容来看，《众经法式》是隋文帝下令由僧人制定的管理僧人（或者说自我管理）的规定，亦即与严耀中关于《僧制》的定义是一致的。之所以制定《众经法式》，则源自国家对佛教内律的开放性或者说透明性要求。也因此有学者指出，《众经法式》在形式上与前代僧制并没有太多差距。① 事实上，按唐代释道宣所撰《大唐内典录》，《众经法式》被归之于卷五上《隋朝传译佛经录第十七》，② 道宣将其视为佛经（或是佛经中的戒律）而不是法律，这应该是对其性质的准确判断。所以，本书认为无论是梁朝的《出要律仪》，还是北魏的《僧制》，抑或隋代的《众经法式》，都很难认为是专门的国家立法或法律篇目。

多数学者认为，唐代法律体系中存在专门的法律篇目《道僧格》，以汇编与道、僧有关的法律条款。③ 甚至有学者提出："《道僧格》是中国古代第一部由国家制定的具有强制约束力的宗教法典，是唐代国家法律与佛、道教戒律相结合的产物。"④ 不过，即便《道僧格》归于唐格体系中，那么其也只是作为法典的唐格的一部分，难以径称法典。关于《道僧格》的具体内容，前引郑显文文、赵晶文等已经做出深入探讨，完全可以参考。但《僧道格》究竟是何种形态？恐仍有待商榷。

部分学者认为，《道僧格》与唐太宗时期的《条制》有传承关系。⑤ 这意味着《条制》可能是唐初专门规范佛教的法律篇目。问题是，《条制》所指称的究竟是规范僧侣的一般法条还是法律篇目？解决这一问题需要讨论"条制"在唐代的法律内涵。而条制之前还有所谓的"条式""旧定"。

唐高祖时期似乎并没有管理佛教的专门法律篇目。唐高祖武德九年

① 参见郭文《中国佛教僧制思想研究》，博士学位论文，南京大学，2013 年。

② 参见（唐）释道宣《大唐内典录》，清径山藏本。

③ 参见郑显文《唐代〈道僧格〉研究》，《历史研究》2004 年第 4 期；董春林《论唐宋僧道法之演变》，《江西社会科学》2010 年第 10 期；张径真《法律视角下的隋唐佛教管理研究》，博士学位论文，中国社会科学院，2012 年；赵晶《唐代〈道僧格〉再探——兼论〈天圣令·狱官令〉"僧道科法"条》，《华东政法大学学报》2013 年第 6 期。

④ 郑显文：《唐代〈道僧格〉研究》，《历史研究》2004 年第 4 期。

⑤ 参见郑显文《唐代〈道僧格〉研究》，《历史研究》2004 年第 4 期；赵晶《唐代〈道僧格〉再探——兼论〈天圣令·狱官令〉"僧道科法"条》，《华东政法大学学报》2013 年第 6 期。

（626 年）夏五月诏曰："诸僧、尼、道士、女冠等，有精勤练行、守戒律者，并令大寺观居住，给衣食，勿令乏短。其不能精进、戒行有阙、不堪供养者，并令罢遣，各还桑梓。所司明为条式，务依法教，违制之事，悉宜停断。"① 面对唐初僧道群体良莠不齐的现象，唐高祖颁布诏令进行沙汰，并且要求"所司明为条式"。虽然最终"事竟不行"，它仍然反映出有关僧道法律的制定过程。

那么，"条式"是否为一种法律篇目？首先，从规范层面来看，这份"沙汰佛道诏"只包含一条法律规范，即明令素质存在问题的僧侣等应该被强制还俗。所谓"所司明为条式，务依法教，违制之事，悉宜停断"，仅指唐高祖要求把沙汰佛道的做法予以规范化，并命令有司严格执行。其次，条式在隋唐时期往往泛指法条。如《隋书·炀帝纪上》载："［大业二年（606年）］乙卯，诏曰：'旌表先哲，式存缛祀，所以优礼贤能，显彰遗爱。朕永鉴前修，尚想名德，何尝不兴叹九原，属怀千载。其自古已来贤人君子，有能树声立德、佐世匡时、博利殊功、有益于人者，并宜营立祠宇，以时致祭。坟垄之处，不得侵践。有司量为条式，称朕意焉。'"② 再如，《旧唐书·长孙无忌传》载，永徽二年（651年），长孙无忌对唐高宗称："陛下即位，政化流行，条式律令，固无遗阙。"③ 这两处的条式显然是泛指法律。此外，因为玄武门之变，"至六月四日赦文，其僧、尼、道士、女冠，宜依旧定。"④ 沙汰僧尼的规定很快被废止。⑤ 如果国家不再强行沙汰僧尼，所谓旧定可能指是否被逐出僧团应该由戒律决定，当然也可能指根据之前的相关规定来处理。因此，不宜对"条式""旧定"等做过度解读。

其后，唐太宗《度僧于天下诏》规定："戒行之本唯尚无为。多有僧徒，溺于流俗。或假托神通，妄传妖怪。或谬称医筮，左道求财。或造诣官曹，嘱致赃贿。或钻肤焚指，骇俗惊愚。并自贻伊戚，动挂刑网。有一于此，大亏圣教。朕情深护持，必无宽舍。已令依附内律，参以金科，具陈条

① （后晋）刘昫：《旧唐书》，中华书局 1975 年版，第 17 页。
② （唐）魏徵：《隋书》，中华书局 1973 年版，第 66 页。
③ （后晋）刘昫：《旧唐书》，中华书局 1975 年版，第 2454 页。
④ （宋）王溥：《唐会要》，中华书局 1955 年版，第 836 页。
⑤ 参见周奇《唐代宗教管理研究》，博士学位论文，复旦大学，2005 年。

制。务使法门清整。所在官司，宜加检察。其部内有违法僧不举发者，所司录状闻奏。庶善者必采，恶者必斥。"① 这里的"条制"被很多人认为可能就是《道僧格》的诞生。② 但是，这份诏书只能说明唐太宗要求制定沙汰僧尼的专门立法，并未提出究竟是用单一条文或者专门法篇的方式。而且，条制本身也不能被直接用来说明是法篇。如《高僧传》卷六《释慧远传》载："俄而（桓）玄欲沙汰众僧，教僚属曰：'沙门有能申述经诰，畅说义理，或禁行修整，足以宣寄大化，其有违于此者，悉皆罢遣，唯庐山道德所居，不在搜简之例。'（慧）远与玄书曰：'佛教凌迟，秽杂日久，每一寻至，慨愤盈怀。常恐运出非意，沦湑将及。窃见清澄诸道人教，实应其本心。夫泾以渭分，则清浊殊势；枉以直正，则不仁自远。此命既行，必一理斯得，然后令饰伪者绝假通之路，怀直者无负俗之嫌。道世交兴，三宝复隆矣。'因广立条制，玄从之。"③ 在这份文献中，桓玄也像后世唐高祖一样有沙汰僧尼的想法，而这里的"条制"显然仅指沙汰僧尼这个单一法律规范。再如《唐律疏议·贼盗律》"口陈欲反之言"条载："疏议曰：有人实无谋危之计，口出欲反之言，勘无实状可寻，妄为狂悖之语者，流二千里。若有口陈欲逆、叛之言，勘无真实之状，律、令既无条制，各从'不应为重'。"④ 由此也可见，条制在唐代也可能是指向单一法条而非法篇。那么，直接将唐太宗诏书中的"条制"认为是《道僧格》，很可能是过度解读。

再者，唐太宗在贞观十三年（639 年）又颁布《佛遗教经施行敕》，内容主要是将《遗教经》发送给"官宦五品以上"以及"诸州刺史"，并要求他们"若见僧尼行业，与经文不同"，则用《遗教经》来劝勉僧尼。⑤《遗教经》的主要内容是佛祖告诫佛教徒要远离世俗事务，而《度僧于天下诏》

① （清）董诰等编：《全唐文》卷五，中华书局 1983 年版，第 66—67 页。

② 参见郑显文《唐代〈道僧格〉研究》，《历史研究》2004 年第 4 期；赵晶《唐代〈道僧格〉再探——兼论〈天圣令·狱官令〉"僧道科法"条》，《华东政法大学学报》2013 年第 6 期。

③ （梁）释慧皎：《高僧传》，汤用彤校注，中华书局 1992 年版，第 219 页。

④ （唐）长孙无忌等：《唐律疏议》，刘俊文点校，中华书局 1983 年版，第 325 页。

⑤ （清）董诰等编：《全唐文》卷九，中华书局 1983 年版，第 109 页。按《佛祖统纪》卷三十九记载，该诏书称："宜令有司多写经本，付京官、刺史各一卷。"（宋）志磐《佛祖统纪》，收入中华大藏经编辑局编：《中华大藏经》（汉文部分）第八十二册，中华书局 1994 年版，第 685 页下。从与刺史的对举来看，这里的"官宦五品以上"可能指京官五品以上。

首先打击的就是僧尼"溺于流俗"的做法，这两者是否有内在联系值得注意。如果有联系，则可能意味着，条制的内容并不是要求以国家强制力保障戒律的实施，而仅仅是对佛教徒进行劝勉。这并非不可能。而且，尽管《度僧于天下诏》规定，对僧侣是否遵循条制之事，"所在官司，宜加检察"。但是有司检察的法律后果是什么？是否一定是处罚？唐高宗《停敕僧道犯罪同俗法推勘敕》规定："道教清虚，释典微妙，庶物藉其津梁，三界之所遵仰。比为法末人浇，多违制律，且权依俗法，以伸惩戒，冀在止恶劝善，非是以人轻法。但出家人等，俱有条制，更别推科，恐为劳扰。前令道士、女道士、僧、尼有犯，依俗法者，宜停。必有违犯，宜依条制。"① 如果存在条制，而僧道违法结果还是要根据俗法来处罚，那么关于条制法律性质的疑问将会进一步增强。基于此，颇令人怀疑所谓"条制"的法律效力，更遑论视之为《道僧格》的雏形。当然，也不能排除唐代用多种方式规范僧道。

到唐高宗时，《道僧格》之名仍未得见，当然这也可能是文献流传所限。前引唐高宗颁布的《停敕僧道犯罪同俗法推勘敕》规定："前令道士、女道士、僧、尼有犯，依俗法者，宜停。必有违犯，宜依条制。"在该敕文中，此前僧道犯法要依俗法，现在改依条制。条制之名未改，但也很难将其认为就是《道僧格》的早期命名。

事实上，以条制作为法律规范的代称，到魏晋南北朝已经较为常见。如《晋书·刑法志》载："凡为驳议者，若违律令节度，当合经传及前比故事，不得任情以破成法。愚谓宜令录事更立条制，诸立议者皆当引律令经传，不得直以情言，无所依准，以亏旧典也。"② 再如《魏书·高宗纪》载北魏文成帝于太安五年（459 年）下诏："自今诸迁代者，仰列在职殿最，案制治罪。克举者加之爵宠，有愆者肆之刑戮，使能否殊贯，刑赏不差。主者明为条制，以为常楷。"③ 尤其从后者来看，所谓条制实际上是常法，即指代一种专门立法行为。

唐代以"条制"泛指法律的称呼也较为常见。除前引《唐律疏议·贼

---

① （清）董诰等编：《全唐文》卷十四，中华书局 1983 年版，第 164 页。
② （唐）房玄龄：《晋书》，中华书局 1974 年版，第 939 页。
③ （北齐）魏收：《魏书》，中华书局 2017 年版，第 141 页。

盗律》"谋叛"条外,《旧唐书·食货志下》载,贞观二年(628年)唐太宗称:"既为百姓预作储贮,官为举掌,以备凶年,非朕所须,横生赋敛。利人之事,深是可嘉。宜下所司,议立条制。"① 唐中宗《即位敕文》称:"天下宗姓,并准旧式,房州百姓,宜给复三年。其诸司官员,并杂色役掌幕士门役之徒,兼音声人丁匠等,非灼然要籍,并量事减省,所司速为条制。"② 这两处的订立条制相当于立法。这些也再次说明,条制在唐代并非特指规范僧道的法律篇目。因此,无论唐太宗的《度僧于天下诏》,还是唐高宗的《停敕僧道犯罪同俗法推勘敕》,都只能说明唐初存在专门针对僧道的规范,且与一般规范(即俗法)有差。至于这些规范究竟是单独成篇,还是依附于其他法律篇目之内,甚至是否与戒律有别,则不能确定。

直到唐玄宗时期,中国本土文献中才明确出现《道格》的说法。《唐会要》卷五十《尊崇道教》载:"开元二十九年(741年)正月,河南采访使汴州刺史齐澣奏:伏以至道冲虚,生人宗仰,未免鞭挞,孰瞻仪型!其道士、僧、尼、女冠等,有犯,望准《道格》处分。所由州县官,不得擅行决罚。如有违越,请依法科罪,仍书中下考。敕旨:宜依。"③ 郑显文根据本条涉及对僧、道两种人的规范,认为这里的《道格》应该是《僧道格》。④ 更有力的文献来自《佛祖统纪》。《佛祖统纪》卷四十载:"(开元)二十九年,河南采访使齐澣言:至道可尊,当从宗仰。未免鞭挞,有辱形仪。其僧道有过者,欲望一准僧道格律处分(音分处置得所——原文小注),所由州县不得擅行决罪。奏可。"⑤ 同样一份法律,《唐会要》称之为《道格》,《佛祖统纪》则称之为《僧道格律》,故《道格》很有可能就是

---

① (后晋)刘昫:《旧唐书》,中华书局1975年版,第2123页。

② (清)董诰等编:《全唐文》卷十七,中华书局1983年版,第208页。

③ (宋)王溥:《唐会要》,中华书局1955年版,第865页。

④ 参见郑显文《唐代〈道僧格〉研究》,《历史研究》2004年第4期。桂齐逊也认为如此。参见桂齐逊《唐格再析》,徐世虹主编《中国古代法律文献研究》第四辑,法律出版社2010年版,第278页。

⑤ (宋)志磐:《佛祖统纪》,收入中华大藏经编辑局编《中华大藏经》(汉文部分)第八十二册,中华书局1994年版,第697页中。

《道僧格》的简称。① 另外，《天圣令·狱官令》唐 11 规定："诸道女（士）、女冠、僧尼犯罪，徒以上及奸、盗、诈脱法服，依律科断，余犯依僧道法"。② 一般认为，《天圣令》所附《唐令》最早在开元二十五年（737年）。③ 齐澣的上奏很有可能就是针对这一条《唐令》的反馈。不过，这里的格究竟泛指法律，还是指有专门作为法律篇目的《道僧格》？恐怕仍然令人疑惑。不过，正如相当部分学者指出的，日本《养老令》的注释书《令集解》中有《道僧格》之名，而宋代《庆元条法事类》中亦有《道释门》可以参考。这就很难否定《道僧格》的存在。所以，齐澣上奏的依据很可能就是《道僧格》。那么，问题就在于《道僧格》的起止时间究竟如何？

郑显文很早就指出，《道僧格》很有可能是开元二十五年《格式律令事类》的立法产物，即是唐代与僧、道有关的法律规范的汇编。④ 这一看法相当有启发。在命名上，《道僧格》似乎属于唐代法律体系中的格，但命名方式与一般的格不同。《旧唐书·刑法志》载："贞观十一年（637年）正月，颁下之。又删武德、贞观已来敕格三千余件，定留七百条，以为格十八卷，留本司施行。斟酌今古，除烦去弊，甚为宽简，便于人者。以尚书省诸曹为之目，初为七卷。其曹之常条，但留本司者，别为《留司格》一卷。盖编录当时制敕，永为法则，以为故事。《贞观格》十八卷，房玄龄等删定。《永徽留司格》十八卷，《散颁格》七卷，长孙无忌等删定，永徽中，又令源直心等删定，惟改易官号曹局之名，不易篇目。"⑤ 但《唐六典·尚书刑部》载《开元格》："以尚书省诸曹为之目，共为七卷。其曹之

---

① 需要专门回应的是，赵晶曾经提出，唐睿宗于景云二年（711年）下诏要求道僧"齐行并集"，而《道僧格》的出现意味着僧道有先后之别，这是对景云二年诏的否定。参见赵晶《唐代〈道僧格〉再探——兼论〈天圣令·狱官令〉"僧道科法"条》，《华东政法大学学报》2013年第6期。如果《道僧格》的命名中有四个主体（如道士、女冠、僧、尼），这一说法当然是有说服力的。然而，《道僧格》的命名中只有两个主体，或者是道先僧后，或者是僧先道后，只能择一而选。这是文字表达的客观规律，不能因其背离了"齐行并集"就加以否定。

② 天一阁博物馆、中国社会科学院历史研究所天圣令整理课题组校证：《天一阁藏明钞本天圣令校证·附唐令复原研究》，中华书局2006年版，第342页。

③ 参见黄正健《天圣令与唐宋制度研究》，中国社会科学出版社2011年版，第48—49页。

④ 参见郑显文《唐代〈道僧格〉研究》，《历史研究》2004年第4期。

⑤ （后晋）刘昫：《旧唐书》，中华书局1975年版，第2138页。

常务但留本司者，别为《留司格》一卷。盖编录当时制敕，永为法则，以为故事。"① 滋贺秀三、楼劲等据此认为，"以尚书省诸曹为之目，初为七卷。其曹之常条，但留本司者，别为《留司格》一卷"实为《唐六典·刑部尚书》条中有关《开元格》内容的混入。② 该观点颇有说服力。

颇有趣味的是，《唐会要·定格令》载："贞观十一年正月十四日，颁新格于天下。凡《律》五百条，分为十二卷，大辟者九十二条，减流入徒者七十一条；《令》为三十卷，二十七篇，一千五百九十条；《格》七百条，以为通式。"③ 这是对贞观十一年立法的记载。准此，《贞观律》为十二卷。又按《旧唐书·刑法志》载："玄龄等遂与法司定律五百条，分为十二卷：一曰名例，二曰卫禁，三曰职制，四曰户婚，五曰厩库，六曰擅兴，七曰贼盗，八曰斗讼，九曰诈伪，十曰杂律，十一曰捕亡，十二曰断狱。"④ 亦即《贞观律》的卷名和篇目是重合的，《唐会要》同时记载了《贞观律》的卷数和篇数。《贞观令》则为三十卷、二十七篇，又同时记载了卷数和篇数。然而，《唐会要》只在《贞观格》上记载为七百条。虽则《唐六典·刑部尚书》《旧唐书·刑法志》皆载《贞观格》为十八卷，但这里的卷可能并非篇的代称。作为书籍的计量单位，卷是对书籍篇幅的计量。⑤ 亦即所谓《贞观格》十八卷仅指《贞观格》的篇幅是由十八卷册的书轴组成，并不能证明其已经分篇。如果《贞观格》不分篇，这意味着《道僧格》绝不可能会出现在《贞观格》中。《旧唐书·刑法志》又载："《永徽留司格》十八卷，《散颁格》七卷，长孙无忌等删定，永徽中，又令源直心等删定，惟改易官号曹局之名，不易篇目。"⑥ 到永徽修格时，留司格与散颁格的差异出现，并且永徽中再次修格时，"惟改易官号曹局之名，不易篇目"。亦即《永徽格》中出现篇，且后又以官号曹局之名作为篇目名。再据《旧唐书·刑法志》，这种篇目命名方式一直到《开元后格》都没有改易。而道僧不属

---

① （唐）李林甫：《唐六典》，中华书局 2014 年版，第 185 页。

② 参见楼劲《唐太宗贞观十一年立法研究——以〈贞观式〉有无之悬疑为中心》，《文史哲》2014 年第 6 期。

③ （宋）王溥：《唐会要》，中华书局 1955 年版，第 701 页。按原书，"令为三十卷"作"分为三十卷"，分"应为令"之误。按：上海古籍出版社 1991 年版，第 819 页作"令分为三十卷"。

④ （后晋）刘昫：《旧唐书》，中华书局 1975 年版，第 2136 页。

⑤ 参见马刘凤《中国古书凡例研究》，博士学位论文，武汉大学，2009 年。

⑥ （后晋）刘昫：《旧唐书》，中华书局 1975 年版，第 2138 页。

于官曹名，故《道僧格》应不可能出现。

　　按照唐格一以贯之的命名方式，《道僧格》很难出现在唐格体系中。那么，《道僧格》究竟是如何出现的？按《唐会要》卷四十九《僧尼所隶》又载："开元二十四年（736 年）七月二十八日，中书门下奏：'臣等商量，缘老子至流沙，化胡成佛法，本西方兴教，使同客礼，割属鸿胪，自尔已久。因循积久，圣心以玄元本系，移就宗正。诚如天旨，非愚虑所及。伏望过元日后，承春令便宜，其道僧等既缘改革，亦望此时同处分。'从之。至二十五年七月七日，制：'道士、女冠宜隶宗正寺，僧尼令祠部检校。'"① 从大臣希望"同处分"与唐玄宗令僧道隶属不同机构之事可见，一者大臣希望能够对僧道一体对待，二者唐玄宗并不认同这种观点。② 由于唐玄宗不能认可这种观点，所以道士隶属宗正寺、僧尼隶属祠部。既然僧道隶属不同部门，不同部门又受专门的《留司格》规范，那么《开元格》中更不可能存在《道僧格》。③ 不过在开元二十二年（734 年）至开元二十五年的修法中，

----

　　① （宋）王溥：《唐会要》，中华书局 1955 年版，第 859—860 页。

　　② 对这一条文献需要略作说明。唐初以鸿胪寺下的崇玄署为僧道管理机构，这一做法到武则天延载元年发生变动。《唐会要》卷四十九《僧尼所隶》载："延载元年五月十一日敕，天下僧尼隶祠部，不须属司宾。"僧尼改由礼部下的祠部管理，道冠仍由崇玄署管理。又据上引《僧尼所隶》文献载，唐玄宗在开元二十四年要求道冠改由宗正寺管理。根据开元二十五年的制书，僧尼的管理机构并未发生变化，那么何以中书门下的奏书和唐玄宗的制书都涉及僧尼？这就涉及"同处分"的解释。从中书门下的奏书来看，唐玄宗在此之前已经提出要将道冠改隶宗正寺。中书门下显然不仅考虑到道冠的问题，而且也考虑到如何处理僧尼的问题。虽则唐高宗时期就已经要求烧毁《老子化胡经》（蔺熙民：《隋唐时期儒释道的冲突与融合》，陕西师范大学 2009 年博士学位论文，第 273—274 页），但显然老子化胡说仍然有很强的社会影响力，并且成为中书门下奏书的重要内容。在老子化胡说的观念下，佛道本是一体。一旦道冠改隶宗正寺，僧尼就显得很尴尬。因此，僧尼所隶就成为一种重要问题。而且在佛道冲突的背景下，只改道冠所隶而不改僧尼，也很容易引起僧尼反对。因此，中书门下所提的"望此时同处分"很可能就是指要求对僧道一体对待，全部改隶宗正寺。但唐玄宗并未接受这一建议，仍然对僧道分开处遇，只更改了道冠所隶。恐怕也正因如此，中书门下和唐玄宗才会在僧尼所隶未变的情况下都提及了僧尼。

　　③ 周奇引敦煌文书 P2481 号写本《唐前期尚书省礼部报都省批复下行公文程序》，认为这说明《道僧格》属于《祠部格》的篇目。参见周奇《唐代宗教管理研究》，博士学位论文，复旦大学，2005 年。但在这份文件中，道、僧法律条文是截然分开的，这与《唐律疏议》中往往道僧并称或者说一体规范的做法也不同。究其原因，可能是因为两者所隶属的政府机构并不相同。这或能证明《道僧格》在早期可能并不存在。

《格式律令事类》这一法律形式开始出现。既然大臣们希望能够对僧道一体管理，是否有可能由他们把意见表达到同年编成的《格式律令事类》中？赵晶提出，《道僧格》并不合乎《格式律令事类》中的命名方式。① 但《庆元条法事类》中确实有专门的《道释门》存在，而且作为事类体的法典编纂模式，《格式律令事类》被认为对《庆元条法事类》有一定的影响。② 这可能意味着，《道释门》的存在是对《格式律令事类》中存在《道僧格》的一种佐证。郑显文的相关论断是有说服力的。

进一步深入考察前引《唐会要》的记载，其中几处记载颇值得玩味。中书门下所上奏书称："伏望过元日后，承春令便宜，其道僧等既缘改革，亦望此时同处分。"所谓"承春令便宜"，当指开元二十五年春正月壬午的制书（前引《僧尼所隶》"二十五年七月七日"当为"二十五年元月七日"之误）。这份制书的内容颇多，但关于僧道的只有"道士、女冠宜隶宗正寺，僧尼令祠部检校。"③ 亦即这份制书否定了大臣们"同处分"的请求，即前文所言唐玄宗对此事的态度。但制书中未见其他"道僧等既缘改革"的内容。尽管这份制书有不少改革内容，但多与僧道无关，与僧道"同处分"的说理更无关。从中书门下的奏书来看，同处分与改革有内在关系。考诸开元二十五年的政事，最重要的改革就是律、令、格、式和《格式律令事类》的颁布。如果中书门下希望道僧同处分，并且以改革为据，那么，在所颁布的新法律中，道僧很有可能被规定于一处。由于格一直以来都是按照官曹名列篇的，因此很难被认为会出现专门的道僧格。那么，这种改革很有可能出现于《格式律令事类》中。这是一种猜测。然而，正如前文以《庆元条法事类·道释门》对《道僧格》的反推一样，这未必没有说服力。

尽管《道僧格》的出现可能与《格式律令事类》有关，但是前引赵晶的观点仍然需要重视，即作为统合律令格式的《格式律令事类》不太可能以"格"命名其中一部分内容。虽然无法找到《格式律令事类》的文本，但观览《庆元条法事类》，或许对于认识相关问题有所启发。考诸《格式律

---

① 参见赵晶《唐代〈道僧格〉再探——兼论〈天圣令·狱官令〉"僧道科法"条》，《华东政法大学学报》2013 年第 6 期。

② 参见孔学《〈庆元条法事类〉研究》，《史学月刊》2000 年第 2 期。

③ （后晋）刘昫：《旧唐书》，中华书局 1975 年版，第 207 页。

令事类》的命名方式，其以事分门或者说以类为门，关于僧道的规范被纳入《道释门》，其下又分《总法》《试经拔度》《师号度牒》《违法剃度》《受戒》《住持》《行游》《供帐》《约束》《亡残》《杂犯》等 11 部分。每一部分又按照敕、令、格、式进行整理，其中令的部分多有《道释令》，格的部分有《道释格》，式的部分有《道释式》。这里的《道释格》应该是泛指有关僧道的法律规范。周奇曾经提出，《道僧格》是一种对与僧道有关的法律规范的俗称。① 这或可为佐证。不过，多种材料都证明作为独立篇目的《道僧格》存在的可能性更大，因此本书很难认同周奇的观点。

　　参稽《庆元条法事类》的立法模式，或可以得出如下结论。首先，《道僧格》决然不是法典。法典是一种独立成型的文献，具有较强的体系性和全面性。②《唐律》《宋刑统》《格式律令事类》《庆元条法事类》等被称为法典是可以令人接受的，作为其中一部分的《道僧格》则很难说是法典。其次，《道僧格》的"格"究竟是立法命名还是泛指法律条文？如《道释门》虽有《道释格》，但这只是其中的一部分。此外，还有令、式等法律形式。如果以"格"来涵盖这些，这种"格"更可能是泛指而非实指。最后，《道僧格》究竟是一种什么类型的命名？准《庆元条法事类》，这可能是对门的命名。那么问题就是《格式律令事类》中是否已有门，如何解释"门"，以及门的命名究竟意味着什么？

　　无论是事类体还是刑统体都是以"门"作为分类标准。在中国古代立法史上，门是唐代法典编纂中出现的新现象。撇开秦汉律究竟有无法典的论争，至少从魏晋律等来看，中国传统法典由篇、条组成。如《晋书·刑法志》载，泰始律中"改旧律为《刑名》《法例》，辨《囚律》为《告劾》《系讯》《断狱》，分《盗律》为《请赇》《诈伪》《水火》《毁亡》，因事类为《卫宫》《违制》，撰《周官》为《诸侯律》，合二十篇，六百二十条，二万七千六百五十七言"③。到《唐律》也是如此，《旧唐书·刑法志》载："玄龄等遂与法司定律五百条，分为十二卷：一曰名例，二曰卫禁，三曰职

---

　　① 参见周奇《唐代宗教管理研究》，博士学位论文，复旦大学，2005 年。

　　② 参见［日］浅井虎夫《中国法典编纂沿革史》，陈重民译，李孝猛点校，中国政法大学出版社 2007 年版，第 1 页。

　　③ （唐）房玄龄：《晋书》，中华书局 1974 年版，第 927 页。

制，四曰户婚，五曰厩库，六曰擅兴，七曰贼盗，八曰斗讼，九曰诈伪，十曰杂律，十一曰捕亡，十二曰断狱。"① 最晚到《格式律令事类》，门这种法典编纂体例可能开始出现。

《旧唐书·刑法志》载，开元二十五年"又撰《格式律令事类》四十卷，以类相从，便于省览"②。这里的类究竟指什么并没有直接说明。不过，宋代的事类体多是按照门来分类的。这或可证之。其后，以门作为编纂模式的法律典籍多见。《旧唐书·刘瑑传》载："瑑精于法律，选大中以前二百四十四年制敕可行用者二千八百六十五条，分为六百四十六门，议其轻重，别成一家法书，号《大中统类》，奏行用之。"③ 《旧唐书·宣宗纪》载："（大中七年，853 年）五月，左卫率府仓曹张戣集律令格式条件相类一千二百五十条，分一百二十一门，号曰《刑法统类》，上之。"④ 不过，无论是2864 条分 646 门，还是 1250 条分 121 门，门的数量是巨大的，与篇、卷截然不同。如何认识门？无论是《宋刑统》还是《庆元条法事类》中，门都类似于条。例如在编撰体例上，一改"唐律逐条为目，刑统分门立目"⑤，《宋刑统》共 213 门。门介于篇与条之间，又有别于条的特点。如考诸敦煌出现的唐律，条在唐律中并没有名，或者说唐律中的律条并没有名或者条标。⑥

然而，无论《宋刑统》还是《庆元条法事类》，门都是有名或门标的。据《续资治通鉴长编》载，苏颂在《进元祐编敕表》中称："臣等今以元丰敕令格式并元祐二年（1087 年）十二月终以前海行续降条贯，共六千八百七十六道……随门标目，用旧制也，以义名篇，仿唐律也，其间一事之禁，

---

① （后晋）刘昫：《旧唐书》，中华书局 1975 年版，第 2136 页。

② （后晋）刘昫：《旧唐书》，中华书局 1975 年版，第 2150 页。

③ （后晋）刘昫：《旧唐书》，中华书局 1975 年版，第 4607 页。

④ （后晋）刘昫：《旧唐书》，中华书局 1975 年版，第 631 页。

⑤ 刘承干：《宋重详定刑统校勘记》，收入吴翊如点校《宋刑统》，中华书局 1984 年版，附录第 549 页。按：这或许是较早认为唐律有条目或条标的见解，但笔者不赞同此说。

⑥ 参见刘俊文《敦煌吐鲁番唐代法制文书考释》，中华书局 1989 年版。按：个别学者认为唐律有条标，恐怕是以后代法典推论的想当然。简单说，如果唐律存在明确的条标，何以史书明载的唐律五百条，竟然被后代误读为五百零二条？《宋刑统》大概也没有条标只有门标。参见（宋）窦仪等详定，岳纯之校证《宋刑统校证》，北京大学出版社 2015 年版，第 9 页。

或有数条，一条之中，或该数事，悉皆类聚，各附本门……又按熙宁以前编敕，各分门目，以类相从，约束赏刑，本条具载，以是官司便于检阅。元丰敕则各随其罪，厘入诸篇，以约束为令，刑名为敕，酬赏为格，更不分门，故检用之际，多致漏落。今则并依熙宁以前体例删修，更不别立赏格。"① 这段记载说明了几个问题。其一，宋代熙宁之前的编敕都是"各分门目，以类相从"。按照门来编纂法典是宋代常见的立法模式，而且这是"用旧制"的结果。虽然很难证明这里的"旧制"是指唐制，但唐代确实已经出现按照"门"来编纂的法律典籍。同时，虽然是《元祐编敕》，但所编内容实为"元丰敕令格式并元祐二年十二月终以前海行续降条贯"。这与《格式律令事类》颇为相似。其二，宋代立法存在"随门标目，用旧制也，以义名篇，仿唐律也"的规则。亦即宋代法典中的门已经有了"目"（或可称门标）。显然，门不再像唐律中的"条"一样没有条标，而是模仿唐律中的"篇"被冠以门标。而随门标目做为"旧制"的源头为何？据此推断，《格式律令事类》可能是法典中门标出现的早期文献。这样，由于《格式律令事类》的特殊编纂模式，该部法典并未采取篇而是采取门的结构方式，门的命名又模仿了篇名。由于《格式律令事类》"以类相从"的编纂模式，"道僧"作为一类成为一门，也被冠以"道僧"门之类的称呼。《道僧格》在此时出现，并成为《庆元条法事类·道释门》的前身。当然，《道僧格》中的"道僧"当是门标，"格"则未必如此，而更有可能是一种对法律的泛化称呼。就此而言，周奇的观点仍有其独到性。但这并不妨碍《道僧》作为门标出现于《格式律令事类》中，并汇集了相关法律。同时，门标的出现也可能影响到唐以后的其他立法，如条标也开始出现。

如果这个观点是有说服力的，那么部分材料的解释就值得商榷。有学者还提出，唐代不可能存在两部规范道僧的法律，因此《道僧格》与《祠部格》不可能同时存在。② 例如，《白氏六帖事类集》中有《祠部格》的两条佚文，包括卷二十六载："私家部曲、客奴婢等，不得入道。如别敕许出家

① （宋）李焘：《续资治通鉴长编》卷 407 哲宗元祐二年十二月壬寅条，上海师范学院古籍整理研究室、华东师范大学古籍整理研究室点校，中华书局 1985 年版，第 9912 页。
② 参见郑显文《唐代〈道僧格〉研究》，《历史研究》2004 年第 4 期。

后犯还俗者，追归旧主，各依本色。"① 卷八十九载 "度人格" 条云："祠部格：王公已下薨，别敕许度人者，亲王二七，三品已上三人，并须亡者子孙及妻媵，并通取周亲，妻媵不须试业；若数不足，准见在度，如有假冒，不在原首之限也。"② 这两段材料说明，到《白氏六帖事类集》编纂时，规范僧尼的法条被放在《祠部格》中。这似乎意味着，《道僧格》的内容被归入《祠部格》。然而，《格式律令事类》本来就是对律、令、格、式的重新汇编。两部规范道僧的法律同时并存是完全有可能的。

总的来说，唐代早期并没有发现专门的《道僧格》，实际上由于道、僧在唐代曾有分属于不同机构的情况，③ 所以独立《道僧格》存在的可能性也比较低。而唐玄宗时，为实现在实践中找法的便利，当时编纂的《格式律令事类》中可能出现《道僧格》。这应该是中国历史上能够确定的较早对佛教进行规范的专门法篇，并且对后世有一定影响。

其后，宋代的《庆元条法事类》中有《道释门》，《大元通制条格》中有《僧道》，《元典章·礼部》中有《释道》等。明太祖颁布《申明佛教榜册》《避趋条例》也有类似的性质。佛教对中国传统法典编纂有影响，亦有其限度。

---

① （唐）白居易：《白氏六帖事类集》卷二十六，民国景宋本。
② （唐）白居易：《白氏六帖事类集》卷八十九，民国景宋本。
③ 有一种意见认为，唐高宗仪凤三年（678年）就可能出现过这种情况。参见谢重光、白文固《中国僧官制度史》，青海人民出版社1990年版，第104页。

第　四　章

佛教对中国传统刑罚制度的影响

　　任何文化都有罪错观念，如何对待罪错，一般体现为特定的责任形式，如道德责任、法律责任等。而在这些责任方式中，刑罚最为严厉。作为中国传统法律文化重要组成部分的刑罚理念和刑罚制度，在数千年的发展中受到多种思想影响，几经变迁。外来的佛教既有关于罪的理念，[①] 也有关于刑罚的理念。佛教对中国传统文化的渗透和影响体现在传统刑罚的理念、制度乃至执行方式等各个方面。目前，佛教对中国传统刑罚影响的相关研究主要聚焦于刑罚执行的禁忌[②]和髡刑的消失[③]等问题。实际上，佛教因戒律而产生的惩罚观，以及对世俗刑罚制度的某些独特看法，都对中国传统法律文化产生一定影响。本章试图深入剖析佛教刑罚观对中国传统刑罚理念的影响，以便更好地理解佛教与中国传统法律尤其是刑罚的相互关系。

---

　　①　参见周东平、李勤通《论佛教之"罪"在中国古代的法律化及其限度》，《厦门大学学报》（哲学社会科学版）2017 年第 5 期；周东平、姚周霞《论佛教对中国传统法律中罪观念的影响》，《学术月刊》2018 年第 2 期。

　　②　参见殷啸虎《佛教与古代法制》，《文史知识》1994 年第 2 期；何柏生《佛教与中国传统法律文化》，《法商研究》1999 年第 4 期；刘淑芬《中古的佛教与社会》，上海古籍出版社 2008 年版，第 101—105 页；周东平《论佛教礼仪对中国古代法制的影响》，《厦门大学学报》（哲学社会科学版）2010 年第 3 期；陈义和《佛教观念对中国古代法律的影响初探》，《比较法研究》2014 年第 4 期；张海峰《唐代佛教与法律》，上海人民出版社 2014 年版，第 110—117页，等等。

　　③　参见李俊强《从佛教史的角度看髡刑的废除》，《湘潭大学学报》（哲学社会科学版）2014年第 2 期。

一　佛教的处罚观

佛教的戒律制度即是有关罪与罚的观念与制度体系。"本来，戒律两字是中国字，戒律两字的意义，也是各有所指，戒是有所不为，律是有所当为；戒是不能如此，律是应当如此；戒是个人的持守，律是团体的活动。所以在梵文中，戒叫做尸罗，律叫做毗奈耶"①。若为所不当为，不为所当为时，佛教会有处罚的观念和制度。佛教戒律的"戒"区分为性戒与遮戒。②违反性戒，与一般法律中的犯罪十分类似；违反遮戒，则更多的是对僧团内部特有规则的背离。戒律与国家法异同相兼，那么，对违反戒律行为的处罚，就会在部分规制范围内与国家法律重叠，但因此产生的处罚有明显区别。这种差异不仅可能导致佛教对国家刑罚产生不同态度，而且佛教理论本身也可能会对刑罚持有某种固有态度。

（一）佛教的一般处罚观

对佛教而言，"处罚最高目的完全是唯心的——该犯规者洗心革面俾有利于修道。为达到这目的，就是透过'忏悔'。故在犯戒后的处罚，除了极少的情形（如犯波罗夷重罪必须摈逐出僧团）之外，其他所有的'罪'均是透过'忏悔'来处置（除罪）的。因此，吾人认为对于犯戒后的处理核心问题就是'忏悔'，应该是妥当的论断"③。佛教僧团内部用以惩罚的手段主要有断食、夺衣、站于太阳下、除草、料理僧事、剥夺权利等。

中国化的佛教在接受这些处罚的基础上，在某些情况下又以杖打作为手段。如《禅苑清规》卷十《百丈规绳颂》载："或有假号盗形，混于清众，并别致喧挠之事，即堂司、维那捡举，抽下本位挂搭，摈令出院者，贵安清众也……或有所犯，即须集众，以拄杖杖之，焚烧道具，逐从偏门而出者，

---

①　圣严法师：《戒律学纲要》，宗教文化出版社 2006 年版，第 51 页。

②　参见劳政武《佛教戒律学》，宗教文化出版社 1999 年版，第 159 页。

③　参见劳政武《佛教戒律学》，宗教文化出版社 1999 年版，第 175 页。

示耻辱也。犯重焚衣钵，应当集众人，山藤聊示耻，驱摈出偏门。"① 作为僧团制度的重要典籍，《禅苑清规》记载了杖打、焚烧衣钵、逐出僧团等处罚措施，但相较于世俗刑罚还是轻得多，或者说与世俗刑罚制度存在很大差异。

总的来说，佛教惩罚的目的在于希冀僧侣通过忏悔、惩罚等悔过方式更好地领悟佛理，修正行为，其惩罚观具有强烈的教育色彩。《四分律行事钞资持记》卷上三《释师资篇》又载："地持中约过轻重以分三犯：罚黜者不令依住；折伏者以事陵辱，如律夺衣断食之类；诃责者若言诃诫。"② 悔过的目的则是使僧侣恢复内心的原本状态。故《四分律删繁补阙行事钞》卷中四《忏六聚法篇》云："夫结成罪种，理须忏除，则形清心净，应同僧法。故萨婆多云：无有一法疾于心者，不可以暂恶便永弃之，故须忏悔。"③ 因此，除了极少数处罚措施外，佛教所认同的处罚措施的主要目的是推动佛教徒尤其出家佛教徒精神境界的提高。

（二）佛教的地狱处罚观

在一般处罚观之外，为了推行教义，佛教创造出地狱观念。这种地狱处罚观亦可称为地狱刑罚观，其处罚的方式、手段等与世俗社会的刑罚绝相类似，甚至更为残酷，并曾经对后者影响深远。但是，这种地狱观念与世俗社会的刑罚仍然存在很大差异，因此，很难完全称之为"刑罚"，用"处罚"来描述更为适合。

从根本上来说，佛教的地狱处罚观具有本体论意义。地狱是对业的反映，"'业'有一种不导致报应决不消失的神秘力量，叫做'业力'；'业力不失'是联结因果报应的纽带"④。业报轮回的基本原则来自佛教的善因善

---

① （宋）宗赜：《禅苑清规》，苏军点校，中州古籍出版社 2001 年版，第 125 页。
② （宋）释元照：《四分律行事钞资持记》，收入大正新修大藏经刊行会编《大正新修大藏经》第四十册，台北新文丰出版股份有限公司 1986 年版，第 230 页下。
③ （唐）释道宣：《四分律删繁补阙行事钞》，收入大正新修大藏经刊行会编《大正新修大藏经》第四十册，台北新文丰出版股份有限公司 1986 年版，第 96 页上。
④ 杜继文主编：《佛教史》，江苏人民出版社 2008 年版，第 18 页。

果、恶因恶果的因果律，这种因果律具有必然性。①

这种本体论的地狱处罚观，强调行为与处罚的对应性。如《长阿含经》卷十九《世记经·地狱品》载："身为不善业，口意亦不善，斯堕想地狱，怖惧衣毛竖。恶意向父母，佛及诸声闻，则堕黑绳狱，苦痛不可称。但造三恶业，不修三善行，堕堆压地狱，苦痛不可称。嗔恚怀毒害，杀生血污手，造诸杂恶行，堕叫唤地狱。常习众邪见，为爱网所覆，造此卑陋行，堕大叫唤狱。常为烧炙行，烧炙诸众生，堕烧炙地狱，长夜受烧炙。舍于善果业，善果清净道，为众弊恶行，堕大烧炙狱。为极重罪行，必生恶趣业，堕无间地狱，受罪不可称。想及黑绳狱，堆压、二叫唤，烧炙、大烧炙，无间为第八。此八大地狱，洞然火光色，斯由宿恶殃，小狱有十六。"② 释迦牟尼将地狱的处罚手段与人的恶业紧密结合起来，既通过行为与处罚的对应性来强调地狱的报应性，又通过地狱审判的不可避免性来强调处罚的必然性。

因此，佛教伦理本身认同罪与罚的对应性亦即报应刑，其在这种意义上也会对刑罚采取认同态度。当然，佛教的这种地狱处罚观具有劝人向善的实用目的，或者说它是佛教推行教义的一种手段。如南朝梁萧琛《难神灭论》云："今悖逆之人，无赖之子，上罔君亲，下虐俦类，或不忌明宪，而乍惧幽司，惮阎罗之猛，畏牛头之酷，遂悔其秽恶，化而迁善。此佛之益也。"③ 如果不考虑地狱审判描述的是死后世界的话，那么这种地狱刑罚观与法家的重刑主义颇为相似。前者是以未来的重刑实现以刑去刑，后者是以现世的重刑实现以刑去刑，当然前者的教育色彩要更浓厚。通过展示地狱处罚让人改过迁善是佛教的重要理念。如地狱变相就是为此目的而产生的。《唐朝名画录·神品上一人·吴道玄》载："尝闻景云寺老僧传云：'吴生画此寺地狱变相时，京都屠沽渔罟之辈，见之而惧罪改业者，往往有之，率皆修善。'所画并为后代人之规式也。"④ 通过展现地狱的残酷性而使人向善，地狱变相的工具性意义明显。

---

① 参见王月清《中国佛教伦理研究》，南京大学出版社 1999 年版，第 34 页。
② 恒强校注：《阿含经校注·长阿含经》，线装书局 2012 年版，第 405 页。
③ （南朝梁）僧祐、李小荣校笺：《弘明集校笺》，上海古籍出版社 2013 年版，第 480 页。
④ （唐）朱景玄：《唐朝名画录》，清文渊阁四库全书本。

二　佛教的刑罚观

在佛教处罚观的基础上，佛教也产生相应的刑罚观，即针对世俗刑罚产生的特定意识形态。一般处罚观的教育性与地狱处罚观的报应性反映出佛教对罪与罚关系认识的多元性。佛教的刑罚观也因此具有两种面向。首先，世俗刑罚是对犯罪的回应，佛教的地狱处罚本质上是支持报应刑的，那么有犯罪就应该受相应刑罚。其次，世俗刑罚由统治者实施，当由人对他人实行伤害行为时，佛教对此总存在某种否定。这就使得佛教的世俗刑罚观存在吊诡之处。具体可以从两个方面来考察：第一，刑罚与犯罪者的关系；第二，刑罚与统治者的关系。

首先，佛教需要对刑罚与犯罪者之间的关系进行评价。这主要涉及罪与刑的关系，这部分内容在前揭第二章《论佛教对中国传统法律中罪观念的影响》中已有涉猎，此处主要从刑罚起源的角度进行解读。

《摩诃僧祇律》卷二载：

佛告比丘："时有众生为非法者，惭愧厌污藏隐不出，或一日二日乃至一月，于是便兴屋舍而自障蔽。为非法故，彼时众生便作是念：'我等何为竟日疲苦，不如晨旦并取粳米兼明日食。'明日有众生来唤共取粳米。此众生答言：'我昨并取。'彼众生言：'此是好法。'便相效并取，乃至十日二十日一月二月。以贪意储畜故，粳米变生糠糩，朝取处暮则不生。尔时众生便共聚会，聚会已，便相谓言：'我等本时皆自然飞行，禅悦为食，快乐安隐，转食地味。时彼众生未有恶法，以恶法起故，地味即灭而地肤生，地肤既生犹香且美，次生地脂乃至粳米犹故香美。我等今日当立制限，分其米地，令有畔界。即便封之，此分属我，彼分属汝。'时有一众生作是念：'若我自取己分不久当尽，宁可少取他分，令我分久在。'彼诸众生见此众生不与而取，便语之言：'汝今云何不与而取，勿复更作。'然此众生犹取不止，乃至再三。然彼众生重见如此，便言：'云何众生行不与取，乃至再三。从今已往若不与取者，当加刑罚。'彼遂不已，便即捉得痛加鞭杖。彼得杖已，便大唤言：'云何世间有此恶法？是众生以杖见打。'是时打者投杖放地，亦大唤言：'云何世间有是恶法？何种众生不与而取？妄有所说不知羞愧！'于是世间便有三恶法出：何等为三，一者不与取；二者妄言；三者以杖打人。是为最初三恶法出。"①

在这段记述中，释迦牟尼说明了刑罚的来源。释加牟尼善用譬喻，这个譬喻以对初民社会的描述引起。他指出，贪欲导致人对他人利益的侵害，社会团体为维护自身的利益，遂对只顾实现贪欲的人进行惩罚，由此促成"不与取"（非他人给予的获取，也即偷盗）、"妄言""以杖打人"三恶法的出现。首先，释加牟尼承认刑罚的产生其来有自，是对恶行的社会反应。其次，释加牟尼并不否定刑罚自身也带有恶性。正因为佛教的世俗刑罚观带有某种程度的两面性，所以不同倾向的人都能从中获取所需的理论资源。

这种两面性还可以从另一个释加牟尼说法的例子中窥见。《摩诃僧祇律》卷四载：

> 有人犯王法，有伺捕得缚送与王。王教将去随罪治之。时典刑者，以伽毗罗花庄严罪人头，反缚两手，打鼓吹贝，周匝唱令。唱令已，将出城门向刑罪人处。时有摩诃罗比丘不善知戒相，愍此罪人苦痛，语典刑者言："此人可愍，莫使苦痛。汝持刀为作一疮。"尔时，魁脍答言如教，便持利刀，为作一疮。是摩诃罗比丘得波罗夷。②

犯罪受刑具有正当性。尽管受戒僧侣心怀仁慈，希望被刑杀者能够得到更人道的待遇，但这位僧侣却因为自己的建议成为行刑方式而犯下波罗夷罪。这是佛教观念中最大的罪。这说明，即使正当的刑罚也会导致行刑者或者判决者犯下佛教的罪。这显然意味着世俗刑罚本身带有某种罪性。这也是

---

① （东晋）佛陀跋陀罗、法显译：《摩诃僧祇律》，收入中华大藏经编辑局编《中华大藏经》（汉文部分）第三十六册，中华书局 1989 年版，第 482 页中下。

② （东晋）佛陀跋陀罗、法显译：《摩诃僧祇律》，收入中华大藏经编辑局编《中华大藏经》（汉文部分）第三十六册，中华书局 1989 年版，第 520 页下、521 页上。

佛教的普及导致中国古代司法官经常采取重罪轻判的原因之一。

其次，佛教需要对刑罚与世俗政权之间的关系进行评价。佛教的处罚观与其世俗刑罚观有密切关系，换言之，佛教的世俗刑罚观很大程度上受其处罚观的影响。释迦牟尼经常以刑罚观来观照戒律观。

《摩诃僧祇律》卷一载：

> 尔时诸比丘白佛言："世尊，云何尊者舍利弗，诸比丘未有过患，而请世尊制戒立说波罗提木叉法？"佛告诸比丘："舍利弗不但今日未有过患而请制戒。彼于昔时在一城邑聚落，人民居士未有过患，亦曾请我制诸刑罚。"诸比丘白佛言："世尊，乃往昔时已有此耶？"佛言如是。诸比丘白佛言："世尊，愿乐欲闻。"佛告诸比丘："过去世时，有城名波罗奈，国名迦尸。彼时，国王号曰大名称，以法治化，无有怨敌，布施持戒，泛爱人物，善摄眷属，法王御世，人民殷盛，富乐丰实，聚落村邑，鸡飞相接，举国人民，更相敬爱，种种众伎，共相娱乐。时有大臣名曰陶利，多诸策谋，作是思惟：'今此王境，自然富乐，人民炽盛，城邑聚落，鸡飞相接，举国人民，更相敬爱，种种众伎，共相娱乐。'时彼大臣往白王言：'今日境界，自然富乐，人民炽盛，城邑聚落，鸡飞相接，举国人民，更相敬爱，种种伎乐，共相娱乐，愿王当为斯等制立刑罚，莫令极乐生诸过患。'王言止止：'此言不可，所以者何？过患未起，而欲制罚。'臣复白王：'当防未来，莫令极乐生诸过患。'时王作是思惟：'今此大臣，聪明智谋，多诸朋党，不可卒制。今若呵责，或生谷蛘。'尔时，国王欲微诲大臣，即说偈言：'势力喜嗔恚，难可卒呵制，横生人过患，此事甚不可。大人多慈愍，知人实有过，犹尚复观察，哀愍加其罚。恶人喜恼他，不审其过罪，而加其刑罚，自损恶名增。如王好威怒，枉害加良善，恶名流四远，死则堕恶道。正法化黎庶，身口意清净，忍辱行四等，是谓人中王。王为人中上，宜制忿怒心，仁爱恕有罪，哀愍加刑罚。'尔时，大臣闻王所说，心大欢喜，而说偈言：'最胜人中王，愿永荫黎庶，忍辱自调伏，道化怨自降。王德被无外，祚隆永无穷，以道治天下，常为天人王。'"佛告诸比丘："尔时国王大名称者，岂异人乎，则我身是。时大臣陶利者，

舍利弗是。尔时城邑聚落长者居士未有过患，而彼请我令制刑罚。今诸比丘过患未起，而复请我为诸弟子，制戒立说波罗提木叉法。"①

在这段记述中，释迦牟尼以刑罚比拟戒律，强调刑罚并不是促进社会安定、百姓富足的主要因素，并且如果主动制定刑罚，那么就存在君主滥用的可能性。因此，最合理的立法方式是随事立制。这不仅是佛教戒律的主要立法模式，② 而且与中国先秦时期成文法公布之前 "先王议事以制，不为刑辟"③ 的做法十分类似。以刑罚比拟戒律，说明释迦牟尼认为戒律与刑罚具有某种本质相似性。基于戒律的教育性本质，刑罚的本质就可能被认为具有一定的教育性，而不仅仅是惩罚性。不过在戒律中，极其严重的犯戒，如四重罪等，会导致僧侣被逐出僧团。如从世俗角度来看，这种情形与严重犯罪时被剥夺做人资格④具有内在相似性。在这种原理下，任何程度的刑罚都有可能被接受。因此，佛教的世俗刑罚观可以兼容报应刑和教育刑的理念。不过对佛教而言，戒律主要是为教育僧众而制定，因此其世俗刑罚观的教育刑意义应该大于报应刑意义。此点也能从另一个案例中窥见。

《摩诃僧祇律》卷十九载：

佛住舍卫城，广说如上。尔时，舍卫、毗舍离二国为嫌，互相抄伐。时毗舍离人来舍卫，抄劫人民得物去，还入本界生安隐想，解仗止息。舍卫王作是念："我为国王，应却敌安民，云何使贼劫掠人物。"即敕将士："仰汝追捕，必使擒获，若不得者不足空还。"将士念言："王教严重，事应宜速。"即集兵众，寻踪掩袭。时舍卫比丘安居竟，欲诣毗舍离。诸比丘失道，堕彼贼中。贼便惊愕，问比丘："比丘，汝

---

① （东晋）佛陀跋陀罗、法显译：《摩诃僧祇律》，收入中华大藏经编辑局编《中华大藏经》（汉文部分）第三十六册，中华书局1989年版，第461页上中下。

② 参见劳政武《佛教戒律学》，宗教文化出版社1999年版，第156页。

③ 《十三经注疏》整理委员会整理，李学勤主编：《十三经注疏·春秋左传正义》卷四十三《昭公六年》，北京大学出版社2000年版，第1411页。

④ 参见［日］冨谷至《古代中国の刑罚——髑髅が语るもの》，中央公论社1995年版，第109—115页。

是何人?"苔言:"我出家人。""何道出家?"苔言:"释种出家。"问言:"大德,汝欲那去?"苔言:"欲向毗舍离,失道到此。"即示其道。时比丘问贼:"长寿,汝欲何去?"苔言:"向毗舍离。"比丘复言:"当共作伴。"彼即苔言:"我等是贼,劫夺他物,径涉榛木,行不择路。汝是善人,云何随我。此是直道,可从是去。"比丘复请愿:"将我去,勿复令我重遭失道。"贼苔如初。如是至三。语言未竟,追捕寻至,合捉比丘。将至王所,作如是言:"大王,此是群贼。"王言:"先将比丘来。"来已,王言:"汝出家人,云何作贼?"比丘苔言:"我非是贼。""何故相随?"比丘以上事,具向王说。王言:"遣比丘去,将此贼来。"问贼言:"此出家人,是汝伴不?"苔言:"非伴。""何故相随?"贼以上事,具向王说。王言:"将贼去,更唤比丘来。"来已,王问比丘:"汝出家人,云何作贼,妄语欺官,望得脱耶?贼道汝是伴,何以言非?"比丘苔如初。王即教敕禁官放比丘去,贼如法治罪。便取五百群贼,著迦毗罗花鬘,打鼓摇铃,四交道头,唱唤而出。欲将煞之。贼大啼哭。佛知而故问:"比丘,是何等众多人声?"比丘苔言:"世尊,是五百群贼,被王教令,将欲煞之,是其声耳。"佛告阿难:"汝往语王,汝是人王,当慈民如子,云何一时煞五百人?"阿难受教,即诣王所,具说佛语。王言:"尊者阿难,我知是事,若煞一人,罪报甚多,况复五百人?但,是贼数数来,坏我聚落,抄掠人民。若世尊能使是人不复作贼者,可放令活。"阿难还,以王所说具白佛。佛语阿难:"更往语王,王但放去,我能令此人从今日后更不作贼。"阿难受教已,先到刑处,语监煞者言:"是诸罪人,世尊已救,未可便煞。"复语贼言:"汝能出家不?"贼言:"尊者,我本若出家不遭此苦,今甚愿乐,何由可得?"阿难即至王所,作是言:"世尊语王,我能令此人从今日后更不作贼。"王即敕监官:"可原生命。"且未解缚,送诣世尊。佛自放之。①

　　在这个案例中,国王抓住贼人后要将之处死。做贼就是"不与取",也就相当

---

① (东晋)佛陀跋陀罗、法显译:《摩诃僧祇律》,收入中华大藏经编辑局编《中华大藏经》(汉文部分)第三十六册,中华书局1989年版,第805页下、806页。

于盗罪。淫、盗、杀、妄语是佛教四大波罗夷罪。但是释迦牟尼抱着大慈悲心，认为这些人如果可以教育好，就应当免除刑罚，遂向国王提出自己可以教育这些贼人不再犯罪。更为重要的是，不仅国王对释迦牟尼的话表示认同，而且在阿难未指出释迦牟尼可以教育这些贼人之前，国王就已经提出如果释迦牟尼能够教育好贼人，就可以不再让他们受刑。这个案例意味着，佛教与世俗王权所主张的刑罚功能是一致的，即刑罚本身不是目的，其本质不是报应而是教育和改过迁善。因此，在佛教伦理中，无论宗教处罚还是世俗刑罚，都以教育意义优先。按照这一逻辑，如果有替代性方式能够达到教育目的，那么刑罚就失去意义。由此可知，佛教的世俗刑罚观主要采取教育刑的观点。这是早期佛教的基本观点。

佛教东传后，这种两面性的刑罚观也深刻地影响着中国僧侣的刑罚观，以此为媒介，遂在某种程度上对中国传统刑罚观产生一定影响。

在佛教传入中国的早期，接触佛教的人主要是精英阶层。① 如《后汉书·楚王英传》载："英少时好游侠，交通宾客，晚节更喜黄老，学为浮屠斋戒祭祀。"② 魏晋以降的帝王多有崇佛者，这使佛教徒与政治有着千丝万缕的联系，甚至成为一股不可忽视的政治力量。③ 基于此，中土佛教徒对世俗刑罚也产生一些看法，主要表现在如下几点。

第一，刑罚设置的否定主义。早期佛教对世俗刑罚的两面认识也影响着中土佛教。佛教否定世俗刑罚的观点，如《大智度论》卷一载："譬如世间治法，故治法者，刑罚种种不净，世间人信受行此法，以为真净。若余出家善圣人中，是取弊不净外道。"④ 由于刑罚的人定性，其自创立起就带有某种意义上的原罪，所以称之为"不净"。中土佛教也有类似看法。如《弘明集》卷六所收释道恒《释驳论》亦称："观子处怀，经略时政，乃欲踵亡秦虎狼之崄术，袭商君剋薄之弊法，坑焚儒典，治无纲纪。制太半之税，家无游财；设三五之禁，备民如贼。天下熬然，人无聊生；使嬴氏之族，不讫于三世。二子之祸，即戮于当时；临刑之日，方乃追恨。始者立法之谬，本欲

---

① 参见任继愈主编《中国佛教史》第一卷，中国社会科学出版社 1985 年版，第 106 页。

② （南朝宋）范晔：《后汉书》，中华书局 1965 年版，第 1428 页。

③ 参见王永平《东晋中后期佛教僧尼与宫廷政治之关系考述》，《社会科学战线》2010 年第 9 期。

④ （后秦）鸠摩罗什译：《大智度论》，收入中华大藏经编辑局编《中华大藏经》（汉文部分）第二十五册，中华书局 1987 年版，第 107 页中。

宁国静民，不意堤防太峻，反不容己。事既往矣，何嗟之及？"① 释道恒指出，法家立法是对儒家伦理的破坏，立法者直至受刑之日方知悔恨。但他并不认为这属于法律价值取向的问题，而是直指刑罚的"立法"存在问题，故不应"立法"。这是一种根本上的法律否定论，也是刑罚否定论。

第二，刑罚目的的预防主义。刑罚否定论反映了早期佛教否定世俗刑罚的一面，但也有人对刑罚持肯定观点。然而，他们所持的肯定观点并不带有报应色彩，而是更强调其预防色彩。如《弘明集》卷五《沙门不敬王者论》载："二者之来，实由冥应，应不在今，则宜寻其本，故以罪对为刑罚，使惧而后慎；以天堂为爵赏，使悦而后动。此皆即其影响之报而明于教，以因顺为通而不革其自然也。"② 这种观点与法家赏罚观十分相似，重视通过刑罚以使民远罪，不过其中又有一些儒家明刑弼教的思想成分。这样的预防主义刑罚观，反映出中土佛教深受中国传统法律文化影响的特点。

第三，刑罚功能的怀疑主义。中土佛教接受了早期佛教的世俗刑罚观，能够从不同视角对刑罚价值予以考察。但从根本上说，佛教对刑罚持否定态度。因此，中国佛教也对世俗刑罚持有相似态度，但它的论述更具有针对性，即中土佛教徒深刻质疑刑罚是否具有其所宣称的功能，此论可谓屡见不鲜。如《弘明集》卷一《牟子理惑论》称：

> 工输能与人斧斤绳墨，而不能使人巧；圣人能授人道，不能使人履而行之也。皋陶能罪盗人，不能使贪夫为夷、齐；五刑能诛无状，不能使恶人为曾、闵。尧不能化丹朱，周公不能训管、蔡，岂唐教之不著，周道之不备哉？然无如恶人，何也？譬之世人，学通《七经》而迷于财色，可谓六艺之邪淫乎！河伯虽神，不能溺陆地人；飘风虽疾，不能使湛水扬尘。当患人不能行，岂可谓佛道有恶乎？③

《弘明集》卷一《正诬论》亦称：

---

① （南朝梁）僧祐、李小荣校笺：《弘明集校笺》，上海古籍出版社2013年版，第308页。
② （南朝梁）僧祐、李小荣校笺：《弘明集校笺》，上海古籍出版社2013年版，第256页。
③ （南朝梁）僧祐、李小荣校笺：《弘明集校笺》，上海古籍出版社2013年版，第33—34页。

且夫圣之宰世，必以道莅之，远人不服，则绥以文德，不得已而用兵耳，将以除暴止戈，拯济群生，行小杀以息大杀者也。故春秋之世，诸侯征伐，动仗正顺，敌国有衅，必鸣鼓以彰其过，总义兵以临罪人，不以闇昧而行诛也。故服则柔而抚之，不苟媱刑极武；胜则以丧礼居之，杀则以悲哀泣之。是以深贬诱执，大杜绝灭之原。若怀恶而讨不义，假道以成其暴，皆经传变文讥贬累见……①

《广弘明集》卷一《宋文帝集朝宰论佛教》载：

　　慧远法师尝云："释氏之化，无所不可，适道固自教源，济俗亦为要务。窃寻此说有契理要。若使家家奉戒，则罪息刑清。陛下所谓坐致太平，诚如圣旨。"②

再如《广弘明集》卷十四《内德论》也载：

　　且佛唯弘善不长恶，于臣民戒本防非，何损治于家国？若人人守善、家家奉戒，则刑罚何得而施，祸乱无由而作。③

有人甚至对刑罚适用的必然性提出质疑。如《梁皇宝忏》卷九云："又为即世牢狱，忧厄因苦，囹圄系闭，及诸刑罚；念其处世，虽获人身，乐少苦多，枷锁杻械，未尝离体；由何所致？或今身造恶，或过去所追，或应免脱，无由自申，重罪分死，无救护者。"④ 即认为世俗中存在着出现罚不当罪或无罪而罚的可能性，进一步攻击了刑罚的功能与意义。尤需注意者，

----

　　①　（南朝梁）僧祐、李小荣校笺：《弘明集校笺》，上海古籍出版社 2013 年版，第 66—67 页。

　　②　（唐）道宣：《广弘明集》，收入大正新修大藏经刊行会编《大正新修大藏经》第五十二册，台北新文丰出版股份有限公司 1986 年版，第 100 页中。

　　③　（唐）道宣：《广弘明集》，收入大正新修大藏经刊行会编《大正新修大藏经》第五十二册，台北新文丰出版股份有限公司 1986 年版，第 187 页下。

　　④　（南朝梁）诸大法师集撰：《慈悲道场忏法》，收入大正新修大藏经刊行会编《大正新修大藏经》第四十五册，台北新文丰出版股份有限公司 1986 年版，第 961 页下。

《梁皇宝忏》系梁武帝命当时的高僧所撰，可见这种观点也受到统治者的认同。《隋书·刑法志》载："（梁）武帝敦睦九族，优借朝士，有犯罪者，皆讽群下，屈法申之。"① 这一事实有可能是梁武帝在某种意义上回应这种刑罚观的体现。当然，其缘由当不止于此。

从上可知，早期佛教以及中土佛教对世俗刑罚主要采取否定态度，尽管其并不绝对否定世俗刑罚，但也未特别重视刑罚的社会功能。这意味着，随着佛教信徒的不断扩张及其对政治影响的深入，中国传统刑罚理念、制度以及执行方式等都有可能受其影响。还需要指出，如前所述，中土佛教的世俗刑罚观在一定程度上也会反受中国传统刑罚观的影响。这种作用是双向的，不应过度夸大佛教世俗刑罚观的影响。

三　佛教对中国传统刑罚制度内容的影响

随着佛教的传播，其对世俗刑罚的否定态度也逐渐为世俗统治者所认同，进而影响到传统刑罚制度。汉文帝十三年（前 167 年）刑罚改革以后，刑罚轻缓化成为中国传统刑罚理念与制度的主要发展趋势。它首先受到儒家恤刑观念的影响。《论语·为政》篇云："道之以政，齐之以刑，民免而无耻；道之以德，齐之以礼，有耻且格。"② 《尧曰》篇又曰："不教而杀谓之虐；不戒视成谓之暴"③。另一方面，随着佛教在中土的兴盛，其刑罚观也逐渐产生重要影响。这种佛教刑罚观同样主张世俗刑罚的轻缓化。《法苑珠林》卷七《六道篇·业因》载："然帝王大臣一切群官不应加其鞭杖、系闭、刑罚乃至夺命。是名根本罪体性相也。何故名为根本重罪？若人作如是行，身坏命终，堕于恶趣。作如是行，是恶道根本，是故名为根本罪也。譬如铁丸，虽掷空中，终不暂住，速疾投地。"④ 在法律儒家化与外来佛教的双重影响下，魏晋南北朝时期刑罚轻缓化的趋势一直持续着，到隋唐时更体现为轻刑恤刑的刑事政策。

---

① （唐）魏徵：《隋书》，中华书局 1973 年版，第 700 页。

② 杨伯峻译注：《论语译注》，中华书局 1980 年版，第 12 页。

③ 杨伯峻译注：《论语译注》，中华书局 1980 年版，第 210 页。

④ （唐）释道世：《法苑珠林校注》，周叔迦、苏晋仁校注，中华书局 2003 年版，第 248 页。

（一）佛教影响中国传统刑罚制度的路径

佛教之所以能够对世俗刑罚理念及制度产生影响，一方面受益于某些著名僧侣的政治影响力，另一方面则与某些统治者对佛教的信仰有关。

就前者而言，佛图澄最为典型。佛图澄（232—348 年）是魏晋南北朝时期的著名高僧。他以慈悲为怀，对刑罚适用持轻缓化态度，并深受十六国时期后赵统治者石勒的器重。《高僧传·佛图澄传》载其言论："帝王之事佛，当在心体恭心顺，显畅三宝，不为暴虐，不害无辜。至于凶愚无赖，非化所迁，有罪不得不杀，有恶不得不刑。但当杀可杀，刑可刑耳。若暴虐恣意，杀害非罪，虽复倾财事法，无解殃祸。"① 在辅佐后赵的过程中，他以慈悲心希望统治者能够慎杀戒杀，保护民众，取得很大效果。《弘明集》卷十一《答宋文皇帝赞扬佛教事》称："前史称西域之俗，皆奉佛敬法。故大国之众数万，小国数百，而终不相兼并。内属之后，习俗颇弊，犹甚淳弱，罕行杀伐。又五胡乱华已来，生民涂炭，冤横死亡者不可胜数。其中设获稣息，必释教是赖。故佛图澄入邺，而石虎杀戮减半；渑池［宝］塔放光，而符健椎锯用息。蒙逊反噬无亲，虐如豺虎，末节感悟，遂成善人；法遻道人，力兼万夫，几乱河、渭，面缚甘死，以赴师厄。此非有他，敬信故也。"② 这段文字首先强调佛教对于戒杀止争的功能，并在此基础上充分肯定佛图澄对推动国家刑罚轻缓化的作用。后世僧侣中也不乏推动世俗刑罚轻缓化的做法，如僧一行就建议唐玄宗实行赦免。《神僧传》卷七《释一行传》载："一行曰：'后魏时失荧惑，至今帝车不见。古所无者，天将大警于陛下也。夫匹夫、匹妇不得其所，则陨霜赤旱。盛德所感乃能退舍，感之切者其在葬枯出系乎。释门以瞑心坏一切善，慈心降一切魔，如臣曲见，莫若大赦天下。'玄宗从之。"③

就后者而言，宋文帝、梁武帝等颇为典型。南朝宋的帝王多有崇信佛教

---

① （梁）释慧皎：《高僧传》，汤用彤校注，中华书局 1992 年版，第 351 页。按：起始句的句读疑为"帝王之事佛当在心，体恭心顺……"

② （南朝梁）僧祐、李小荣校笺：《弘明集校笺》，上海古籍出版社 2013 年版，第 581 页。

③ （明）朱棣：《神僧传》，收入大正新修大藏经刊行会编《大正新修大藏经》第五十册，台北新文丰出版股份有限公司 1986 年版，第 996 页上。

者，其中宋文帝颇具代表性。《高僧传·求那跋摩传》载：

> （宋文帝）因又言曰："弟子常欲持斋不杀，迫以身殉物，不获从志。法师既不远万里，来化此国，将何以教之。"跋摩曰："夫道在心，不在事，法由己，非由人。且帝王与匹夫所修各异，匹夫身贱名劣，言令不威，若不刻己苦躬，将何为用。帝王以四海为家，万民为子，出一嘉言，则士女咸悦；布一善政，则人神以和。刑不夭命，役无劳力，则使风雨适时，寒暖应节，百谷滋繁，桑麻郁茂。如此持斋，斋亦大矣；如此不杀，德亦众矣。宁在阙半日之餐，全一禽之命，然后方为弘济耶。"帝乃抚机叹曰："夫俗人迷于远理，沙门滞于近教，迷远理者，谓至道虚说；滞近教者，则拘恋篇章。至如法师所言，真谓开悟明达，可与言天人之际矣。"①

因为受佛教影响，宋文帝希望能够减少死刑的适用。基于对社会角色与佛教功能之间关系的深刻认识，② 求那跋摩向宋文帝提出，帝王能够少杀慎杀就是大功德。宋文帝对此深表认同。相比于滥用刑罚的帝王，宋文帝在节制刑罚方面颇受好评。《宋书·文帝纪》记载他："及正位南面，历年长久，纲维备举，条禁明密，罚有恒科，爵无滥品。故能内清外晏，四海谧如也。"③ 由此也可以管窥佛教对中国传统刑罚理念的良性影响。

梁武帝是中国历史上最著名的佞佛君主，其刑罚理念也深受佛教影响。《隋书·刑法志》载："武帝年老，厌于万机，又专精佛戒，每断重罪，则终日弗怿"④，揭示梁武帝晚年对刑罚的基本态度。尤其以儒家立场修订的正史《隋书》，将佛教戒律与其对重罪的态度相联系，实际认同佛教戒律对梁武

---

①　（梁）释慧皎：《高僧传》，汤用彤校注，中华书局1992年版，第108页。

②　从前文所引《摩诃僧祇律》卷十九的材料来看，所引国王称："尊者阿难，我知是事，若杀一人罪报甚多，况复五百人？但，是贼数数来，坏我聚落，抄掠人民。若世尊能使是人不复作贼者，可放令活。"在这段话中，该国王显然受佛教报应论的深刻影响，但是却不得不适用刑罚。也就是说，实际上佛祖在某种意义上是认同统治者以刑罚治理国家的，当然如果有其他手段能够达到与刑罚同样的目的，那么也就没必要再使用刑罚。这个案例跟宋文帝与求那跋摩的对话有异曲同工之妙，后者的说法本质上合于佛理。

③　（南朝梁）沈约：《宋书》，中华书局1974年版，第103页。

④　（唐）魏徵等：《隋书》，中华书局1973年版，第701页。

帝刑罚态度的深刻影响。再从具体措施来看，梁武帝曾试图用赎来减轻刑罚的严酷性。《隋书·刑法志》载："梁武帝承齐昏虐之余，刑政多僻。既即位，乃制权典，依周、汉旧事，有罪者赎。"① 由于能够适用赎刑，有罪者常肆无忌惮，严重危害社会治安与政权稳定。因此，《梁书·武帝纪中》天监三年（504 年）下诏废除赎罪之科。② 不过，深受佛教影响的梁武帝在其后又恢复赎刑。《梁书·武帝纪下》载大同十一年（545 年）梁武帝下诏曰："尧、舜以来，便开赎刑，中年依古，许罪身入赀，吏下因此，不无奸猾，所以一日复敕禁断。川流难壅，人心惟危，既乖内典慈悲之义，又伤外教好生之德。《书》云：'与杀不辜，宁失不经。'可复开罪身，皆听入赎。"③ 所谓内典即佛教经典。④ 从这则诏令可以管窥梁武帝因受佛教影响而采取刑罚轻缓化的措施。不仅如此，信奉佛教的梁武帝还通过多次赦免，以免除犯罪者的刑罚。如《梁书·武帝纪下》载："［太清元年（547 年）］三月庚子，高祖幸同泰寺，设无遮大会，舍身，公卿等以钱一亿万奉赎。……夏四月丁亥，舆驾还宫，大赦天下。"⑤《梁书·武帝纪下》载大同四年（538 年）："癸亥，诏以东冶徒李胤之降如来真形舍利，大赦天下。"⑥《梁书·诸夷传》载天监三年："至其月二十七日，高祖又到寺礼拜，设无导大会，大赦天下。"⑦《南史·梁本纪上》载天监十八年（519 年）："夏四月丁巳，帝于无碍殿受佛戒，赦罪人。"⑧《梁书·武帝纪下》载："［中大通元年（529年）秋九月］癸巳，舆驾幸同泰寺，设四部无遮大会，因舍身，王公以下，以钱一亿万奉赎。冬十月己酉，舆驾还宫，大赦，改元。"⑨ 梁武帝因佛教而产生的恩赦可能并不止如此，不过其刑罚适用存在严重问题，正如《隋

① （唐）魏徵等：《隋书》，中华书局 1973 年版，第 697 页。
② （唐）姚思廉：《梁书》，中华书局 1973 年版，第 41 页。
③ （唐）姚思廉：《梁书》，中华书局 1973 年版，第 89 页。
④ 如《梁书·何点传弟胤附传》记载何胤在学习《易》《礼记》《毛诗》等儒家经典之外，"又入钟山定林寺，听内典，其业皆通。"（唐）姚思廉：《梁书》，中华书局 1973 年版，第 725 页。
⑤ （唐）姚思廉：《梁书》，中华书局 1973 年版，第 92 页。
⑥ （唐）姚思廉：《梁书》，中华书局 1973 年版，第 82 页。
⑦ （唐）姚思廉：《梁书》，中华书局 1973 年版，第 791 页。
⑧ （唐）李延寿：《南史》，中华书局 1975 年版，第 197 页。
⑨ （唐）姚思廉：《梁书》，中华书局 1973 年版，第 73 页。

书·刑法志》批评的："（梁武）帝锐意儒雅，疏简刑法，自公卿大臣，咸
不以鞫狱留意。奸吏招权，巧文弄法，货贿成市，多致枉滥。"① 与宋文帝
的刑罚措施相比，虔信佛教的梁武帝所定之刑罚制度的问题颇多，也招致更
多批评。或者可以说，梁朝政权的灭亡，也与其刑罚制度的缺陷存在某些内
在联系。

帝王对佛教的认同也不限于宋文帝、梁武帝。随着佛教在中土的深入发
展，统治者对佛教采取较宽容的态度，相当一部分最高统治者不仅信奉佛
教，还自认是在家佛教徒，甚至受菩萨戒，如宋明帝②、梁武帝③、陈宣
帝④、陈文帝⑤、北齐文宣帝⑥、隋文帝⑦、隋炀帝⑧、唐太宗⑨、武则天、

---

① （唐）魏徵等：《隋书》，中华书局 1973 年版，第 701 页。

② 《出三藏记集》卷十二《法苑杂缘原始集目录序》载有"宋明帝受菩萨戒自誓文第二"之语。
参见（梁）释僧祐《出三藏记集》，苏晋仁、萧錬子点校，中华书局 1995 年版，第 489 页。

③ 《广弘明集》卷二十八《摩诃般若忏文》《金刚般若忏文》载梁武帝均自称"菩萨戒弟子皇
帝"。（唐）道宣：《广弘明集》，收入大正新修大藏经刊行会编《大正新修大藏经》第五十二册，台
北新文丰出版股份有限公司 1986 年版，第 332 页中。又参见谭洁《梁武帝受佛戒及皈依佛门之新
解》，《佛学研究》2010 年总第 19 期。

④ 《广弘明集》卷二十八《胜天王般若忏文》载陈宣帝自称"菩萨戒弟子皇帝"。（唐）道宣：
《广弘明集》，收入大正新修大藏经刊行会编《大正新修大藏经》第五十二册，台北新文丰出版股份
有限公司 1986 年版，第 332 页下。

⑤ 《广弘明集》卷二十八《妙法莲华经忏文》载陈文帝自称"菩萨戒弟子皇帝"。（唐）道宣：
《广弘明集》，收入大正新修大藏经刊行会编《大正新修大藏经》第五十二册，台北新文丰出版股份
有限公司 1986 年版，第 333 页上。

⑥ 《法苑珠林》卷一百《兴福部》载："齐高祖文宣皇帝登祚受禅，于僧郎、稠禅师受菩萨
戒。"（唐）释道世：《法苑珠林校注》，周叔迦、苏晋仁校注，中华书局 2003 年版，第 2893 页。

⑦ 《辩正论》卷三记载隋文帝在"开皇五年（585 年），爰请大德经法师，受菩萨戒"。
（唐）法琳：《辩正论》，收入大正新修大藏经刊行会编《大正新修大藏经》第五十二册，台北新文丰
出版股份有限公司 1986 年版，第 5089 页上。《广弘明集》卷十七《舍利感应记》载隋文帝自称"菩
萨戒佛弟子皇帝某"。（唐）道宣：《广弘明集》，收入大正新修大藏经刊行会编《大正新修大藏经》
第五十二册，台北新文丰出版股份有限公司 1986 年版，第 214 页上。

⑧ 《广弘明集》卷二十二《宝台经藏愿文》载隋炀帝自称"菩萨戒弟子杨广"。《广弘明集》
卷二十七则载有"隋炀帝受菩萨大戒文"。（唐）道宣：《广弘明集》，收入大正新修大藏经刊行会编
《大正新修大藏经》第五十二册，台北新文丰出版股份有限公司 1986 年版，第 257、305 页。

⑨ 《全唐文》卷十《宏福寺施斋愿文》载唐太宗自称"皇帝菩萨戒弟子"。（清）董诰等编：
《全唐文》卷五，中华书局 1983 年版，第 124 页。

唐中宗①、唐睿宗②、唐玄宗③、唐德宗④，等等。作为在家佛教徒，受菩萨戒的帝王在某种意义上有佛教转轮法王的内涵，被认为是佛教的护法王。⑤ 而作为大乘戒律，菩萨戒对杀生、慈悲等有所要求。"菩萨戒经典中处处可见思想约束的重要性。《梵网经》十重四十八轻戒不仅有对身、语二业的约束，还强调菩萨应起常住慈悲心、孝顺心，不能起嗔心、恶心等。"⑥ 帝王自命菩萨戒佛教徒后，当受其相关意识的影响。因此，当在中土兴盛以后，佛教对刑罚轻缓化起到积极作用。

（二）佛教对中国传统刑罚制度的具体影响

佛教的世俗刑罚观不仅在宏观上影响刑罚理念，而且也在微观上对世俗刑罚制度产生很大影响。前文已经提出，梁朝赎刑曾经受到佛教影响。在赎刑发展史上，梁朝赎刑扮演着重要角色，隋唐赎刑深受其影响。⑦ 作为替代刑的赎刑能以钱代刑，本质是一种刑罚轻缓化的表现。除此之外，死刑的变迁、髡刑的消失、行刑制度的变化等都与佛教有不同程度的联系。其中，佛教对髡刑消失、行刑制度的影响已有所论述，⑧ 在此主要分析其对死刑发展的影响。

---

① 《宋高僧传》卷五《恒景传》载："自天后、中宗朝，三被诏入内供养为受戒师。"（宋）赞宁：《宋高僧传》，范祥雍点校，中华书局 1987 年版，第 90 页。

② 《宋高僧传》卷十四《崇业传》载："睿宗圣真皇帝操心履道，敕以旧邸造安国寺，有诏业入承明熏修别殿，为帝授菩萨戒"。（宋）赞宁：《宋高僧传》，范祥雍点校，中华书局 1987 年版，第 342 页。又参见彭瑞花《菩萨戒研究》，博士学位论文，陕西师范大学，2015 年。

③ 《宋高僧传》卷一《不空传》载其："至天宝五载（746 年）还京，……奉敕权止鸿胪。续诏入内立坛，为帝灌顶。"（宋）赞宁：《宋高僧传》，范祥雍点校，中华书局 1987 年版，第 8 页。又参见谢山《唐代佛教兴衰研究》，博士学位论文，河南大学，2014 年。

④ 《宋高僧传》卷十六《道澄传》载："贞元二年（786 年）二月八日，帝于寺受菩萨戒"。（宋）赞宁：《宋高僧传》，范祥雍点校，中华书局 1987 年版，第 388 页。

⑤ 参见郑弌《道成舍利：重读仁寿年间隋文帝奉安佛舍利事件》，《美术研究》2016 年第 3 期。

⑥ 彭瑞花：《菩萨戒研究》，博士学位论文，陕西师范大学，2015 年。

⑦ 参见李勤通《南朝梁的赎刑及其转折意义》，纪宗安、马建春《暨南史学》（第十五辑），广西师范大学出版社 2018 年版，第 9—28 页。

⑧ 前文已经提及李俊强关于佛教对髡刑影响的相关研究。佛教对行刑制度的影响，可以参见刘淑芬《中古的佛教与社会》，上海古籍出版社 2008 年版，第 101—105 页；周东平《论佛教礼仪对中国古代法制的影响》，《厦门大学学报》（哲学社会科学版）2010 年第 3 期；张海峰《唐代法律与佛教》，上海人民出版社 2014 年版，第 110—117 页，等等。

　　魏晋南北朝是从上古刑罚到中古五刑转变的重要时期。比如，秦汉死刑种类有"腰斩""磔""弃市""枭首"等，到此时则趋向轻缓化，并最终定型为绞、斩两种。《晋书·刑法志》载曹魏律"其死刑有三"①，又载《泰始律》"死刑不过三"②。南北朝的死刑逐渐收缩为两种。如《隋书·刑法志》载梁律"弃市已上为死罪，大罪枭其首，其次弃市"③。《魏书·刑罚志》载北魏太武帝命崔浩定律令："分大辟为二科：死，斩；死，入绞。"④ 针对这种变化，冨谷至提出，与秦汉死刑的二重性相比，在南北朝时期形成的斩、绞已经排除对身体的处刑，只保留对生命的处刑。⑤ 这样，死刑的一般预防功能减轻，合乎佛教罪刑自负的观念，⑥ 很可能在发展中受到佛教影响。

　　佛教对死刑的影响也不止于此，唐代一度出现的死刑废除或许也曾受其影响。一般认为，唐玄宗天宝六年（747 年）所下的《南郊推恩制诏》是唐代废除死刑的标志性事件。⑦ 《旧唐书·玄宗本纪下》载："戊子，亲祀圜丘，礼毕，大赦天下，除绞、斩刑，但决重杖。"⑧ 这道诏令在《册府元龟·帝王部·赦宥第五》中有详细记载："朕承大道之训，务好生之德，施令约法，以去极刑，议罪执文，犹存旧目，既措而不用，亦恶闻其名。自今以后，断绞斩刑者，宜除削此条，仍令法官约近例详定处分。"⑨ 其后，唐肃宗、唐宪宗先后对死刑进行部分或全部废除。《册府元龟·刑法部·定律令第四》载肃宗乾元二年（759 年）诏书："刑狱之典，以理人命，死无再

---

　　① （唐）房玄龄等撰：《晋书》，中华书局 1974 年版，第 925 页。

　　② （唐）房玄龄等撰：《晋书》，中华书局 1974 年版，第 929 页。

　　③ （唐）魏徵等：《隋书》，中华书局 1973 年版，第 698 页。

　　④ （北齐）魏收：《魏书》，中华书局 2017 年版，第 3130 页。

　　⑤ ［日］冨谷至：《前近代中国的死刑论纲》，周东平译，《法制史研究》第 14 期，2008 年 6 月。

　　⑥ 参见周东平、姚周霞《论佛教对中国传统法律中罪观念的影响》，《学术月刊》2018 年第 2 期。

　　⑦ 参见石冬梅《略论唐代废除死刑的尝试》，《贵州社会科学》2009 年第 11 期；王谋寅《唐玄宗废死刑新论》，《广东社会科学》2018 年第 3 期。

　　⑧ （后晋）刘昫等：《旧唐书》，中华书局 1975 年版，第 221 页。又参见 ［法］杰罗姆·布尔贡《中国古代废除死刑论的得与失》，李滨译，《环球法律评论》2014 年第 6 期。

　　⑨ （宋）王钦若等：《册府元龟》，周勋初等校订，凤凰出版社 2006 年版，第 949 页。亦可参见王文锦等点校《通典》卷一百七十八《刑法八》，中华书局 1988 年版，第 4414 页。

生之路，法有哀矜之门。是以讼必有孚，刑期不用，周穷五听，天下所以无冤，汉约三章，万人以之胥悦。言念钦恤，用谐丕变。自今以后，诸色律令、杀人、反逆、奸盗及造伪十恶外，自余烦冗，一切删除。"① 《旧唐书·刑法志》载宪宗元和八年（813 年）诏："两京、关内、河东、河北、淮南、山南东西道死罪十恶、杀人、铸钱、造印，若强盗持仗劫京兆界中及它盗赃逾三匹者，论如故。其余死罪皆流天德五城，父祖子孙欲随者，勿禁。"②

关于唐代曾经废除死刑的原因，学界主要有四种观点：第一，曾我部静雄认为主要受儒家影响而成；③ 第二，邱兴隆、张海峰等认为主要受佛教影响而成；④ 第三，王谋寅认为可能是受道教影响而成；⑤ 第四，石冬梅认为唐代废除死刑的原因，包括粉饰太平、戍边等⑥。这些观点存在不同程度的问题。首先，在儒家知识分子看来，大幅减刑的做法虽有粉饰太平、比肩周文武之意，但与儒家理念仍有不同。故《新唐书·刑法志》载："盖刑者，政之辅也。政得其道，仁义兴行，而礼让成俗，然犹不敢废刑，所以为民防也，宽之而已。今不隆其本、顾风俗谓何而废常刑，是弛民之禁、启其奸，由积水而决其防。故自玄宗废徒杖刑，至是又废死刑，民未知德，而徒以为幸也。"⑦ 其次，石冬梅的观点有一定说明力，但没有重视精神内核。最后，张海峰、王谋寅等虽然观点不同，但依据都是"承大道之训，务好生之德"这句话。这句话从儒释道三种理论资源中都可以得到一定的解释。而且无论大道⑧还是好生之德⑨都是儒家理论中的常见元素。仅从此处入手，很难说

---

① （宋）王钦若等：《册府元龟》，周勋初等校订，凤凰出版社 2006 年版，第 7070 页。

② （宋）欧阳修、宋祁：《新唐书》，中华书局 1975 年版，第 1417 页。

③ 参见 ［日］曾我部静雄《中国律令史の研究》，吉川弘文馆 1971 年版，第 83—93 页。

④ 参见邱兴隆主编《比较刑法》第一卷，中国检察出版社 2001 年版，第 13 页；张海峰《唐代法律与佛教》，上海人民出版社 2014 年版，第 132—134 页。

⑤ 参见王谋寅《唐玄宗废除死刑新论》，《广东社会科学》2018 年第 3 期。

⑥ 参见石冬梅《略论唐代废除死刑的尝试》，《贵州社会科学》2009 年第 11 期。

⑦ （宋）欧阳修、宋祁：《新唐书》，中华书局 1975 年版，第 1417 页。

⑧ 如《礼记·礼运》谓："大道之行也，天下为公"。杨天宇：《礼记译注》，上海古籍出版社 2004 年版，第 269 页。

⑨ 如《尚书·大禹谟》谓："与其杀不辜，宁失不经。好生之德，洽于民心，兹用不犯于有司。"（汉）孔安国传，（唐）孔颖达正义：《尚书正义》，黄怀信整理，上海古籍出版社 2007 年版，第 130 页。

唐代废除死刑究竟受儒释道三家中谁的影响。笔者以为其中佛教的影响可能较大，这不仅由于佛教在禁杀问题上有远超另外两家的诉求，而且还基于如下两个证据。

第一，无论唐玄宗天宝六年的废死诏还是唐肃宗乾元二年的废死诏，都与这两位皇帝受菩萨戒或灌顶的时间密切相关。前文已经指出，《宋高僧传·不空传》载唐玄宗于天宝五年受菩萨戒，同传亦载不空于"乾元中……为帝受转轮王位七宝灌顶"①。乾元年号历经三年，乾元中或是乾元二年。作为唐玄宗、唐肃宗、唐代宗三代帝师的不空，不仅对政治有所关注，② 而且善于运用自己的影响力推动君主的作为。《全唐文》卷三百七十二《大唐兴善寺大广智不空三藏和尚碑铭（并序）》："每斋戒留中，导迎善气，登礼皆答，福应较然，温树不言，莫可记已。"③ 从所谓"导迎善气"等表述中，可以看出不空的影响。虽然难知不空如何影响君主，但他曾经在唐代宗时翻译《仁王护国经》《王法政论经》。如《王法政论经》称王之过失有十，其中"云何名王不顾善法？谓：有国王不信因果，不悟当来善不善业人天果报，随情造作身、语、意业三种恶行，不能以时惠施修福、持斋学戒"④。按照佛教因果学说，死刑的存在可能会给君主带来恶报。当不空以自己的理念影响君主时，这些很可能成为唐玄宗等人废除死刑的重要思想基础。当然，比唐玄宗和唐肃宗更崇佛的唐宪宗更可能受佛教影响。

第二，唐玄宗《南郊推恩制诏》中的某些内容也有助于理解影响它产生的理论资源。该诏书载："祭祀之典，牺牲所备，将有达于虔诚，盖不资于广杀。况牛之为畜，人实有赖，既功施于播种，亦力被于车舆，此比余生，尤可矜悯。但前圣有作，难为尽废，明神克享，亦在深仁。自今已后，每大祭祀应用驲犊，宜令所司量减其数，仍永为常式。"⑤ 祭祀在儒家传统中功能极为重要。《论语·八佾》载："子贡欲去告朔之饩羊。子曰：赐也！

①　（宋）赞宁：《宋高僧传》，范祥雍点校，中华书局 1987 年版，第 9 页。

②　参见吕建福《论不空的政教思想》，《世界宗教研究》2010 年第 4 期。

③　（清）董诰编：《全唐文》，中华书局 1983 年版，第 3783 页。

④　（唐）不空译：《佛为优填王说王法政论经》，收入《中华大藏经》编辑局编《中华大藏经》（汉文部分）第六十六册，中华书局 1993 年版，第 190 页上。

⑤　（宋）王钦若等：《册府元龟》，周勋初等校订，凤凰出版社 2006 年版，第 950 页。

尔爱其羊，我爱其礼。"① 吉礼为五礼之首，不可缺的一部分就是祭品如仪。但唐玄宗的诏书强调"不资于广杀"，并命令祭祀用的骍犊要削减，且定为永制。这与孔子"我爱其礼"的做法相悖。而且诏书所谓"前圣有作，难为尽废"，明确认识到削减祭品的做法与儒家礼法不合。但这种少杀做法与佛教观念相合，且在北魏孝文帝、南朝梁武帝时就已出现。② 由此观之，《南郊推恩制诏》内含深厚的佛教理念，废死刑的做法应与之有无法忽视的联系。

因此，唐代数次废除死刑的实践应当说深受佛教影响，甚至可以说自魏晋南北朝以来的死刑变革在不同层面上受到佛教影响。这一做法也顺应了自汉文帝十三年（前 167 年）改革刑制以来刑罚轻缓化的趋势。

当然，在观察佛教推动传统刑罚制度轻缓化的同时，也要看到佛教的地狱刑罚观对法外酷刑泛滥曾起到的推动作用。③ 佛教地狱刑罚观与世俗刑罚观有一定差异，这种刑罚观更重视罪刑的对应，并且强调其报应的正当性。同时，地狱刑罚观在刑罚种类与手段上也较世俗刑罚更为严酷，这也可能产生深远影响。正如沈家本引致堂胡氏所言："自古酷刑，未有甚于武后之时，其技与其具皆非人理，盖出于佛氏地狱之事也。佛之意本以怖愚人，使之信也，然其说自南北朝澜漫至唐，未有用以治狱者，何独言武后之时效之也？佛之言在册，知之者少，行于绘画，则人人得见，而惨刻之吏智巧由是滋矣。阎立本图《地狱变相》，至今尚有之。况当时群僧得志，绘事偶像之盛从可知矣。是故惟仁人之言其利博，佛本以善言之，谓治鬼罪于幽阴间耳，不虞其弊使人真受此苦也。吁！亦不仁之甚矣。"④ 佛教地狱刑罚观本来具有教育刑意义，但其负面作用却启发世人尤其是官吏对严刑的想象。这大概并非佛教本意，客观上却造成不利影响。

---

① 杨伯峻：《论语译注》，中华书局 1980 年版，第 29 页。

② 参见刘淑芬《中古的佛教与社会》，上海古籍出版社 2008 年版，第 79—81 页。

③ 参见王晶波《佛教地狱观念与中古时期的法外酷刑》，《敦煌学辑刊》2007 年第 4 期。另一方面，司法官吏顾虑阴德报应，为追求一己之福也会在适用刑罚时宽纵罪犯。"有司法者认为能救人一命，胜造七级浮屠，轻判死刑犯也是积累阴德，获得福报的方式。更有甚者，通过做功德的方式洗清罪恶，抵消因滥施刑罚获得的业报。"陈义和：《佛教与宋代法律》，中国政法大学出版社 2015 年版，第 48 页。

④ （清）沈家本：《历代刑法考》，邓经元、骈宇骞点校，中华书局 1985 年版，第 515 页。

为维护信仰的纯洁和吸收信众，佛教在发展过程中逐渐形成自己的处罚观乃至地狱处罚观。但是基于慈悲观的根本性，佛教对世俗刑罚采取较为谨慎的态度。无论是刑罚设定的否定主义，还是刑罚功能的怀疑主义，都意味着佛教对世俗刑罚采取审视态度，不主张通过国家刑罚权来实现社会治理的目的。从这一角度出发，佛教的刑罚观可谓十分超前。而佛教的这种刑罚观正好顺应了中国传统刑罚发展的轻缓化趋势，对从严酷的上古刑罚转向相对缓和的中古刑罚起到一定的推动作用，甚至曾经一度推动唐代死刑的废除。但是，由于中国传统社会治理模式仍以儒法理念为主，佛教对中国传统刑罚的推动又是相对有限的。

四　佛教对中国传统刑罚方式的影响——髡刑的形成及其消失

在中国古代刑罚制度中，髡刑曾经占据重要地位，但其最终在魏晋南北朝时期消失。这一现象的出现与佛教有极为密切的关系。所谓髡，《说文解字》卷九《髟部》载："髡，剃发也。"[1]《说文解字》卷九《髟部》载："发，头上毛也。各本作'根也'。"[2] 以髡发为刑即是髡刑，是中国传统刑罚中的异类。髡刑争议由来已久，主要涉及髡刑的本质、髡刑的存在、髡刑的执行方式、髡刑的消失等。[3] 总的来说，这些研究以细节考据为主，缺乏

---

[1]　（汉）许慎撰，（清）段玉裁注：《说文解字注》，许惟贤整理，凤凰出版社 2015 年版，第 750 页。

[2]　（汉）许慎撰，（清）段玉裁注：《说文解字注》，许惟贤整理，凤凰出版社 2015 年版，第 754 页。

[3]　参见刘海年《秦律刑罚考析》，中华书局编辑部《云梦秦简研究》，中华书局 1981 年版；杨广伟《"完刑"即"髡刑"术》，《复旦学报》（社会科学版）1986 年第 2 期；张全民《髡、耐、完刑关系辨析》，《湘潭大学社会科学学报》2001 年第 5 期；刘洋《"髡刑"的法人类学考察》，《云南大学学报》（法学版）2008 年第 6 期；陈玲、张红岩《汉代髡钳城旦刑考略》，《青海民族大学学报》（社会科学版）2010 年第 3 期；李俊强《从佛教史的角度看髡刑的废除》，《湘潭大学学报》（哲学社会科学版）2014 年第 2 期；[日] 富谷至《秦汉刑罚制度研究》，柴生芳等译，广西师范大学出版社 2006 年版，第 88 页。

相对宏观的思考。因此，何以髡发能够成为一种刑罚，又是何种刑罚，且是如何消失的？这些问题仍然有待厘清。以下尝试分析髡发何以成为专门刑罚、髡刑的转变及其消失等问题，以便对髡刑作更全面的解读，并在此基础上探讨佛教对中国传统刑罚制度变革的影响。

（一）作为牺牲的髡发

髡刑的出现与头发的意义有密切关系，损毁头发是一种原始禁忌。而且这种观念在初民社会多有且颇为相似。弗雷泽指出："既然头部被看得如此神圣，碰它一下也是严重的触犯，那么，很显然，修剪头发也就成了很细致很不简单的操作了。在原始人的眼光看来，这种操作的困难和危险有两种。首先，理发时有可能干扰头部神灵，损伤了它，有受到愤怒惩罚的危险。其次，难以处理剪下来的头发。因此，原始人相信自己身体各个部分同自己有着触染关系，即使那个部分已从身上脱离出来，这种触染关系仍然存在，因此，这些部分，如剪下的头发和指甲，倘受损害，也会损害自己，所以，很注意不让它们丢在容易受损害的地位或落到坏人手中被施加巫术以为害于己。"① 基于交感巫术的认知，初民社会认为头发与人的整体有密切关系，施于头发的行为会对人的整体产生影响。故头发以及须、爪等成为牺牲或者可被施加巫术的对象。

中国古代也有类似思维。《吕氏春秋·季秋纪》载："昔者汤克夏而正天下，天大旱，五年不收，汤乃以身祷于桑林，曰：'余一人有罪，无及万夫。万夫有罪，在余一人。无以一人之不敏，使上帝鬼神伤民之命。'于是翦其发，䃺其手，以身为牺牲，用祈福于上帝，民乃甚说，雨乃大至。则汤达乎鬼神之化，人事之传也。"② 尽管故事本身可能是后人附会的产物，却能够说明，头发可以作为牺牲甚至代替人为牺牲的思维由来已久。而头发之所以被认为能够起到与人祭相同的效果，本质就在于头发与人整体的内在联系。"照发爪巫术来看，头发和指甲（爪）代表一个人的生命，所以成汤剪

---

① ［英］J. G. 费雷泽：《金枝》，王培基等译，商务印书馆 2012 年版，第 380 页。
② （战国）吕不韦编，许维遹集释：《吕氏春秋集释》，梁运华整理，中华书局 2009 年版，第 200—201 页。

断他的头发和指甲拿去祭祀天，就等于是将一个人的生命牺牲了去祭祀一样"①。故《淮南子·修务训》云："汤旱，以身祷于桑山之林。"② 《淮南子》省去《吕氏春秋》中的剪去头发等程序，只写以"身"祈祷，这就直接用"身"这一概念代替"翦其发，磨其手"的做法，反映出中国古人将翦发视同身体处置的理念。交感巫术的原理具有跨越时空性，能够解释不同民族不同社会的相似现象。

以头发作为牺牲的思维或者做法也见于其他早期传说。比较有名的如干将莫邪铸剑之事。《吴越春秋·阖闾内传》载：

> 干将作剑，采五山之铁精，六合之金英，候天伺地，阴阳同光，百神临观，天气下降，而金铁之精不销沦流。于是干将不知其由。莫邪曰："子以善为剑闻于王，使子作剑。三月不成，其有意乎？"干将曰："吾不知其理也。"莫邪曰："夫神物之化，须人而成，今夫子作剑，得无得其人而后成乎？"干将曰："昔吾师作冶，金铁之类不销，夫妻俱入冶炉中，然后成物。至今后世，即山作冶，麻绖蓑服，然后敢铸金于山。今吾作剑，不变化者，其若斯耶？"莫邪曰："先师亲烁身以成物，吾何难哉！"于是干将妻乃断发剪爪投于炉中，使童女童男三百人鼓橐装炭，金铁乃濡，遂以成剑。阳曰干将，阴曰莫耶。阳作龟文，阴作漫理。③

这个故事的神话色彩比较浓厚，但也能说明，在古人心目中头发与人之整体存在内在关系的认识具有普遍性。

后世一定程度上继承了这些巫术理念。其中，曹操割发代首极为典型。《三国志·魏书·武帝纪》引裴松之注曰："常出军，行经麦中，令'士卒无败麦，犯者死'。骑士皆下马，付麦以相持，于是太祖马腾入麦中，敕主簿议罪；主簿对以《春秋》之义，罚不加于尊。太祖曰：'制法而自犯之，

---

① 高国藩：《中国巫术通史》，凤凰出版社 2015 年版，第 160 页。

② 何宁撰：《淮南子集释》，中华书局 1998 年版，第 1317—1318 页。

③ （汉）赵晔：《吴越春秋校注》，张觉校注，岳麓书社 2006 年版，第 59 页。

何以帅下？然孤为军帅，不可自杀，请自刑。'因援剑割发以置地。"① 从现代思维来看，曹操有避重就轻之嫌，但古人对此持肯定态度。如《旧唐书·魏元忠传》称："故商君移木以表信，曹公割发以明法，岂礼也哉，有由然也。"② 在唐人观念中，曹操割发代首与商鞅悬金移木具有相似性，说明其行为因其诚信而受到肯定。这种视头发与头为同一的做法，虽有军法的外在形式，但显然受到巫术理念的影响。作为巫术继承的髡发，又如《魏书·崔浩传》载："初，浩父疾笃，浩乃剪爪截发，夜在庭中仰祷斗极，为父请命，求以身代，叩头流血，岁余不息，家人罕有知者。"③ 再如《资治通鉴》卷二百二十七《唐纪四十三》"德宗建中三年（782 年）正月"条亦载："（田悦）乃与诸将各断发，约为兄弟，誓同生死。"④

　　头发不仅被用于正面祈求神灵，也能作为巫蛊的方式。《太平御览》卷三百六十五《人事部六》："《典论》曰：袁绍妻刘性妒忌。绍死，其尸未殡，杀其妾五人。恐死者有知，皆髡发黑面。"⑤ 《三国志·魏书·袁绍传》引裴松之注云："遂放兵钞拨，屠城杀吏，交尸盈原，裸民满野，或有髡剃发肤，割截支体，冤魂痛于幽冥，创痍号于草棘。"⑥ 虽然后者并未直接体现巫蛊的色彩，但与袁绍妻将袁绍妾髡发的目的相同，髡发都被认为能够与人死后的状况产生联系，这与巫蛊的做法和目的极为相似。再如《敦煌变文集新书》卷五《伍子胥变文》载："子胥祭祀讫，回兵行至阿姊家，捉得两个外甥子安子永，兀（髡）其头，截其耳，打却前头双板齿。'我昔逃逝从乞食，捉我欲送楚平王。今日雠之，愿汝永为奴仆。'"⑦ 虽然髡发与人的身份降等有关，但伍子胥髡发的目的确实带有诅咒性质，即诅咒两个外甥"永为奴仆"。这里面有强烈的巫蛊色彩，说明故事创作者对头发的认识带

① （晋）陈寿：《三国志》，中华书局 1959 年版，第 55 页。
② （后晋）刘昫：《旧唐书》，中华书局 1975 年版，第 2950 页。
③ （北齐）魏收：《魏书》，中华书局 2017 年版，第 900 页。
④ （宋）司法光撰，（元）胡三省注：《资治通鉴》，点校资治通鉴小组点校，中华书局 1956 年版，第 7315 页。
⑤ （宋）李昉：《太平御览》，中华书局 1966 年版，第 1681 页上。
⑥ （晋）陈寿：《三国志》，中华书局 1959 年版，第 204—205 页。
⑦ 潘重规编：《敦煌变文集新书》，文津出版社 1994 年版，第 854 页。

有深重的原始色彩。而头发的这些功能，不仅说明其重要性，而且说明这些理念深入人心。

在这些事例中，头发都作为祈愿、誓言、巫蛊的牺牲而存在，体现出头发与身体密切相关的原始观念仍在延续。故而，尽管头发损伤对个人来说难以造成根本伤害，与一般的肉刑有明显区别，但损伤头发在象征意义上仍然具有鲜明的处罚意义。这就使髡发成为刑罚具有理念上的可接受性。不过，由于中国地域广大与民族众多，髡发并非总被认为具有伤害性，某些情况下，其还作为风俗存在。

（二）作为风俗的髡发

在古代中国，并非所有的地域和民族都有留发传统。相当一部分民族以髡发为风俗。① 不过，随着中原王朝的逐渐强大，这些少数民族也或多或少地受中原文化的影响，渐渐移风易俗。当然，类似清朝这种强行要求汉族剃发以仿少数民族的极端做法也存在。

先秦时期，髡发或断发风俗以吴越为典型。② 《礼记·王制》载："东方曰夷，被发文身，有不火食者矣。"③ 《春秋穀梁传·哀公十三年》载："吴，夷狄之国也，祝发文身。"④ 《史记·周本纪》载："长子太伯、虞仲知古公欲立季历以传昌，乃二人亡如荆蛮，文身断发，以让季历。"⑤ 张守节正义曰："太伯奔吴，所居城在苏州北五十里常州无锡县界梅里村，其城及冢见存。而云'亡荆蛮'者，楚灭越，其地属楚，秦灭楚，其地属秦，秦讳'楚'，改曰'荆'，故通号吴、越之地为荆。及北人书史加云'蛮'，势之

---

① 参见林沄《髡发种种》，《中国典籍与文化》1993 年第 3 期。

② 参见田继周《先秦民族史》，四川民族出版社 1996 年版，第 361、367 页。

③ （汉）郑玄注，（唐）孔颖达正义：《礼记正义》，吕友仁整理，上海古籍出版社 2008 年版，第 537 页。

④ （清）阮元校刻：《十三经注疏》（清嘉庆刊本）第五册《春秋穀梁传》，中华书局 2009 年版，第 5324 页。

⑤ 该故事在《论衡·四讳》中记载得最为详细，文曰："昔太伯见王季有圣子文王，知太王意欲立之，入吴采药，断发文身，以随吴俗。太王薨，太伯还，王季辟主。太伯再让，王季不听。三让，曰：'吾之吴、越，吴越之俗，断发文身。吾刑余之人，不可为宗庙社稷之主。'王季知不可，权而受之。"黄晖撰：《论衡校释（附刘盼遂集解）》，中华书局 1990 年版，第 972 页。

然也。"裴骃集解引应劭曰:"常在水中,故断其发,文其身,以象龙子,故不见伤害。"① 这段记载被认为是太伯、虞仲跑到后世吴国所在地,并入乡随俗、断发文身的历史。② 史籍中,越国也有断发文身的习俗。《史记·太史公自序》载:"少康之子,实宾南海,文身断发,鼋鳝与处,既守封、禺,奉禹之祀。"③《史记·越王句践世家》载:"越王句践,其先禹之苗裔,而夏后帝少康之庶子也。封于会稽,以奉守禹之祀。文身断发,披草莱而邑焉。后二十余世,至于允常。"④ 这里所谓被发、祝发、断发,皆指不结发而剪短的样子,是典型的夷狄风俗。这种状态到战国也未改变。《庄子·内篇》载:"宋人资章甫而适诸越,越人断发文身,无所用之。"⑤ 显然,吴越地区在先秦就有断发风俗,与周文化有明显区别。但随着各少数民族受周文化的影响,髡发风俗至少在国家层面有消失倾向。如《吴越春秋·夫差内传》载:"于是吴王谓被离曰:'汝尝与子胥论寡人之短。'乃髡被离而刑之。"⑥ 吴王夫差对被离髡而刑之,说明髡发在当时的吴国已经成为刑罚,与此前将断发视为风俗差别显著。

此外,有的少数民族也有髡发风俗。《后汉书·乌桓鲜卑列传》载:"乌桓者……父子男女相对踞蹲。以髡头为轻便。妇人至嫁时乃养发,分为髻,著句决,饰以金碧,犹中国有簂步摇。"⑦ 又曰:"鲜卑者……其言语习俗与乌桓同。唯婚姻先髡头,以季春月大会于饶乐水上,饮讌毕,然后配合。"⑧ 可以看出,北方少数民族与南方少数民族一样,都有髡发习俗。因此,《旧唐书·音乐志二》称:"南蛮、北狄国俗,皆随发际断其发,今舞

---

① (汉)司马迁:《史记》,中华书局 2014 年版,第 149—150 页。

② (晋)孙绰《喻道论》所谓"周之泰伯,远弃骨肉,托迹异域,祝发文身,存之不反,而论称至德,书著大贤",即此意。(南朝梁)僧祐、李小荣校笺:《弘明集校笺》,上海古籍出版社 2013 年版,第 155 页。

③ (汉)司马迁:《史记》,中华书局 2014 年版,第 4016 页。

④ (汉)司马迁:《史记》,中华书局 2014 年版,第 2099 页。

⑤ (晋)郭象注,(唐)成玄英疏:《庄子注疏》,曹础基、黄兰发整理,中华书局 2011 年版,第 18 页。

⑥ (汉)赵晔:《吴越春秋校注》,张觉校注,岳麓书社 2006 年版,第 133 页。

⑦ (南朝宋)范晔:《后汉书》,中华书局 1965 年版,第 2979 页。

⑧ (南朝宋)范晔:《后汉书》,中华书局 1965 年版,第 2985 页。

者咸用绳围首，反约发杪，内于绳下。"① 其中，鲜卑族是北魏政权的源头，北魏建立后，仍然可见其与断发习俗的关系。如《魏书·崔光传崔鸿附传》载："太祖道武皇帝以神武之姿，接金行之运，应天顺民，龙飞受命……儋耳、文身之长，卉服、断发之酋，莫不请朔率职，重译来庭。隐愍鸿济之泽，三乐击壤之歌，百姓始得陶然苏息，欣于尧舜之世。"② 所谓"卉服、断发之酋"，就是指依附于北魏的有断发风俗的少数民族，这说明北魏政权与断发风俗之间存在密切联系。同时，这也意味着，北魏的髡发很难产生类似中原的文化与法律意义。

"黥面文身"的夷狄习俗甚至远被海东的日本。《三国志·魏书·东夷传》记载邪马台国的习俗："男子无大小皆黥面文身。自古以来，其使诣中国，皆自称大夫。夏后少康之子封于会稽，断发文身以避蛟龙之害。今倭水人好沈没捕鱼蛤，文身亦以厌大大鱼水禽，后稍以为饰。"③

以髡发为风俗，不仅反映出髡发意义的多元性，而且意味着随着政权更迭，不同统治者对于以髡发作为刑罚有不同的接受度，少数民族政权尤其如此。魏晋南北朝时期髡刑的消失，与有髡发风俗的北魏关系甚大。这些断发传统，很可能使继承北魏的北周能够更容易接受髡刑的消失。总的来说，中国传统文化中，既有接受髡刑的要素，也有排斥髡刑的要素。

（三）作为卑贱象征的髡发

由于头发的重要性，髡发就被中国传统视为损毁身形的方式，进而在某些情况下成为卑贱者的象征。但这种髡发与身份的联系起于何时犹未可知。《春秋公羊传·文公元年》载："冬，十月，丁未，楚世子商臣弑其君髡。"④《春秋左传·成公十七年》："夏五月，郑大子髡顽、侯獳为质于楚，楚公子成、公子寅戍郑。"⑤《史记·卫康叔世家》载："康叔卒，子康伯代

---

①　（后晋）刘昫：《旧唐书》，中华书局 1975 年版，第 1071 页。

②　（北齐）魏收：《魏书》，中华书局 2017 年版，第 1633—1634 页。

③　（晋）陈寿：《三国志》，中华书局 1982 年版，第 855 页。

④　刘尚慈译注：《春秋公羊传译注》，中华书局 2010 年版，第 280 页。

⑤　《十三经注疏》整理委员会整理，李学勤主编：《十三经注疏·春秋左传正义》卷二十八《成公十七年》，北京大学出版社 2000 年版，第 910 页。

立。"司马贞索隐云:"系本康伯名髡。"① 国君及其子嗣皆用髡为名,似乎此时的髡未被视为卑贱者的象征。不过先秦时期命名已有取贱名的现象,这个论断未必准确。当然,作为卑贱者象征的髡在先秦时就已经出现,甚至在特定历史时期,凡奴婢等皆需髡发。

中国古代很早就有戴假发的习俗,② 奴婢的头发是假发来源之一。《仪礼·少牢馈食礼》载:"主妇被锡"。郑玄注:"被锡,读为髲鬄。古者或剔贱者刑者之发,以被妇人紒为饰,因名髲鬄焉。"③ 由于奴婢和刑徒的头发是假发来源,被髡就成为一件受辱之事。《春秋左传·哀公十七年》载:"戎州人攻之,大子疾、公子青逾从公,戎州人杀之。公入于戎州己氏。初,公自城上见己氏之妻发美,使髡之,以为吕姜髢,既入焉,而示之璧,曰:'活我,吾与女璧。'己氏曰:'杀女,璧其焉往?'遂杀之而取其璧。"④ 己氏的妻子被髡而受辱,所以卫庄公受难进入己氏地盘后,被己氏杀死。这可能是己氏为报复卫庄公带给自己的羞辱而采取的行动。当然,奴婢不仅是假发来源,更被施加髡发以标记为卑贱。

奴婢被髡发作为卑贱者象征的做法始自先秦。《史记·滑稽列传》载:"淳于髡者,齐之赘婿也。"⑤ 一般认为,赘婿在当时的身份比较低贱。⑥《六韬·犬韬·练士》载:"赘婿人虏,欲掩迹扬名者,聚为一卒,名曰励钝之士。"⑦ 因此,被髡可能就是对淳于髡低贱者出身的标识。秦汉时期,为人奴婢而被髡者多见。如《史记·张耳陈余列传》载:"贯高与客孟舒等十余人,皆自髡钳,为王家奴,从来。"⑧《史记·季布栾布列传》亦载:"及项羽灭,高祖购求布千金,敢有舍匿,罪及三族。季布匿濮阳周氏。周

① (汉)司马迁:《史记》,中华书局 2014 年版,第 1924 页。

② 参见剑艺、万禄《我国古代的假发》,《民俗研究》1995 年第 1 期。

③ (汉)郑玄传,(唐)贾公彦疏:《仪礼注疏》,王辉整理,上海古籍出版社 2008 年版,第 1471 页。

④ 《十三经注疏》整理委员会整理,李学勤主编:《十三经注疏·春秋左传正义》卷六十《哀公十七年》,北京大学出版社 2000 年版,第 1957 页。

⑤ (汉)司马迁:《史记》,中华书局 2014 年版,第 3885 页。

⑥ 参见文霞《秦汉奴婢的法律地位》,社会科学文献出版社 2016 年版,第 99 页。

⑦ 曹胜高、安娜译注:《六韬·鬼谷子》,中华书局 2007 年版,第 212 页。

⑧ (汉)司马迁:《史记》,中华书局 2014 年版,第 3135 页。

氏曰：'汉购将军急，迹且至臣家，将军能听臣，臣敢献计；即不能，愿先自刭。'季布许之。迺髡钳季布，衣褐衣，置广柳车中，并与其家僮数十人，之鲁朱家所卖之。"① 髡钳奴婢的做法到东汉末期仍然存在。如 1978 年山东诸城发现的一座汉代晚期画像石墓中就有幅"髡笞图"，其中描绘了当时主人对奴婢髡发的场景。② 这种以髡发作为低贱者象征的做法影响深远。如《晋书·后妃传上》载："庞临刑，太后抱持号叫，截发稽颡，上表诣贾后称妾，请全母命，不见省。"③ 晋惠帝的皇后贾南风诬陷晋武帝的皇后杨芷之父杨骏谋逆，牵连其母庞氏。杨芷自断其发、下跪叩首，向贾南风称妾，希望能够救自己的母亲。将髡发、叩首、称妾等并列，说明髡发在当时是卑贱者象征。当然，魏晋南北朝时期可能是奴婢被髡发的晚期。《魏书·高崇传高谦之附传》载："谦之与袁翻、常景、郦道元、温子升之徒，咸申款旧。好于赡恤，言诺无亏。居家僮隶，对其儿不挞其父母，生三子便免其一，世无髡黥奴婢，常称俱禀人体，如何残害。"④ 高谦之等人善待奴婢，不再髡黥私家奴婢，尽管这些仅具个案意义，但也能看出社会对待髡发态度演变的趋势。

　　由于奴婢髡发在早期的普遍性，髡发反过来也成为卑贱者的象征，进而成为身份象征。一旦发生身份降等情形，那么髡发就成为常见的附随性做法。事实上，中国古代刑罚很多时候与身份等级有联系，身份降等很多时候也被视为一种专门刑罚。如《春秋左传·襄公二十三年》载："初，斐豹，隶也，著于丹书。"杜预注："盖犯罪没为官奴，以丹书其罪。"⑤ 其后，历代也多有以身份降等为刑罚的做法，尤其在家属从坐方面。这样，身份减等是一种刑罚，而髡发是身份减等的象征，那么这两者就被联系起来。同时，髡发还带有一定羞辱性。⑥ 因此，髡刑不仅是对身体的象征性惩罚，而且也

---

① （汉）司马迁：《史记》，中华书局 2014 年版，第 3305 页。
② 参见黄展岳《记凉台东汉画像石上的"髡笞图"》，《文物》1981 年第 10 期。
③ （唐）房玄龄等撰：《晋书》，中华书局 1974 年版，第 956 页。
④ （北齐）魏收：《魏书》，中华书局 2017 年版，第 1847 页。
⑤ 《十三经注疏》整理委员会整理，李学勤主编：《十三经注疏·春秋左传正义》卷三十五《襄公二十三年》，北京大学出版社 2000 年版，第 1136 页。
⑥ 参见范依畴《羞辱性刑罚：传统价值及其现代复兴》，《政法论坛》2016 年第 2 期。

有标记受刑者的卑贱身份并耻辱之的意义。在这两种意义上，髡刑才能成为中国古代的刑罚方式。

（四）作为刑罚的髡发

髡作为刑罚名，先秦时并未出现。屈原《楚辞·涉江》曰："接舆髡首兮。"部分学者认为这是先秦有髡刑的证明。① 但王逸章句云："接舆，楚狂接舆也。髡，剔也。首，头也，自刑身体，避世不仕也。"② 亦即接舆是自主毁发而非因受刑。再如前文所引《仪礼》"古者或剔贱者刑者之发，以被妇人紒为饰"，这句话只能说明当时刑徒可能会被髡发，而不能说明髡作为独立刑罚存在。虽然《周礼·秋官·司寇》载："墨者使守门，劓者使守关，宫者使守内，刖者使守囿，髡者使守积。"③ 但《周礼》的成书年代一般被认为不是西周。它虽然能够在一定程度上反映周制，但这些细节性描述的真实性令人生疑。

秦代的髡刑记载，主要来自传世文献。《史记·秦始皇本纪》载："令卜三十日不烧，黥为城旦。"集解引如淳曰："律说'论决为髡钳，输边筑长城，昼日伺寇虏，夜暮筑长城'。城旦，四岁刑。"④ 卫宏《汉旧仪》载："秦制……凡有罪，男髡钳为城旦，城旦者，治城也；女为舂，舂者，治米也，皆作五岁。"⑤ 在出土秦律中，虽然可以复原较完整的刑罚体系，但没有见到髡刑。当然，出土秦简中有出现髡字，如睡虎地秦简《法律答问》

---

① 参见刘洋《"髡刑"的法人类学考察》，《云南大学学报》（法学版）2008 年第 6 期。

② （汉）王逸：《楚辞章句》，四部丛刊景明翻宋本。而且因为时代原因，屈原对接舆是否了解也未可知。《论语·微子》载："楚狂接舆歌而过孔子之门。"杨伯峻译注：《论语译注》，中华书局 1980 年版，第 153 页。

③ （汉）郑玄注，（唐）贾公彦疏：《周礼注疏》，彭林整理，上海古籍出版社 2010 年版，第 1399—1400 页。

④ （汉）司马迁：《史记》，中华书局 2014 年版，第 326 页。

⑤ （汉）卫宏：《汉旧仪》，收入（清）孙星衍《汉官六种》，周天游点校，中华书局 1990 年版，第 85 页。

载："擅杀、刑、髡其后子，谳之。"① 有学者据此认为髡刑在当时已存
在。② 但实际上，不仅部分学者认为这只能说明髡作为私刑而存在，③ 而且
法律文献中有髡字却不用在刑名上，恰恰说明髡刑的存在殊为可疑。同时，
考虑到髡的身份象征性，这些材料主要说明私人擅自将某些人髡发从而使其
身份降等的行为为法律所禁止。如淳、卫宏的说法则应是以汉文帝改革后的
劳役刑比附秦律的结果。

秦律有无独立髡刑，主要有三说：第一，秦律中的完刑相当于髡刑，但
相当一部分学者对此提出有力质疑；④ 第二，秦律耐刑可能与髡刑有关或者
就是髡刑，但耐刑并不单独适用⑤；第三，大凡受刑者皆髡，这使得秦律规
定髡刑没有独立意义。⑥ 应该说，第三种观点更为有力。前文已经指出，髡
与身份等级有密切关系，如果身份变为奴隶，那么自然要被髡发。在汉文帝
刑罚改革之前，作为刑罚的城旦舂、鬼薪白粲、隶臣妾、司寇等，是使得犯
罪者要承担较庶人为重的劳役，也可以说是将其身份降等的"身份
刑"。⑦ 甚至在某种意义上，这些刑罚本身就是身份刑，即特定的身份降等，
犯罪者要承担的劳役等不过是身份降等的附带法律后果。这意味着，如果判
处刑罚的本质是身份降等的话，髡发就是执行刑罚的必然结果。因此，冨谷

① 睡虎地秦墓竹简整理小组编：《睡虎地秦墓竹简》，文物出版社1990年版，第110页。
② 参见刘海年《秦律刑罚考析》，中华书局编辑部《云梦秦简研究》，中华书局1981年版，第192页；张全民《髡、耐、完刑关系辨析》，《湘潭大学社会科学学报》2001年第5期；陈玲、张红岩《汉代髡钳城旦刑考略》，《青海民族大学学报》（社会科学版）2010年第3期；等等。
③ 参见王森《秦汉律中髡、耐、完刑辨析》，《法学研究》1986年第1期。
④ 参见杨广伟《"完刑"即"髡刑"术》，《复旦学报》（社会科学版）1986年第2期；张全民《髡、耐、完刑关系辨析》，《湘潭大学社会科学学报》2001年第5期。
⑤ 参见韩树峰《耐刑、徒刑关系考》，《史学月刊》2007年第2期。
⑥ 参见［日］冨谷至《秦汉刑罚制度研究》，柴生芳等译，广西师范大学出版社2006年版，第88页。
⑦ 参见［日］鹰取祐司《秦漢時代の刑罰と爵制的身分序列》，《立命館文學》第608号，2008年（朱腾译《秦汉时代的刑罚与爵制性身份序列》，周东平、朱腾主编《法律史译评》，北京大学出版社2013年版，第1—27页）；《秦漢時代の司寇・隷臣妾・鬼薪白粲・城旦春》，《中國史學》第19卷，2009年；陶安《刑罰と身分》，氏著《秦漢刑罰體系の研究》，创文社2009年版，第54—108页。

至提出"髡钳最多也是作为正刑的前奏存在"①，可谓至当。

汉承秦制，汉初也没有将髡刑视为独立刑罚，出土文献亦未见相关记载。至汉文帝废除肉刑后，髡开始作为刑名出现。《汉书·刑法志》载："诸当完者，完为城旦舂；当黥者，髡钳为城旦舂……罪人狱已决，完为城旦舂，满三岁为鬼薪白粲。鬼薪白粲一岁，为隶臣妾。隶臣妾一岁，免为庶人。隶臣妾满二岁，为司寇。司寇一岁，及作如司寇二岁，皆免为庶人。其亡逃及有罪耐以上，不用此令。前令之刑城旦舂岁而非禁锢者，如完为城旦舂岁数以免。"② 从髡刑角度出发，这段论述至少说明两个问题。第一，无期劳役刑最终转变为有期劳役刑，这就使得劳役刑与身份减等相脱离。当受刑不再意味着身份降等，那么如果继续对受刑者髡发，髡钳就应该要予以指明。这样，髡发作为刑罚的意义才能体现出来。第二，髡钳作为黥刑的替代性刑罚进入刑罚序列，其被认为是肉刑的替代。如《后汉书·祭祀志上》李贤注引《东观书》："及至汉兴，因时宜，趋世务，省烦苛，取实事，不苟贪高亢之论。是以去土中之京师，就关内之远都。除肉刑之重律，用髡钳之轻法。'"③ 之所以如此，一方面，髡刑的伤害性有限，如仲长统《昌言·损益篇》云："肉刑之废，轻重无品，下死则得髡钳，下髡钳则得鞭笞。死者不可复生，而髡者无伤于人。髡笞不足以惩中罪，安得不至于死哉！"④ 另一方面，肉刑尤其黥刑带有很强的耻辱性，⑤ 髡发作为卑贱者的象征同样带有羞辱性，同时还被认为与人的身体有密切联系。因此，髡发作为肉刑的替代能够在理念上被接受。故髡发作为对犯罪者的羞辱刑而存在，同时因其与整个身体的内在联系而象征肉刑的存续。可以说，髡真正作为刑名甚至专门刑罚的出现，应以汉文帝十三年的肉刑改革为始。

自被汉文帝确定为刑名之后，髡刑一直延续到南北朝时期，魏晋律皆有

① ［日］冨谷至：《秦汉刑罚制度研究》，柴生芳等译，广西师范大学出版社 2006 年版，第 88 页。

② （汉）班固：《汉书》，中华书局 1962 年版，第 1099 页。

③ （南朝宋）范晔：《后汉书》，中华书局 1965 年版，第 3160 页。

④ （南朝宋）范晔：《后汉书》，中华书局 1965 年版，第 1652 页。

⑤ 参见杨鸿雁《中国古代耻辱刑考略》，《法学研究》2005 年第 1 期；范依畴《羞辱性刑罚：传统价值及其现代复兴》，《政法论坛》2016 年第 2 期。

髡刑。《晋书·刑法志》载："改汉旧律不行于魏者皆除之，更依古义制为五刑。其死刑有三，髡刑有四，完刑、作刑各三，赎刑十一，罚金六，杂抵罪七，凡三十七名，以为律首。"① 《唐六典》卷六《尚书刑部》载《泰始律》："髡刑有四：一曰髡钳五岁刑，笞二百；二曰四岁刑；三曰三岁刑；四曰二岁刑。"② 不仅限于正律，《太平御览》卷三百三十九《兵部七十》载："《军令》……违令者髡。"③《隋书·经籍志三》载："《魏武帝兵法》一卷（梁有《魏时群臣表伐吴策》一卷，《诸州策》四卷，《军令》八卷，《尉缭子兵书》一卷。）"④ 即曹操所作《军令》也有髡刑。魏晋之后，髡刑在南朝一直存在。《隋书·刑法志》载梁律："有髡钳五岁刑，笞二百，收赎绢，男子六十匹。又有四岁刑，男子四十八匹。又有三岁刑，男子三十六匹。又有二岁刑，男子二十四匹。"⑤《隋书·刑法志》载陈律："其髡鞭五岁刑，降死一等，锁二重。"⑥

在北朝，髡刑最终消失了。北魏时髡刑仍然存在。《魏书·刑罚志》载北魏孝文帝太和十一年诏："三千之罪，莫大于不孝，而律不逊父母，罪止髡刑。于理未衷。可更详改。"⑦ 北齐律中，髡刑亦有规定。《隋书·刑法志》载："二曰流刑，谓论犯可死，原情可降，鞭笞各一百，髡之，投于边裔，以为兵卒。未有道里之差。"⑧ 但到北周《大律》中，髡刑消失了。沈家本总结："北齐流罪髡而刑罪不髡，与古制异。完之名，晋以后无明文，

---

① （唐）房玄龄等撰：《晋书》，中华书局 1974 年版，第 925 页。

② （唐）李林甫：《唐六典》，陈仲夫点校，中华书局 2014 年版，第 181 页。按：此处引《泰始律》"髡刑有四：一曰髡钳五岁刑，笞二百"，与后文引《隋书·刑法志》"有髡钳五岁刑，笞二百，收赎绢，男子六十匹"的一处句读，似可商榷，即原点校者把"髡钳五岁刑，笞二百"给点断了。根据张建国、欧扬等的研究，实际上这里的笞应该是加笞，也是肉刑的替代。例如，《汉书·刑法志》载文帝十三年刑制改革"当劓者，笞三百"，实际是以"髡钳为城旦舂笞三百"取代了"刑（这里应是劓）城旦舂"或"黥劓为城旦舂"。也就是说，这里的"髡钳五岁刑笞二百"是一个统一的名词，不能被点断。《隋书·刑法志》紧接着的"赎髡钳五岁刑笞二百者"也能证明这一点。

③ （宋）李昉：《太平御览》第三册，夏剑钦等点校，河北教育出版社 1994 年版，第 1006 页。

④ （唐）魏徵等：《隋书》，中华书局 1973 年版，第 1014 页。

⑤ （唐）魏徵等：《隋书》，中华书局 1973 年版，第 698 页。

⑥ （唐）魏徵等：《隋书》，中华书局 1973 年版，第 703 页。

⑦ （北齐）魏收：《魏书》，中华书局 2017 年版，第 3134 页。

⑧ （唐）魏徵等：《隋书》，中华书局 1973 年版，第 705 页。

当已废除。至北周以后，并无髡之名，当亦废之矣。"① 何以髡刑在北周消失？原因可能是多元的。前文已指出作为北朝政权渊源的鲜卑族自古就有髡发风俗，这使北朝以髡发为刑罚的意义不大。同时，还可能受到佛教影响。由于髡发是佛教徒出家修行的前提，随着佛教发展及其被统治者接纳，髡发的耻辱性进一步降低，以髡为刑的理念基础逐渐弱化了。

（五）佛教的髡发及其对髡刑的影响

佛教对中国传统法律制度的影响已为学界普遍接受，也有学者研究过其对髡刑的影响，② 但惜未深入。佛教对髡发的理解完全不同于中国传统理念。随着影响的逐渐深入，佛教的髡发理念也成为推动中国传统法律变革的力量。

对佛教徒而言，"剃落须发""变服易俗"是受戒出家的前提。③ 佛教徒之所以要剃发，《佛学大辞典》称："剃发，剃须发、染衣者为佛弟子出家之相，为去憍慢且别于外道之出家而为之，谓是为三世诸佛之仪式也。因果经二曰：'尔时太子便以利剑自剃须发，即发愿言，今落须发，愿与一切断除烦恼及习障。'《智度论》四十九曰：'剃头著染衣，持钵乞食，此是破憍慢法。'《毘尼母论》三曰：'剃发法，但除头上毛即须，余处毛一切不听却也。所以剃发者，为除憍慢自恃心故。'《行事钞》下曰：'五分佛制半月剃发。'《地藏十轮经》四曰：'我今恭敬礼，剃发染衣人。'《有部毘奈耶》四十六曰：'剃发染衣，其事未办'"。④ 剃发既是诸多佛经的共同要求，也是出家佛教徒的普遍形象。而且佛教徒变服易俗的做法自东传以来皆如此，社会也是如此认识佛教徒的。故《魏书·释老志》称："诸服其道者，则剃落须发……谓之沙门，或曰桑门，亦声相通，总谓之僧，皆胡言也。"⑤

---

① （清）沈家本：《历代刑法考》，邓经元、骈宇骞点校，中华书局1985年版，第301页。

② 参见李俊强《从佛教史的角度看髡刑的废除》，《湘潭大学学报》（哲学社会科学版）2014年第2期。

③ 参见李春华等《佛教学》，当代世界出版社2000年版，第283页。

④ 丁福保：《佛学大辞典》，上海书店1991年版，第1700页。

⑤ （北齐）魏收：《魏书》，中华书局2017年版，第3288页。

　　总结佛教徒的剃发缘由，一方面是对佛祖形象的模仿，① 另一方面也是摆脱世俗烦恼的象征。自悟道开始，变俗易服就是佛祖的主要形象。《释迦氏谱》载："经云：太子至闲静林，以宝冠明珠璎珞严饰具，与车匿已，以剑自剃须发。作是誓言：'愿共一切除断烦恼。'于时天帝接发而去，赞言：'善哉！大权云，菩萨之顶无能见者，况能剃发。'故自剃发，又除王恨故。"②《佛祖统纪》卷二亦称："太子即就车匿，取七宝剑自剃须发，而发誓言：'愿共一切断除烦恼及以习障。'帝释接发而去，赞言：'善哉。'"③ 佛祖将须发视为烦恼、业障的外在表现，剃发一方面可以表达自己誓言的坚定，另一方面可以表达彻底摆脱烦恼、业障的决心。其后，佛祖认为这一形象对修行极为重要，留发则是修行障碍。《出曜经》卷二十九云："愚者不自觉长养其发，所以剃发者剃其结，使非但剃发愚人执迷，长养其发以文饰。"④ 因此，佛祖要求僧团的僧侣要剃发修行。《佛本行集经》卷四十八载："尔时，世尊频婆娑罗等教化十二邮……与大比丘众一千人俱，皆悉剃发，舍家出家。"⑤《四分律》卷三十二亦载："佛言：'自今已去，听汝等即与出家，受具足戒。欲受具足戒者，应作如是教，令剃须发、著袈裟……教作如是语：'我某甲，归依佛、归依法、归依僧，今于如来所出

---

　　① 《萨婆多毗尼毗婆沙》卷二载："佛及五人共食此食，食既得办，听法不空。是故五人去住不俱。尔时，五人虽未得戒，而剃发、著袈裟与佛相似。"本经收入中华大藏经编辑局编《中华大藏经》（汉文部分）第四十二册，中华书局 1990 年版，第 839 页上。《集沙门不应拜俗等事》卷四《右骁卫长史王玄策骑曹萧灌等议状》："僧对曰：'虽初剃发，形已同佛，复能震动魔宫。虽曰无知，岂不如泥木。'"（唐）彦悰：《集沙门不应拜俗等事》，收入大正新修大藏经刊行会编《大正新修大藏经》第五十二册，台北新文丰出版股份有限公司 1986 年版，第 462 页上。

　　② （唐）道宣：《释迦氏谱》，收入中华大藏经编辑局编《中华大藏经》（汉文部分）第五十二册，中华书局 1992 年版，第 701 页下。

　　③ （宋）志磐：《佛祖统纪》，收入中华大藏经编辑局编《中华大藏经》（汉文部分）第八十二册，中华书局 1994 年版，第 413 页下。

　　④ （后秦）竺佛念译：《出曜经》，收入中华大藏经编辑局编《中华大藏经》（汉文部分）第五十册，中华书局 1992 年版，第 907 页中。

　　⑤ （隋）阇那崛多译：《佛本行集经》，收入中华大藏经编辑局编《中华大藏经》（汉文部分）第三十五册，中华书局 1989 年版，第 985 页中。

家.'"① 此后，剃发成为佛教徒受戒出家的前提，这在佛祖未涅槃时即为定制。《大方广三戒经》卷中载："迦叶! 未来世中当有比丘，年二十、三十、四十、五十、六十、七十、八十，乃至百岁老耄无智，庄严衣服，剃发毁形。"② 剃发的模仿意义与象征性，使其数千年未改。

　　佛教东传后，剃发易服的做法随之而来，中土出家佛教徒的形象与印度僧侣一致。佛教早期刚传入中国时，国家并不允许本土人士出家为僧，其中一个重要原因就是传统伦理对髡发的排斥。汉代以来，孝道在伦理中的地位越来越高。③《孝经·开章明义》云："身体发肤，受之父母，不敢毁伤，孝之始也。"④ 魏晋南北朝时期，孝道更是极为重要，部分时期甚至认为不孝的危害性要高于谋逆。《晋书·隐逸·董养传》载："每览国家赦书，谋反大逆皆赦，至于杀祖父母、父母不赦者，以为王法所不容也。"⑤ 晋代国家可以赦免谋反大逆，却拒绝赦免杀害祖父母、父母的行为，这是孝道重要性的体现。因此，髡发必然很难被社会接受。《隋书·经籍志四》载："魏黄初中，中国人始依佛戒，剃发为僧。"⑥ 据此记载，在魏文帝曹丕的黄初年间，中国本土开始有人剃发为僧，显然此前政府严禁本土人剃发入释。不过，据《高僧传·昙柯迦罗传》的说法，这里的"依佛戒"未必是严格意义上的佛教戒律。此后，史籍中就可以看到中土高僧了。

　　中土僧侣群体形成后，也很快髡发易服，遵循佛教传统。如朱士行被认

---

　　① （后秦）佛陀耶舍、竺佛念译：《四分律》，收入中华大藏经编辑局编《中华大藏经》（汉文部分）第四十册，中华书局 1990 年版，第 670 页下。

　　② （北凉）昙无谶译：《大方广三戒经》，收入中华大藏经编辑局编《中华大藏经》（汉文部分）第九册，中华书局 1986 年版，第 489 页上。

　　③ 参见侯欣一《孝与汉代法制》，《法学研究》1998 年第 4 期；李文玲、杜玉奎《儒家孝伦理与汉唐法律》，法律出版社 2012 年版，第 31、335 页。

　　④ （唐）李隆基注、（宋）邢昺疏：《孝经注疏》，金良年整理，上海古籍出版社 2009 年版，第 4 页。

　　⑤ （唐）房玄龄等撰：《晋书》，中华书局 1974 年版，第 2434 页。

　　⑥ （唐）魏徵等：《隋书》，中华书局 1973 年版，第 1097 页。《旧唐书·傅奕传》："西晋以上，国有严科，不许中国之人，辄行髡发之事。"（后晋）刘昫：《旧唐书》，中华书局 1975 年版，第 2716 页。应该说，《隋书·经籍志》的记载更为可靠。

为是中国本土最早剃发修行的高僧,① 也有人认为他是最早西去求法的汉族僧人。② 不过,他也可能只是有记载的汉人高僧第一人。当然,这种做法有一个过程。《高僧传·昙柯迦罗传》载:"于时魏境虽有佛法,而道风讹替,亦有众僧未禀归戒,正以剪落殊俗耳……迦罗既至,大行佛法……乃译出《僧祇戒心》,止备朝夕。更请梵僧立羯磨法受戒。中夏戒律,始自于此。"③ 即曹魏时期,戒律传播尚未成形,本土僧侣对佛教礼仪多有不知,昙柯迦罗译戒律后,僧侣才知晓佛教受戒仪式,并开始"剪落殊俗"。其后,出家僧侣皆如此。如《全唐文》卷二百五《议沙门不应拜俗状》云:"自佛法东流,六百余载,帝代相次,向有百王,莫不敬崇佛法,树福僧田者。故以染衣剃发,同诸佛之容仪;割亲辞荣,异众人之爱恋……"④ 至此,僧人髡发易服的做法已被完全接受。

尽管佛教徒髡发最终被接受,但过程缓慢,甚至被认为是佛教早期对中国影响缓慢的重要原因。⑤《弘明集》卷一《牟子理惑论》载:"孝经言:'身体发肤,受之父母,不敢毁伤。'曾子临没:'启予手,启予足。'今沙门剃,何其违圣人之语,不合孝子之道也?"⑥《牟子理惑论》大概诞生于汉末三国初期,⑦ 反映出时人对佛教髡发的反感与谴责。此后,中国士人对之也一直持否定态度。如《弘明集》卷三《孙绰喻道论》载:"沙门之道:委离所生,弃亲即疏;刑剔须发,残其天貌;生废色养,终绝血食;骨肉之亲,等之行路;背理伤情,莫此之甚。"⑧ 又如《宋书·颜延之传》载:

---

① 参见何兹全主编《中国历代名僧》,河南人民出版社 1995 年版,第 26 页。汤用彤、赖永海等认为严浮调可能是中土最早的出家者。参见汤用彤《汉魏两晋南北朝佛教史》,上海人民出版社 2015 年版,第 46 页;赖永海《中国佛教通史》第一卷,江苏人民出版社 2010 年版,第 104—106 页。但正如赖永海所示,严浮调可能未严格依戒律剃度。

② 参见赖永海《中国佛教通史》第一卷,江苏人民出版社 2010 年版,第 137 页。

③ (梁)释慧皎:《高僧传》,汤用彤校注,中华书局 1992 年版,第 13 页。

④ (清)董诰等编:《全唐文》,中华书局 1983 年版,第 2067 页。

⑤ 参见 [荷] 许理和《佛教征服中国》,李四龙等译,江苏人民出版社 2017 年版,第 404 页。

⑥ (南朝梁)僧祐、李小荣校笺:《弘明集校笺》,上海古籍出版社 2013 年版,第 21 页。

⑦ 参见汤用彤《汉魏两晋南北朝佛教史》,上海人民出版社 2015 年版,第 85 页;任继愈《中国佛教史》第一卷,中国社会科学出版社 1985 年版,第 205 页。

⑧ (南朝梁)僧祐、李小荣校笺:《弘明集校笺》,上海古籍出版社 2013 年版,第 153 页。

"时沙门释慧琳，以才学为太祖所赏爱，每召见，常升独榻，延之甚疾焉。因醉白上曰：'昔同子参乘，袁丝正色。此三台之坐，岂可使刑余居之。'上变色。"① 颜延之将僧人称为刑余之人，从而将其与髡刑联系起来，同时也与时人认为僧人出家毁伤身形是为不孝的观念相应。这种观点在当时极为盛行。再如《广弘明集》卷四《通极论》载时人对佛教的态度："窃以不伤遗体，始著孝心。莫非王臣，终从朝命。今既赭衣髡发，未详其罪。不仕天子，无乃自高。"②《广弘明集》卷七《辩惑篇第二》载："李公绪……曰：'佛教者，脱略父母，遗蔑帝王，捐六亲，舍礼义，赭衣髡剔，自比刑余……'"③ 甚至在佛教徒自述中，他们也不回避自身形象与受刑者的相似性。如《广弘明集》卷二十五《沙门不应拜俗总论》载："今沙门高尚其事，不事王侯，蝉蜕嚣埃之中，自致寰区之外，斯逸人之流也。犯五刑、关三木、被棰楚、婴金铁者，不责其具礼。今沙门剔毛发、绝胤嗣、毁形体、易衣服，斯甚刑之流也。"④ 他们普遍认识到髡发与刑罚的关联性。

这些贬损佛教徒髡发行为的观念是在佛教中国化的大背景下展开的。因此，一方面有佛教徒进行了回应。如《弘明集》卷一《牟子理惑论》云："《孝经》曰'先王有至德要道'，而泰伯短发文身，自从吴越之俗，违于身体发肤之义，然孔子称之'其可谓至德矣'，仲尼不以其短发毁之也。由是而观，苟有大德，不拘于小。沙门捐家财，弃妻子，不听音，不视色，可谓让之至也，何违圣语，不合孝乎？豫让吞炭漆身，聂政刭面自刑，伯姬蹈火，高行截容，君子以为勇而死义，不闻讥其自毁没也。沙门剔除须发，而比之于四人，不已远乎。"⑤《弘明集》卷八《答道士假称张融三破论》亦云："论云：剃头犯毁伤。释曰：发肤之解，具于前答。聊更略而陈之：凡

① （南朝梁）沈约：《宋书》，中华书局1974年版，第1902页。

② （唐）道宣：《广弘明集》，收入大正新修大藏经刊行会编《大正新修大藏经》第五十二册，台北新文丰出版股份有限公司1986年版，第114页下。

③ （唐）道宣：《广弘明集》，收入大正新修大藏经刊行会编《大正新修大藏经》第五十二册，台北新文丰出版股份有限公司1986年版，第133页上。

④ （唐）道宣：《广弘明集》，收入大正新修大藏经刊行会编《大正新修大藏经》第五十二册，台北新文丰出版股份有限公司1986年版，第291页下。

⑤ （南朝梁）僧祐、李小荣校笺：《弘明集校笺》，上海古籍出版社2013年版，第21页。

言不敢毁伤者，正是防其非僻，触冒宪司，五刑所加，致有残缺耳。今沙门者，服膺圣师，远求十地。剃除须发，被服法衣，立身不乖，扬名得道，还度天属，有何不可，而入毁伤之义？守文之徒，未达文外之旨耳。轮扁尚不移术于其儿，予何言哉？"① 再如《广弘明集》卷六《列代王臣滞惑解上》云："（颜延之）以（慧）琳得宠于文帝。延之非莅政之能官，嫉而讥之。既不预朝廷，退居里闬。子峻为杨州刺史，乘轩还宅，延之负杖避而讥之。不营产业，布衣蔬食，独游野外。时彦以其不参朝贤，亦显论所不及。岂不以无预独榻之荣嫉琳而谓刑余也，余如达性论所评议也。然颜公著论，褒替极多，至如通佛影迹、通佛顶齿爪、通佛衣钵杖、通佛二甒，不然，皆置言，高拔群英之所模楷者。刑余之言，一时之贬琳耳。"② 在这三个辩护中，前两者由牟子与释僧顺提出，他们认为佛教的价值在于追求"道"，道的本质具有普遍性，③ 因此那些责备佛教徒髡发易服以追求道的人过于教条；后者由道宣提出，颜延之对慧琳的讥讽其实是因自身没有受到君主宠幸的嫉妒，因此质疑责备佛教徒者的人品。另外，无论这些辩护是否有力，在佛教中国化的大背景下，佛教徒最终获得政权认同。自东晋成帝时庾冰要求沙门致拜王者后，政权与教权冲突、儒释冲突及其表现形式沙门是否应致拜君亲之争就成为重要的理论与实践问题。争论结果是佛教理论不断融合中国传统理念，只保持了相对独立性。④ 政府对佛教徒独特的修行方式则保持一定宽容，这使得佛教徒的外在形象也得以存续。

当佛教徒髡发逐渐被中国传统理念所接受并视为常态，就必然会对髡刑的正当性产生冲击。尤其当人们将佛教徒的剃发与髡刑联系起来（即称其为刑余之人）时，对佛教及其教徒的认可反过来也会对髡刑形成质疑。一者，当佛教的髡发能够被中国传统理念所宽容时，髡发所面临的道德非难就降低了。甚至世俗之人髡发的行为也不断发生。如《全唐文》卷七百

---

① （南朝梁）僧祐、李小荣校笺：《弘明集校笺》，上海古籍出版社 2013 年版，第 445 页。

② （唐）道宣：《广弘明集》，收入大正新修大藏经刊行会编《大正新修大藏经》第五十二册，台北新文丰出版股份有限公司 1986 年版，第 127 页中。

③ "魏晋以来，学问之终的，在体道通玄。曰道，曰玄，均指本源。三玄佛法均探源反本之学。"汤用彤：《汉魏两晋南北朝佛教史》，上海人民出版社 2015 年版，第 325 页。

④ 参见蔺熙民《隋唐时期儒释道的冲突与融合》，博士学位论文，陕西师范大学，2009 年。

九十二《唐故军器使内寺伯赐紫金鱼袋赠内常侍袁公夫人太原郡夫人王氏墓志铭（并序）》载："夫人居丧昼哭，髡发誓志，动循法则，不尚繁华，言必洽于族姻，喜怒不形于色。"① 二者，随着佛教的传播，"中国佛教在南北朝末年最终确立大乘佛教为主体，但是坚持大小乘戒兼受，于是便造成现实的'僧尊俗卑'与理想上的'僧俗平等'的巨大张力"②。僧人政治与社会地位在魏晋南北朝时期的提高，与髡发象征卑贱者的中国传统观念格格不入。髡发也逐渐被认为是一种特定的风俗。《隋书·突厥传》载意利珍豆启民可汗上表隋炀帝，请求"臣今非是旧日边地突厥可汗，臣即是至尊臣民，至尊怜臣时，乞依大国服饰法用，一同华夏"。但隋炀帝诏曰："先王建国，夷夏殊风，君子教民，不求变俗。断发文身，咸安其性，旃裘卉服，各尚所宜，因而利之，其道弘矣。"③ 这与早期认为断发文身是陋俗的观念颇不相同。三者，魏晋南北朝时世俗社会很早开始奉行三宝供养，④ 不仅君主有三宝供奉，如《宋书·蛮夷传》载："西南夷诃罗陀国，元嘉七年（430 年），遣使奉表曰：伏承圣主，信重三宝，兴立塔寺，周满国界。"⑤ 民间亦如此，如《魏书·裴叔业传裴植附传》载："植在瀛州也，其母年踰七十，以身为婢，自施三宝，布衣麻菲，手执箕帚，于沙门寺洒扫。"⑥ 在佛教佛、法、僧三宝中，佛与僧都是髡发修行的，作为模仿佛祖与象征求道的髡发，在这种意义上开始带有某种神圣性。四者，在取消髡刑的北朝，不仅其所渊源的鲜卑族等有髡发传统，且诸多帝王信奉佛教，并未发生沙门应否致拜君亲之争。⑦ 同时，其他政治因素也可能共同产生影

---

①　（清）董诰等编：《全唐文》，中华书局 1983 年版，第 8306 页。

②　圣凯：《〈维摩诘经〉僧俗伦理与隋唐"沙门致敬王者"的论者》，《西南民族大学学报》（人文社会科学版）2016 年第 5 期。

③　（唐）魏徵等：《隋书》，中华书局 1973 年版，第 1874 页。

④　参见石云涛《东晋南朝佛教三宝供养风俗》，《历史上中外文化的和谐与共生——中国中外关系史学会 2013 年学术研讨会论文集》，甘肃人民出版社 2004 年版，第 106—120 页。

⑤　（南朝梁）沈约：《宋书》，中华书局 1974 年版，第 2380 页。

⑥　（北齐）魏收：《魏书》，中华书局 2017 年版，第 1706 页。

⑦　参见任继愈《中国佛教史》第三卷，中国社会科学出版社 1988 年版，第 45 页。

响。① 综合这些因素，北周《大律》最终废除髡刑。其后，隋《开皇律》未采北齐律而可能参之北周《大律》也废除髡刑。在多引北齐律的大背景下，② 隋律对北周废除髡刑做法的继承，很有可能与隋文帝、隋炀帝对佛教的深度信仰有关。③ 由此，自汉文帝以来所形成的髡刑最终在北周消失。隋律继承北周《大律》的这种做法，为唐律承袭并影响到后世。

作为传统刑罚制度的变革，髡刑的消失反映出推动变革力量的多元性。髡刑的消失是中国传统法律乃至伦理文化对佛教的妥协，但并不意味着头发法律意义的全面消解。有关头发的传统理念仍然对法律有深刻影响，如《唐律疏议·斗讼律》"斗殴折齿毁耳鼻"条规定："诸斗殴人，折齿，毁缺耳鼻，眇一目及折手足指，眇，谓亏损其明而犹见物。若破骨及汤火伤人者，徒一年；折二齿、二指以上及髡发者，徒一年半。"④ 又《唐律疏议·贼盗律》"残害死尸"条规定："诸残害死尸，（谓焚烧、支解之类。）及弃尸水中者，各减斗杀罪一等；（缌麻以上尊长不减。）弃而不失及髡发若伤者，各又减一等。"⑤ 再如《元史·刑法志四》载"斗殴律"："折二齿二指以上，及髡发，并刃伤、折人肋、眇人两目、堕人胎，七十七。"⑥ 髡刑消失后，头发仍然被认为是重要法益，受到法律保护。换言之，头发与法律的关系在中国传统法律中有变与不变的双重性。佛教对中国传统法律虽然产生深远影响，但是这种影响仍然存在限度。

头发的象征意义赋予髡刑以多重意义，它围绕人的自然属性与社会属性而产生，身体与身份象征等使得髡发不仅具有巫术或牺牲的意义，而且与身份降等密切相关。从某种意义上来说，古今中外的刑罚虽然具有相当程度的

---

① 参见李俊强《从佛教史的角度看髡刑的废除》，《湘潭大学学报》（哲学社会科学版）2014年第2期。

② 参见程树德《九朝律考》，中华书局1963年版，第339、393页；陈寅恪《隋唐制度渊源略论稿》，生活·读书·新知三联书店1963年版，第100—115页。

③ 参见岑仲勉《隋唐史》，商务印书馆2015年版，第143—145页。

④ （唐）长孙无忌等：《唐律疏议》，刘俊文点校，中华书局1983年版，第384页。

⑤ （唐）长孙无忌等：《唐律疏议》，刘俊文点校，中华书局1983年版，第343页。

⑥ （明）宋濂等：《元史》，中华书局1976年版，第2672页。

普遍性，即以对受刑者产生痛苦为前提，但对痛苦的理解有差异。① 这也使得刑罚常常具有某些地方性。髡刑及其带来的惩罚性就深合中国传统理念。但是，佛教对这种传统理念产生巨大冲击，进而推动传统法律制度的变革，髡刑消失了。这是中国传统文化包括法律文化包容性的一种反映。只是，佛教之所以能够产生重要影响，是建立在佛教中国化的基础上。可以说，中国文明虽然在很多时候对外来文明持开放态度，但也有自身很难突破的限度，这也是中国传统法律文化发展的重要特征。当然，也不能否认政治理念对刑罚制度变迁的关键作用，举凡髡刑的真正形成、消失，概莫能外。

五　佛教对中国传统刑罚执行的影响

佛教对中国传统刑罚制度的影响，不仅及于前面几个方面，还包括刑罚执行制度。所谓刑罚执行制度，一般包括刑罚执行的时间、地点、程序以及变更方式等。佛教对刑罚执行制度的影响主要表现在对刑罚时间、刑罚变更等方面。就前者而言，刑罚（尤其是死刑，但不局限于死刑）在特定的时间内是禁止执行的；就后者而言，赦免等也因此在一定程度上有所增加。

（一）佛教与行刑时间的限制

中国传统刑罚与时间有密切关系，其中最主要的表现是刑罚的执行时间应遵循特定理念，如秋冬行刑等。这一思想自春秋战国就已经出现。② 《春

---

① 与此相关的思考，可参考冨谷至的类似意见。他认为死刑必然会与所谓的"残酷"之类的事情相联系。各色各样的行刑方法，就我们今天目击所及，当然包含着残酷的执行方法。因奇怪的执行方法而认为死刑是残酷的，是今天的思考。可是，在过去的时代，或者某一地域，认为其残酷的标准是否一致？在某些状况下，残酷有时甚至是神圣、有德行为的体现。因此，"死""残酷""痛苦""人道""文明"等观念不是万古不变，其伴随时代而发生的变化也不是绝对的，而是相对的。这犹如我们对"犯罪"（自然犯罪、法定犯罪）问题的理解，道理是一样的。如此说来，死刑问题必须置于相同的时间、空间、人的阶层内作相对的思考，这就是相对的死刑。参见［日］冨谷至《東アジアの死刑》，京都大学学术出版会 2008 年版，"はじめに"第 ii 页。

② 参见舒国滢、宇培峰《"司法时令说"及其对中国古代司法制度的影响》，《政法论坛》1996年第 4 期。

秋左传·襄公二十六年》载："古之治民者，劝赏而畏刑，恤民不倦。赏以春夏，刑以秋冬。"① 《汉书·董仲舒传》载："春者天之所以生也，仁者君之所以爱也；夏者天之所以长也，德者君之所以养也；霜者天之所以杀也，刑者君之所以罚也。繇此言之，天人之征，古今之道也。"② 再如《后汉书·章帝纪》载："律十二月立春，不以报囚。月令冬至之后，有顺阳助生之文，而无鞠狱断刑之政。朕咨访儒雅，稽之典籍，以为王者生杀，宜顺时气。其定律，无以十一月、十二月报囚。"③ 这种刑罚观一方面是阴阳五行观念影响的结果，④ 另一方面则是受传统法自然观的影响，这也是《汉书·刑法志》所谓"立法设刑，动缘民情，而则天象地"⑤ 的体现。

与中国传统刑罚执行观不同的是，佛教对刑罚执行时间的影响更多地源自对生命的重视。⑥ 生命观在整个佛教理念中占据重要地位。首先，杀戒是佛教最为重要的戒律之一。其次，佛教的生命观具有独特性，其世俗刑罚观尤其对死刑持有某种意义上的否定态度。如《大智度论》卷十三载："世间中惜命为第一，何以知之？一切世人，甘受刑罚、刑残考掠以护寿命。"⑦ 再如《大智度论》卷十九载："四圣谛苦，圣人知实是苦，愚夫谓之为乐；圣实可依，愚惑宜弃。是身实苦，以止大苦故，以小苦为乐。譬如应死之人，得刑罚代命，甚大欢喜；罚实为苦，以代死故，谓之为乐。"⑧ 这些说法都认同限制和替换死刑的做法。

作为佛教戒律，杀戒是十恶五逆之首，也是四波罗夷罪之首。但佛教对世俗刑罚包括死刑仍然有一定的宽容。而且佛教戒律具有一定的身份性，即

---

① 《十三经注疏》整理委员会整理，李学勤主编：《十三经注疏·春秋左传正义》卷二十八《襄公二十六年》，北京大学出版社 2000 年版，第 1200 页。

② （汉）班固：《汉书》，中华书局 1962 年版，第 2515 页。

③ （南朝宋）范晔：《后汉书》，中华书局 1965 年版，第 152—153 页。

④ 参见叶孝信主编《中国法制史》，复旦大学出版社 2014 年版，第 116 页。

⑤ （汉）班固：《汉书》，中华书局 1962 年版，第 1079 页。

⑥ 参见张海峰《唐代法律与佛教》，上海人民出版社 2014 年版，第 112—114 页。

⑦ （后秦）鸠罗摩什：《大智度论》，收入中华大藏经编辑局编《中华大藏经》（汉文部分）第二十五册，中华书局 1986 年版，第 331 页中。

⑧ （后秦）鸠罗摩什：《大智度论》，收入中华大藏经编辑局编《中华大藏经》（汉文部分）第二十五册，中华书局 1986 年版，第 439 页上。

佛教的罪对佛教徒和非佛教徒有不同要求。如《摩诃僧祇律》卷三载："有人犯王法，有伺捕得缚送与王，王教将去随罪治之。时典刑者，以伽毗罗花庄严罪人头，反缚两手，打鼓吹贝，周匝唱令。唱令已，将出城门，向刑罪人处。时有摩诃罗比丘不善知戒相，愍此罪人苦痛，语典刑者言：'此人可愍，莫使苦痛。汝持刀为作一疮，尔时魁脍，答言如教。'便持利刀，为作一疮。是摩诃罗比丘得波罗夷。"① 在释迦牟尼所举事例中，佛教徒只是因为对执行死刑的行为提供了更仁慈的建议，就得波罗夷重罪，但世俗之人执行死刑却不会得波罗夷罪。② 这充分体现出佛教对世俗政治本身的宽容性。但基于宗教理念本身的普遍性，佛教仍然希望对世俗政权与世俗生活产生更大影响。因此，佛教既对佛教徒科以更重的戒律，也希望对世俗的杀生理念产生更大影响。其中，佛教逐渐形成断屠月、十斋日等传统，以在世俗社会传播自己的生命观。

断屠杀在中国古代由来已久，但主要是为顺时令。其思想渊源，则可以从《礼记·月令》《吕氏春秋·十二纪》等诸子著述中体现出来，但它们只起着一种对社会生产和生活的建议、引导功效。③《睡虎地秦墓竹简·田律》载："春二月……百姓犬入禁苑中而不追兽及捕兽者，勿敢杀；其追兽及捕兽者，杀之。河（呵）禁所杀犬，皆完入公；其它禁苑杀者，食其肉而入皮。"④ 敦煌悬泉发现的一件墙壁墨书，题名为《使者和中所督察诏书四时月令五十条》，这是汉元始五年（5年）的诏书，其中关于生态保护方面的

---

① （东晋）佛陀跋陀罗、法显：《摩诃僧祇律》，收入中华大藏经编辑局编《中华大藏经》（汉文部分）第三十六册，中华书局1989年版，第520页下、521页上。

② 佛教戒律对不同人的不同态度体现得非常明显。如《牟子理惑论》载："持五戒者，一月六斋，斋之日，专心壹意，悔过自新。沙门持二百五十戒，日日斋，其戒非优婆塞所得闻也。"（南朝梁）僧祐、李小荣校笺：《弘明集校笺》，上海古籍出版社2013年版，第13页。因为佛教徒所受戒律的差异，他们应该遵守的戒律也有所不同，这一点十分明显。正如《牟子理惑论》该段文字所言沙门（出家佛教徒）与优婆塞（在家佛教徒）的斋戒方式等都存在差异。

③ 参见（汉）郑玄注，（唐）孔颖达正义《礼记正义》，吕友仁整理，上海古籍出版社2008年版，第624页；（战国）吕不韦门客编《吕氏春秋全译》，关贤柱译注，贵州人民出版社1997年版，第8—9页。

④ 睡虎地秦墓竹简整理小组编：《睡虎地秦墓竹简》，文物出版社1990年版，第20页。

有 16 条，是承秦律之后的汉代生态保护资料的新发现。① 这些都是国家实施的法律。顺时令主要是为保障农业或者说畜牧业经济的可持续发展。如《北齐书·武成帝纪》载："〔河清元年（562 年）〕诏断屠杀以顺春令。"② 再如《旧唐书·于志宁传》云："今时属阳和，万物生育，而特行刑罚，此谓伤春。"③ 当然也有其他原因，比如作为一种特别献祭的方式，《魏书·世宗纪》记载的"辛丑，帝以旱故，减膳彻悬，禁断屠杀"④，即是一例。总的来说，在中国文化中，断屠蓄养以实现可持续发展的传统历史悠久。

随着佛教的发展，断屠开始更多地受到佛教影响。如《历代三宝纪》卷十二载："开皇三年（583 年）降敕旨云：'好生恶煞，王政之本。佛道垂教，善业可凭。禀气含灵，唯命为重。宜劝励天下同心救护。其京城及诸州官立寺之所，每年正月、五月、九月，恒起八日至十五日，当寺行道。其行道之日，远近民庶，凡是有生之类，悉不得煞。'"⑤ 再如《旧唐书·武宗纪》载："敕：'斋月断屠，出于释氏，国家创业，犹近梁、隋，卿相大臣，或沿兹弊。鼓刀者既获厚利，纠察者潜受请求。正月以万物生植之初，宜断三日。列圣忌断一日。仍准开元二十二年（734 年）敕，三元日各断三日，余月不禁。'"⑥ 从这些皇帝敕令中可以发现，断屠的中国本土要素已被忽略，而直接附骥于佛教传统。这不仅说明佛教断屠影响的巨大，而且这种意义上的断屠逐渐成为国家推行的重要行政措施。《全唐文》卷三十四《禁屠

---

① 该文献最终被定名为《四时月令诏条》，兹移录相关部分于如下：
毋摘勑（巢）。谓勑空实皆不得摘也。空勑（巢）尽夏，实者四时常禁。一〇行
·毋杀口虫。谓幼少之虫、不为人害者也，尽九【月】。一一行
·毋杀㹠。谓禽兽、六畜怀任（妊）有胎者也，尽十二月常禁。一二行
·毋夭蜚鸟。谓夭蜚鸟不得使长大也，尽十二月常禁。一三行
·毋麛。谓四足……及畜幼少未安者也，尽九月。一四行
·毋卵。谓蜚鸟及鸡口卵之属也，尽九月。一五行
胡平生、张德芳撰：《敦煌悬泉汉简释粹》，上海古籍出版社 2001 年版，第 193 页。
② （唐）李百药：《北齐书》，中华书局 1972 年版，第 90 页。
③ （后晋）刘昫：《旧唐书》，中华书局 1975 年版，第 2698 页。
④ （北齐）魏收：《魏书》，中华书局 2017 年版，第 248 页。
⑤ （隋）费长房：《历代三宝纪》，收入中华大藏经编辑局编《中华大藏经》（汉文部分）第五十四册，中华书局 1992 年版，第 317 页下、318 页上。
⑥ （后晋）刘昫：《旧唐书》，中华书局 1975 年版，第 599 页。

敕》曰:"五月是斋,旧有常式。六月缘忌,特令断屠。宜令所司进蔬食,府县捉搦,勿令屠宰。"①《旧五代史·梁书·太祖纪》:"丙辰,敕:'近者星辰违度,式在修禳,宜令两京及宋州、魏州取此月至五月禁断屠宰。仍各于佛寺开建道场,以迎福应。'"② 随着时间的推移,断屠的佛教色彩越发浓厚。

佛教断屠思想也逐渐对刑罚产生影响。如《文献通考·刑考五》载:"武德二年(619年),颁新格五十三条,唯吏受赃、诈冒盗府库物,赦不原。凡断屠日及正月、五月、九月不行刑。"③ 而唐高祖的另一份诏书更是明确说明这一做法是受到佛教影响的结果,此即《全唐文》卷一《禁行刑屠杀诏》载:"释典微妙,净业始于慈悲;道教冲虚,至德去其残杀。四时之禁,无伐麛卵;三驱之化,不取前禽。盖欲敦崇仁惠,蕃衍庶物,立政经邦,咸率兹道。朕祗膺灵命,抚遂群生,言念亭育,无忘鉴寐。殷帝去网,庶踵前修;齐王舍牛,实符本志。自今以后,每年正月、五月、九月,及每月丁斋日,并不得行刑,所在公私,宜断屠杀。"④ 其后,断屠月禁止行刑的做法得到进一步的继承。如《旧唐书·刑法志》载:"太宗又制在京见禁囚,刑部每月一奏,从立春至秋分,不得奏决死刑。其大祭祀及致斋、朔望、上下弦、二十四气、雨未晴、夜未明、断屠日月及假日,并不得奏决死刑。"⑤ 并且,这种做法成为明确的法律规定。《唐律疏议·断狱》"立春后秋分前不决死刑"条载:"诸立春以后、秋分以前决死刑者,徒一年。其所犯虽不待时,若于断屠月及禁杀日而决者,各杖六十。待时而违者,加二等。"⑥ 这就不仅规定断屠月应该禁止行刑,而且违反禁止行刑的规定要承担法律责任。其后,唐朝统治者还曾强调过断屠月禁止行刑的法律规定,但在原有的基础上,有了一定限制。如《唐六典·尚书刑部》载:"每岁立春后至秋分,不得决死刑。(若犯恶逆及奴婢、部曲杀主,不依此法。)其大

---

① (清)董诰等编:《全唐文》卷五,中华书局1983年版,第377页。

② (宋)薛居正:《旧五代史》,中华书局2016年版,第122页。

③ (元)马端临:《文献通考》,中华书局1986年版,第1437页。

④ (清)董诰等编:《全唐文》卷五,中华书局1983年版,第23页。

⑤ (后晋)刘昫:《旧唐书》,中华书局1975年版,第2138页。

⑥ (唐)长孙无忌等:《唐律疏议》,刘俊文点校,中华书局1983年版,第571页。

祭祀及致斋、朔、望、上下弦、二十四气、雨未晴、夜未明、断屠日月及休假亦如之。"① 某些严重犯罪不再受断屠月禁止行刑的限制。② 《宋刑统》因之。不过,《天圣令·狱官令》已不见相关内容。③ 明清律中断屠月的相关规定也已消失。

十斋日④早期来源于道教但又受佛教影响,并从唐高祖武德年间被强制推行。⑤ 其后,十斋日禁屠也成为定式。如《唐会要》卷四十一《断屠钓》载:"至德二年(757 年)十二月二十九日敕:'三长斋月并十斋日,并宜断屠钓,永为例程。"⑥ 以佛教的斋日作为禁止行刑日的做法最晚始于南朝陈,《隋书·刑法志》载:"当刑于市者,夜须明,雨须晴。晦朔、八节、六斋、月在张心日,并不得行刑。"⑦ 六斋日是佛教早期的斋戒习惯,源自印度。⑧ 如《摩诃般若波罗蜜经》卷十二《无作品》载:"六斋日,月八日、二十三日、十四日、二十九日、十五日、三十日,诸天众会善男子、善女人为法师者,在所说般若波罗蜜处皆悉来集。"⑨ 如果六斋日不遵戒律的话,

---

① (唐)李林甫:《唐六典》,中华书局 2014 年版,第 189 页。

② 仁井田陞辑佚的《唐令拾遗》中有更全面的搜集。[日] 仁井田陞:《唐令拾遗》,栗劲等编译,长春出版社 1989 年版,第 697—700 页。

③ 天一阁博物馆、中国社会科学院历史研究所天圣令整理课题组校证:《天一阁藏明钞本天圣令校证·附唐令复原研究》,中华书局 2006 年版,第 328 页。

④ 《佛祖统纪》卷三十三载:"十斋:每月十斋日,持佛菩萨号乞福灭罪。(一斋经,于六斋日加旦、十八、二十四、二十八四日也。今国律令,诸州十直日不得行刑。)"(宋)志磐:《佛祖统纪》,收入中华大藏经编辑局编《中华大藏经》(汉文部分)第八十二册,中华书局 1994 年版,第 637 页下。

⑤ 参见尹富《〈地藏菩萨本愿经〉综考》,载《四川大学学报》(哲学社会科学版)2007 年第 6 期。

⑥ (宋)王溥:《唐会要》,中华书局 1955 年版,第 933 页。

⑦ (唐)魏徵等:《隋书》,中华书局 1973 年版,第 703 页。

⑧ 参见 [法] 苏远鸣《道教的十日斋》,辛岩译,《法国汉学》第二辑,第 28 页。《佛祖统纪》卷三十三载:"六斋:帝释敕:四王各治一方,白月八日遣使者案察众生善恶,十四日遣太子,十五日王亲临,黑月三日亦如是。若王亲下,星宿、鬼神伺时随从。如遇修行斋戒,诸天相庆,即为注禄增算。若国王大臣,于六斋日敕诸境内令行不杀。"(宋)志磐:《佛祖统纪》,收入中华大藏经编辑局编《中华大藏经》(汉文部分)第八十二册,中华书局 1994 年版,第 637 页下。

⑨ (后秦)三藏法师、鸠罗摩什译:《摩诃般若波罗蜜经》,收入中华大藏经编辑局编《中华大藏经》(汉文部分)第七册,中华书局 1985 年版,第 473 页上。

按《梵网经》的规定会犯轻垢罪。[①] 六斋日的禁止行刑到唐代发展为十斋日禁止行刑。高祖武德二年即有诏云："自今每年正月、五月、九月十直日并不得行刑，所在公私，宜断屠杀。"[②] 所谓十直日，就是十斋日。按《唐会要》卷四十一《断屠钓》载："武德二年正月二十四日诏：'自今以后，每年正月九日，及每月十斋日，并不得行刑。所在公私，宜断屠钓。'"[③] 从六斋日到十斋日是对佛教杀戒的拓展，后者的做法是在前者的日期上再增加日期，体现出佛教影响力的逐渐扩大。十斋日禁止行刑的规定也进入唐律。《唐律疏议·断狱》"立春后秋分前不决死刑"条疏议曰："'及禁杀日'，谓每月十直日，月一日、八日、十四日、十五日、十八日、二十三日、二十四日、二十八日、二十九日、三十日，虽不待时，于此月日，亦不得决死刑，违而决者，各杖六十。"[④]《唐律疏议》禁止行刑的相关规定，相对于此前的措施体现出更强的佛教色彩。不仅六斋日禁止行刑扩展为十斋日，而且对佛教禁忌不得存在例外，即该条疏议有如下规定："若于'断屠月'……虽不待时，于此月日亦不得决死刑，违而决者，各杖六十。"[⑤] 这一规定专门提出，其所犯虽不待时，但仍不得在佛教禁忌日决死刑。从这些规定来看，佛教禁忌对行刑制度的影响在某些方面超过中国传统禁忌。[⑥] 其后《宋刑统》因之。到明代，虽然禁屠月禁止行刑的规定已经消失，但《大明律·刑律·断狱律》"死囚覆奏待报"条规定："其犯十恶罪之罪应死，及

---

① 《梵网经》"于六斋日，年三长斋月，作杀生、劫盗、破斋犯戒者，犯轻垢罪。"赖永海主编、戴传江译注：《梵网经》，中华书局 2013 年版，第 274 页。

② （宋）陆游：《老学庵笔记》卷 8 引《唐高祖实录》语，中华书局 1979 年版，第 110 页。又见尹富《十斋日补说》，《世界宗教研究》2007 年第 1 期。按：此处所引与前文《全唐书》卷一唐高祖武德二年《禁行刑屠杀诏》应为同一书事，但两者的记载不同，即前者为"十直（斋）日"，后者为"每月丁斋日"。而且前者断句似有误，"九月十直日"之间可加顿号。

③ （宋）王溥：《唐会要》，中华书局 1955 年版，第 731 页。

④ （唐）长孙无忌等：《唐律疏议》，刘俊文点校，中华书局 1983 年版，第 571—572 页。

⑤ （唐）长孙无忌等：《唐律疏议》，刘俊文点校，中华书局 1983 年版，第 571—572 页。

⑥ 在与礼制有关的行刑时间制度上，显然中国传统理念更有影响。如《大唐开元礼》卷三《斋戒》载："凡大祀，散斋四日，致斋三日；中祀，散斋三日，致斋二日；小祀，散斋二日，致斋一日。若散斋之日，昼理事如旧，夜宿止于家正寝，惟不得吊丧、问疾，不判署刑杀文书，不决罚罪人，不作乐，不预秽恶之事。致斋惟祀事得行，其余悉断。"（唐）中敕：《大唐开元礼》，民族出版社 2000 年版，第 31—32 页。

强盗者，虽决不待时，若于禁刑日而决者，笞四十。"① 所谓禁刑日，《大明会典》卷一百七十七"每月禁刑日期"规定："每月禁刑日期初一、初八日、十四日、十五日、十八日、二十三日、二十四日、二十八日、二十九日、三十日。"② 时间与十斋日正好吻合，只不过是更中国化的表达。这与佛教中国化的历程存在一致性。

当然，对于因佛教十斋日与断屠月而影响刑罚的做法，并非所有人都认同。先秦以来尤其是汉代所建立的行刑理念带有很强的先验性，因此也成为一种特定的刑罚伦理观。尽管佛教的杀戒与中国儒家的仁恕思想有融通之处，③ 但对佛教禁忌的认可仍然在一定程度上对中国传统刑罚观产生冲击，甚至在某种角度上形成特定意义的儒、释对立。因此，《通典》卷一百六十九《刑法七》载：

> ［武后圣历三年（700 年）］凤阁舍人崔融上议曰："春生秋杀，天之常道；冬狩夏苗，国之大事。豺祭兽，獭祭鱼，自然之理也。一乾豆，二宾客，不易之义也。上自天子，下至庶人，莫不挥其鸾刀，烹之鹤鼎，所以充庖厨。故能幽明感通，人祇辑睦，万王千帝，殊途同归。今若禁屠宰，断弋猎，三驱莫行，一切不许，便恐违圣人之达训，紊明王之善经，一不可也。且如江南诸州，乃以鱼为命，河西诸国，以肉为斋，一朝禁止，倍生劳弊，富者未革，贫者难堪，二不可也。加有贫贱之流，刲割为事，家业倘失，性命不全，虽复日戮一人，终虑未能总绝，但益恐吓，惟长奸欺，外有断屠之名，内诚鼓刀者众，势利倚依，请托纷纷，三不可也。虽好生恶杀，是君子之小恩；而考古会今，非国家之大体。但使顺月令，奉天经，造次合礼仪，从容中刑典，自然人得其性，物遂其生。何必改革，方为尽善？"④

---

① 怀效锋点校：《大明律（附大明令　问刑条例）》，辽沈书社 1990 年版，第 218 页。

② （明）申时行：《大明会典》，明万历内府刻本。

③ 参见圣凯《中国佛教信仰与生活史》，江苏人民出版社 2016 年版，第 46—47 页。

④ （唐）杜佑：《通典》，中华书局 1988 年版，第 4387—4388 页。

崔融强调儒家理念尤其法自然的观念应该成为社会行为以及刑罚执行的主流观念，而一味迎合佛教观念，不仅与儒家圣人教诲有违，而且可能带来某些恶果，甚至造成整个国家制度运行的紊乱。在唐代儒释冲突的整体背景下，这种观点的出现显然颇有社会基础。

总的来说，佛教对中国传统行刑制度的影响是一个逐渐深入的过程。第一，佛教影响逐渐从一般的断屠钓发展到改变国家法定行刑制度。一般的断屠钓应该说并不构成对中国传统法律文化的冲击。而在深受儒家文化影响的同时，国家法定行刑制度无法回避甚至接受佛教禁杀生的影响，这意味着佛教理念对中国传统法律影响的加深。第二，佛教对国家行刑制度时间禁忌的影响逐渐从支流变为主流。早期的行刑时间禁忌主要依据中国传统观念进行制度设计，但到唐律，断屠月、十斋日禁止行刑变得更为突出，并体现为佛教禁忌对国家行刑时间影响的绝对性。① 第三，伴随儒释之争对法律的影响以儒家在宋明时期胜利的进程，佛教禁忌对国家行刑制度的影响在后期有所削弱。如禁屠月作为行刑时间的禁忌在明代已经消失。而且像十斋日（或十直日）这种具有佛教色彩的词汇在明律中也被"禁杀日"取代。从该词汇的消失也能够反映佛教影响的逐渐淡化，体现出国家法律对佛教的回避态度。佛教禁忌之所以能够对禁止行刑产生作用，显然也受轻缓化的佛教世俗刑罚观的影响，并对缓和社会矛盾、维护社会稳定等有一定作用。

（二）佛教对恩赦制度的影响

恩赦制度是中国传统行刑制度的重要组成部分，主要形式包括大赦、特赦、减等、曲赦、别赦、赦徒等，② 主要功能包括减罪、免罪、赏赐、免债、免租税等。它被认为源于先秦的赦宥制度。③ 但早期的赦宥制度主要是关于定罪量刑的制度。如《周易·解卦》载："《象》曰：雷雨作，解。君

---

① 参见周东平《论佛教礼仪对中国古代法制的影响》，《厦门大学学报》（哲学社会科学版）2010 年第 3 期。

② 参见（清）沈家本《历代刑法考》，邓经元、骈宇骞点校，中华书局 1985 年版，第 569—581 页。

③ 参见陈俊强《皇权的另一面：北朝隋唐恩赦制度研究》，北京大学出版社 2007 年版，第 11 页。

子以赦过宥罪。"孔颖达疏："赦谓放免,过谓误失,宥谓宽宥,罪谓故犯。
过轻则赦,罪重则宥,皆解缓之义也。"① 又如《尚书·舜典》载："眚灾肆
赦。"孔安国传："眚,过;灾,害也;肆,缓也……过而有害者缓赦之。"
孔颖达疏："若过误为害,原情非故者,则缓从而赦放之。"② 再如《尚书·
吕刑》载："五刑之疑,有赦;五罚之疑,有赦。"③ 这些关于赦宥的记载本
质上说明的是定罪量刑的原则,④ 具体来说其强调司法裁判应该对过失犯
罪、疑罪等采取宽容态度,防止刑罚滥用或者罚过其罪。后世的恩赦功能比
较多,从法律角度来说,恩赦主要是对应该执行或者实际正在执行的刑罚进
行减轻或者取消的制度。这种恩赦涉及的不再是审慎定罪量刑的问题,而是
行刑内容与方式的问题,从而也意味着恩赦与早期的赦宥制度存在很大
区别。

有行刑有关的恩赦制度也产生于先秦。《春秋》载："庄公二十二年
(前672年),春,王正月,肆大眚。"《左传》杜预注："赦有罪也。"孔颖
达正义曰:"大罪犹赦,则小罪亦赦之,犹今赦书大辟罪以下悉皆原
也。"⑤ 按照沈家本的观点,庄公二十二年的"肆大眚"已经与后世的恩赦
制度极为相似。⑥ 从目前的资料来看,恩赦制度的定型最晚出现在秦代。秦
代赦免罪人的做法已经有相当的数量。⑦ 例如《史记·秦本纪》载秦昭襄王
二十一年(前286年):"魏献安邑,秦出其人,募徙河东赐爵,赦罪人迁
之。"⑧ 有学者认为秦昭襄王的这种赦罪人的做法本质上是迁徙刑。⑨ 再如

① (清)阮元校刻:《十三经注疏》(清嘉庆刊本)第一册《周易正义》,中华书局2009年版,第106页。
② (汉)孔安国传,(唐)孔颖达正义:《尚书正义》,黄怀信整理,上海古籍出版社2007年版,第88页。
③ (汉)孔安国传,(唐)孔颖达正义:《尚书正义》,黄怀信整理,上海古籍出版社2007年版,第783页。
④ 参见胡兴东《赦宥在中国古代死刑适用中的作用》,《现代法学》2008年第5期。
⑤ 《十三经注疏》整理委员会整理,李学勤主编:《十三经注疏·春秋左传正义》卷九《庄公二十四年》,北京大学出版社2000年版,第304页。
⑥ 参见(清)沈家本《历代刑法考》,邓经元、骈宇骞点校,中华书局1985年版,第526页。
⑦ 参见杨琳《秦赦免制度研究》,硕士学位论文,湖南大学,2015年。
⑧ (汉)司马迁:《史记》,中华书局2014年版,第908页。
⑨ 参见邬文玲《汉代赦免制度研究》,博士学位论文,中国社会科学院,2003年。

《史记·六国年表》记载秦二世皇帝元年（前 209 年）"十月戊寅，大赦天下"①。这被认为是中国历史上第一次大赦天下。② 出土文献中关于赦免的记载，更证明秦代的赦免已经进入法律，并成为重要的法律规则。③ 如睡虎地秦简《法律答问》载："或以赦前盗千钱，赦后尽用之而得，论可（何）殹（也）？毋论。"④ 秦朝之后，恩赦制度逐渐发展完善。汉代实施恩赦的原因大概有践祚、改元、立后、建储、后临朝、大丧、帝冠、郊祀、祀明堂、临雍、封禅、立庙、巡狩、徙宫、定都、从军、克捷、年丰、祥瑞、灾异、劝农、饮酺、遇乱等二十几种理由。⑤ 后世进行恩赦的原因也多源于此。中国古代之所以实施恩赦，一方面受儒家德主刑辅、任德不任刑、天人感应等观念的影响，⑥ 另一方面基于报应论的观念，认为这样的行为会带来善果，其中佛教的报应论也被认为起到一定作用。⑦ 可见，赦免的基本理念上已经可以看到佛教的影子。至于具体的赦免行为，有时也会因与佛教相关的原因而产生，即佛教因素成为恩赦的原因，这也与早期的赦免有所不同。

从恩赦制度的法律效果——免罪与赏赐等——来看，恩赦是推动刑罚轻缓化的重要措施。前文在论述佛教世俗刑罚观对刑罚轻缓化的影响时，已经列举了梁武帝因为佛教因素而特意实施恩赦的行为。而纵观中国古代的赦免行为，非独梁武帝，其他帝王也有类似行为。魏晋南北朝时期的帝王如北魏孝文帝、南朝陈后主等，也曾因佛教而实施赦免，且不止一次。如《魏书·高祖纪上》载："［承明元年（476 年）］辛未，舆驾幸建明佛寺，大宥罪人。"⑧《魏书·释老志》载："太和元年（477 年）二月，（高祖）幸永宁

---

① （汉）司马迁：《史记》，中华书局 2014 年版，第 267 页。

② 参见陈俊强《皇权的另一面：北朝隋唐恩赦制度研究》，北京大学出版社 2007 年版，第 17—18 页；邬文玲《汉代赦免制度研究》，博士学位论文，中国社会科学院，2003 年。

③ 参见孙志敏《秦代刑役减免探析》，《古代文明》2018 年第 4 期。

④ 睡虎地秦墓竹简整理小组编：《睡虎地秦墓竹简》，文物出版社 1990 年版，第 102 页。

⑤ 参见沈厚铎《试析中国古代的赦》，《中外法学》1998 年第 2 期。

⑥ 参见胡晓明《论儒家阴阳思想下的汉代赦宥》，《南京农业大学学报》（社会科学版）2006 年第 1 期。

⑦ 参见胡兴东《赦宥在中国古代死刑适用中的作用》，《现代法学》2008 年第 5 期。

⑧ （北齐）魏收：《魏书》，中华书局 2017 年版，第 170 页。

寺设斋，赦死罪囚。"①《陈书·后主本纪》载："［太建十四年（582 年）］
九月景午，设无碍大会于太极殿，舍身及乘舆御服，大赦天下。"②《陈书·
后主本纪》又载："［至德三年（585 年）］辛巳，舆驾幸长干寺，大赦
天下。"③

　　唐代的皇帝也会因佛教因素进行恩赦。如《佛祖统纪》卷二十九载：
"唐太宗诏问：'朕苦劳热，师之神力何以蠲除？'师曰：'圣德御宇，微恙
奚忧，但颁大赦，圣躬自安。'上从之，疾遂瘳。因锡号曰帝心。"④ 武则天
时虽然崇信佛教，但似乎没有直接以佛教为由进行恩赦，不过，为表彰自己
的佛教转轮王身份，她多次给自己加尊号，⑤ 同时以恩赦作为推恩的措施。
如《旧唐书·则天后本纪》载："［长寿二年（693 年）］秋九月，上加金
轮圣神皇帝号，大赦天下，大酺七日。"⑥ "［长寿三年（694 年）］五月，
上加尊号为越古金轮圣神皇帝，大赦天下，改元为延载，大酺七日。"⑦ "证
圣元年（695 年）春一月，上加尊号曰慈氏越古金轮圣神皇帝，大赦天下，
改元，大酺七日。"⑧ "（证圣元年）秋九月，亲祀南郊，加尊号天册金轮圣
神皇帝，大赦天下，改元为天册万岁，大辟罪已下及犯十恶常赦所不原者，
咸赦除之，大酺九日。"⑨ 这些恩赦从本质上来看，也是受佛教因素影响的
结果。在唐代，还有一些与佛教有关，但又不仅仅是因为佛教，而是多重因
素叠加而颁布的恩赦。如《旧唐书·中宗本纪》载："［神龙元年（705
年）］九月壬午，亲祀明堂，大赦天下。禁《化胡经》及婚娶之家父母亲

　　① （北齐）魏收：《魏书》，中华书局 2017 年版，第 3301 页。
　　② （唐）姚思廉：《陈书》，中华书局 1972 年版，第 108 页。
　　③ （唐）姚思廉：《陈书》，中华书局 1972 年版，第 112 页。
　　④ （宋）志磐：《佛祖统纪》，收入中华大藏经编辑局编《中华大藏经》（汉文部分）第八十二
册，中华书局 1994 年版，第 604 页上中。
　　⑤ 参见孙英刚《武则天的七宝——佛教转轮王的图像、符号及其政治意涵》，《世界宗教研究》
2015 年第 2 期。
　　⑥ （后晋）刘昫：《旧唐书》，中华书局 1975 年版，第 123 页。
　　⑦ （后晋）刘昫：《旧唐书》，中华书局 1975 年版，第 123 页。
　　⑧ （后晋）刘昫：《旧唐书》，中华书局 1975 年版，第 124 页。
　　⑨ （后晋）刘昫：《旧唐书》，中华书局 1975 年版，第 124 页。

亡停丧成礼。天下大酺三日。"① 其中对《化胡经》的禁止显然与佛教有关。再如《旧唐书·睿宗本纪》载:"［景云二年（711 年）］八月乙卯，诏以兴圣寺是高祖旧宅，有柿树，天授中枯死，至是重生，大赦天下。其谋杀、劫杀、造伪头首并免死配流岭南，官典受赃者特从放免。"② 这次恩赦既受到佛教因素的影响，也与祖先崇拜有关系。

其后，宋代仍然有受佛教因素影响进行的恩赦。如《宋史·真宗本纪三》载:"［天禧三年（1019 年）］八月丁亥，大赦天下，普度道释童行。"③《宋史·高宗本纪二》载:"［建炎三年（1128 年）］是夕，帝移御显宁寺。甲申，尊帝为睿圣仁孝皇帝，以显宁寺为睿圣宫，大赦。"④ 不过，这些恩赦与佛教因素的关系比较淡薄，而且在宋代整体恩赦数量膨胀⑤的背景下更显得稀见。元代的恩赦已经比较少，⑥ 但因为崇信佛教，恩赦多因之而颁布，与前代或有不同。《元史·刑法志一》载:"西僧岁作佛事，或恣意纵囚，以售其奸宄，俾善良者喑哑而饮恨，识者病之。"⑦ 对此，丘濬云:"赦宥出于上，识治体者犹以为非。元人信胡僧之言，每作佛事，辄纵罪囚，以希福报，恩不出于上而出于下，人不感帝之恩而感乎僧。是以每遇将作佛事之先，有罪在系者辄赂僧以求免，遂使凶顽席僧势以稔恶，善良抱冤屈而莫诉。异端所为，无足责也，中国之治，乌可尤而效之哉!"⑧明代的赦免已经相对较少，更遑论由于佛教因素而实施的恩赦。由此也可以进一步看出，佛教对法律的影响在唐宋元之后呈现衰退趋势。

透过恩赦制度，国家直接将犯罪者所应该承担的法律责任予以减轻或免除，这不仅合乎儒家的恤刑观，而且更合乎佛教的世俗刑罚观。佛教徒对恩赦也表现出很大认同。如《广弘明集》卷二十九《平魔赦文》曰:"思与天

---

① （后晋）刘昫:《旧唐书》，中华书局 1975 年版，第 140 页。

② （后晋）刘昫:《旧唐书》，中华书局 1975 年版，第 157—158 页。

③ （元）脱脱等:《宋史》，中华书局 1977 年版，第 167 页。

④ （元）脱脱等:《宋史》，中华书局 1977 年版，第 462 页。

⑤ 参见郭东旭《论宋代赦降制度》，《宋史研究论丛》1999 年总第 3 辑。

⑥ 参见郑鹏《元代大赦与政治关系论析》，《史学月刊》2014 年第 12 期。

⑦ （明）宋濂等:《元史》，中华书局 1976 年版，第 2604 页。

⑧ （明）丘濬:《大学衍义补》，金良年整理，朱维铮审阅，上海书店 2012 年版，第 215 页。

下同兹福庆，可大赦天下，与同更始。改像教之号，为即真之岁。自二月八日昧爽已前，系囹见徒悉皆原放。"① 《神僧传》卷七《释一行传》亦载："一行曰：'后魏时失荧惑，至今帝车不见。古所无者，天将大警于陛下也。夫匹夫、匹妇不得其所，则陨霜赤旱。盛德所感乃能退舍，感之切者其在葬枯出系乎。释门以瞋心坏一切善，慈心降一切魔，如臣曲见，莫若大赦天下。' 玄宗从之。"② 佛教对恩赦制度的影响，充分体现了其轻缓化的世俗刑罚观对中国传统刑罚制度的影响。至于这种影响是否完全有益，前揭丘濬之言似可参考。

　　综上所述，佛教影响中国传统刑罚制度的主要路径有二：改变与催化。一者，中国传统社会中某些根深蒂固的观念因佛教发生改变，如使特定做法所具有的惩罚性或羞辱性降低，这意味着惩罚本身所具有的意义被淡化，由此才发生髡刑的消失；二者，中国传统社会中的某些观念因为佛教而愈发强健，佛教的世俗刑罚观与儒家刑罚观的相似性使其更具有生命力，从而在整个中国古代刑罚制度的轻缓化进程中发挥重要的推动作用。

　　在佛教进入中国的过程中，一部分佛教理念在与中国传统理念发生冲突后逐渐占据上风，并成为传统中国文化包括法律文化的组成部分。从法律角度来说，随着时间的推移与认同的强化，这些理念不仅改变了人们的法律意识，也逐渐改变了法律制度。从髡刑的产生、发展与消亡来看，它诞生于中国传统观念，而又因传统观念的改变而消失。这充分反映出佛教对中国传统法律文化的影响之深刻。不过，如果考诸中国传统法律制度的整体，因佛教而产生的类似髡刑的这种制度性转变，还是相对少数。中国传统法律制度仍然深深地奠基于儒法两家的观念。相较而言，佛教理念中与中国传统文化相合的部分更容易发挥力量。实际上，在任何文化冲突与融合的过程中，两者的相融性很大程度上都会奠基在相似性的基础上。在中国传统观念中，儒家刑罚观具有轻缓化色彩，这与佛教刑罚观具有一定程度的相似性。因此，佛教的刑罚观对中国古代具有很强的吸引力，也发挥了很大作用。这种刑罚观

---

① （唐）道宣：《广弘明集》，收入大正新修大藏经刊行会编《大正新修大藏经》第五十二册，台湾新文丰出版股份有限公司 1986 年版，第 348 页上。

② （明）朱棣：《神僧传》，收入大正新修大藏经刊行会编《大正新修大藏经》第五十册，台湾新文丰出版股份有限公司 1986 年版，第 996 页上。

对中国传统刑罚制度的渗透或者说影响可以说是全方位的，无论是从整个刑罚制度的轻缓化转型来看，还是从具体赦免制度的发展来看，皆是如此。可以说，佛教之所以能够对中国传统刑罚制度发挥作用，相当重要的原因就是它的某些内在理念与中国传统存在相合之处。甚至可以说，佛教对中国传统刑罚制度的影响程度取决于两者的相似程度。

透视佛教影响中国传统刑罚制度的过程还会发现，这实际上也是一个中国传统文化反向甄选佛教理念的过程，那些与中国传统不合的内容发挥了较小影响，而那些与中国传统相合的内容则发挥了较大影响。从更高的层面来说，佛教对中国传统法律之影响这一命题必然需要在佛教与中国传统法律的相互作用这一宏观视角下进行解读，如此才能获得更为准确与科学的结论。

第　五　章

佛教对中国传统法律实效的影响

法律功能的实现在于从效力转变为实效。所谓法律实效，"是指国家实在法效力的实现状态和样式，是应然的法律效力实然化的情形，是法律主体对实在法权利义务的享有和履行的实际状况"①。尽管这种现代法学观点无法完全应用于中国法律史的思考，但它至少可以从形式上说明，法律实效可以描述文本中的法律转换为实践中法律时的基本形态。中国古代的立法者在立法后，必然期待全体社会成员能够依法而行，从而使纸面上的法律变成生活中的法律。这种转变究竟能够在多大程度上实现，是需要条件的。佛教在中国古代的传播与发展，则使其成为影响法律效力转变为实效的要素之一。佛教对中国传统法律实效的影响，不仅有积极的一面，也有消极的一面。因其有积极的一面，故统治者十分注重利用佛教来发挥法律功能；因其有消极的一面，故统治者也不断改变法律规范来应对这种外来冲击。

一　佛教对中国传统法律实效影响的前提

法律实效不仅体现为出现法律争议时人们依赖法律解决问题的程度，而且体现在日常生活中人们对法律的遵从。随着佛教东传，信仰的力量有助于人们依从佛教的行为规则。如果这些行为方式与法律相契合，基于信仰力量的佛教将有助于推动人们遵守法律；反之，则会使人们倾向于违反法律。因

---

① 谢晖：《论法律实效》，《学习与探索》2005 年第 1 期。

此，佛教如何影响法律实效，很大程度上取决于其教义与中国传统法律的内在契合度。作为佛教的信仰规则，戒律是其最集中的体现。如能深入对比戒律与中国传统法律具体规则的异同，将有助于发现佛教影响法律实效的不同层面。当然，佛教对世俗法律的态度也会从根本上影响佛教徒的法律信念，进而推动其守法或者违法。

（一）佛教的法律观念

佛教的法律观是推动佛教徒守法的基础，并进而有助于佛教徒形成基本的守法意识。佛教的诞生源于对世俗社会包括世俗法律秩序的不满。但自释迦牟尼开始，佛教理念仍然在一定程度上认同世俗法律秩序，[①] 而且也支持以君主为中心的政权组织形式。[②] 当然其背后的重要原因，是佛教对世俗政权本身有所期待，希望能够通过后者实现弘扬佛法的目的。

《杂阿含经》卷二十三载：

> 时，王严饰国界，平治道路，悬缯幡盖，烧香散华，及诸伎乐。举国人民皆出奉迎尊者优波崛，供养恭敬。尔时，尊者优波崛白王言："大王！当以正法治化，哀愍众生。三宝难遇，于三宝中，常以供养恭敬，修念赞叹，广为人说。所以者何？如来、应供、等正觉，知人见人，常为记说：'我之正法，寄在国王，及我比丘僧等。'"而说偈曰："世雄人中尊，正胜妙大法，寄付于大王，及我比丘僧。"时，王白优波崛曰："我已建正法。"而说偈曰："我已造诸塔，庄严诸国界，种种兴供养，幡幢及诸宝，广布佛舍利，遍于阎浮提。我兴如是福，意愿悉已满，自身及妻儿，珍宝及此地。今已悉舍施，供养贤圣塔。"时，尊者优波崛赞王言："善哉！善哉！大王应行如是法。"[③]

按《杂阿含经》的说法，佛祖涅槃之前就已经预言到阿育王的诞生及

---

① 参见刘立夫《儒佛政治伦理的冲突与融合——以沙门拜俗问题为中心》，《伦理学研究》2008 年第 1 期。

② 参见王永会《佛教政治哲学简论》，《社会科学研究》2000 年第 3 期。

③ 恒强校注：《阿含经校注·杂阿含经》，线装书局 2012 年版，第 513 页。

其弘法行为。其后，阿育王皈依佛教，运用多种途径弘扬佛教正法，所以他也受到当时的僧侣尊者优波崛的赞誉。尊者优波崛甚至指出，佛法弘扬（即及我比丘僧）的实现不在于佛教徒自身而在于坚持正法的阿育王。就此，佛教理念与世俗法律之间并非对立关系，当后者能够合乎前者的要求时，世俗法律就能够被佛教理念所接受甚至推崇。佛教也建立起转轮王观念，那些能够秉持佛教精神执政或者护持佛教发展的世俗统治者，也就成为所谓的转轮王。① 这种佛教理念意味着，佛教徒对法律的认同是基于法律对佛法的接纳。这种法律意识这就强调法律的先验性，隐含着恶法非法的理念。佛教徒的守法意识也就建立在法律本身的正当性基础上，② 由此佛教对世俗法律的评价意识也逐渐建立，即佛教徒在依法行事前可能会先关注法律本身的正当性。当然，基于对世俗政权的弘法依赖，佛教仍然试图对之保持更大的宽容。

《大方等大集经》卷二十五载：

> 尔时，世尊告频婆娑罗王："大王，汝之国法，何名大罪？何名小罪？"频婆娑罗言："世尊，我之国法，有四重罪：一者，断他命根；二者，偷至五钱；三者，淫他妇女；四者，为五钱故，大众王边故作妄语。如是四罪，犯者不活。"佛言："我今亦为未来弟子制是四重。复次，大王，王子几岁不听入宫？""世尊，过二十年则不听入。"佛言："我亦如是，沙弥二十乃至得道，不听入众。"王言："世尊，如我国法，有作罪者必死不疑，或打或骂，闭系输物，摈出界外。如来法中，其义云何？""大王，我之法中亦复如是。有犯罪者，或令苦作一月二月，或不与语、共坐、共食，或不共住，或摈令出，或出一国，或出四

---

① 参见张文卓《从转轮王到顶轮王——佛教轮王思想盛行的政治要素剖析》，《青海社会科学》2013 年第 3 期。

② 在此，可以借用现代法理学来分析这些概念之间的关系，佛教理念、世俗法律就相当于自然法和实证法。实证法需要合乎自然法的标准才具有正当性，对比而言，世俗法律只有合乎佛教理念才具有正当性。否则世俗法律虽然合乎人间法律的制定原则和程序，但不一定具有正当性。那么，当世俗法律合乎佛教理念也就是具有正当性时，佛教徒才有遵守法律的绝对义务，而当这两者可能发生冲突时，佛教徒的守法意识也可能就不会那么坚定。

国。有佛法处，治如是等恶比丘已，诸善比丘安乐受法，故使佛法久住不灭。大王，若未来世有我弟子，饶财多宝、有大力势、王所亲爱，一切大众不能摈治。如是等人，汝等当治。刹利、婆罗门、毗舍、首陀不能治者，如是四姓则为断我三宝种性，能灭法炬，破坏法船，燋涸法味，夺众生眼。我法坏时，心则放舍。大王，譬如一人夺一切眼，于意云何？是罪多不？""甚多，世尊，不可称量，不可计数。""大王，若有刹利、婆罗门、毗舍、首陀，有大力势，见我法灭舍不守护，其所得罪亦复如是。大王，若有国主，于无量世修施戒慧，见我法灭舍不拥护，如是所种无量善根悉皆灭失。其国当有三不祥事：一者，谷贵；二者，兵革；三者，疫病。一切善神，悉舍离之；其王教令，人不随从；常为邻国之所侵娆；暴火横起，多恶风雨；暴水增长，吹漂人民；内外亲信，咸共谋叛；其王，不久当遇重病，寿终之后生地狱中。若宿善追及，还得人身，无量世中常盲无目，贫穷跛踦行乞自活，常生恶心。因是恶心，复当还堕于地狱中。如王、夫人、太子、大臣、城主、村主、将帅、郡守、宰臣，亦复如是。"频婆娑罗耳闻是语，悲泣哽咽，收泪而言："世尊，我值如来，犹故不能如法治国，况未来世放逸诸王！不能持戒修行精进，治恶比丘护持佛法，不能绍继三宝种性，如是诸王，长夜常行于三恶道。"尔时，诸王、夫人、太子、大臣、城主、村主、将帅、郡守、宰官，皆白佛言："我等于今现在之世，要当勤心守护佛法，亦当供养受持法者，衣服、饮食、卧具、医药，治恶比丘绍三宝性。"佛言："善男子，汝等若能建立此事，则为供养三世诸佛，亦得无量不可思议诸善功德。"①

在这个事例中，释迦牟尼对频婆娑罗王所治之法就保持了很大宽容。频婆娑罗王所治的四重罪与佛教的四重罪基本上是相同的，但世俗法律与戒律惩罚相同行为的手段截然不同。世俗法律所设刑法本质上应为佛教所排斥。但释迦牟尼并不强调前者的合法性问题，而是更重视前者对佛法的护持作

---

① （北凉）昙无谶译：《大方等大集经》收入中华大藏经编辑局编《中华大藏经》（汉文部分）第十册，中华书局1985年版，第322页上中下、323页上。

用。释迦牟尼提出，当戒律不能惩戒佛教徒的时候，世俗法律应该断然承担这种职能（即治恶比丘尼）。也就是说，世俗法律与戒律被认为是两套不同系统，建立在不完全相同的理念基础上，这是佛教所能接受的。而且释迦牟尼强调世俗政权之所以会遭到因果报应、面临灭亡危险，根本上是因为世俗政权不能护持佛法，而并未提出世俗法律本身的合法性问题。就此而言，佛教在一定程度上认同世俗法律的独立性，并不强调世俗法律需要完全合乎佛法的要求，甚至认为在某些情况下教规不得违国法。①

综上所见，早期佛教对世俗法律持双重态度，正如《佛般泥洹经》卷上云："天下径道众多，王法最大，佛道亦尔最上道也。"② 也有人提出 "佛教主张法治是德治之辅"③。这也是对佛法与世俗法律具有双重关系的另一种看法。

中国佛教徒在一定程度上也承袭了这种看待世俗法律的态度。在传入过程中，"佛教在开始渗入社会高层吸引统治阶级注意时，遇到了巨大的意识形态上的和现实上的障碍"④。因此，佛教逐渐中国化，佛教伦理也被类比为中国传统伦理。如《弘明集》卷五《沙门不敬王者论》曰："夫然者，故能拯溺俗于沉流，拔幽根于重劫，远通三乘之津，广开天人之路。如令一夫全德，则道洽六亲，泽流天下，虽不处王侯之位，亦已协契皇极，在宥生民矣。是故内乖天属之重，而不违其孝；外阙奉主之恭，而不失其敬。"⑤ 慧远的观点强调出家本是为弘道，弘道则是另一种尽孝的方式，因此 "沙门出家修行与儒家的政治伦理思想的目标是完全一致的。儒佛两家完全可以相合而明，相得益彰"⑥。佛教中国化的思维也逐渐为传统士人接受。如《魏书·释老志》云："又有五戒，去杀、盗、淫、妄言、饮酒，大意与仁、义、礼、智、信同，名

---

①　参见净因《国法与教规的关系——从佛教戒律的角度阐释》，《中国宗教》2016 年第 1 期。

②　《佛般泥洹经》，收入《中华大藏经》（汉文部分）第三十三册，中华书局 1988 年版，第 495 页下。

③　王永会：《佛教政治哲学简论》，《社会科学研究》2000 年第 3 期。

④　［荷］许理和：《佛教征服中国：佛教在中国中古早期的传播与适应》，李四龙、裴勇等译，江苏人民出版社 2017 年版，第 151 页。

⑤　（南朝梁）僧祐、李小荣校笺：《弘明集校笺》，上海古籍出版社 2013 年版，第 258 页。

⑥　岳辉：《从魏晋南北朝时 "沙门不敬王者论" 的争论看佛教的中国化》，《宗教学研究》2000 年第 2 期。

为异耳。"① 佛教理念的这种类比性转变，淡化了中国传统法律观念与佛教理念的冲突，从而为中国传统法律观接受佛教思维奠定了基本前提。

尽管佛教在很大程度上仍然不完全认同世俗法律，传统法律观也无法完全接受佛教，但中国化后的佛教理念与贯彻礼制精神的中国传统法律之间的冲突仍然会大为减轻，佛教与传统法律在一定程度上有所趋同。守法意识也被佛教理论所接受。故《弘明集》卷三《喻道论》云："放酒者罗刑，淫为大罚，盗者抵罪。三辟五形，犯则无赦，此王者之常制，宰牧之所司也。若圣王御世，百司明达，则向之罪人，必见穷测，无逃形之地矣。"② 这种说法强调国家法律的合法性，而且这种合法性并不受佛法的支配。再如《弘明集》卷十二《天保寺释道盛启齐武皇帝试检试僧事》云："况今末法比丘，宁能收失？若不收失，必起恶心。寺之三官，何以堪命？国有典刑，愿敕在所依罪治戮，幸可不乱圣听。"③ 这就强调法律管理社会包括惩罚僧侣的合理性。因此，中国化后的佛教法律观对中国传统法律产生认同性，僧侣在论证自身合理性时也强调佛教对推动王化政治的助益。④ 但佛教理念毕竟与中国传统法律存在根本性的差异，佛教理念仍然蕴含着对中国传统法律乃至现世政权的否定要素，所以佛教在诸多时代反而可能成为世俗斗争的工具，也进而推动违法行为的出现。这使得两者仍然存在内在冲突。

（二）佛教戒律与中国传统法律的异同

佛教理论所产生的法律意识与中国传统法律存在协调和冲突两个层面。就其冲突而言，不仅表现为佛教理论认识法律的两面性，而且表现为佛教行为规范与中国传统法律具体规范的差异。佛教理论以戒、定、慧为中心，戒律主要涉及对佛教徒的行为规范要求，是佛教为不同类型的佛教徒制定的禁

---

① （北齐）魏收：《魏书》，中华书局 2017 年版，第 3288 页。

② （南朝梁）僧祐、李小荣校笺：《弘明集校笺》，上海古籍出版社 2013 年版，第 147 页。按："三辟五形"之"形"，四库丛刊明本景作"刑"。

③ （南朝梁）僧祐、李小荣校笺：《弘明集校笺》，上海古籍出版社 2013 年版，第 707 页。

④ 如《沙门不敬王者论》云："原夫佛教所明大要，以出处为异。出处之人，凡有四科：其弘教通物，则功侔帝王，化兼治道。至于感俗悟时，亦无世不有。但所遇有行藏，故以废兴为隐显耳。"（南朝梁）僧祐、李小荣校笺：《弘明集校笺》，上海古籍出版社 2013 年版，第 255—256 页。

止或应为的行为规范，包括戒与律两种。"戒律之义即守持佛教之分别信仰而生活也。"① 戒律与中国传统法律之间既有相似性也有相异性。这意味着佛教徒的某些合乎戒律的行为有可能会违反法律，某些不合乎戒律的行为却可能合乎法律。戒律与法律的相似性，意味着佛教信仰的传播能够推动佛教徒的守法意识；戒律与法律的相异性，则意味着佛教信仰的传播也可能导致佛教徒否定法律。随着佛教戒律的世俗化，② 这种既协调又冲突的关系可能会对整个社会的法律意识产生更大影响。

1. 佛教戒律与中国传统法律的相似性

戒律具有道德性，同时也是佛教徒的行为准则，涉及各个层面。作为道德准则，戒律往往对佛教徒提出比一般法律更高的标准。由于中国传统法律也具有伦理法特性，③ 因此亦对人们的行为提出较高的义务性要求，故戒律与中国传统法律在伦理本质上存在相似性。而且在具体规则层面，人类社会对何为美好生活往往有不少相似的想象，如不杀不盗、和睦相处、邻里友爱等。这也使得戒律与中国传统法律在很多方面都有相似性。

佛教戒律纷繁复杂，很难一言以蔽之。其中，"以戒的内容为标准，可以分为三归、五戒、八戒、十戒、具足戒，即通常所说的'五八十具'"④。三归，即皈依佛、法、僧三宝；五戒，即不杀生、不偷盗、不邪淫、不妄语、不饮酒；八戒，即不杀生、不偷盗、不淫欲、不妄语、不饮酒、不著香华鬘和香油涂身、不歌舞娼妓和故往观听、不坐广高大床、不非时食（过午不食）等⑤；十戒，即杀戒、盗戒、淫戒、妄语戒、不饮酒戒、不著香华鬘和香油涂身戒、不歌舞娼妓及故往观听戒、不座广高大床戒、不非时食戒、

---

① 吴信如：《佛法戒律论》，《佛学研究》1996 年刊，第 182 页。

② "宗教伦理的最重要载体是戒律，故戒律化是宗教发展的一般规律，在中国也是如此。宗教戒律虽以宗教徒为主体，但在传统社会中后期，宗教戒律向社会泛化，并产生形式上的衍变，戒律的思想、戒律化的自我约束方式广泛地为社会所接受。"刘绍云：《戒律、家规、国法与中国古代社会的秩序调控》，《理论学刊》2005 年第 10 期。

③ 参见俞荣根《儒家法思想通论》，广西人民出版社 1998 年版，第 131—140 页。

④ 彭瑞花：《菩萨戒研究》，博士学位论文，陕西师范大学，2015 年。

⑤ 按：该处有九条戒律，但第九条"不非时食"是前八条的目的，前八条是达致第九条的手段。故前八条被称为"关戒"，意为达到"不非时食"的手段。参见劳政武《佛教戒律学》，宗教文化出版社 1999 年版，第 203—204 页。在这种意义上，"不非时食"具有兜底条款的意义。

不捉钱生像金银宝物戒等；具足戒，是比丘、比丘尼正式出家后应持的戒律，比丘戒条包括四波罗夷罪、十三僧残罪、二不定法、三十舍堕法、九十单提法、四提舍尼法、百众学法、七灭净法，比丘尼戒条包括八波罗夷法、十七僧残法、三十舍堕法、一百七十八单提法、八悔过法、百众学法、七灭净法等。① 在这些不同种类的戒律中，三归、五戒、八戒、十戒等内容比较简单，具足戒要纷繁复杂得多。这主要是因为，具足戒是僧尼出家后应该遵守的行为规则，从世俗生活到僧伽生活，诸多行为模式都会发生变化并需要规范，因而显得非常琐碎。

戒律虽然复杂，但是重戒或者说最为重要的行为规范相对有限，共识性较高。比如，有学者将其总结为五戒、十善、四摄和六度等。② 五戒已如前述；十善则包括不杀生、不偷盗、不淫邪、不妄语、不两舌（即不搬弄是非、挑拨离间）、不恶口（即不粗言秽语、冷嘲热讽、恶意攻击、尖刻批评）、不绮语（即不花言巧语、说淫秽话、唱艳曲情歌）、不贪欲（即不对他人的财物、权位、妻室等产生占有的邪念）、不邪见（即不违背佛教见解）等；四摄是为布施、爱语（用佛教义理为众生说法）、利行（利益众生，使其欢喜信受佛法）、同事（在世俗中教化众生）；六度为布施、持戒、忍辱、精进、禅定、智慧等。

这些戒律中的不少内容与法律高度一致，如不杀生、不偷盗、不淫邪等。这也是戒律中的性戒，即所有人都应当遵守的普遍道德规则。其他则更多地属于个人修行的内容，与法律关系不大。不过，"佛陀在制订戒律的过程中，都是对每一具体行为进行充分地分析思辨，因此戒律的条文都体现着理性对欲念的束缚"③。这与法律规范有内在相似性。法律的规范作用包括告示、指引、评价、预测、教育和强制等功能，④ 这也是从不同方面约束个人欲望，防止其实施越轨行为。因此，虽然戒律与法律在内容上有差异，但

---

① 参见劳政武《佛教戒律学》，宗教文化出版社 1999 年版，第 190、203、211—212、224—241 页。

② 参见严玉明、王文东《中国佛教戒律的伦理探讨》，《西南民族大学学报·人文社科版》2003 年第 6 期。

③ 严耀中：《试论中国佛教戒律的特点》，《世界宗教研究》2005 年第 3 期。

④ 参见张文显《法理学》，高等教育出版社 2007 年版，第 83—85 页。

在约束个人以履行道德规范的基本精神上存在一致性。故《魏书·释老志》所载北魏文成帝诏书云："释迦如来功济大千，惠流尘境，等生死者叹其达观，览文义者贵其妙明，助王政之禁律，益仁智之善性，排斥群邪，开演正觉。故前代已来，莫不崇尚，亦我国家常所尊事也。"① 同样揭示佛教在这方面的功能。总体上，戒律与法律之间在精神内核与具体内容等方面存在诸多相似性。

2. 佛教戒律与中国传统法律的相异性

虽然戒律被认为有助于王化且也在不断中国化，但其与法律毕竟不完全相同。佛教伦理与中国传统伦理之间也存在很多差异，这导致戒律与法律的不同，具体表现为佛教戒律对中国传统法律的违反。尤其值得注意的是，在中国传统法律中，个人被赋予很多义务，既包括家族义务也包括国家义务，而这些义务与戒律本质上存在对立。

（1）法律的家族义务性要求及佛教的否定

中国传统法律带有强烈的家族主义色彩，这种色彩源于中国传统宗法制度。② 所谓宗法制度，是一种宗族、家族制度，在权力核心上以父权和族权为主，在权力继承上以嫡长子继承制为中心。③ 宗法制度或者说家族主义法律所建立的是一种家族秩序，强调尊卑等差性。为维护这种家族内部秩序，礼教和法律都为个人规定了多重义务。但对于佛教徒而言，出家导致围绕他们的社会关系或人际关系发生变化。他们拒绝，甚至可以说佛教伦理不允许他们承担这些家族义务，从而可能导致佛教徒对法律的违反，也由此产生戒律与法律的对立。

对于家族主义的传统法律而言，孝道是最为重要的法律原则。④ "传统法制中受孝道的影响非常之大，表现为孝与法的有机融合。"⑤ 因此，不孝行为很早就成为国家法律规制的对象。首先，国家很早就认识到不孝行为的危

① （北齐）魏收：《魏书》，中华书局 2017 年版，第 3298 页。
② 参见陈顾远《中国法制史概要》，商务印书馆 2011 年版，第 56 页。
③ 参见钱宗范《周代宗法制度研究》，广西师范大学出版社 1989 年版，第 1 页；刘柱彬《中国古代宗法制度的形成及其精神实质》，《法学评论》1997 年第 1 期。
④ 参见龙大轩《孝道：中国传统法律的核心价值》，《法学研究》2015 年第 3 期。
⑤ 林明：《传统法制中的孝道文化因素释义》，《法学论坛》2001 年第 6 期。

害性。如《尚书·康诰》载："元恶大憝，矧惟不孝、不友……乃其速由文王作罚，刑兹无赦。"①《吕氏春秋·孝行》载："《商书》曰：'刑三百，罪莫重于不孝。'"《后汉书·宗室四王三侯列传》载："《甫刑》三千，莫大不孝。"② 《孝经·五刑章》载："子曰：'五刑之属三千，而罪莫大于不孝。'"③ 其次，国家刑事法律对不孝行为规定了较为严厉的刑罚。《睡虎地秦墓竹简·法律答问》载："免老告人以为不孝，谒杀，当三环之不？不当环，亟执勿失。"④《张家山汉简·奏谳书》载："教人不孝，次不孝之律。不孝者弃市。弃市之次，黥为城旦春。"⑤《晋书·武帝纪》载："有不孝敬于父母，不长悌于族党，悖礼弃常，不率法令者，纠而罪之。"⑥《晋书·董养传》载："每览国家赦书，谋反大逆皆赦，至于杀祖父母、父母不赦者，以为王法所不容也。"⑦《北齐律》将不孝规定在重罪十条中，隋唐律十恶因之，后世亦袭而不改。"十恶"的发展和完善是法律儒家化的重要体现。这些罪行既包括杀害父母等较重的罪，还包括如供养有阙、不听教令、轻慢尊亲等较轻的罪。这些在整个中国古代都会成为刑法处罚的对象，包括秦汉时期等。⑧

　　而在戒律影响下，佛教徒尤其出家佛教徒必然面临不得养亲、尊亲

---

　　① （汉）孔安国传，（唐）孔颖达正义：《尚书正义》，黄怀信整理，上海古籍出版社 2007 年版，第 540—541 页。沈家本认为当时的不孝罪并不为重罪。他根据《周礼·地官·大司徒》"不孝之刑"的记载提出："附于刑者归于士，则乡八刑必其过恶尚轻而丽于刑者，故大司徒纠之。"（清）沈家本：《历代刑法考》，邓经元、骈宇骞点校，中华书局 1985 年版，第 831 页。正如下文所论证的，不孝行为在法律上包括杀害父母等重罪和其他严重性较轻的"不孝罪"。这是因为，无论在秦汉时期还是隋唐律"十恶"中，作为法定罪名的"不孝"主要指称相对较轻的违反孝道的行为，最严重的违反孝道的行为则会被用其他罪名代指。因此，本书用"不孝行为"而非不孝罪涵摄所有违反孝道的做法。参见李勤通《唐律"逆"罪的成因及其原因辨析》，《唐史论丛》第 31 辑。

　　② （南朝宋）范晔撰，（唐）李贤注：《后汉书》，中华书局 1965 年版，第 554 页。

　　③ （唐）李隆基注，（宋）邢昺疏：《孝经注疏》，金良年整理，上海古籍出版社 2009 年版，第 60 页。

　　④ 睡虎地秦墓竹简整理小组编：《睡虎地秦墓竹简》，文物出版社 1978 年版，第 195 页。

　　⑤ 张家山二四七号汉墓竹简整理小组：《张家山汉墓竹简［二四七号墓］：释文修订版》，文物出版社 2006 年版，第 108 页。

　　⑥ （唐）房玄龄等撰：《晋书》，中华书局 1974 年版，第 57 页。

　　⑦ （唐）房玄龄等撰：《晋书》，中华书局 1974 年版，第 2434 页。

　　⑧ 参见贾丽英《秦汉家族犯罪研究》，人民出版社 2010 年版，第 75—76 页。

的困境，① 而且还要面临无后的指责。② 针对戒律与孝的关系，有学者从宏观层面指出："戒与孝是互相区别的两对范畴。首先，戒与孝在规范对象上有着重要的区别，一为世俗的行为准则，一为出世的行为准则；一维护的是以家庭为中心的宗法伦理制度，一指导的是以僧伽为中心的出世修行团体。其次，戒与孝在基本精神上也有区别。孝虽在后世发展过程中有所异化，但从根本上说，孝是天生情感的一种萌发。戒虽有大小乘之别，但多强调后天的对人行为的规范与限制。"③ 由此可知，戒律与孝道的根本差别在于，前者以维护僧伽这一修行团体的秩序为主要目的，后者则以维护家族秩序为主要目的。家族秩序具有一定程度的封闭性或排他性，④ 戒律却意味着佛教徒可以牺牲家族秩序以维护僧伽秩序。因此，佛教徒对戒律的遵守就不得不对家族秩序产生冲击，故两者不具有内在的契合性。这个问题可以从如下层面展开。

首先，戒律否定实行孝道的经济基础。在佛教早期戒律中，佛教徒就被禁止蓄财，或者说只能蓄有满足己身衣食所需的财产。如《四分律》卷五十三《杂揵度之三》云："所言知时是为离，无利益语；不饮酒、离放逸处；不著华香璎珞；不歌舞倡伎，亦不往观听；不高广床上坐；非时不食，若是一食；不把持金银、七宝；不取妻妾、童女；不畜养奴婢、象、马、车乘、鸡、狗、猪、羊、田宅、园观、储积、畜养一切诸物；不欺诈，轻秤、小斗；不合和恶物；不治生、贩卖；断他肢节，杀害系闭；断他钱财，役使作业；言辄虚诈，发起诤讼；弃舍他人。断除如是诸不善事。行则知时，非时不行；量腹而食，度身而衣；取足而已，衣钵自随，犹若飞鸟，羽翮身俱。"⑤ 在《四分律》所载的这段戒律中，释迦牟尼指出佛教徒不应储蓄财

---

① 如《梵网经》曰："出家人法：不向国王礼拜，不向父母礼拜，六亲不敬，鬼神不礼，但解法师语。"赖永海主编，戴传江译注：《梵网经》，中华书局 2012 年版，第 292 页。

② 参见王月清《中国佛教孝亲观初探》，《南京大学学报》（哲学·人文·社会科学）1996 年第 3 期。

③ 邱高兴：《孝戒关系论——佛教对中国传统伦理观念调和性解释》，《社会科学战线》2005 年第 6 期。

④ 参见［日］仁井田陞《中国法制史》，牟发松译，上海古籍出版社 2011 年版，第 46 页。

⑤ 《四分律》，收入中华大藏经编辑部《中华大藏经》（汉文部分）第四十一册，中华书局1990 年版，第 34 页下。

物，并且不厌其烦地列举了财物的种类。按照戒律的严格要求，佛教徒只能保有满足己身基本需求的物品，这样就根本无法对他人包括尊亲进行供养。与之相反，佛教徒在佛教理念中应该是被供养者。戒律传入中国后，仍然对出家佛教徒持有财产持一定程度上的否定态度。如道宣《四分律比丘含注戒本》中的"三十尼萨耆波逸提法"中规定了很多对出家佛教徒积蓄财产进行限制的戒律，如"蓄钱宝戒""贸钱宝戒""贩卖戒"，等等。① 尽管在中国佛教发展的背景下，寺院经济得到很大发展，以寺院为主体的僧团积蓄相当多的财产，但寺院主要采取集体所有制，② "寺院公有财产名义上是属于僧尼全体，由大众共同享用，僧尼个人不得作私开支"③。因此，佛教徒仍然无法持有私人财产对尊亲进行供养。

其次，戒律否定实行孝道的行为基础。对家族关系而言，中国传统法律渗透着浓厚的礼制色彩。戒律却是否定礼制的。《魏书·李孝伯传李玚附传》："于时民多绝户而为沙门，玚上言：'礼以教世，法导将来，迹用既殊，区流亦别。故三千之罪，莫大不孝，不孝之大，无过于绝祀。然则绝祀之罪，重莫甚焉。安得轻纵背礼之情，而肆其向法之意也？正使佛道，亦不应然，假令听然，犹须裁之以礼。一身亲老，弃家绝养，既非人理，尤乖礼情，堙灭大伦，且阙王贯。交缺当世之礼，而求将来之益，孔子云'未知生，焉知死'，斯言之至，亦为备矣。安有弃堂堂之政，而从鬼教乎！又今南服未静，众役仍烦，百姓之情，方多避役。若复听之，恐捐弃孝慈，比屋而是。'沙门都统僧暹等忿玚鬼教之言，以玚为谤毁佛法，泣诉灵太后，太后责之。"④ 在北魏浓厚的佛教氛围下，作为儒家知识分子的李玚深刻阐述了佛教与儒家礼教之间的尖锐冲突，且上疏指斥佛教为"鬼教"，反映出儒释冲突的深刻与难解。当然，也有学者指出："佛教戒律与儒家礼制在中国古代社会得到长期共存，不仅在于它们有着相同之处，还在于它们之间的不同之处。如果说相同之处奠定了它们共存的可能性的话，相异之处则往往能

---

① （唐）道宣：《四分律比丘含注戒本校释》，宗教文化出版社 2015 年版，第 158 页下。

② 参见陈晓聪《中国古代佛教法初探》，法律出版社 2014 年版，第 143 页。

③ 参见何兹全《中古时代之中国佛教寺院》，收入何兹全主编《五十年来汉唐佛教寺院经济研究》，北京师范大学出版社 1986 年版，第 23 页。

④ （北齐）魏收：《魏书》，中华书局 2017 年版，第 1291—1292 页。

使它们彼此作相互补充。当然因相异而产生的矛盾也是有的，但在长期相处的过程中，彼此的差异逐渐被岔开与协调，并退居到次要地位。"① 但礼制精神强调身份等差，而戒律体现出强烈的平等精神。② 这种平等精神很早就影响到传统中国。如唐代圆仁《入唐求法巡礼行记》卷三载："送供设斋，不论僧俗男女大小尊卑贫富，皆平等供养。山中风法，因斯置平等之式。"③ 因此，戒律所倡导的行为模式与礼制存在根本差异，那么礼敬父母等礼制要求就很难做到。在佛教传入的早期，传统社会中甚至出现过父母兄姊敬拜出家儿女弟妹的做法。④ 这类情形导致戒律与礼制在诸多层面上的严重背离。这种背离甚至还不只局限于这些层面，《魏书·萧衍传》载："衍自以持戒，乃至祭其祖祢，不设牢牲，时人皆窃云：虽僭司王者，然其宗庙实不血食矣。"⑤ 由于信奉佛教，梁武帝萧衍改以素食祭祖。这被认为会使祖先不得血食⑥，因此颇受时人非议。⑦ 可见，甚至连最重要的祭祀之礼都受到佛教的冲击。

---

① 严耀中：《佛教戒律与儒家礼制》，《学术月刊》2002 年第 9 期。

② 参见严耀中《试论中国佛教戒律的特点》，《世界宗教研究》2005 年第 3 期。

③ ［日］释圆仁：《入唐求法巡礼行记校注》，［日］小野胜年校注，白化文、李鼎霞、许德楠修订校注，花山文艺出版社 1992 年版，第 302 页。

④ 当子女出家后，父母反拜子女的现象在早期并不鲜见。如《佛祖历代通载》卷十一载："帝受隋禅百官拜舞，僧但山呼拱立一面。鄂国公尉迟敬德、金吾卫将军刘文靖奏曰：'僧未登圣，俱是凡夫，何乃高揖王侯、父母反拜？孰可忍也？'帝令定儒释优劣，编入朝典，议讫表闻，不合拜上。"（元）念常：《佛祖历代通载》，收入《大正新修大藏经》第四十九册，台湾新文丰出版有限公司 1983 年版，第 563 页下。不过这一文献的可信性存疑。再如《贞观政要·礼乐》载："贞观五年，太宗谓侍臣曰：佛道设教，本行善事，岂遣僧尼道士等妄自尊崇，坐受父母之拜，损害风俗，悖乱礼经，宜即禁断，仍令致拜于父母。"（唐）吴兢：《贞观政要》，上海古籍出版社 1978 年版，第 226 页。印度佛教的理念甚至确定了"僧尊俗卑"的伦理秩序，由此建立起出家僧侣地位高于在家僧侣的地位差异。参见圣凯《印度佛教僧俗关系的基本模式》，《世界宗教研究》2011 年第 3 期。这种理念传入中国后，可能催生了父母反拜出家子女的现象。

⑤ （北齐）魏收：《魏书》，中华书局 2017 年版，第 2366 页。

⑥ 血食是中国古代祭祀的基本礼制。《史记·封禅书》载："其后二岁，或曰周兴而邑邰，立后稷之祠，至今血食天下。"颜师古正义曰："祭有牲牢，故言血食遍于天下。"（汉）司马迁：《史记》，中华书局 2014 年版，第 1659 页。

⑦ 当时，受佛教影响而祭祀不血食的做法非独梁武帝，南朝也有不少人皆如此行为。但这种做法与儒家相差太远，对礼教冲击很大，所以并未流行太久。参见夏德美《南朝祭祀与佛教》，《青岛大学师范学院学报》2012 年第 2 期。

就其影响而言，"在佛教思想影响下，魏晋南北朝时期的某些士大夫中产生了'非孝'思想，并一直影响到唐代"①。不过，由于孝道在中国传统社会的重要意义，儒家化的传统法律将孝道视为绝难突破的法益。因此，尽管佛教在某种意义上否定孝道，但也不得不对这部分内容进行中国化变造。故而，中土佛教徒常常最大限度地削弱自身对孝道的冲击。"佛教徒通过对于戒孝关系的创造性诠释，成功地化解了这种危机，为佛教在中国的发展，拓展了空间"②，并最终在宋代形成"夫孝也者，大戒之所先也"③的观念。但是，这并未从根本上改变佛教对孝道的冲击，也不可能改变戒律与关乎孝道法律之间的矛盾。因此，戒律与法律之间的矛盾在相当长时间内一直处于紧张状态。

（2）法律的国家义务性要求及佛教的背离

佛教徒之所以在中国传统社会中具有特殊性，还在于其理念会否定儒法两家所共有的君臣伦理。戒律要求个人禁绝欲望，遵循"诸善奉行，诸恶莫作，自净其意，是诸佛教"④的原则。这种禁欲理念一定程度上要求个人不得兴起对抗国家的念头。但作为中国传统君臣关系的重要内容，它们不仅要求臣民不得对抗国家，更重要的是为臣民设定了某些国家义务。这些义务也成为法律要求。戒律的推行，对完成这些国家义务可以说起到反面作用。

第一，忠诚义务。在中国传统政治伦理中，君臣关系是核心问题，而且儒法两家都要求臣民对君主尽忠诚义务。在法家思想中，如《韩非子·忠孝》云："臣事君，子事父，妻事夫，三者顺则天下治，三者逆则天下乱。此天下之常道也，明王贤臣而弗易也。"⑤相较于法家对忠诚的功利态度与根本上的不信任，儒家更重视忠诚义务。如《忠经·天地神明章》云："天

① 魏承思：《唐代佛教和孝亲观》，《法音》1985 年第 6 期。
② 邱高兴：《孝戒关系论——佛教对中国传统伦理观念调和性解释》，《社会科学战线》2005 年第 6 期。
③ （宋）释契嵩：《镡津集》卷三《孝论并叙》，四部丛刊三编景明弘治本。
④ （东晋）佛陀跋陀罗、法显：《摩诃僧祇律》，收入中华大藏经编辑局编《中华大藏经》（汉文部分）第三十六册，中华书局 1989 年版，第 1001 页下。
⑤ （清）王先慎：《韩非子集解》，钟哲校注，中华书局 1998 年版，第 466 页。

之所覆，地之所载，人之所覆，莫大乎忠。"① 又如《忠经·兆人章》云：
"承君之法度，行孝悌于其家，服勤稼穑，以供王赋，此兆人之忠也。"② 忠
诚义务不仅是道德话语，也是法律话语。历代王朝对不忠行为不仅予以严厉
处罚，而且忠诚还成为明确的法律语言。如《唐律疏议·名例律》"十恶"
条疏议曰："王者居宸极之至尊，奉上天之宝命，同二仪之覆载，作兆庶之
父母。为子为臣，惟忠惟孝。"③ 而佛教政治理念带有某种"君权民授"色
彩，④ 甚至佛教的平等观也成为农民起义的理论支撑⑤。这就在相当程度上
否定了中国传统法律对臣民所要求的忠诚义务。这也必然影响到法律实效
（详见下文）。

　　第二，打击犯罪的义务。中国传统法律不仅规定臣民应该忠诚于君主与
国家，而且要求臣民负有告奸义务，在特定情况下还应承担打击犯罪的义
务。如《周礼·秋官·朝士》载："凡盗贼军乡邑及家人，杀之无罪。"郑
司农注引汉律："无故入人室宅庐舍，上人车船，牵引人欲犯法者，其时格
杀之，无罪。"⑥ 北周沿用周制，"盗贼群攻乡邑及入人家者，杀之无罪"⑦。
在这些法律中，臣民被授予打击犯罪的无限防卫权。不过，这些规定的义务
性色彩还不够浓厚。而到唐律之后，打击犯罪成为臣民应对国家负有的重要
义务。如《唐律疏议》卷十七《贼盗》"有所规避执持"条规定："诸有所
规避，而执持人为质者，皆斩。部司及邻伍知见，避质不格者，徒二年。
（质期以上亲及外祖父母者，听身避不格。）"疏议："'部司'，谓持质人处
村正以上，并四邻五保。"⑧ 再如《唐律疏议》卷二八《捕亡》"邻里被强

　　① （汉）马融撰，（汉）郑玄注，（明）陶原良详解：《忠经详解》，《续修四库全书》编纂委员
会《续修四库全书》第九百三十三册，上海古籍出版社 1995 年版，第 479 页。

　　② （汉）马融撰，（汉）郑玄注，（明）陶原良详解：《忠经详解》，《续修四库全书》编纂委员
会《续修四库全书》第九百三十三册，上海古籍出版社 1995 年版，第 481 页。

　　③ （唐）长孙无忌等撰：《唐律疏议》，刘俊文点校，中华书局 1983 年版，第 6—7 页。

　　④ 参见王永会《佛教政治哲学简论》，《社会科学研究》2000 年第 3 期。

　　⑤ 参见何柏生《佛教与中国传统法律文化》，《法商研究》1999 年第 4 期。

　　⑥ （汉）郑玄注，（唐）贾公彦疏：《周礼注疏》，彭林整理，上海古籍出版社 2010 年版，第
1378 页。

　　⑦ 参见（唐）魏徵《隋书》，中华书局 1973 年版，第 708 页。

　　⑧ （唐）长孙无忌等：《唐律疏议》，刘俊文点校，中华书局 1983 年版，第 331—332 页。

盗不救助"条规定:"诸邻里被强盗及杀人,告而不救助者,杖一百;闻而不救助者,减一等;力势不能赴救者,速告随近官司,若不告者,亦以不救助论。"① 杀戒是佛教第一大戒,而打击犯罪以杀伤为前提,这就与戒律存在根本的背离。尽管历史上也曾经有所谓武僧,甚至有"十三僧兵救唐王"② 的传奇,但释迦牟尼不仅否定各种形式的杀人,③ 甚至也否定杀伤罪人的行为。④《高僧传》卷七《释慧严传》云:"宋高祖素所知重。高祖后伐长安,要与同行,严曰:'檀越此行,虽伐罪吊民,贫道事外之人,不敢闻命。'帝苦要之,遂行。"⑤ 宋高祖刘裕要求慧严随军征伐,但慧严明确强调即使是正义战争,佛教徒也不应该参加。虽然最后慧严迫于政治压力不得已而参加,戒律与法律之间矛盾却由此可见一斑。故云,"佛陀因而制定此戒条,今后禁止任何杀人行为"⑥。因此,戒律从根本上否定了中国传统法

---

① (唐)长孙无忌等:《唐律疏议》,刘俊文点校,中华书局1983年版,第530页。

② 参见程大力《少林寺"十三棍僧救唐王"详考》,《成都体育学院学报》2007年第1期。

③ 参见劳政武《佛教戒律学》,宗教文化出版社1999年版,第162页。

④ 如《摩诃僧祇律》卷四:"有人犯王法,有伺捕得缚送与王。王教将去随罪治之。时典刑者,以伽毗罗花庄严罪人头,反缚两手,打鼓吹贝,周匝唱令,已将出城门向刑罪人处。时有摩诃罗比丘不善知戒相,愍此罪人苦痛,语典刑者言:'此人可愍,莫使苦痛。汝持刀为作一疮。'尔时,魁脍答言如教,便持利刀,为作一疮。是摩诃罗比丘得波罗夷。"(东晋)佛陀跋陀罗、法显:《摩诃僧祇律》,收入中华大藏经编辑局编《中华大藏经》(汉文部分)第三十六册,中华书局1989年版,第520页下、521页上。在这个案例中,作为受戒的出家佛教徒,不得教人杀,即使对方是罪人且对该人有利也是如此,否则犯波罗夷罪。再如《法苑珠林·士女篇》载:"昔过去时,此阎浮提有一国王,名曰法增,好喜布施,持戒闻法,慈悲众生,不伤物命。正法治国,满二十年。其间闲暇,共人博戏。时有一人,犯法杀人,臣以白王。值王暮戏,脱咎之言:随国法治。即依律断,杀人应死。寻即杀之。王戏罢已,问诸臣言:罪人何所?臣咎:杀竟。王闻是语,闷绝躄地,水洒乃稣,垂泪而言:宫人妓女象马七珍,悉皆住此,唯我一人独入地狱。我今杀人,当知便是栴陀罗王,不知世世当何所趣!"(唐)释道世:《法苑珠林校注》,周叔迦、苏晋仁校注,中华书局2003年版,第688页。在这个案例中,即使是依法断罪,判处死刑,且是偿命杀人,但国王仍然认为自己犯下佛教之罪。这两个案例展现了在原始佛教的戒律观中,只要杀人就会犯下罪过,无论这种杀人是否基于善意。这意味着,通过杀伤才能完成的国家义务在本质上不见容于佛理。随着佛教中国化的进程,佛教徒完成这样的国家义务有了理论依据,但两者的内在冲突是无法完全消融的。

⑤ (梁)释慧皎:《高僧传》卷五《释道安传》,汤用彤校注,中华书局1992年版,第261页。僧侣也并非总有这种观念。如《周书·齐炀王宪传》载:"潜不纳,乃大开赏募,多出金帛,沙门求为战士者,亦数千人。"(唐)令狐德棻:《周书》,中华书局1971年版,第193页。

⑥ 劳政武:《佛教戒律学》,宗教文化出版社1999年版,第162页。

律对个人课以的这种国家义务。

第三，供养君主、承担赋役的义务。在中国古代，赋役是百姓承担的重要义务，这既是对国家也是对君主的义务。首先，赋役是百姓供养君主的义务。《申鉴·政体》称："上以功、惠绥民，下以财、力奉上，是以上下相与。"① 韩愈《原道》则曰："如古之无圣人，人之类灭久矣。何也？无羽毛鳞介以居寒热也，无爪牙以争食也。是故：君者，出令者也；臣者，行君之令而致之民者也；民者，出粟米麻丝、做器皿、通货财，以事其上者也。"② 其次，赋役是实现国家职能的基础。如《盐铁论·力耕》云："故均输之物，府库之财，非所以贾万民而专奉兵师之用，亦所以赈困乏而备水旱之灾也。"③ 赋税被认为是国家完成官僚机器运转及军事、赈灾等活动的基础。如唐代政府的赋税主要用于军费、俸禄、赈灾、皇室费用、交通与行政费用等。④ 基于此，中国传统法律对臣民尤其百姓课以赋役义务，一旦违反这些义务就会被规定为犯罪。例如，有学者总结秦代的税收犯罪有匿田罪、匿户罪、匿口罪、盗徙田界罪；⑤ 也有人总结为逃避赋税罪、逃避徭役罪、逃避兵役罪以及逃亡罪。⑥ 到唐代时，这些针对赋役和土地的规定更加规范，如《唐律疏议·户婚律》"脱漏户口增减年状"条规定："诸脱户者，家长徒三年；无课役者，减二等；女户，又减三等。脱口及增减年状，以免课役者，一口徒一年，二口加一等，罪止徒三年。"⑦ 同篇"输课税物违期"条规定："户主不充者，笞四十。"疏议曰："百姓当户，应输课税，依期不充，即笞四十，不据分数为坐。"⑧ 因应赋税制度的变化，明律则更关注基于土地的赋税，相关规定更为明晰，《大明律·户律·田宅》"欺隐田粮"条规定："凡欺隐田粮脱漏板籍者，一亩至五亩，笞四十，每五亩加一等，

① （汉）荀悦撰，（明）黄省曾注：《申鉴注校补》，孙启治校补，中华书局 2012 年版，第 46 页。

② （唐）韩愈：《韩昌黎文集校注》，马其昶校注，上海古籍出版社 2014 年版，第 17 页。

③ （汉）桓宽撰集，王利器校注：《盐铁论校注》，中华书局 1992 年版，第 27 页。

④ 参见陈明光《唐代财政史新编》，中国财政经济出版社 1999 年版，第 59—111 页。

⑤ 参见吴亚荣主编《中国税收犯罪通论》，中国税务出版社 1999 年版，第 50—51 页。

⑥ 参见张晋藩《中华法制文明的演进》，法律出版社 2010 年版，第 175—178 页。

⑦ （唐）长孙无忌等撰：《唐律疏议》，刘俊文点校，中华书局 1983 年版，第 231—232 页。

⑧ （唐）长孙无忌等撰：《唐律疏议》，刘俊文点校，中华书局 1983 年版，第 252—253 页。

罪止杖一百。其田入官。"① 承担赋役，不仅是中国传统政治伦理的要求，而且也为传统法律所明确规定。然而，戒律却在不同层面上与之发生冲突。一者，如前文所言戒律对佛教徒有财产规定，否定佛教徒承担赋役的经济基础。甚至某些佛教徒还称"恶王治世，课税僧尼"②，认为只有昏君当道才会对僧侣课征赋役。二者，中国化的佛教徒以寺院为基础占有大量的社会财富，却以"方外之宾"的身份被豁免赋役。《三国志》卷四九《吴书·刘繇传》载："（笮融）督广陵、彭城运漕，遂放纵擅杀，坐断三郡委输以自入。乃大起浮图祠，以铜为人，黄金涂身，衣以锦采，垂铜槃九重，下为重楼阁道，可容三千余人。悉课读佛经，令界内及旁郡人有好佛者听受道，复其他役以招致之，由此远近前后至者五千余人户。"③ 这被认为是佛教享受免役特权的起始。④ 虽然这是地方性政策，但后来为历代所依循。⑤ 直到南宋，度宗咸淳十年（1274 年）十月下诏："边费浩繁，吾民重困，贵戚释道，田连阡陌，安居暇时，有司核其租税收之。"⑥ 至此，佛教赋税特权才被完全取消。⑦ 三者，戒律可能会使某种特殊性质的赋役无法得到有效执行。如《南齐书·李安民传》载："吴兴有项羽神护郡听事，太守不得上。太守到郡，必须祀以轺下牛。安民奉佛法，不与神牛，著屐上听事。"⑧ 总的来说，

---

① 怀效锋点校：《大明律（附大明令 问刑条例）》，辽沈出版社 1990 年版，第 51 页。按："板籍"之"板"，他本作"版"，当是。

② （隋）费长房：《历代三宝纪》卷一，收入中华大藏经编辑局编《中华大藏经》（汉文部分）第五十四册，中华书局 1992 年版，第 142 页下。

③ （晋）陈寿：《三国志》，中华书局 1959 年版，第 1185 页。

④ 参见何兹全《中古时代之中国佛教寺院》，收入何兹全主编《五十年来汉唐佛教寺院经济研究》，北京师范大学出版社 1986 年版，第 5 页；谢重光《魏晋隋唐佛教特权的盛衰》，《历史研究》1987 年第 6 期。在魏晋时期有复除之法，即对特种身份的人免除赋役。参见郑学檬主编《中国赋役制度史》，厦门大学出版社 1994 年版，第 149 页。

⑤ 但某些时期政府也会对僧侣进行课税。《通典》卷十一《食货十一》载："北齐黄门侍郎颜之推奏请立关市邸店之税，开府邓长颙赞成之，后主大悦。于是以其所入以供御府声色之费，军国之用不在此焉。税僧尼令曰：'僧尼坐受供养，游食四方，损害不少，虽有薄敛，何足为也。'"（唐）杜佑：《通典》，王文锦等点校，中华书局 1988 年版，第 250 页。

⑥ （元）脱脱等：《宋史》，中华书局 1977 年版，第 924 页。

⑦ 参见何兹全《中古时代之中国佛教寺院》，收入何兹全主编《五十年来汉唐佛教寺院经济研究》，北京师范大学出版社 1986 年版，第 5 页。

⑧ （南朝梁）萧子显：《南齐书》，中华书局 1972 年版，第 508 页。

自魏晋南北朝以来，佛教盛行对传统赋役制度形成极大冲击。如《旧唐书·狄仁杰传》载狄仁杰称："逃丁避罪，并集法门，无名之僧，凡有几万，都下检括，已得数千。且一夫不耕，犹受其弊，浮食者众，又劫人财。"① 这种冲击也被认为是三武一宗废佛的重要原因之一。②

综上来看，戒律与中国传统法律之间存在根深蒂固的冲突。为了能够在中国继续传教，佛教理论不断中国化，尤其是尝试融入崇敬君亲的思想。佛教徒发扬自身与中国传统理念相合的部分，③ 如佛教中也有孝道观念，其五逆中就有杀父、害母。因此，佛教高僧大德不断提高孝道在佛教理念中的地位，④ 以至于有人认为孝道观念在中国传统社会的深入人心与佛教的传播也有一定关系。⑤ 忠君思想亦如是。孙绰《喻道论》云："周孔即佛，佛即周孔，盖外内名之耳。故在皇为皇，在王为王。佛者梵语，晋训觉也。觉之为义，悟物之谓，犹孟轲以圣人为先觉，其旨一也。"⑥ 因此，有学者总结称，"儒、释、道三教经过魏晋南北朝长期的纷争与交融，到隋唐五代时期，互相融合已经成为总的趋势……自魏晋南北朝始，儒学之士和高僧大德已经将儒家之道德伦理与佛教之戒律互相比拟，将佛教五戒与儒家五常相提并〔疑

---

① （后晋）刘昫：《旧唐书》，中华书局 1975 年版，第 2893—2894 页。

② 参见任继愈《中国佛教史》第三卷，中国社会科学出版社 1988 年版，第 67—68 页；张箭《三武一宗抑佛综合研究》，世界图书出版公司 2015 年版，第 81—84、153—156、261—265 页。

③ 如《法苑珠林》卷八十八《五戒部》载："夫世俗所尚，仁义礼智信也。含识所资，不杀盗婬妄酒也。虽道俗相乖，渐教通也。故发于仁者则不杀，奉于义者则不盗，敬于礼者则不婬，悦于信者则不妄，师于智者则不酒。斯盖接化于一时，非即修本之教。修本教者，是谓正法。内训弘道，必始于因。因者，杀盗婬妄酒也。此则在于实法，指事直言，故不假饰词，托名现意。如斯而修因，不期果而果证，不羡乐而乐彰。若略近而望远，弃小而保大，则无所归趣矣。故知受持本教之因，自证乎仁义之果。所以知其然，今见奉戒不杀，不求仁而仁著；持戒不盗，不欣义而义敷；守戒不婬，不祈礼而礼立；遵戒不妄，不慕信而信扬；受戒舍酒，不行智而智明。如斯之实，可谓振纲持纲，万目开张，振机驭寓，以离寒暑。"（唐）释道世：《法苑珠林校注》，周叔迦、苏晋仁校注，中华书局 2003 年版，第 2515—2516 页。在这段论述中，道世试图沟通中国传统文化与佛教理念，从而进一步发掘自身被前者接纳的可能性。他还进一步提出，佛理的发扬对于践行儒家理念下的教化也有推动意义。由此也可窥见，自佛教进入中国后，历代高僧大德为缓和佛教理论与中国传统文化之间的冲突，持续不断地努力着。

④ 参见陈观胜《中国佛教中的孝》，赵红译，《敦煌学辑刊》1988 年第 1、2 期。

⑤ 参见黄振萍《中国传统孝文化的历史演变》，《中州学刊》2014 年第 5 期。

⑥ （南朝梁）僧祐、李小荣校笺：《弘明集校笺》，上海古籍出版社 2013 年版，第 151 页。

原文夺"论"字?]，视为同一性质的道德规范。儒者的比附等于对佛教道德伦理的认同，而佛教的比附等于对儒家道德伦理的肯定，这反映了两者在道德伦理价值观念取舍上的趋同……至晚唐宋初，佛教与儒学传统的意识形态和价值体系日益趋同，特别是君臣之间的关系，忠孝之儒家道德准则，无疑成了佛教知识及其价值体系的重要内容。"① 然而，这种释儒融合并未从根本上改变佛教理论及其戒律的基本精神。因此，戒律与中国传统法律的关系仍然呈现两重性，那么佛教对中国传统社会的法律实效也必然会存在两种不同的影响。

二　佛教对中国传统司法理念的影响

在法律实践中，司法是最重要的场域之一。中国传统司法制度深受儒、法两家的影响，司法理念亦如是。例如，在中国法律史研究中，不少学者曾经对中国古代是否存在依法裁判展开过争论。② 这种争论的实质是探讨影响中国传统司法理念的主流价值观念。但实际上，儒法两家对中国传统司法理念的影响很难直接分出高下。只是在不同时代、不同司法层级以及面对不同司法主体等，儒法的影响会显示出差异，亦即谁是主流谁是支流往往会随时代、司法层级、司法主体等的变化而变化。从整体来看，除了受这些主流理念影响外，中国传统司法理念也会受到佛、道等宗教的影响。作为外来宗教，佛教对法律的影响也渗入司法实践中。当然，这是支流而非主流，但是整个中国传统诉讼理念的形成仍然深受佛教的影响。其中，中国传统无讼观

---

① 郑炳林、屈直敏：《归义军时期敦煌佛教教团的道德观念初探》，《敦煌学辑刊》2006 年第2 期。

② 参见［日］滋贺秀三等著，王亚新等编《明清时期的民事审判与民间契约》，王亚新等译，法律出版社1998 年版；徐忠明《明清刑事诉讼"依法判决"之辨正》，《法商研究》2005 年第4 期；王志强《南宋司法裁判中的价值取向》，《中国社会科学》1998 年第6 期；徐忠明《明清时期的"依法裁判"：一个伪问题?》，《法律科学》2010 年第1 期。王志强《制定法在中国古代司法判决中的适用》，《法学研究》2006 年第5 期；汪雄涛《明清诉讼中的"依法审判"》，《开放时代》2009 年第8 期；［美］D. 布迪、C. 莫里斯《中华帝国的法律》，朱勇译，江苏人民出版社2010 年版，第431—432 页；汪雄涛《明清诉讼中的情理调处与利益平衡》，《政法论坛》2010 年第3 期，等等。

念和古代法官的司法理念等多个方面都能见到佛教影响的痕迹。

（一）佛教对中国传统无讼观念的影响

诉讼是法律制度重要领域之一。诉讼不仅涉及国家基本法律制度，而且涉及法律意识、法律观念以及法律文化。在一定程度上，人们对诉讼的态度（亦即诉讼观念）会反映出法律在社会生活中的影响力或者地位。自秦汉以后，中国传统诉讼观念深受儒家影响。《论语·颜渊》载，子曰："听讼，吾犹人也。必也使无讼乎！"① 虽然学者们对此有不同理解，② 但这句话仍深远地影响着中国传统的诉讼实践。尽管中国历史上不乏健讼的时代与地区，③ 无讼、息讼、厌讼、贱讼、耻讼等观念仍然是中国主流的诉讼观念。在无讼观念形成的早期，佛教尚未传入中国，其具有完全的本土性。佛教东传后，无讼观念的演变也开始受到佛教影响。部分学者对此已有所研究。④ 不过，这一命题仍有可探讨之处，下文试图进一步研究之。

1. 佛教的讼争观及其对中国传统无讼观的渗透

在中国传统诉讼制度与观念的发展中，法、儒所起的作用最大。受法家影响的秦所设计的诉讼制度影响深远。⑤ 虽则汉承秦制，但西汉罢黜百家、独尊儒术后，儒家也开始有力地影响传统诉讼制度和观念。其中，政治权力对无讼的追求是重要体现之一。早期无讼观念的发展中渗透着儒家思维，也不乏法家甚至道家的影响。⑥ 佛教东传后，因其与无讼观念的内在契合，中

---

① 杨伯峻：《论语译注》，中华书局 1980 年版，第 128 页。

② 参见方潇《孔子"无讼"思想的变异及其原因分析》，《法商研究》2013 年第 1 期；[日] 夫马进《中国诉讼社会史概论》，收入 [日] 夫马进《中国诉讼社会史研究》，范愉、赵晶等译，浙江大学出版社 2019 年版，第 7—8 页。

③ 参见侯欣一《清代江南地区民间的健讼问题》，《法学研究》2006 年第 4 期；邓建鹏《清代健讼社会与民事证据规则》，《中外法学》2006 年第 5 期；尤陈俊《"厌讼"幻象之下的"健讼"实相》，《中外法学》2012 年第 4 期，等等。

④ 参见龚培《本土禅宗流变与国民无讼心理》，《兰州学刊》2006 年第 4 期；夏清瑕《佛教伦理对传统法律影响三题》，《江淮论坛》2010 年第 4 期，等等。

⑤ 参见李勤通《论礼法融合对唐宋司法制度的影响》，《江苏社会科学》2018 年第 4 期。

⑥ 参见何铭《论"无讼"》，《江苏大学学报》（社会科学版）2004 年第 6 期；吴勇《传统无讼思想的产生及其历史根源》，《广西社会科学》2005 年第 7 期。

国传统无讼观念开始抹上佛教的色彩。

在佛教思想中，争讼被认为是人类堕落的根源之一，也是推动国家和政府出现的缘起之事。①《长阿含经》卷六载：

> 彼时众生别封田地，各立疆畔，渐生盗心，窃他禾稼。其余众生见已，语言："汝所为非！汝所为非！自有田地，而取他物。自今已后，勿复尔也。"其彼众生犹盗不已，其余众生复重呵责而犹不已，便以手加之，告诸人言："此人自有田稼，而盗他物。"其人复告："此人打我。"时，彼众人见二人诤已，愁忧不悦，懊恼而言："众生转恶，世间乃有此不善，生秽恶不净，此是生老病死之原、烦恼苦报、堕三恶道，由有田地致此诤讼。今者宁可立一人为主，以治理之，可护者护，可责者责。众共减米，以供给之，使理诤讼。"时，彼众中自选一人，形体长大、颜貌端正、有威德者，而语之言："汝今为我等作平等主，应护者护，应责者责，应遣者遣。当共集米，以相供给。"时，彼一人闻众人言，即与为主，断理诤讼。众人即共集米供给。时，彼一人复以善言慰劳众人，众人闻已，皆大欢喜，皆共称言："善哉，大王！善哉，大王！"于是，世间便有王名，以正法治民，故名刹利，于是世间始有刹利名生。②

在这段论述中，释迦牟尼向婆悉吒宣讲了其所认为的国家起源。国家出现之前已有偷盗。源于偷盗的争讼，不仅被众人认为是不善、秽恶不净之事，而且会导致苦报，使人堕入地狱。贪欲是国家的起源，③ 帝王的出现则是为了解决因贪欲引起的争讼，以正法导民。

佛教认为，争讼不仅是导致社会败坏的理由，而且是导致恶业的缘起。缘起说是佛教理论的重要组成部分。通过解释事物之间的内在联系，缘起说希望能够帮助"众生从痛苦中解脱出来"④。在佛教缘起说所解释的众多社

---

① 参见傅映兰《佛教善恶思想研究》，博士学位论文，湖南师范大学，2013 年。

② 恒强校注：《阿含经校注·长阿含经》，线装书局 2012 年版，第 130 页。

③ 参见王永会《佛教政治哲学简论》，《社会科学研究》2000 年第 3 期。

④ 关桐：《原始佛教哲学的"缘起"说》，《五台山研究》1994 年第 4 期。

会和生命形态中，争讼与个人的恶业之间存在密切关系。《中阿含经》卷二十四载："是为缘爱有求，缘求有利，缘利有分，缘分有染欲，缘染欲有著，缘著有悭，缘悭有家，缘家有守。阿难！缘守故便有刀杖、斗诤、谀谄、欺诳、妄言、两舌，起无量恶不善之法，有如此具足纯生大苦阴。"① 在这个缘起链条中，爱是人对外物的欲念（爱），有了欲念便想获取利益（利），得到利益便需要分配（分），分配差异会催生人的占有欲（染欲），占有欲会激化人的贪婪（著），贪婪导致人的自私（悭），自私会使人维护以家为中心的小团体（家），维护小团体利益会使得人为此进行防卫（守），彼此间的防卫则会导致刀杖、斗诤、谀谄、欺诳、妄言、两舌等行为，并最终引发无量恶业。② 恶业会使人无法摆脱轮回甚或进入地狱。因欲念引起的争讼被佛教认为是导致恶业的条件之一。因此，佛教主张制约人的欲望。"佛陀在制订戒律的过程中，都是对每一具体行为进行充分的分析思辨，因此戒律的条文都体现着理性对欲念的束缚。"③ 由此，佛教也就必然要求限制人们之间的争讼。如《十诵律》卷四载："事有四种，诤讼事、相助事、犯罪事、常所行事，是中犯者。若比丘以无根波罗夷法，谤不清净比丘，十一种犯，五种不犯。"④ 争讼为戒律所禁止。佛教之所以否定争讼，还因为其认为争讼本身就是人品德低下的体现。如《法苑珠林》卷二十三《惭愧篇》载："瑜伽论云：'云何无惭无愧？谓观于自他无所羞耻，故思毁犯，犯已不能如法出离，好为种种斗讼违诤，是名无惭无愧也。'"⑤ 争讼之人被认为没有羞耻感。

随着佛教中国化的发展，佛教的争讼观与中国传统文化进一步结合，并有所推进。例如，佛教把忍辱视为修行有成的表现。佛祖曾经称颂富楼那尊

---

① 恒强校注：《阿含经校注·中阿含经》，线装书局 2012 年版，第 440 页。

② 参见杨荔薇《原始佛教"正法律"的法理学研究》，博士学位论文，四川大学，2005 年。

③ 严耀中：《试论中国佛教戒律的特点》，《世界宗教研究》2005 年第 3 期。

④ （后秦）弗若多罗和鸠摩罗什译：《十诵律》，收入中华大藏经编辑局编《中华大藏经》（汉文部分）第三十七册，中华书局 1989 年版，第 211 页上。

⑤ （唐）释道世：《法苑珠林校注》，周叔迦、苏晋仁校注，中华书局 2003 年版，第 727 页。按，"谓观于自他无所羞耻"，《瑜伽师地论》卷六十二作"谓观于自，或复观他，无所羞耻"。（唐）玄奘译：《瑜伽师地论》，收入大正新修大藏经刊行会编《大正新修大藏经》第三十册，台北新文丰出版股份有限公司 1986 年版，第 644 页下。

者："善哉！富楼那！汝善学忍辱，汝今堪能于输卢那人间住止。汝今宜去，度于未度，安于未安，未涅槃者令得涅槃。"① 这种忍辱观也被中国传统文化所吸收，成为劝勉他人的依据。如唐代张氏家族有"百忍"堂号，② 又如《忍经·王龙舒劝诫》载："佛曰：'我得无净三昧，最为人中第一。'又曰：'六度万行，忍为第一。'"③ 作为中国化的典型代表，禅宗发扬了忍辱观，将之推向更高程度。王维《六祖能禅师碑铭》称赞六祖慧能"大兴法雨，普洒客尘，乃教人以忍，曰：忍者无生，方得无我，始成于初发心，以为教首"④。作为修行禅宗的法门，忍辱进一步约束了佛教信徒的争讼之心。"说的正是这种'忍苦'品质，因为这是佛教所有各门的传统，惠能向弟子所传授的'无相戒'，也与北禅宗《大乘无生方便门》的'菩萨戒是持心戒，以佛性为戒性'，同样都是出自《梵网经·菩萨心地品》的大乘戒法。《梵网经》所谓'无受无打无刀杖嗔心，皆如如'的'忍'，就是对信仰者心灵的约束。"⑤

　　无论从争讼与恶业之间的内在关系出发，还是从忍辱的教化引导出发，以之观照中国传统无讼观念都可以发现佛教的影子。首先，佛教东传后，诉讼与恶报之间的关系被加深。中国传统中就有诉讼终凶的观念。⑥ 佛教则强化了这种观念。⑦ 如晚明憨山德清《息讼词》称："众生祸事惟讼，发念皆由性纵，遇人愤气欲鸣，劝之慎勿轻动。但云一纸入官，便受奸人愚弄。守候不能回家，耽延不能耕种。妻孥急得神昏，父母焦得肠痛。产业由此消

---

　　① 恒强校注：《阿含经校注·杂阿含经》，线装书局 2012 年版，第 277 页。

　　② 《旧唐书·孝义传·刘君良传张公艺附传》载："郓州寿张人张公艺，九代同居……麟德中，高宗有事泰山，路过郓州，亲幸其宅，问其义由。其人请纸笔，但书百余'忍'字。高宗为之流涕，赐以缣帛。"（后晋）刘昫：《旧唐书》，中华书局 1975 年版，第 4920 页。

　　③ （元）吴亮：《忍经》，刘成荣译注，中华书局 2013 年版，第 235 页。

　　④ （清）董诰等编：《全唐文》，中华书局 1983 年版，第 3313 页。

　　⑤ 葛兆光：《增订本中国禅思想史：从六世纪到十世纪》，上海古籍出版社 2008 年版，第 198 页。

　　⑥ 《周易》云："讼：有孚窒惕，中吉；终凶，利见大人，不利涉大川。"黄寿祺、张善文撰：《周易译注》，上海古籍出版社 2001 年版，第 65 页。相关解释还可以参见杨永林《〈周易·讼〉卦与中国古代的诉讼观念》，《周易研究》2008 年第 6 期。

　　⑦ 参见龚汝富《明清讼学研究》，商务印书馆 2008 年版，第 54 页。

亡，性命由此断送。况且人寿无多，转眼一场春梦。逞威逞智奚为？报怨报仇何用？说到入情入理，自然唤醒懵懵。俾伊转意回头，此际阴功可颂。"① 当然，讼师恶报观至少自宋代开始就在社会中产生影响，这也可能受到佛教影响。② 其次，忍辱得福成为官方或民间教化百姓不要轻易涉诉的重要说理依据。"佛教传入奉行'忍辱'、'不争'的戒律和思想为息讼的法律思想提供了另外一种教化的方法。"③ 如《忍经》称："俗语有云：得忍且忍，得戒且戒，不忍不戒，小事成大。试观今人忿争致讼，以致亡身及亲、破家荡产者，其初亦岂有大故哉？……比之争斗愤竞，丧心费财，伺候公庭，俯仰胥吏，拘系囹圄，荒废本业，以事亡身及亲、破家荡产者，不亦远乎？"④ 再如王阳明《十家牌法告谕各府父老子弟》云："心要平恕，毋得轻意忿争，事要含忍，毋得辄兴词讼，见善互相劝勉，有恶互相惩戒，务兴礼让之风，以成敦厚之俗。"⑤ 禅宗的忍辱观直指人心，甚至否定个人对合理利益的追求。故有学者称，"禅宗也就是士大夫阶层的内在人格境界和广大民众的外在追诉对象，从根本上放弃了公民权利计较和法律公共调整，从而完成了传统厌讼心理的宗教培养过程"⑥。中国传统无讼观的形成与发展受到儒、法、道等诸多因素的影响，其中显然也能够发现佛教的影子。

2. 佛教影响传统无讼观的路径

佛教对中国的影响是深刻的，时至今日，这种影响已经成为中国文化的内在组成部分。事实上，随着佛教中国化的发展，佛教很早之前就逐渐成为中国文化的内生要素。然而，佛教融入中国传统思想脉络后，也意味着难以觉察其独特影响。尤其唐宋之后儒释道三教合流，⑦ 无讼观的何种侧面受何种思想影响更难被辨识。这意味着很难发现佛教影响中国传统无讼观的具体

---

① 《息讼词》，袁啸波《民间劝善书》，上海古籍出版社 1995 年版，第 138 页。

② 参见尤陈俊《"讼师恶报"话语模式的力量及其复合功能》，《学术月刊》2019 年第 3 期。

③ 彭瑞花：《浅议佛教对中国传统法律思想的影响》，《太原师范学院学报》（社会科学版）2014 年第 5 期。

④ （元）吴亮：《忍经》，刘成荣译注，中华书局 2013 年版，第 147—148 页。

⑤ （明）王守仁：《王阳明全集》，上海古籍出版社 1992 年版，第 529 页。

⑥ 龚培：《本土禅宗流变与国民无讼心理》，《兰州学刊》2006 年第 4 期。

⑦ 参见李四龙《论儒释道"三教合流"的类型》，《北京大学学报》（哲学社会科学版）2011 年第 2 期。

路径。不过，正如前文所述，佛教较之中国完全的本土化思想仍有其独特性。条分缕析地检视佛教影响中国社会的进程和无讼观念的变化，佛教影响无讼观念的路径仍然有迹可循，可能得到较有说服力的结论。大体来看，佛教影响无讼观的路径可以从如下几个方面观察。

（1）信仰。佛教进入中国后，很早就拥有大量信徒基础。无论出家还是在家佛教徒，其对佛教的信仰都意味着，佛教对争讼的态度可以直接转化为信徒的行为规范。《佛祖统纪》卷四十二载李节称："释氏之教，以清净自居，柔和自抑，则怨争可得而息也；以因果为言，穷达为分，则贵贱可得而安也。怨争息，则干戈盗贼之不兴；贵贱安，则君臣民庶之有别。"① 佛教被认为清静无为，能够克己自抑。或者说，虔诚的佛教徒能够克己不争，较少与他人产生争执。历史上很多佛教徒都有类似表现。如《南齐书·武十七王传》载："（竟陵文宣王萧子良）又与文惠太子同好释氏，甚相友悌。子良敬信尤笃，数于邸园营斋戒，大集朝臣众僧，至于赋食行水，或躬亲其事，世颇以为失宰相体。劝人为善，未尝厌倦，以此终致盛名。"② 又如《梁书·文学·刘杳传》载："杳治身清俭，无所嗜好。为性不自伐，不论人短长，及睹释氏经教，常行慈忍。"③ 再如《续高僧传·释道禅传》载："释道禅，交阯人。早出世网，立性方严，修身守戒，冰霜例德。乡族道俗咸贵其克己，而重其笃行。"④ 这些佛教徒不仅自己躬行克己、慈忍不争，而且能够劝人为善，推动社会和睦。后世禅宗的忍辱观念对佛教徒诉讼观念的影响可能也是通过这种心理认同实现的。

（2）教化。佛教还通过普遍的社会教化宣扬无讼的观念。《魏书·刁雍传》记载的"（刁雍）笃信佛道，著教诫二十余篇，以训导子孙"，⑤ 是佛教徒在家族内部传播佛教教义的事迹。而作为宗教发展的一部分，佛教信徒有义务面向全社会传播佛教教义来扩张影响。

---

① （宋）志磐：《佛祖统纪》，收入中华大藏经编辑局编《中华大藏经》（汉文部分）第八十二册，中华书局1994年版，第712页上。

② （南朝梁）萧子显：《南齐书》，中华书局1972年版，第700页。

③ （唐）姚思廉：《梁书》，中华书局1973年版，第717页。

④ （唐）道宣：《续高僧传》，郭绍林点校，中华书局2014年版，第820页。

⑤ （北齐）魏收：《魏书》，中华书局2017年版，第965页。

在教义传播过程中，佛教的争讼观念也是重要组成部分。例如，佛教争讼观念会通过变文、宝卷等方式进入传播，从而达到教化目的。如敦煌变文《维摩碎金》载："结冤结恨为迷愚，争气争空因业障。"① 再如《潘公免灾宝卷》称："官司争讼，一时之气，弄到破家荡产，懊悔嫌迟，唆讼之人，断无好报，所以劝人息讼，极大阴功。"② 又如，前文所述晚明憨山德清还根据自己的经历作《息讼词》，说明自己因争讼招致的恶业，进而通过传播息讼理念，助推佛教争讼观念的传播。由于佛教在中国传统社会的深远影响，"这些戒律如果有'大师'级的高僧老道进行宣讲，则权威性、经典性及说服力就会更强，信众会更多，在传播手段比较单一的传统社会，聚徒讲经，能够直接快速地普及教义，提高规则意识"。③

无论变文还是宝卷，都是佛教用以传播教义的方式。这些方式通俗、有效，贴近普通人的生活，"宝卷在民间广受欢迎的原因，除了其故事的曲折动人、艺人的娴熟表演以外，还因为其所演之事，所叙之语，贴近老百姓的生活本身，比起文士常为之文，更容易被百姓理解、接受"④。而且佛教也对自己的理念进行调整，塑造某些特殊的福善意识，为佛教徒传播佛教争讼观提供动力。如明代高僧莲池大师著《云栖法汇》称："劝人息讼，免死刑一人为十善；军刑徒刑一人为五善；杖刑一人为二善；笞刑一人为一善；劝和斗争为一善。"⑤ 由于争讼被佛教认为是恶，所以劝人息讼、追求和谐被视为个人功德，并会带来福报。

在众多信徒的努力下，佛教的教化功能被广泛认可。"对于佛、道教化对儒家教化的补充、强化，这是历代最高统治者、士大夫与僧道的共同观点"⑥。中国历史上不少最高统治者都表达过类似观点。如《广弘明集·宋文帝集朝宰论佛教六出高僧等传》中载宋文帝语："若使率土之滨皆敦此

---

① 项楚：《敦煌变文选注》（增订本），中华书局 2019 年版，第 1027 页。

② 《潘公免灾宝卷》，张希舜等主编《宝卷初集》第二十三册，山西人民出版社 1994 年版，第 203 页。《潘公免灾宝卷》中有大量佛教内容，明显受到佛教影响。

③ 张仁善：《传统"息讼"宣教的现代性启迪》，《河南财经政法大学学报》2015 年第 5 期。

④ 陆永峰：《论宝卷的劝善功能》，《世界宗教研究》2011 年第 3 期。

⑤ （明）云栖袾宏：《莲池大师全集》，上海古籍出版社 2011 年版，第 864 页。

⑥ 王喜旺：《教化视野中的佛道关系》，《纪念〈教育史研究〉创刊二十周年论文集（2）——中国教育思想史与人物研究》，2009 年，第 2381 页。

化，则朕坐致太平矣，夫复何事。"① 《魏书·释老志》亦载北魏文成帝诏书云："释迦如来功济大千，惠流尘境，等生死者叹其达观，览文义者贵其妙明，助王政之禁律，益仁智之善性，排斥群邪，开演正觉。故前代已来，莫不崇尚，亦我国家常所尊事也。"② 这些说法不仅能够说明古代帝王对佛教教化有效性的认同，而且从诉讼角度来看，这些帝王显然也会同意佛教对息讼的影响，当然也就很可能会认同佛教对无讼的推动。

（3）恐吓。佛教对中国传统无讼观的最大助推可能来自其因果报应观和地狱观。严格来说，佛教通过宣讲因果报应或地狱观念影响人们的诉讼观念也属于教化方式。但是，通过这种方式传播佛教的争讼观的确对中国传统无讼观念产生较大影响，有必要单独论述。

在无讼的推行过程中，法家主张以刑止刑或者重刑止罪，儒家主张言传身教、以德化人。不过随着儒家意识态度的主流化，推行无讼的方式早先还是以德化育人为主。《论语·为政》篇云："道之以政，齐之以刑，民免而无耻；道之以德，齐之以礼，有耻且格。"③ 《孝经》则称："移风易俗莫善于乐。"④ 儒家将民风的淳华寄寓于礼乐宣导之中。虽然《左传·昭公六年》记载叔向所谓："闲之以义，纠之以政，行之以礼，守之以信，奉之以仁，制为禄位，以劝其从，严断刑罚，以威其淫。惧其未也，故诲之以忠，耸之以行，教之以务，使之以和，临之以敬，莅之以彊，断之以刚。"⑤ 孔子亦主张 "宽以济猛，猛以济宽，政是以和"⑥，但又说 "不教而杀谓之虐；不戒视成谓之暴"⑦。总的来看，儒家并不主张用严刑酷法使人远罪。

---

① （唐）道宣：《广弘明集》，收入大正新修大藏经刊行会编《大正新修大藏经》第五十二册，台北新文丰出版股份有限公司 1986 年版，第 100 页上。

② （北齐）魏收：《魏书》，中华书局 2017 年版，第 3298 页。

③ 杨伯峻译注：《论语译注》，中华书局 1980 年版，第 12 页。

④ （唐）李隆基注，（宋）邢昺疏：《孝经注疏》，金良年整理，上海古籍出版社 2009 年版，第 62 页。

⑤ 《十三经注疏》整理委员会整理，李学勤主编：《十三经注疏·春秋左传正义》卷四十三《昭公五年至六年》，北京大学出版社 2000 年版，第 1412 页。

⑥ 《十三经注疏》整理委员会整理，李学勤主编：《十三经注疏·春秋左传正义》卷四十九《昭公二十年》，北京大学出版社 2000 年版，第 1621 页。

⑦ 杨伯峻译注：《论语译注》，中华书局 1980 年版，第 210 页。

在传统无讼观念下，首先，有些官吏会用言传来教化人们。如《汉书·地理志下》载："颍川、南阳，本夏禹之国……士有申子、韩非，刻害余烈，高〔仕〕宦，好文法，民以贪遴争讼生分为失。韩延寿为太守，先之以敬让；黄霸继之，教化大行，狱或八年亡重罪囚。"① 又如《后汉书·秦彭传》载："建初元年（76 年），迁山阳太守。以礼训人，不任刑罚。崇好儒雅，敦明庠序……百姓怀爱，莫有欺犯。"② 再如《隋书·梁彦光传》载："有滏阳人焦通，性酗酒，事亲礼阙，为从弟所讼。彦光弗之罪，将至州学，令观于孔子庙。于时庙中有韩伯瑜母杖不痛，哀母力弱，对母悲泣之像。通遂感悟，既悲且愧，若无自容。彦光训谕而遣之。后改过励行，卒为善士。以德化人，皆此类也。吏人感悦，略无诤讼。"③ 其次，有些官吏会用身教来教化百姓。《汉书·韩延寿传》载："延寿不得已，行县至高陵，民有昆弟相与讼田自言，延寿大伤之，曰：'幸得备位，为郡表率，不能宣明教化，至令民有骨肉争讼，既伤风化，重使贤长吏、啬夫、三老、孝弟受其耻，咎在冯翊，当先退。'"④《隋书·于义传》载："有郡民张善安、王叔儿争财相讼，义曰：'太守德薄不胜任之所致，非其罪也。'于是取家财，倍与二人，喻而遣去。善安等各怀耻愧，移贯他州。"⑤ 诚然，这些推行无讼的方式未必被每一位官吏接受，但确实合于儒家的治理理念。故《贞观政要·公平》载魏徵称："是故上圣无不务治民心，故曰：'听讼，吾犹人也，必也使无讼乎？'道之以礼，务厚其性而明其情。民相爱，则无相伤害之意；动思义，则无畜奸邪之心。若此，非律令之所理也，此乃教化之所致也。"⑥

随着佛教影响的深入，恐吓成为助推无讼观实践的重要方式。无论儒家的士大夫还是民间人士，也不再仅用言传身教或者礼乐德化消弭人们的争讼情绪，而且还反复向人们传达因争讼导致的灾祸或者因果报应。⑦ 如陈宓

① （汉）班固：《汉书》，中华书局 1962 年版，第 1654 页。

② （南朝宋）范晔：《后汉书》，中华书局 1965 年版，第 2467 页。

③ （唐）魏徵：《隋书》，中华书局 1973 年版，第 1676 页。

④ （汉）班固：《汉书》，中华书局 1962 年版，第 3213 页。

⑤ （唐）魏徵：《隋书》，中华书局 1973 年版，第 1145 页。

⑥ （唐）吴兢：《贞观政要》，上海古籍出版社 1978 年版，第 171 页。

⑦ 参见何柏生《从衙署楹联看中国古代官吏的法律意识》，《法学》2019 年第 12 期。

《劝息讼》云："田夫所入最为艰，终岁辛勤不得闲。劝尔小争须隐忍，破家只在片时间。"① 朱熹称："其余词状，亦有只是一时争竞些少钱米田宅，以致互相诬赖，结成仇雠，遂失邻里之欢，且亏廉耻之节。"② 宋人胡石壁称："词讼之兴，初非美事，荒废本业，破坏家财，胥吏诛求，卒徒斥辱，道涂奔走，犴狱拘囚。与宗族讼，则伤宗族之恩；与乡党讼，则损乡党之谊。幸而获胜，所损已多；不幸而输，虽悔何及。"③ 宋人黄震也称"讼乃破家灭身之本，骨肉变为冤雠，邻里化为仇敌，贻祸无穷，虽胜亦负，不祥莫大焉"④。虽然这些观念并未完全摆脱"讼则终凶"的儒家思维，但已与此前推进无讼的思路不完全相同，即以恐吓为主。不仅士大夫如此，皇帝也会通过恐吓劝阻争讼。清代皇帝《圣谕广训》称："我今更把争讼的利害讲与你们听：一纸入了公门……每有一词经历几个衙门，一事挨守几个年头，不结不了，干证被害，牵连无数，陷在囹圄，受尽刑罚，一案结时，累穷的也不知几家，拖死的也不知几人，你们百姓就是有个铜山金穴也要费尽，就是铁铸的身躯也要磨光了，你道这样争讼利害不利害？"⑤ 而且，讼师报应论同样有说服力。

如果说信仰、教化的目的是为了形成耻讼或贱讼的意识，恐吓的目的则是为了使人惧讼。"对官员来说，他们追求'无讼'，鼓励'息讼'，反对'健讼'，此乃帝国官方的意识形态话语和制度实践，也是便利现实政治统治和社会控制的策略；为了达到上述目的，遏制和减少乡民的争讼，他们不得已而夸大了诉讼的种种弊害，试图以此阻吓乡民，使乡民视诉讼为畏途，从而产生'惧讼'心态。"⑥ 只是，儒家所能够提供的惧讼资源有限。作为官僚，他们能够采取的典型息讼方法包括拖延、拒绝、感化以及设置"教唆

---

① 北京大学古文献研究所编：《全宋诗》，北京大学出版社 1991 年版，第 34039 页。

② （宋）朱熹：《晦庵先生朱文公文集》，收入朱杰人等主编《朱子全书》，上海古籍出版社、安徽教育出版社 2002 年版，第 4615—4616 页。

③ 中国社会科学院历史研究院宋辽金元史研究室点校：《名公书判清明集》，中华书局 1987 年版，第 123 页。

④ 中国社会科学院历史研究院宋辽金元史研究室点校：《名公书判清明集》，中华书局 1987 年版，第 637 页。

⑤ 周振鹤撰集，顾美华点校：《圣谕广训：集解与研究》，上海书店 2006 年版，第 24 页。

⑥ 徐忠明：《众声喧哗：明清法律文化的复调叙事》，清华大学出版社 2007 年版，第 40 页。

词讼"罪等。① 与此不同的是，佛教在恐吓人心上多有儒家所不能及之处。例如，《欧阳文忠集》卷一百五十三《集古录跋尾》卷六"唐万回神迹记碑"谓："世传道士骂老子云：'佛以神怪祸福恐动世人，俾皆信向。而尔徒高谈清净，遂使我曹寂寞。'"② 再如《佛祖历代通载》卷二十载："明道曰：'佛学只是以生死恐动人，可怪一千年来无一人觉，此是被他恐动也。圣贤以生死为本分事，无可惧，故不论死生。佛为怕死生，故只管说不休。'"③ 以因果报应、地狱轮回等观念为基础，佛教能够深刻影响人们的诉讼观念。因而古人称："浮屠之说，本世俗所崇奉……村夫愚妇、巨恶魁顽，理道未能论，宪典未及施，而惟轮回地狱、因果报应之说稍足以摄，其冥悍有所忌而不敢逞。"④ 今人也谓："通过因果报应和六道轮回说相结合，'陈福以劝善，示祸以戒恶'来强化行为制约，即'彼能以死生祸福之事怖之，使民戢而不肆，教不同而同归于善'。这是佛教影响社会道德的最主要途径。"⑤ 甚或说，佛教的传播使得中国传统教化方式发生转变，恐吓成为政府和社会维护秩序的重要方式。中国的政治统治者和知识分子在逐渐吸收佛教有利于教化的要素。佛教对争讼的态度与中国传统无讼观结合起来，共同起到使人惧讼的效果。

　　如何面对诉讼、如何处理诉讼，是不同社会所需要共同面对的问题。在某些思想家的观念中，解决纠纷或者纷争的需求是政治社会得以出现的重要原因。佛教也有类似的国家起源观。只是不同国家或民族在面对这一问题时有不同的解决思路。无讼就是中国面对这一问题的解决思路。虽然孔子的无讼观可能是对社会治理效果的描述，从而与后人据之作为手段的无讼有区别。但不可否认的是，无讼在秦汉以后同时作为手段与目的存在，思想耻讼、官吏息讼、百姓惧讼。在佛教观念中，争讼则是修行的障碍，也是带来

① 参见马作武《古代息讼之术探讨》，《武汉大学学报》（哲学社会科学版）1998 年第 2 期。

② （宋）欧阳修：《欧阳文忠集》，四部丛刊景元本。

③ （元）念常：《佛祖历代通载》，收入大正新修大藏经刊行会编《大正新修大藏经》第四十九册，台北新文丰出版股份有限公司 1986 年版，第 696 页中。

④ （清）刘统修，（清）刘炳纂：河北省《任邱县志》，台北成文出版社 1976 年版，影印卷二"建置志"，第 18—19 页。

⑤ 严耀中：《佛教戒律与中国社会》，上海古籍出版社 2007 年版，第 326 页。

恶业的缘起。同时，佛教理念的因果报应和地狱轮回，又越发使人恐惧争讼带来的灾厄。随着佛教对中国传统社会的渗透，耻讼、贱讼、息讼、拒讼、惧讼等观念都不可避免地受其影响。简而言之，佛教的理念已经深深嵌入传统诉讼文化中。当然，这种影响是在中国原生诉讼观念基础上的强化，并非独立产生的。

（二）佛教对中国古代法官（裁判官）司法理念的影响

作为司法的主导者，法官的司法理念是塑造司法实践的基础之一。在中国古代司法体制变迁中，秦及汉初的法官主要受法家观念的影响。"对绝大多数的刀笔吏而言，'颇知律令'恐怕比'通明经学'更为实际和重要。"① 西汉中期以后罢黜百家、独尊儒术，但法官仍难逃脱法家的影响，《汉旧仪》卷上载："刺史举民有茂材，移名丞相……选廷尉正、监、平，案章取明律令。"② 但是，法官们也逐渐受到儒家观念的影响。"自西汉武帝之后，担当廷尉的人应该具有一定的经学素养。"③ 《汉书·张汤传》则载："汤决大狱，欲傅古义，乃请博士弟子治《尚书》、《春秋》，补廷尉史。"④ 到东汉时期，官僚群体被认为逐渐成为儒生和法吏的结合，⑤ 或者说他们的知识体系与思想理念中交织着儒法的不同观念，法官的司法理念也是如此。儒法之所以能够影响司法，除了受政治制度与官方意识形态的支配之外，在一定程度上也是因为一个合格的传统法官的知识结构需要包含这些要素。由于法官的知识结构很可能影响到他们的司法理念，⑥ 当他们开始接受佛教影响时，其司法理念也就逐渐染上佛教色彩。⑦

部分学者已经对佛教与中国传统司法的关系有过研究。从中可知，佛教的地狱观、业镜观、福报观等对传统司法中酷刑滥用、慎刑慎杀等观念都有

---

① 邢义田：《治国安邦：法制、行政与军事》，中华书局 2011 年版，第 32 页。
② （清）孙星衍等：《汉官六种》，周天游点校，中华书局 1990 年版，第 37 页。
③ 沈刚：《汉代廷尉考述》，《史学集刊》2004 年第 1 期。
④ （汉）班固撰：《汉书》，中华书局 1962 年版，第 3374 页。
⑤ 参见阎步克《士大夫政治演生史稿》，北京大学出版社 2015 年版，第 395—411 页。
⑥ 参见李勤通《论礼法融合对唐宋司法制度的影响》，《江苏社会科学》2018 年第 4 期。
⑦ 参见张海峰《唐代法律与佛教》，上海人民出版社 2014 年版，第 144—162 页。

不同程度的影响。① 这些判断具有相当的合理性，本书不再对此重复研究。总体来看，佛教影响中国古代法官司法理念的方式主要有这几种：第一，在途径上，佛教主要通过影响司法官的信仰或观念实现；第二，在手段上，司法官主要运用自由裁量权把佛教理念融入司法裁判中；第三，在结果上，佛教对司法的主要影响是慈悲观念，并由此推动司法裁量的轻刑化倾向，其中化死为生的司法裁判最为典型。化死为生是慎刑制度的重要表现，也是佛教对中国传统司法理念最为重要的影响之一。② 本书试对此进行更深入的研究。

佛教伦理极为重视生命。佛教生命伦理对其政治与法律理念也有很大影响，在前文有关佛教与中国传统刑罚关系的研究中已可窥见一斑。佛教对生命的尊重不可避免地影响到其如何看待因死刑或者刑讯而死亡的现象。如《法苑珠林》卷二十一《士女篇第十二》载：

> 昔过去时，此阎浮提有一国王，名曰法增，好喜布施。持戒闻法，慈悲众生，不伤物命。正法治国，满二十年。其间闲暇，共人博戏。时有一人，犯法杀人，臣以白王。值王暮戏，脱荅之言："随国法治。"即依律断，杀人应死。寻即杀之。王戏罢已，问诸臣言："罪人何所？"臣荅："杀竟。"王闻是语，闷绝躄地，水洒乃稣，垂泪而言："官人妓女象马七珍，悉皆住此，唯我一人独入地狱。我今杀人，当知便是旃陀罗王。不知世世当何所趣！我今决定不须为王。"即舍王位，入山自守。其后命终，生大海中，作摩竭鱼。其身长大七百由旬。③

按照这一记载，在皈依佛教后，国王的行为受到佛法约束。根据国法

---

① 参见陈义和《佛教观念对中国古代法律的影响初探》，《比较法研究》2014 年第 4 期；张海峰《唐代法律与佛教》，上海人民出版社 2014 年版，第 144—162 页。

② 参见胡兴东、刘婷婷《中国古代死刑适用机制初探》，《云南大学学报法学版》2006 年第 2 期；陈丽《论清代"救生不救死"的成因及其影响》，《第二届沈家本与中国法律文化学术研讨会论文集》（内部交流），浙江湖州，2020 年 11 月 21—22 日，第 413—428 页。

③ （唐）释道世：《法苑珠林校注》，周叔迦、苏晋仁校注，中华书局 2003 年版，第 687—688 页。

规定，一个罪犯应当被判处死刑，国王不经思索地要求根据法律判决。在判决死刑后，国王才意识到自己的行为是对佛法的违背，将来会下地狱。而且他死后也化为一条鱼，受到报应。尽管这种故事的寓言性很强，但可以发现，即使是法律明定可以判处死刑的犯罪者，一旦司法者皈依或者认同佛教，那么他判处犯罪者死刑的做法仍然是一种杀人行为。从这种意义上看，佛法被认为超越于王法之上。这就要求法官在司法裁判中能够超越法律、化死为生。

佛教所认同的这一观念在中国传统观念中已有萌生，即中国传统中就有化死为生的司法理念。① 《尚书·大禹谟》载："与其杀不辜，宁失不经。"② 颜师古解释："言人命至重，治狱宜慎，宁失不常之过，不滥无罪之人……"③ 再试举一例：张家山汉简《二年律令·贼律》规定："父母告子不孝，皆弃市。"④ 不孝罪在中国传统法律中的严重程度可以想见。但是，《后汉书·仇览传》载："览初到亭，人有陈元者，独与母居，而母诣览告元不孝。览惊曰：'吾近日过舍，庐落整顿，耕耘以时。此非恶人，当是教化未及至耳。母守寡养孤，苦身投老，奈何肆忿于一朝，欲致子以不义乎?'母闻感悔，涕泣而去。览乃亲到元家，与其母子饮，因为陈人伦孝行，譬以祸福之言。元卒成孝子。"⑤ 针对母亲告子不孝的情况，仇览并未直接将其判处死刑，而且先进行教化。这在本质上可以视为化死为生观念的体现。历代的刑事政策、司法制度的变革等，对此也多有体现。

不过，在中国传统政治与法律理念中，人命时重时轻。杀人有时候会成为社会治理的手段。⑥ 如《汉书·尹赏传》载："杂举长安中轻薄少年恶子，无市籍商贩作务，而鲜衣凶服被铠扞持刀兵者，悉籍记之，得数百人。赏一朝会长安吏，车数百辆，分行收捕，皆劾以为通行饮食群盗。赏亲阅，见十

---

① 参见吕丽《中国传统的慎杀理念与死刑控制》，《当代法学》2016 年第 4 期。

② （汉）孔安国传、（唐）孔颖达正义：《尚书正义》，黄怀信整理，上海古籍出版社 2007 年版，第 130 页。

③ （汉）班固：《汉书》，中华书局 1962 年版，第 2370 页。

④ 张家山汉简二四七号汉墓竹简整理小组：《张家山汉墓竹简［二四七号墓］：释文修订本》，文物出版社 2006 年版，第 13 页。

⑤ （南朝宋）范晔：《后汉书》，中华书局 1965 年版，第 2480 页。

⑥ 参见李勤通《公私观念下罪与非罪的界限》，《中国社会历史评论》第十七卷（上）。

置一，其余尽以次内虎穴中，百人为辈，覆以大石。数日一发视，皆相枕藉死，便舆出，瘗寺门桓东。榻著其姓名，百日后，乃令死者家各自发取其尸。"① 再如，《汉书·义纵传》载："纵至，掩定襄狱中重罪二百余人，及宾客昆弟私入相视者亦二百余人。纵一切捕鞠，曰'为死罪解脱'。是日皆报杀四百余人。"② 针对中国古代的这些现象，有学者总结的刑治主义或可成为注脚，"从根本上讲，法律还要有暴力杀伐的实际功效，否则，一切价值意义的追求和现实政治的目的都会落空，都会成为泡影"③。显然，中国传统司法制度可以同时容纳化死为生与重刑止罪两种观念。虑及于此，中国传统司法化死为生的观念中很可能有更多的佛教要素。

化死为生的司法实践在中国古代较为常见。如《宋史·王钦若传》载："郁为濠州判官，将死，告家人曰：'吾历官逾五十年，慎于用刑，活人多矣，后必有兴者，其在吾孙乎！'"④ 通过裁量权对罪犯进行减刑进而谋求自己或自己子孙的福报，这是中国古代很多法官的共同理念，甚至一度冲击到中国传统司法观念。⑤ 如《苏东坡全集》卷八《策别安万民六》载："今天下久安，天子以仁恕为心，而士大夫一切以宽厚为称上意，而懦夫庸人，又有所侥幸，务出罪人，外以邀雪冤之赏，而内以待阴德之报。臣是以知天下颇有不诛之奸，将为子孙忧。宜明敕天下之吏，使以岁时纠察凶民，而徙其尤无良者，不必待其自入于刑，而间则命使出按郡县，有子不孝、有弟不悌、好讼而数犯法者，皆诛无赦。诛一乡之奸，则一乡之人悦。诛一国之

---

① （汉）班固：《汉书》，中华书局 1962 年版，第 3673 页。

② （汉）班固：《汉书》，中华书局 1962 年版，第 3654 页。

③ 徐忠明：《"刑治主义"与中国古代法律观念》，《比较法研究》1999 年第 3、4 期。

④ （元）脱脱等：《宋史》，中华书局 1977 年版，第 9559 页。

⑤ 至少到汉代，中国传统司法中就开始形成刑官报应的观念。参见吕丽等《中国传统法律制度与文化专论》，华中科技大学出版社 2013 年版，第 261 页。但是，吕丽等认为这是受道家影响而形成的。这恐怕并不尽然。儒家思想中已有"积善之家，必有余庆；积不善之家，必有余殃"。（《周易·坤·文言》）的观念，这也与报应思想密切相关。《尚书》中也有类似思想。参见张磊《中国古代怨恨观研究》，博士学位论文，东北师范大学，2016 年。西汉中期以后的法官又多受儒家学说的影响。因此，很难直接判断刑官报应观念主要来自道家。吕丽后来也完善了自己的观点，认为报应观"大体是由本土的传统儒家经典传统与道教信仰为基础，随着发展又受到外来佛教思想影响，形成了社会上广泛传播的报应观。"参见吕丽、郭庭宇《报应观对中国古代司法理念的影响》，载《吉林广播电视大学学报》2018 年第 8 期。

奸，则一国之人悦。要以诛寡而悦众，则虽尧舜亦如此而已矣。"① 再如，《元史·赡思传》载："尝与五府官决狱咸宁，有妇宋娥者，与邻人通，邻人谓娥曰：'我将杀而夫。'娥曰：'张子文行且杀之。'明日，夫果死，迹盗数日，娥始以张子文告其姑。五府官以为非共杀，且既经赦宥，宜释之，赡思曰：'张子文以为娥固许之矣。且娥夫死及旬，乃始言之，是娥与张同谋，度不能终隐，故发之也，岂赦可释哉？'枢密判官曰：'平反活人，阴德也。御史勿执常法。'赡思曰：'是谓故出人罪，非平反也。且公欲种阴德于生者，奈死者何！'乃独上议刑部，卒正娥罪。其审刑当罪多类此。"② 很多法官都试图通过化死为生谋求所谓阴德。而在苏轼看来，法官谋求阴德的做法不利于社会治理。在赡思来看，这种做法不仅违反法律，而且对被害人不公平，实际上也就是认为其侵害到法律的正义性。学者也指出，清代中后期大量存在所谓"救生不救死"的问题，即司法人员在裁判中针对杀人犯故意或过失地减轻刑罚，使之免于处死的法律现象，其本质是司法不公。③

　　这些做法背后的阴德观念在中国由来已久。《史记·韩世家》载："韩厥之感晋景公，绍赵孤之子武，以成程婴、公孙杵臼之义，此天下之阴德也。韩氏之功，于晋未睹其大者也。然与赵、魏终为诸侯十余世，宜乎哉！"④ 这种阴德思想与后世不尽相同，但是已经体现出种阴德、兴后世的观念。随着佛教的传入，阴德观的报应色彩越发浓厚。《隋书·李士谦传》载："或谓士谦曰：'子多阴德。'士谦曰：'所谓阴德者何？犹耳鸣，己独闻之，人无知者。今吾所作，吾子皆知，何阴德之有！'士谦善谈玄理，尝有一客在坐，不信佛家应报之义，以为外典无闻焉。士谦喻之曰：'积善余庆，积恶余殃，高门待封，扫墓望丧，岂非休咎之应邪？佛经云轮转五道，无复穷已，此则贾谊所言，千变万化，未始有极，忽然为人之谓也。佛道未

　　① （宋）苏轼撰，（明）茅维编：《苏轼文集》，孔凡礼点校，中华书局 1986 年版，第 266 页。

　　② （明）宋濂：《元史》，中华书局 1976 年版，第 4352—4353 页。

　　③ 参见陈丽《论清代"救生不救死"的成因及其影响》，《第二届沈家本与中国法律文化学术研讨会论文集》（内部交流），浙江湖州，2020 年 11 月 21—22 日，第 413—428 页。

　　④ （汉）司马迁：《史记》，中华书局 2014 年版，第 2274 页。

东，而贤者已知其然矣……'"① 尽管用中国传统理念来比拟，但仍然可以看出，李士谦对阴德的认识主要来自佛教，中国传统理念不过是其用来支持佛教阴德观的本土依据。在报应论的基础上，佛教阴德观比中国传统理念更加支持化死为生的司法观念。同时，佛教传播的结果，使民间社会盛行"救生""放生"的做法。如清代人认为："救雀救蚁，犹获善报；吾救人于死，则阴德亦大矣。"② 把"救生"与"轮回"等交织在一起，构成民间信仰的重要内容。这些都成为许多法官积极为犯罪者开脱，尤其是使之免除死刑的重要心理基础。

这种化死为生的司法理念，不仅为法官所认同，而且在某些时代也被制度化。例如，后唐时期，皇帝多次下诏要求对能够雪冤狱、活人命的官员予以嘉奖。如《全唐文》卷一百十二《南郊改元赦文》载后唐明宗长兴元年（930 年）诏曰："州县官寮，能雪冤狱，活人性命者，许非时选，仍加阶超资注官，与转服色，已著绯者，与转兼官。"③《全唐文》卷一百十三《定酬奖能理冤狱诏》又载后唐闵帝下诏称："义存两造，善推鞫者故合奖酬；法贵一成，务钦守者岂烦更改？剧可久所陈章奏，备验忠勤，然于取舍之间，未尽谘询之理。其军巡使都虞候，能覆推刑狱，雪活人命，及推按不平，致人负屈者，起今后宜以长兴四年（933 年）五月二十三日勅条施行，合有奖酬，亦等第比附行遣。其故入人罪，律有本条，何烦别定。"④ 这种做法也为普通官员所认同，当其法难行后，很多人开始上书要求重新适用。如《全唐文》卷八百四十八《请旌赏外官能理冤狱奏》载卢华称："伏见本朝故事：'凡内外官司，有能辨雪冤狱，活得人命者，特书殊考，非时命官。'多难已来，此道渐废。既隳赏典，难得公心。伏乞明降赦文，显示中外，自此不系正摄官吏，能辨雪冤狱，全活人命，断割才讫，旋具奏闻。考较不虚，时与超转。如或滞留不具申奏，及虚妄冀希恩泽，其所任司长本判官，

① （唐）魏徵等：《隋书》，中华书局 1973 年版，第 1753 页。
② （清）裕谦：《救生不救死论》，（清）盛康辑《皇朝经世文续编》卷九八《刑政·刑论》，见《近代中国史料丛刊》847，第 4336 页。
③ （清）董诰：《全唐文》，中华书局 1983 年版，第 1146 页。
④ （清）董诰：《全唐文》，中华书局 1983 年版，第 1152 页。

并请重加殿罚。"① 又如《全唐文》卷九百六十九《定刺史县令赏罚奏（同光二年即 924 年三月中书门下）》载一位无名官员的上书称："赏善罚恶，致理之源；选材任能，为政之本。所在刺史县令，有政绩尤异，为众所知；或招复户口，能增加赋税者；或辨雪冤狱，能活人生命者……即仰本处逐件分明开奏……则加奖激，以劝能吏。"② 奖励能够化死为生官员的做法非止后唐。如《宋史·陈希亮传》载陈希亮："迁太常博士。有言郴狱活人死罪，赐五品服。"③ 虽然难知这种做法的普遍性，但仍然可以从中看出宋代皇帝对能活人的法官的重视。在君主制下，这种制度层面的重视必然会推动法官的相关实践。

佛教在东传过程中，既有与中国传统相悖的一面，也有与中国传统相合的一面。就化死为生的司法理念而言，这当然属于后者。但也正因为是后者，我们很难从中明确辨析出确定无疑地属于佛教影响的内容。中国传统文化具有多元性，严格执法与化死为生本质上存在内在冲突，却又同时能够为传统司法理念所包容。佛教与之并不完全相同。虽然佛教的地狱观念同样支持报应思想，但对生者往往采取较为宽容的态度。这使得佛教对化死为生的司法理念有更强支撑。而且从前文中也可见，佛教对阴德观念的支撑使得法官更愿意使人摆脱死刑。这种观念背后的理念变迁完全可以显示佛教的内在影响。随着佛教对中国传统文化的深入影响，佛教逐渐生活化，成为中国人日常生活的一部分。国外学者柯林斯（Collins）甚至曾经提出："自汉朝末年开始，中国与其说是一个儒教社会（Confuciansociety），不如说是一个佛教社会（Buddhistsociety），存在一个强大的佛教寺院资本主义（Buddhistmo-nasticcapitalism），寺院僧侣们在政治、经济、社会生活各方面都发挥着重要的作用。"④ 这种观点虽有些偏颇，但能够在一定程度上反映出佛教融入中国社会各个层面的历史趋势。这种融合增加了辨析佛教影响的难度。因此很多时候，研究者不可避免地会用与佛教没有直接关联性的材料来看待佛教的

---

① （清）董诰：《全唐文》，中华书局 1983 年版，第 8911 页。
② （清）董诰：《全唐文》，中华书局 1983 年版，第 10060 页。
③ （元）脱脱等：《宋史》，中华书局 1977 年版，第 9918 页。
④ 转引自何蓉《佛教寺院经济及其影响初探》，《社会学研究》2007 年第 4 期。

影响。但是，佛教的影响于蛛丝马迹间仍然可以窥见，包括在中国传统司法理念与实践中。

三 佛教对中国传统守法实践的积极影响

戒律与中国传统法律之间的内在契合程度还是较高的，因此佛教徒（无论是在家佛教徒还是出家佛教徒）遵循戒律的行为很有可能会推动他们对法律的遵守，因为遵守戒律就是遵守法律，违反戒律则意味着违反法律。从这一角度讲，佛教首先会推动社会大众对法律的积极遵守。当然，这种积极影响主要体现在信仰坚定的佛教徒身上，对那种试图利用佛教实现个人目的的佛教徒而言，是否违反法律乃至戒律取决于他们的具体需求。

（一）佛教对中国传统守法实践存在积极影响概述

从法律角度出发，在佛教东传的早期，沙门应否致拜君亲的争论就是僧侣应否遵守中国传统法律之争。只是这种政权与教权的争论会在一定程度上使人忽视法律层面的解读。不过，现代学者开始认识到相关事件的法律意义。[1] 在数百年的争论中，佛教深入阐述了自身在实现政治治平方面的功能。在这种意义上，中国古代统治者之所以认同甚至沉溺于佛教的原因之一，就源自对佛教政治功能的认同。

在早期佛教徒反驳中国传统士大夫的《牟子理惑论》中，佛教的教化功能就得到强调。虽然《牟子理惑论》的主要目的是调和佛教理念与儒道两家的冲突，[2] 但在字里行间也对佛教的功能有所阐述。如其云："沙门修道德，以易游世之乐，反淑贤以贸妻子之欢。"[3] 在这里，佛教被认为具有教化世人的功能，可以抑制人的欲望。其又云："富与贵，是人［之］所欲；不以其道得之，不处也。贫与贱，是人之所恶；不以其道得之，不去

---

① 参见周东平《论佛教礼仪对中国古代法制的影响》，《厦门大学学报》（哲学社会科学版）2010 年第 3 期。

② 参见任继愈主编《中国佛教史》第一卷，中国社会科学出版社 2014 年版，第 206 页。

③ （南朝梁）僧祐、李小荣校笺：《弘明集校笺》，上海古籍出版社 2013 年版，第 23 页。

也……盖各得其志而已，何不聊之有乎?"① 牟子继而强调，佛教徒有自己的追求，佛教理念也有助于僧侣控制欲望、修齐德性。受此影响，他们必然会遵纪守法、不违国律。《正诬论》则进一步强调佛教使人改过迁善的作用，如其曰："今所以得佛者，改恶从善故也。若长恶不悛，迷而后遂，往则长夜受苦轮，转五道，而无解脱之由矣。今以其能掘众恶之栽，灭三毒之烬，修五戒之善，书十德之美。"② 因此，佛教对于政治与法律的价值，很早就已被认识。

佛教的法律功能在释慧远的《沙门不敬王者论》中阐述得更为详细和清楚。慧远之师道安针对佛教在古代中国的处境曾指出："不依国主，则法事难立，又教化之体，宜令广布。"③ 道不能自弘，而人能弘道。所以，慧远十分重视阐述佛教对中国传统社会的积极影响，从而尝试削弱传统中国接纳佛教的难度。就佛教与法律的关系而言，慧远把佛教徒分为出家与在家两种，并认为佛教理念对不同类型佛教徒的法律实践有不同意义。

《沙门不敬王者论·在家》云：

> 原夫佛教所明大要，以出处为异。出处之人，凡有四科，其弘教通物，则功侔帝王，化兼治道。至于感俗悟时，亦无世不有，但所遇有行藏，故以废兴为隐显耳。其中可得论者，请略而言之："在家奉法，则是顺化之民，情未变俗，迹同方内，故有天属之爱，奉主之礼。礼敬有本，遂因之而成教。本其所因，则功由在昔，是故因亲以教爱，使民知其有自然之恩；因严以教敬；使民知其有自然之重。二者之来，寔由冥应，应不在今，则宜寻其本，故以罪对为刑罚，使惧而后慎；以天堂为爵赏，使悦而后动。此皆即其影响之报而明于教，以因顺为通而不革其自然也。何者? 夫厚身存生，以有封为滞累，根深因在我倒未忘，方将以情欲为苑囿，声色为游观，耽湎世乐，不能自免而特出。是故教之所捡，以此为涯，而不明其外耳。其外未明，则大同于顺化，故不可受其

---

① （南朝梁）僧祐、李小荣校笺：《弘明集校笺》，上海古籍出版社2013年版，第38页。
② （南朝梁）僧祐、李小荣校笺：《弘明集校笺》，上海古籍出版社2013年版，第71页。
③ （梁）释慧皎：《高僧传》，汤用彤校注，中华书局1992年版，第178页。

德而遗其礼，沾其惠而废其敬。是故悦释迦之风者，辄先奉亲而敬君；变俗投簪者，必待命而顺动。若君亲有疑，则退求其志以俟同悟。斯乃佛教之所以重资生，助王化于治道者也。"①

慧远在《在家》中指出，佛教能够调和法、刑、亲、君四者的关系。其一，慧远首先强调在家佛教徒（所谓优婆塞、优婆夷）与出家佛教徒（所谓比丘、比丘尼）有很大区别，在家佛教徒与一般民众在观念与行为方式上没有根本区别，但更能够遵纪守法。② 其二，之所以佛教徒更有守法意愿，一方面是因为佛教理论有阐述君亲之恩的内容即"自然之恩"，因此有助于从正面使百姓了解何为正确的行为，提高百姓的守法意识；另一方面还因为佛教理论中报应观念强调罪与刑罚之间的绝对对应性，即三世报应论有助于使百姓更深刻地认识到罪与刑罚之间的关系，并由此产生使民远罪、顺化王治的功能。其三，在此基础上，慧远尤其强调在家佛教徒对君亲的态度与一般人并无二致，因此在家佛教徒不会因应戒律的要求而做出违法行为，甚至他认为佛教的传播有助于在家佛教徒遵守世俗法律。从这三个层面来看，佛教有助于在家佛教徒守法的理念被阐述得十分清楚，其教化功能也得以充分认识。

《沙门不敬王者论·出家》又载：

出家则是方外之宾，迹绝于物。其为教也，达患累缘于有身，不存身以息患；知生生由于禀化，不顺化以求宗。求宗不由于顺化，则不重运通之资；息患不由于存身，则不贵厚生之益。此理之与形乖，道之与俗反者也。若斯人者，自誓始于落簪，立志形乎变服。是故凡在出家，皆遁世以求其志，变俗以达其道。变俗，则服章不得与世典同礼；遁世，则宜高尚其迹。夫然者，故能拯溺俗于沉流，拔幽根于重劫，远通三乘之津，广开天人之路。如令一夫全德，则道洽六亲，泽流天下，虽

---

① （南朝梁）僧祐、李小荣校笺：《弘明集校笺》，上海古籍出版社 2013 年版，第 255—257 页。
② 尤其值得注意的是慧远提出"奉法"的概念，无论这里的法究竟是律令法还是礼法，它显然是指君主之法。那么，完全可以认为慧远的这段话，就是他对佛教与法律的关系所持的观点。

不处王侯之位，亦已协契皇极，在宥生民矣。是故内乖天属之重，而不违其孝；外阙奉主之恭，而不失其敬。从此而观，故知超化表以寻宗，则理深而义笃；照泰息以语仁，则功末而惠浅。若然者，虽将面冥山而旋步，犹或耻闻其风。岂况与夫顺化之民，尸禄之贤，同其孝敬者哉。①

慧远在《出家》篇首先强调出家佛教徒与在家佛教徒截然不同，② 并在此基础上强调出家佛教徒法律实践的两个层面。其一，出家佛教徒存在某种意义上的形式违法。在这段论述中，慧远首先指出出家佛教徒与在家佛教徒有很大差异。在佛教理念中，人身是痛苦之缘，生老病死莫不源于出生。因此，人身不为佛教教义所重视，髡发易服的意义就与中国传统理念存在很大区别。这种行为在中国古代是具有形式违法性的行为，所谓"不得与世典同礼"。其二，佛教徒的行为在本质上并不存在违法性。虽然佛教徒的行为存在形式违法性，但其价值理念与中国传统理念并不相悖，甚至"沙门出家修行与儒家的政治伦理思想的目标是完全一致的。儒佛两家完全可以相合而明，相得益彰"③。因此，佛教徒的出家修行不仅能够提高自身的德性素养，而且能够"协契皇极，在宥生民"，起到辅助王化的作用。这样，慧远又对出家佛教徒的守法实践予以深刻阐述。慧远的这些论述在中国古代具有较高的共识。甚至有人认为，佛教在推动政治稳定、社会教化等方面有优于中国传统的地方，如唐玄宗时河东节度巡官李节就提出这种看法。《佛祖统纪》卷四十二载李节作记称：

三代之前，世康矣；三代之季，世病矣。三代之前，禹汤文武，德义播之，周公孔子，典教持之。道风虽微，犹有渐渍，以故诈不胜信，而恶知避善也。暨三代之季，风俗大败，诈力相乘。废井田，则唯务兼并；贪土宅，则日事战争。奸邪于是肆其志，贤士不能容其身。以故上

---

① （南朝梁）僧祐、李小荣校笺：《弘明集校笺》，上海古籍出版社 2013 年版，第 258 页。

② 参见罗骧《慧远与东晋佛教的变迁》，博士学位论文，南开大学，2010 年。

③ 岳辉：《从魏晋南北朝时"沙门不敬王者"的争论看佛教的中国化》，载《宗教学研究》2000 年第 2 期。

下相仇，而激为怨俗也。释氏之教，以清净自居，柔和自抑，则怨争可得而息也；以因果为言，穷达为分，则贵贱可得而安也。怨争息，则干戈盗贼之不兴；贵贱安，则君臣民庶之有别。此佛、圣人所以救衰世之道也，不有释氏尚安救之哉？①

　　李节的说法强调佛教的功能是救衰世的，那么，其前提就是中国传统政治理念很难实现救世的目的。因此，这段论述实际上是用历史叙述方式表达周孔之道在实践中的衰落，佛教意义由此凸显出来。这与慧远的观点有所不同。不过，由于中国传统政治深受儒法的影响，这种观点并未获得多少认同。慧远关于佛教与法律实践的这些观点，则得到历代统治者的认同。如《魏书·释老志》载："（北魏道武帝）天兴元年（398 年），下诏曰：'夫佛法之兴，其来远矣。济益之功，冥及存没，神踪遗轨，信可依凭。其敕有司，于京城建饰容范，修整宫舍，令信向之徒，有所居止。'"② 再如《广弘明集·宋文帝集朝宰论佛教六出高僧等传》中载宋文帝语："若使率土之滨皆敦此化，则朕坐致太平矣，夫复何事。"③ 又如《续高僧传·释灵藏传》载："帝闻之，告曰：'弟子是俗人天子，律师为道人天子。有乐离俗者，任师度之。'遂依而度，前后数万。晚以事闻，帝大悦曰：'律师化人为善，弟子禁人为恶，言虽有异，意则不殊。'"④ 无论是"济益之功"，还是"坐致太平"，这些说法都与慧远的相关论述有异曲同工之妙，也可以认为是对慧远观点的延续。佛教的教化功能也在某种程度上被国家充分利用，实现制度性认可。如《魏书·释老志》载："太宗践位，遵太祖之业，亦好黄老，又崇佛法，京邑四方，建立图像，仍令沙门敷导民俗。"⑤ 这说明至少自道武帝时起，北魏就开始利用佛教推行社会教化，且延至明元帝。这种做

---

　　① （宋）志磐：《佛祖统纪》，收入中华大藏经编辑局编《中华大藏经》（汉文部分）第八十二册，中华书局 1994 年版，第 712 页上。

　　② （北齐）魏收：《魏书》，中华书局 2017 年版，第 3292 页。

　　③ （唐）道宣：《广弘明集》，收入大正新修大藏经刊行会编《大正新修大藏经》第五十二册，台北新文丰出版股份有限公司 1986 年版，第 100 页上。

　　④ （唐）道宣：《续高僧传》，郭绍林点校，中华书局 2014 年版，第 835—836 页。

　　⑤ （北齐）魏收：《魏书》，中华书局 2017 年版，第 3292 页。

法在整个北魏都可能得到延续。如《魏书·释老志》载："（北魏孝文帝）延兴二年（472年）夏四月，诏曰：'比丘不在寺舍，游涉村落，交通奸猾，经历年岁。令民间五五相保，不得容止。无籍之僧，精加隐括，有者送付州镇，其在畿郡，送付本曹。若为三宝巡民教化者，在外赍州镇维那文移，在台者赍都维那等印牒，然后听行。违者加罪。'"① 在这些记载中，北魏明元帝对僧侣附加了教化职责，北魏孝文帝则赋予推行教化功能的出家佛教徒自由迁移的特权。这不仅在理念上认同佛教的教化功能，而且试图通过国家力量予以推动。事实上，佛教对守法实践也起到明显的积极作用。

（二）佛教对中国古代出家佛教徒守法实践的积极影响

对于虔诚的佛教徒而言，戒律是基本的行为准则。相当一部分佛教徒也能够积极践行戒律，从而很好地遵守法律。一方面，古代的高僧大德严守戒律，起到很好的表率作用；另一方面，普通僧尼往往也能够力行戒律，向善守法。

就前者而言，如《高僧传》《续高僧传》《宋高僧传》《明高僧传》等所载的高僧大德往往都是严守戒律，并且劝人向善，如此者历代不绝。② 试举几例：

> 《高僧传·释慧虔传》载："释慧虔，姓皇甫，北地人也。少出家，奉持戒行，志操确然，憩庐山中十有余年。道俗有业志胜途者，莫不属慕风彩。罗什新出诸经，虔志存敷显，宣扬德教。以远公在山，足纽振玄风。虔乃东游吴越，嘱地弘通。以晋义熙之初，投山阴嘉祥寺。克己导物，苦身率众，凡诸新经，皆书写讲说。"③
>
> 《高僧传·释道房传》载："释道房，姓张，广汉五城人。道行清贞。少善律学，止广汉长乐寺。每礼佛烧香，香烟直入佛顶。又勤诲门

---

① （北齐）魏收：《魏书》，中华书局2017年版，第3300页。

② 从《高僧传》等典籍来看，有犯罪行为的僧人是极少的。参见李力《出家·犯罪·立契——1—6世纪"僧人与法律"问题的初步考察》，《法制史研究》第17期。这也反映出守戒与守法之间的关联性。不过，《高僧传》等文献所载的一般都是修行有德的僧侣，他们能否代表一般僧侣的普遍守法情况是存疑的。

③ （梁）释慧皎：《高僧传》，汤用彤校注，中华书局1992年版，第209页。

人，改恶行善，其不改者，乃为之流泣。后卒于所住，春秋一百二十岁矣。"①

《续高僧传·释道禅传》载："释道禅，交阯人。早出世网，立性方严，修身守戒，冰霜例德。乡族道俗咸贵其克己，而重其笃行。"②

《续高僧传·释慧萧传》载："释慧萧，俗姓刘，本彭城人，世家徙于许州之长葛，故又为县人焉。奕叶以衣缨称士大夫。十八为书生，聪悟敏达，善说诗、礼。州郡以明经举之，非其所好，遂入嵩高山求师出家，虽强识前闻，而以戒行见称。耆旧明达相谓曰：'若人如此，必今代之优波离也。'"③

《宋高僧传·唐五台山诠律师传》载："释诠律师者，五台县人也。彩服出家，冠年受戒，仪则清雅，众喜纲绳。习毗尼宗秘菩萨行。诠除训徒外，守默无挠，远近有事，靡不豫知，人谓为得他心通也。一食终日，弊衣遮体，不贮颗粒，房无缕综。其强本节用，造次不可及也。"④

《大明高僧传·释弘济传》载："释弘济，字同舟，别号天岸。越之余姚人。姓姚氏，幼孤，从里之宝积寺舜田满和尚出家。丱时骏发绝伦，满授以《法华经》辄成诵。年十六为'大僧'，日持《四分律》。踬步之间，不敢违越绳尺。已而叹曰：'戒固不可缓，而精研教乘，以资行解，又可后乎。'"⑤

高僧大德守戒甚严，严守戒律的效果则是对自我欲望的严格约束。他们不仅在守戒方面卓有成绩，而且也必然是守法的标榜性人物。因此，在上述例子中，这些高僧不仅在僧人群体中享有很高声誉，⑥ 而且在普通民众与社会贤达中也有很好的名声，如释道禅被"乡族道俗咸贵其克己，而重其笃

---

① （梁）释慧皎：《高僧传》，汤用彤校注，中华书局1992年版，第433页。
② （唐）道宣：《续高僧传》，郭绍林点校，中华书局2014年版，第820页。
③ （唐）道宣：《续高僧传》，郭绍林点校，中华书局2014年版，第867—868页。
④ （宋）赞宁：《宋高僧传》，范祥雍点校，中华书局1987年版，第346页。
⑤ （明）如惺：《大明高僧传》，收入大正新修大藏经刊行会编《大正新修大藏经》第五十册，台北新文丰出版股份有限公司1986年版，第905页中。
⑥ 参见鲁统彦《隋唐时期僧尼角色研究》，博士学位论文，首都师范大学，2005年。

行"，释慧萧也被"耆旧明达相谓曰：'若人如此，必今代之优波离也'"。而且，高僧们对戒律的严守还会对社会起到很好的榜样作用。作为虔诚佛教徒的他们也有很强的传播佛教教义的倾向，因此极力推动受他们影响的民众趋向善行，如释道房就"勤诲门人改恶行善"。在佛教信仰不断深入的过程中，这种高僧守法的现象自然会对社会产生积极助力，统治者利用佛教的目的也很有可能通过他们得以实现。

佛教徒严守戒律的行为不仅仅限于这些高僧们，普通僧侣守戒的做法也比较普遍。内藤湖南认为，"早期的佛教僧人是严守戒律、举止严谨的"[1]。鲁统彦也认为，"佛教戒律所规定的不饮酒、不食肉等基本戒行，隋唐时期大多数僧尼是认可和遵行的"[2]。守戒与守法的内在关联，使佛教徒群体的犯罪率可能相对较低。但需要指出的是，在中国历史中仍有很多不守戒律其至严重违法的佛教徒。因此，傅奕曾经指出："佛在西域，言妖路远，汉译胡书，恣其假托。故使不忠不孝，削发而揖君亲；遊手遊食，易服以逃租赋。演其妖书，述其邪法，伪启三途，谬张六道，恐吓愚夫，诈欺庸品。凡百黎庶，通识者稀，不察根源，信其矫诈。乃追既往之罪，虚规将来之福。布施一钱，希万倍之报；持斋一日，冀百日之粮。遂使愚迷，妄求功德，不惮科禁，轻犯宪章。其有造作恶逆，身坠刑网，方乃狱中礼佛，口诵佛经，昼夜忘疲，规免其罪。且生死寿夭，由于自然；刑德威福，关之人主。乃谓贫富贵贱，功业所招，而愚僧矫诈，皆云由佛。窃人主之权，擅造化之力，其为害政，良可悲矣！"[3] 但是，即使存在违法佛教徒，是否就能因此完全否定中国古代佛教徒的守戒与守法情况，恐怕还需斟酌。正如《法苑珠林》卷三十《述意部》云："数见朝贵门首，多有疗病僧尼。或有行医针灸，求贪名利；或有蒲博歌戏，不护容仪；或有婚姻相托，媒嫁男女；或有科敛酒肉，公然聚会；或有服玩奢华，驰骋衣马；或有执腕抵掌，类同贱俗；或有结构恶友，朋伏粗人。致使秽响盈路，污染俗情。贵胜同知，闻彻天听。于是雷同总拨，枉滥清人。非直僧尼不依圣教，亦由白衣不识贤良。实因一二

---

①　［日］内藤湖南：《中国史通论》，夏应元等译，社会科学文献出版社 2004 年版，第 247 页。

②　参见鲁统彦《隋唐时期僧尼角色研究》，博士学位论文，首都师范大学，2005 年。

③　（后晋）刘昫：《旧唐书》，中华书局 1975 年版，第 2715 页。

凡僧，毁谤无量好众。或有勤求学问，博知三藏；或有讲道利生，无阙四时；或有专居禅思，常坐不卧；或有读诵经论，常勤匪懈；或有六时礼忏，昼夜行道；咸有纳衣乞食，俭素无为；或有山居兰若，头陀苦行；或有专营福利，供养三宝；或有兴建斋讲，化俗入道；或有营造经像，缔构伽蓝。如是略列，畴能殚记。此之名德，常依道场，专行福智，寸阴不遗，无暇染俗。"① 道世首先承认僧侣中存在部分不肖之徒，但又列举很多修行精良的僧侣，从而反驳了那些将部分僧侣的俗行或恶行视为整个僧团普遍做法的以偏概全的看法。因此，中国古代出家佛教徒的守法实践应该得到全面、正确的看待。

（三）佛教对中国古代在家佛教徒守法实践的积极影响

与出家佛教徒相比，在家佛教徒所受戒律有所不同。按照规范对象的不同，戒律可以分为在家戒和出家戒。一般来说，在家戒主要有三归、五戒、八戒（八关戒斋）、菩萨戒等，出家戒有沙弥和沙弥尼戒、式叉摩尼戒、比丘戒、比丘尼戒、菩萨戒等。相较于出家戒，在家戒的约束不那么严格，同时在家佛教徒的守戒行为也不受僧团的监督。因此，在家佛教徒的守戒行为可能主要是基于真正的信仰而产生的。② 在家佛教徒不仅能够接受戒律的约束，而且能够因之对普遍的良善观念更加亲和。出家佛教徒守戒与守法之间的矛盾在在家佛教徒身上显得没有那么尖锐。

第一，从某些事例中可以看出，佛教信仰有助于在家佛教徒的守戒，而这些严格的守戒行为也有助于他们做出一般守法行为。试举几例。

《南齐书·萧子良传》载："又与文惠太子同好释氏，甚相友悌。子良敬信尤笃，数于邸园营斋戒，大集朝臣众僧，至于赋食行水，或躬亲其事，世颇以为失宰相体。劝人为善，未尝厌倦，以此终致盛名。"③

---

① （唐）释道世：《法苑珠林校注》，周叔迦、苏晋仁校注，中华书局 2003 年版，第 918 页。

② 信仰佛教的原因可能是多元的，如前文所引傅奕之言，追求现世或来世福报，等等。但这都不能否定在家佛教徒对信仰的追求，事实上从原始佛教所创造的地狱观念中就可以看出，通过带有利、害的成分来吸引信众本来就是佛教理念所允许的。

③ （南朝梁）萧子显：《南齐书》，中华书局 1972 年版，第 700 页。

《太平御览》卷六百五十八《释部六》载："萧昱字子真，历位中书侍郎。每求试边州，武帝以其轻脱无威望，抑而不许。普通五年（524年），徙临海郡，行至上虞，敕追还，令授菩萨戒。既至，恟恟尽礼，改意蹈道，持戒又精洁，帝甚善之。"①

《陈书·徐陵传徐孝克附传》载："天嘉中，除剡令，非其好也，寻复去职。太建四年（572年），征为秘书丞，不就，乃蔬食长斋，持菩萨戒，昼夜讲诵《法华经》，高宗甚嘉其操行……孝克每侍宴，无所食啖，至席散，当其前膳羞损减，高宗密记以问中书舍人管斌，斌不能对。自是斌以意伺之，见孝克取珍果内绅带中，斌当时莫识其意，后更寻访，方知还以遗母。斌以实启，高宗嗟叹良久，乃敕所司，自今宴享，孝克前馔，并遣将还，以饷其母，时论美之。"②

《全陈文》卷十二沈君理《请释智顗开讲法华疏》载："菩萨戒弟子吴兴沈君理和南，窃闻大乘者，大士之所乘也。高广普运，直至道场，复作四依，周旋六道。仰惟德厚，深会经文，于五誓之初，请开法华题一，夏内仍就剖释，道俗咸瞻，延伫嘉唱，慈悲利益，不违本誓耳。谨和南。"③

在这些事例中，在家佛教徒严守戒律，并获得社会乃至最高统治者的极高评价。实际上，如在萧昱的事例中所见，像梁武帝这样具有深厚佛教信仰的君主十分希望一般人也能谨守戒律。守戒行为也使得他们不会轻易违反国家法律，否则也就不会得到这么高的评价。同时，他们还发挥劝人向善的作用，并且还会邀请高僧进行佛事宣讲，希望获得更好的社会效果。当然，获得福报也是这些做法的目的。不过，希求福报或者避免恶报在慧远的论述中都是可以被接受的。因此，在家佛教徒因为守戒或者说基于信仰而做出的守法行为是可以得到正面评价的。在家佛教徒的守法实践也不仅局限于这些具有较高政治或者社会地位的人，佛教对一般人的守法实践也有助益。如《云

① （宋）李昉：《太平御览》第六册，任明、朱瑞平、聂鸿音校点，河北教育出版社1994年版，第166页。

② （唐）姚思廉：《陈书》，中华书局1972年版，第337—338页。

③ （清）严可均校辑：《全上古三代秦汉三国六朝文》，中华书局1958年版，第3471页上。

南志略》载："佛教甚盛。戒律精严者名得道，俗甚重之。有家室者名师僧，教童子，多读佛书，少知六经者；段氏而上，选官置吏皆出此。民俗，家无贫富皆有佛堂，旦夕击鼓参礼，少长手不释念珠，一岁之中，斋戒几半。诸种蛮夷刚愎嗜杀，骨肉之间一言不合，则白刃相割；不知事神佛，若枭獍然。惟白人事佛甚谨，故杀心差少。由是言之，佛法之设，其于异俗亦自有益。"① 这虽然是云南地区少数民族的案例，但一方面李京提出受佛法熏染之徒多是守法之人，另一方面他也以"其于异俗亦自有益"的口吻提出，佛教对于中原地区民众的守法实践也能有所帮助。

　　第二，在家佛教徒能够很好地遵守关于君亲的世俗规范。随着佛教理论或者说戒律的不断中国化，戒律对佛教徒的君亲态度有所缓和，甚至要求佛教徒要更好地遵从孝道或者家族伦理规范。在前文所举《陈书·徐陵传徐孝克附传》中，徐孝克显然就是一位侍母至孝的在家佛教徒。还可再举几例以说明这一情况。

　　　　《梁书·陆杲传》载："领军将军张稷，是杲从舅，杲尝以公事弹稷，稷因侍宴诉高祖曰：'陆杲是臣通亲，小事弹臣不贷。'高祖曰：'杲职司其事，卿何得为嫌！'杲在台，号称不畏强御……杲素信佛法，持戒甚精，著《沙门传》三十卷。"②

　　　　《魏书·崔光传弟敬友附传》载："光弟敬友，本州治中。颇有受纳，御史案之，乃与守者俱逃。后除梁郡太守，会遭所生母忧，不拜。敬友精心佛道，昼夜诵经。免丧之后，遂菜食终世。恭宽接下，修身厉节。自景明已降，频岁不登，饥寒请丐者，皆取足而去。又置逆旅于肃然山南大路之北，设食以供行者。"③

　　　　《太平御览》卷六百五十八《释部六》载：赵隐字彦深，专意玄门，崇敬佛道，虽年期颐，常持戒行。"④ 《北齐书·赵隐传》则载：

---

① （元）李京撰：《云南至略辑校》，王权武校注，云南民族出版社 1986 年版，第87页。
② （唐）姚思廉：《梁书》，中华书局 1973 年版，第399页。
③ （北齐）魏收：《魏书》，中华书局 2017 年版，第1631页。
④ （宋）李昉：《太平御览》第六册，任明、朱瑞平、聂鸿音校点，河北教育出版社 1994 年版，第166页。

"彦深幼孤贫，事母甚孝……及彦深拜太常卿，还，不脱朝服，先入见母，跪陈幼小孤露，蒙训得至于此。母子相泣久之，然后改服……齐朝宰相，善始令终唯彦深一人。"①

《梁书·文学·刘杳传》载："杳治身清俭，无所嗜好。为性不自伐，不论人短长，及睹释氏经教，常行慈忍。天监十七年（518年），自居母忧，便长断腥膻，持斋蔬食。及临终，遗命敛以法服，载以露车，还葬旧墓，随得一地，容棺而已，不得设灵筵祭酹。其子遵行之。"②

在这些事例中可以发现两种现象。其一，陆杲、赵隐这些能够严守戒律、卓有操守的在家佛教徒，同时也能够谨守作为臣子的忠诚义务。尤其值得注意的是，在魏晋南北朝时期忠孝位阶未定，还带有强烈的孝先于忠的色彩，③ 而陆杲却能勇于弹劾自己的从舅，这与当时的社会伦理取向有一定差异。其二，崔敬友、赵隐、刘杳既是出色的在家佛教徒，也是有名的孝子，而且他们能够将力行孝道与戒律紧密联系起来。例如，在中国传统的孝道理念中因父母丧应该是要素食的，这就与佛教戒律有很大的相似性，④ 因此崔敬友、刘杳不仅在守孝期间素食，而且还延续至终身，这就充分体现戒律与中国传统孝道的相合。

从这些事例中明显可见，无论出家佛教徒还是在家佛教徒，他们当中有相当一部分操行高洁。他们不仅严守戒律，而且谨守国法，甚至在一定程度上，他们因为守戒而不存在违法的可能，正如中国传统礼法观念所认为的"礼之所去，刑之所取，失礼则入于刑"⑤。这既展现守戒与守法之间相互融合的特点，又表现出佛教对推动民众守法的积极作用。而且佛教徒的守法行为还容易成为社会标杆，他们被社会所赞誉的事实也体现出社会对他们的认同，及其对整个社会守法氛围所起到的积极作用。这种守法的双向互动，可

---

① （唐）李百药：《北齐书》，中华书局1972年版，第505、507页。
② （唐）姚思廉：《梁书》，中华书局1973年版，第717页。
③ 参见邓奕琦《北朝法制研究》，中华书局2005年版，第174页。
④ 参见圣凯《中国佛教信仰与生活史》，江苏人民出版社2016年版，第42页。
⑤ （南朝宋）范晔：《后汉书》，中华书局1965年版，第1554页。

能更体现出佛教对中国传统法律实践所起的全面作用。当然，这种对守法的积极作用是否能够被认为是佛教作用的主导方面，还有待更进一步的考察，尤其当佛教对守法的消极作用往往以更尖锐的方式表现出来的时候。

四　佛教对中国传统守法实践的消极作用

佛教对中国传统社会的法律实效还会有消极作用，甚至会成为佛教徒违法行为的精神支撑。之所以如此，可能有如下原因。第一，前文已经提出戒律与中国传统法律之间存在差异，作为强制性规范，戒律自然可以成为佛教徒违反国家法律的理论基础。但由于佛教禁绝欲望的理念，这些差异所导致的危害可能不会那么大。第二，佛教之所以能够对中国传统法律实践尤其是守法实践产生很大消极作用，某种程度上是依存于佛教徒尤其佛教僧团的独立性。在佛教东传的过程中，佛教徒一直在争取僧团自治。即便随着历史的发展，国家对僧团的控制程度逐渐提高，但他们的相对独立性仍然存在。当国家触角无法完全控制僧团而僧团的惩罚手段又有限的时候，僧团就容易鱼龙混杂、良莠不齐，很容易被某些人利用而成为达成特定目的的工具。第三，佛教在中国化过程中产生一些新特点，如财产戒的有效性逐渐消弭，寺院以及僧人蓄财的做法容易导致某些财产方面的违法犯罪等。佛教对中国传统守法实践的消极作用就从这些层面不断发酵，甚至成为历代统治者所警惕的事情。

（一）佛教对中国传统社会治理的冲击

由于佛教理念及其生活模式的特殊性，佛教具有相对独立性，僧团追求自治的倾向也十分明显。与此相对，自先秦乃至秦汉时期，中国逐渐形成编户齐民的社会治理模式。作为外来文化的佛教，随着其传入及深化，势必对这种世俗治理模式形成严重冲击。换句话说，传统编户齐民的手段无法应用到对佛教徒的管理上。"当佛教的自我意识觉醒，意欲与世法划清彼我之限，则佛法与世法、佛教与世俗二者之冲突在所难免。"[1] 基于佛教的独特性，

---

[1]　郭文：《中国佛教僧制思想研究》，博士学位论文，南京大学，2013 年。

当国家政权又对佛教采取认同态度时，统治者赋予佛教某些方面的特权。

1. 政治特权

佛教僧团实行自治的观念和做法自初创时期就已出现。在佛教观念中，君主是社会契约的产物，① 因为世俗王法不应成为规范僧团的制度。具体到僧团的内部规则，实践中往往通过民主程序决定。② 因此，自治在很大程度上成为僧团的内在要求。如《十诵律》卷三十七载："佛在王舍城。尔时，六群比丘以木棒自打治身。诸居士呵责言：'诸沙门释子，自言善好有德。以木棒自治身，如王如大臣。'是事白佛。佛言：'从今不应以木棒治身。'"③ 在这段记载中，虽然最后释迦牟尼否定了以木棒作为惩罚工具的制度，但僧团不仅自我制定规则，而且把这些规则比拟为国王、大臣所制定的规则。这就说明，早期佛教僧团具有强烈的自治倾向，而且认为内部规则与世俗法律具有同等效力。

进入中国后，"佛教势力发展、僧尼人数激增之后，如何治理好僧团的问题也就随之出现了……僧团方面主要想通过完善佛教戒律制度，实现僧团以戒律进行自治"。④ 早期著名的僧团像释道安僧团、释慧远僧团等都带有一定的自治性。如《高僧传·释道安传》载："习凿齿与谢安书云：'来此见释道安，故是远胜，非常道士，师徒数百，齐讲不倦。无变化伎术，可以惑常人之耳目；无重威大势，可以整群小之参差。而师徒肃肃，自相尊敬，洋洋济济，乃是吾由来所未见。'"⑤ 从"无重威大势""自相尊敬"等语中已经可以看出道安僧团的自治及其效果。但从佛教传入的早期，国家政权就试图对佛教进行规制，如《续高僧传·释僧迁传》载："中兴荆郢，正位僧端，职任期月，道风飙举，恂恂七众，不肃而成。昔晋氏始置僧司，迄兹四代，求之备业，罕有斯焉。"⑥ 晋代已经开始设置僧官来管理佛教徒。⑦ 其

---

① 参见张光杰《谈谈佛教的政治法律观》，《社会科学》1987 年第 4 期。

② 参见杜继文《佛教史》，江苏人民出版社 2008 年版，第 26 页。

③ （后秦）弗若多罗和鸠摩罗什：《十诵律》，收入中华大藏经编辑局编《中华大藏经》（汉文部分）第三十七册，中华书局 1989 年版，第 729 页上。

④ 谢重光：《中国僧官制度史》，青海人民出版社 1990 年版，第 6 页。

⑤ （梁）释慧皎：《高僧传》，汤用彤校注，中华书局 1992 年版，第 180 页。

⑥ （唐）道宣：《续高僧传》，郭绍林点校，中华书局 2014 年版，第 214 页。

⑦ 参见谢重光《中古佛教僧官制度和社会生活》，商务印书馆 2009 年版，第 11—12 页。

后，僧官为历代所设置，并且相关制度也得到不断的发展和完善。

虽然有僧官，但该制度仍在一定程度上对僧团自治保持尊重。"在僧尼治理方面，晋代以降逐渐形成教团依僧律实现内部自治的局面。"[1] 即使在僧官控制体系空前加强的明代，洪武初年仍然对僧团的自治给予很大空间。[2] 与之相对，中国古代政权对普通民众却采取极为严格的管理，无论编户齐民还是保甲制度等皆可作为代表。僧团所具有的一定程度上的自治性，使得他们获得较多的政治特权，也使某些僧侣获得违法空间。

2. 经济特权

在佛教对中国传统法律管理秩序的冲击中，经济秩序受到的影响也极大，尤其在佛教徒获得免除赋役的特权之后。如前所述，佛教理念认为"恶王治世，课税僧尼"，而佛教徒免除赋役的特权在中国古代很早就确立，所谓"寸绢不输官库，升米不进公仓"[3]。基于此，佛教以寺院为中心控制大量人口并积累了巨额财富。[4] 财富的积聚对中国佛教的发展产生深远影响。

一方面，当佛教被国家免除赋役后，对于承担沉重赋役的人来说，出家为僧尼就变成一条非常有吸引力的道路。[5] 另一方面，尽管佛教有关于财产

---

① 谢重光：《魏晋隋唐佛教特权的盛衰》，《历史研究》1987年第6期。
② 参见马晓菲《明代僧官制度研究》，博士学位论文，山东大学，2014年。
③ （唐）道宣：《广弘明集》卷二十四《谏仁山深法师罢道书》，收入大正新修大藏经刊行会编：《大正新修大藏经》第52册，台湾新文丰出版股份有限公司1986年版，第278页。
④ 参见刘小平《中古佛教寺院经济变迁研究》，中央编译出版社2016年版，第16—78页。
⑤ 《通典》卷七《食货七》载："旧制，百姓供公上，计丁定庸调及租，其税户虽兼出王公以下，比之二三十分唯一耳。自兵兴以后，经费不充，于是征敛多名，且无恒数，贪吏横恣，因缘为奸，法令莫得检制，烝庶不知告诉。其丁狡猾者，即多规避，或假名入仕，或托迹为僧……"（唐）杜佑：《通典》，中华书局1988年版，第157页。由此可见，即使国家急需赋役之时，出家仍然是摆脱重税的方式。而且，出家在某些情况下也是避祸的手段。如《晋书·祖约传》载："祖氏之诛也，安多将从人于市观者，潜取逖庶子道重，藏之为沙门，时年十岁。石氏灭后来归。"（唐）房玄龄等撰：《晋书》，中华书局1974年版，第2627页。再如《陈书·王质传》载："侯景于寿阳构逆，质又领舟师随众军拒之。景军济江，质便退走。寻领步骑顿于宣阳门外。景军至京师，质不战而溃，乃剪发为桑门，潜匿人间。及柳仲礼等会援京邑，军据南岸，质又收合余众从之。"（唐）姚思廉：《陈书》，中华书局1972年版，第247—248页。此类事情历代多有。如宋代谋反失败多有投入佛门者。参见顾吉辰《宋代佛教史稿》，中州古籍出版社1993年版，第67页。又参见吴智勇《六到七世纪僧人与政治》，博士学位论文，复旦大学，2013年。

方面的戒律，但这些戒律最终面对经济现实而软化。① 不仅佛寺，佛教徒也拥有大量财富。这种现象的结果，首先导致佛教徒内部出现分化，"在佛教僧侣中涌现出了众多的富僧"②。如《宋高僧传·释圆观传》载："释圆观，不知何许人也。居于洛宅，率性疏简，或勤梵学，而好治生，获田园之利，时谓之空门猗顿也。"③ 其次，佛教徒获得参与经济活动的物质基础。如《北齐书·苏琼传》载："道人道研为济州沙门统，资产巨富，在郡多有出息，常得郡县为征。及欲求谒，琼知其意，每见则谈问玄理，应对肃敬，研虽为债数来，无由启口。"④ 再如《魏书·释老志》载："比来僧尼，或因三宝，出贷私财。"⑤ 僧侣利用各种途径获得的财富放贷以获利，甚至有学者指出，僧侣放贷是中国古代特有典当制度的雏形。⑥ 最后，佛教徒也获得进行慈善活动的基础。在佛教理念中，僧侣从事慈善活动有着深厚的理论基础。⑦ 随着佛教财富的增多，佛教徒就有了赈济等进行慈善活动的经济基础。如《魏书·释老志》载："昙曜奏：平齐户及诸民，有能岁输谷六十斛入僧曹者，即为'僧祇户'，粟为'僧祇粟'，至于俭岁，赈给饥民。又请民犯重罪及官奴以为'佛图户'，以供诸寺扫洒，岁兼营田输粟。高宗并许之。于是僧祇户、粟及寺户，遍于州镇矣。"⑧ 北魏时期，僧祇户大量出现，他们向佛寺供给粮食，这些粮食成为佛寺在饥荒之年赈济贫弱的物质基础。

无论免除赋役还是积聚财产，佛教对普通民众的吸引力不再限于信仰。当面对佛教可能给自身带来巨大经济利益时，普通民众并非一定要基于信仰才会参与佛教。这就增加了僧团人员的复杂性，大量没有虔诚信仰的佛教徒

① 事实上，佛教的财产戒自诞生之后就在逐渐变化中，如早期佛教戒律要求僧侣只能乞食为继，甚至乞食也不能储蓄食物，等等。但社会现实使得他们无法维系这种生活方式，最终导致相关戒律的变化。参见王航《印度早期佛教乞食制度的衰落及其影响》，《云南社会科学》2016 年第 5 期。

② 刘小平：《中古佛教寺院经济变迁研究》，中央编译出版社 2016 年版，第 77 页。

③ （宋）赞宁：《宋高僧传》，范祥雍点校，中华书局 1987 年版，第 518 页。

④ （唐）李百药：《北齐书》，中华书局 1972 年版，第 643 页。

⑤ （北齐）魏收：《魏书》，中华书局 2017 年版，第 3303 页。

⑥ 参见吴向红《典之风俗与典之法律——本土视阈中的典制渊源》，《福建师范大学学报》（哲学社会科学版）2007 年第 2 期。

⑦ 参见陈义和《佛教与宋代法律》，中国政法大学出版社 2015 年版，第 175—188 页。

⑧ （北齐）魏收：《魏书》，中华书局 2017 年版，第 3299 页。

进入僧团后，僧团的纯洁性颇受冲击，也必然与中国传统法律治理秩序产生冲突。

3. 刑事特权

前文已述及戒律与法律之间存在巨大差异，然而，统治者在相当长的时间内对佛教徒的违法行为却颇为宽容。佛教徒无法履行家族义务和国家义务，法律却未对此科以刑罚，这与法律对普通民众的态度形成鲜明差异。这也是在规则层面认同约束佛教徒的行为规则的独立性。

相当一部分刑法规则无法拘束佛教徒。如《魏书·释老志》载："世宗即位，永平元年（508 年）秋，诏曰：淄素既殊，法律亦异。故道教彰于互显，禁劝各有所宜。自今已后，众僧犯杀人已上罪者，仍依俗断，余犯悉付昭玄，以内律僧制治之。"① 北魏宣武帝的诏书规定，面对佛教徒所犯的罪行，要采取重罪依国法、轻罪依僧制的处置原则。在某些方面，佛教自身的规范替代国法成为规范僧侣的工具。对这种做法，《大宋僧史略》卷中"道俗立制"条载："观其北魏、南朝俗施僧制，而皆婉约，且不淫伤。"② 所谓俗施僧制是指，"国家对于佛教所采取的一种较为柔婉的制度措施。它不是用世俗的法律规范来整肃和管辖佛教僧伽事务，而是通过维护佛教戒律规范的道德和法律权威，以使佛教僧众遵守戒律规范（注意，不是世俗法律规范），从而起到整肃僧团、严净毗尼的统治目的。"③ 这说明，虽然国家试图介入对僧团的管理，但仍然会尊重僧侣行为规范的独立性。因此，尽管僧制的发展逐渐由俗施僧制转变为僧事俗治，④ 但僧官仍在一定程度上尊重佛教徒行为规则的独立性，较少对之课以戒律外的义务。⑤

① （北齐）魏收：《魏书》，中华书局 2017 年版，第 3303 页。
② （宋）赞宁：《大宋僧史略校注》，富世平校注，中华书局 2015 年版，第 71 页。
③ 郭文：《中国佛教僧制思想研究》，博士学位论文，南京大学，2013 年。
④ 参见郭文《中国佛教僧制思想研究》，博士学位论文，南京大学，2013 年。
⑤ 以明代为例，政府通过僧官加强对僧团的控制，相关内容主要包括：第一，限制出家，避免僧团膨胀；第二，沙汰僧尼，提高僧侣的治理，并且防止僧俗杂处；第三，确立权威佛经，禁止肆意删改；第四，在某些特定规则上对僧侣提出义务要求，如僧尼需要拜父母。参见马晓菲《明代僧官制度研究》，博士学位论文，山东大学，2014 年；王永会《中古佛教僧团发展及其管理研究》，博士学位论文，四川大学，2001 年。然而，除少部分外，这些管理措施并未要求僧侣改变行为规则，部分内容反而是对僧侣应有行为规则的重申。

既然有专门的管理制度、有利的经济与刑事特权，那就意味着佛教对普通人具有很强的吸引力。戒律之所以能够起到防恶导善的作用，很大程度上需要借助于宗教信仰的虔诚。而当许多基于特殊利益而非宗教信仰的人日渐侵蚀僧团后，戒律的作用就很难得到发挥，佛教徒的守法实践也就不再仅仅是正面的了。

（二）佛教对中国传统守法实践产生消极作用的表现

在中国传统守法实践中，部分出家佛教徒往往成为被指责的对象。实际上，自佛教传入中土的东汉时期，佛教徒的违法行为就已经不断出现，并成为社会舆论攻击佛教的理由。《牟子理惑论》载："问曰：佛道崇无为，乐施与，持戒兢兢，如临深渊者。今沙门耽好酒浆，或畜妻子，取贱卖贵，专行诈绐。此乃世之伪，而佛道谓之无为耶！"① 还有人曾经总结过当时僧侣经常犯下的罪行，例如盗窃罪、奸罪、违反铜禁等。② 在后世，僧侣触犯盗窃罪、杀人罪、诈骗罪、奸罪等重大罪行以及其他轻罪的现象也不鲜见。③ 尤其值得注意的是，佛教徒犯重罪的现象屡见不鲜。在此，本书试从谋反罪及其他重罪讨论佛教徒的消极守法行为。

1. 佛教徒所犯的谋反行为

谋反是中国古代最严重的刑事犯罪之一，很早就已经产生。在中国化进程中，佛教理念逐渐认同忠君思想，但其忠君观念并不深重。而且在传入早期，佛教与道术之间的关系并非泾渭分明，④ 这使佛教甚至被抹上谶纬的色彩。如《宋书·符瑞志上》载："冀州有沙门法称将死，语其弟子普严曰：

① （南朝梁）僧祐、李小荣校笺：《弘明集校笺》，上海古籍出版社 2013 年版，第 33 页。

② 参见李力《出家·犯罪·立契——1—6 世纪"僧人与法律"问题的初步考察》，《法制史研究》第 17 期。

③ 参见鲁统彦《隋唐时期僧尼角色研究》，博士学位论文，首都师范大学，2005 年；陈晓聪《中国古代佛教法初探》，法律出版社 2014 年版，第 186—200 页；张海峰《唐代法律与佛教》，上海人民出版社 2014 年版，256—278 页；陈义和《佛教与宋代法律》，博士学位论文，中国政法大学，2015 年。

④ 参见刘亚丁《道术：佛教进入中土的法门》，《四川大学学报》（哲学社会科学版）2008 年第 6 期。在早期，道人并不特指道教的出家人。《汉书·京房传》："道人始去，寒，涌水为灾。"颜师古注："道人，有道术之人也。"（汉）班固：《汉书》，中华书局 1962 年版，第 3164—3165 页。

'嵩皇神告我云，江东有刘将军，是汉家苗裔，当受天命。吾以三十二璧，镇金一饼，与将军为信。三十二璧者，刘氏卜世之数也。'"① 因此，佛教很容易被利用成为谋反的工具或者理论支撑。

（1）魏晋南北朝时期的佛教徒与谋反。自魏晋南北朝以来，与僧侣有关的谋反案例就不断发生，② 对法律秩序构成极大冲击。不过，僧侣谋反的案例与其在社会中的影响力关系密切。因此在早期，佛教所引起的谋反案例极为鲜见。随着佛教对社会各个阶层的渗透，影响渐大，相关谋反案例就相继涌现。故可发现，僧侣在魏晋时期的谋反现象尚属少见，到南北朝后，其谋反或者参与谋反的案例则层出不穷。同时，由于南北朝佛教均盛行，僧侣谋反的案件不仅南北皆有，而且往往集中在特定朝代，如刘宋与北魏等。试举几例如下。

案例一：《宋书·刘粹传》载："赵广本以谲诈聚兵，顿兵城下，不见飞龙，各欲分散。广惧，乃将三千人及羽仪，诈其众云迎飞龙。至阳泉寺中，谓道人程道养曰：'但自言是飞龙，则坐享富贵；若不从，即日便斩头。'道养惶怖许诺。道养，枹罕人也，广改名为龙兴，号为蜀王、车骑大将军、益梁二州牧，建号泰始元年（432 年），备置百官。"③ 道养虽是被逼谋反，但确实由此成为谋反的主要人物。

案例二：《宋书·萧思话传萧源之附传》载："（南朝宋文帝元嘉）二十八年（451 年），亡命司马顺则诈称晋室近属，自号齐王，聚众据梁邹城。又有沙门自称司马百年，号安定王，亡命秦凯之、祖元明等各据村屯以应顺则。"④

案例三：《宋书·蛮夷传》载："世祖大明二年（458 年），有晜标

---

① （南朝梁）沈约：《宋书》，中华书局 1974 年版，第 784 页。

② 参见任继愈主编《中国佛教史》第三卷，中国社会科学出版社 1988 年版，第 13—15、55—58 页。

③ （南朝梁）沈约：《宋书》，中华书局 1974 年版，第 1382 页。

④ （南朝梁）沈约：《宋书》，中华书局 1974 年版，第 2017 页。

道人与羌人高阖谋反。"①

　　案例四：《梁书·陈庆之传》载："会有妖贼沙门僧强自称为帝，土豪蔡伯龙起兵应之。"②

　　案例五：《南齐书·王玄载传王玄邈附传》载："（南朝齐武帝永明）十一年（493 年），建康莲华寺道人释法智与州民周盘龙等作乱，四百人夜攻州城西门，登梯上城，射杀城局参军唐颖，遂入城内。"③

　　案例六：《魏书·太祖纪》载："〔天兴五年（402 年）〕沙门张翘自号无上王，与丁零鲜于次保聚党常山之行唐。夏四月，太守楼伏连讨斩之。"④

　　案例七：《魏书·高祖纪上》载："〔延兴三年（473 年）十有二月〕癸丑，沙门慧隐谋反，伏诛。"⑤

　　案例八：《魏书·高祖纪上》载："〔太和五年（481 年）二月〕庚戌，车驾还都。沙门法秀谋反，伏诛。"⑥

　　案例九：《魏书·高祖纪下》载："〔太和十四年（490 年）〕沙门司马惠御自言圣王，谋破平原郡。擒获伏诛。"⑦

　　案例十：《魏书·世宗纪》载："〔永平二年（509 年）春正月〕是月，泾州沙门刘慧汪聚众反。诏华州刺史奚康生讨之。"⑧

　　案例十一：《魏书·世宗纪》载："〔永平三年（510 年）春二月〕

---

　　① （南朝梁）沈约：《宋书》，中华书局 1974 年版，第 2386 页。《宋书·王僧达传》又载："先是，南彭城蕃县民高阇、沙门释昙标、道方等共相诳惑，自言有鬼神龙凤之瑞，常闻箫鼓音，与秣陵民蓝宏期等谋为乱。"（南朝梁）沈约：《宋书》，中华书局 1974 年版，第 1957 页。《资治通鉴》卷一百二十八《宋纪十·世祖孝武皇帝上》大明二年条载："南彭城民高阇、沙门昙标以妖妄相扇，与殿中将军苗允等谋作乱，立阇为帝。事觉，甲辰，皆伏诛，死者数十人。于是下诏沙汰诸沙门，设诸条禁，严其诛坐；自非戒行精苦，并使还俗。而诸尼多出入宫掖，此制竟不能行。"（宋）司马光、（元）胡三省：《资治通鉴》，标点资治通鉴小组点校，中华书局 1956 年版，第 4037 页。
　　② （唐）姚思廉：《梁书》，中华书局 1973 年版，第 463 页。
　　③ （南朝梁）萧子显：《南齐书》，中华书局 1972 年版，第 511 页。
　　④ （北齐）魏收：《魏书》，中华书局 2017 年版，第 44 页。
　　⑤ （北齐）魏收：《魏书》，中华书局 2017 年版，第 166 页。
　　⑥ （北齐）魏收：《魏书》，中华书局 2017 年版，第 178 页。
　　⑦ （北齐）魏收：《魏书》，中华书局 2017 年版，第 197 页。
　　⑧ （北齐）魏收：《魏书》，中华书局 2017 年版，第 247—248 页。

壬子，秦州沙门刘光秀谋反。州郡捕斩之。"①

　　案例十二：《魏书·肃宗纪》载："［永平四年（511 年）］六月，沙门法庆聚众反于冀州，杀阜城令，自称大乘。"②《魏书·景穆十二王传》载："时冀州沙门法庆既为妖幻，遂说勃海人李归伯，归伯合家从之，招率乡人，推法庆为主。法庆以归伯为十住菩萨、平魔军司、定汉王，自号'大乘'。"③

　　案例十三：《魏书·世宗纪》载："［延昌三年（514 年）十有一月］丁巳，幽州沙门刘僧绍聚众反，自号净居国明法王。州郡捕斩之。"④

　　案例十四：《北齐书·皮景和传》载："又有阳平人郑子饶，诈依佛道，设斋会，用米面不多，供赡甚广，密从地藏渐出饼饭，愚人以为神力，见信于魏、卫之间。将为逆乱，谋泄，掩讨漏逸。乃潜渡河，聚众数千，自号长乐王，已破乘氏县，又欲袭西兖州城。景和自南兖州遣骑数百击破之，斩首二千余级，生擒子饶，送京师烹之。"⑤

　　从这些案例中可见，无论南朝还是北朝，沙门都是谋反的重要群体，而且像北魏法秀、法庆所发起的谋反震荡时局，影响极大。这些都属于失败的谋反案例，但也有成功的案例，如《南齐书·幸臣传》载："宋世道人杨法持，与太祖有旧。元徽末，宣传密谋。昇明中，以为僧正。建元初，罢道，为宁朔将军，封州陵县男，三百户。"⑥杨法持实际上参与了齐太祖萧道成图谋刘宋政权的行动，而且最终又以萧道成的成功结束。不过，这种情况较为少见。

　　之所以出现众多佛教徒谋反或者参与谋反的案例，一方面可能与佛教伦理有关，尤其值得注意的是，法庆以"大乘"为号，颇有以佛法为理论指

---

① （北齐）魏收：《魏书》，中华书局 2017 年版，第 249 页。
② （北齐）魏收：《魏书》，中华书局 2017 年版，第 266 页。
③ （北齐）魏收：《魏书》，中华书局 2017 年版，第 513 页。
④ （北齐）魏收：《魏书》，中华书局 2017 年版，第 256 页。
⑤ （唐）李百药：《北齐书》，中华书局 1972 年版，第 538 页。
⑥ （南朝梁）萧子显：《南齐书》，中华书局 1972 年版，第 975 页。

导谋反的意蕴。另一方面，也可能与佛教徒本身的信仰不纯有关，佛教不过是其吸引人参与谋反的宗教工具。有学者提出，"这些起义的沙门多是农民，他们大多是为了避免苛政而入寺庙的。佛教并不是这些人的真正信仰，而是他们当时的一条出路。他们借用佛教的形式，反对北魏封建统治，反对僧侣地主，又显示了佛教作用的复杂性、多重性"①。

（2）唐迄明清的佛教徒与谋反。魏晋南北朝之后，僧侣参与谋反的案例仍然不断出现，甚至某些受佛教影响的谋反最终取得胜利，例如元末农民起义。而且，借助佛教进行的社会抗争还会发生某些变化，比如宋代受佛教影响的吃菜事魔等，方法更为隐蔽。在此，先列举历代相关的谋反案例。

①唐代的佛教徒与谋反案例。隋代历时较短，而且隋末民间起义不断，佛教徒的谋反行为不彰。唐代紧随其后，佛教盛行并呈现世俗化趋势。② 这意味着佛教理论对社会的吸引力进一步提高，因此利用佛教谋反的案例不断发生。试举几例如下：

　　案例一：《旧唐书·中宗睿宗纪》载："［先天二年（713 年）］秋七月甲子，太平公主与仆射窦怀贞、侍中岑羲、中书令萧至忠、左羽林大将军常元楷等谋逆，事觉，皇帝率兵诛之。穷其党与，太子少保薛稷、左散骑常侍贾膺福、右羽林将军李慈李钦、中书舍人李猷、中书令崔湜、尚书左丞卢藏用、太史令傅孝忠、僧惠范等皆诛之。"③

　　案例二：《旧唐书·德宗纪上》载："［贞元三年（787 年）冬十月］丙戌，神策将魏循上言：'射生将韩钦绪等十余人与资敬寺妖僧李广弘同谋不轨，广弘自言当为人主，约十月十日大举，已署置将相名目。'诏捕劾之，连坐死者百余人；钦绪，游瑰之子，特赦之。"④

① 方立天：《佛教与中国政治》，《社会科学战线》1987 年第 2 期，第 115 页。

② 参见段塔丽《论唐代佛教的世俗化及对女性婚姻家庭观的影响》，《陕西师范大学学报》（哲学社会科学版）2010 年第 1 期。

③ （后晋）刘昫：《旧唐书》，中华书局 1975 年版，第 161—162 页。

④ （后晋）刘昫：《旧唐书》，中华书局 1975 年版，第 358 页。在《旧唐书·韩游瑰传》中，这一案例的记载更为详细，其中不仅僧人李广弘自以为人主，而且以智因尼为后。参见（后晋）刘昫《旧唐书》，中华书局 1975 年版，第 3920 页。在这个谋反案例中，僧、尼都扮演了一定角色。

案例三：《旧唐书·宪宗下》载："［元和十年（815年）八月］丁未，淄青节度使李师道阴与嵩山僧圆净谋反，勇士数百人伏于东都进奏院，乘洛城无兵，欲窃发焚烧宫殿而肆行剽掠。小将杨进、李再兴告变，留守吕元膺乃出兵围之，贼突围而出，入嵩岳，山棚尽擒之。讯其首，僧圆净主谋也。僧临刑叹曰：'误我事，不得使洛城流血！'"①

案例四：《旧唐书·文宗纪上》载："其大逆魁首苏佐明等二十八人，并已处斩，宗族籍没。妖妄僧惟贞、道士赵归真等或假于卜筮，或托以医方，疑众挟邪，已从流窜。"②

案例五：《旧唐书·高开道传》载："先是，有怀戎沙门高昙晟者，因县令设斋，士女大集，昙晟与其僧徒五十人拥斋众而反，杀县令及镇将，自称大乘皇帝，立尼静宣为耶输皇后，建元为法轮。至夜，遣人招诱开道，结为兄弟，改封齐王。开道以众五千人归之，居数月，袭杀昙晟，悉并其众。"③

②五代、两宋的佛教徒与谋反案例。五代时期，政治动荡，战乱频仍，政权内部的陵替甚多，但佛教徒的谋反行为反而相对较少。到宋代之后，虽然佛教徒的谋反行为也有所出现，④ 但整体而言，宋代佛教的影响较前代为小。⑤ 因此，尽管宋代谋反事件颇多，但因佛教而生的谋反较前代为少。而且这个时期，佛教徒的谋反行为开始呈现出自身的特点，即更多的是通过受

---

① （后晋）刘昫：《旧唐书》，中华书局1975年版，第454页。

② （后晋）刘昫：《旧唐书》，中华书局1975年版，第524页。

③ （后晋）刘昫：《旧唐书》，中华书局1975年版，第2256页。

④ 参见顾吉辰《宋代佛教史稿》，中州古籍出版社1993年版，第58—67页。在顾吉辰的论述中，僧侣参与的谋反案例远超本书所引的材料。但他的论述中有一个内在缺陷，就是直接把名字中带有"和尚"的参与者视为僧侣或者僧侣出身。但是，以和尚为名但不是僧侣的古人并不鲜见。如《辽史》卷八十六有《萧和尚传》载："萧和尚，字洪宁，国舅大父房之后。"（元）脱脱等：《辽史》，中华书局2016年版，第1460页。再如《辽史》卷八十九《耶律和尚传》载："耶律和尚，字特抹，系出季父房。"（元）脱脱等：《辽史》，中华书局2016年版，第1489页。《金史》载："七月壬辰，故卫王襄妃及其子和尚以妖妄伏诛。"（元）脱脱等：《金史》，中华书局1975年版，第134页。因此，顾吉辰的论述可能存在一些问题，即宋代僧侣参与谋反的情况可能并没有其阐述得那么严重。

⑤ 参见赖永海主编《中国佛教通史》第九卷，江苏人民出版社2010年版，第1页。

到佛教理论影响的摩尼教等发动叛乱，这与前代的谋反行为存在较为明显的区别。试举几例如下：

　　案例一：《旧五代史·汉书·李守贞传》载："守贞以汉室新造，嗣君才立，自谓举无遗策。又有僧总伦者，以占术干守贞，谓守贞有人君之位，未几，赵思绾以京兆叛，遣使奉表送御衣于守贞，守贞自谓天时人事合符于己，乃潜给草贼，令所在窃发，遣兵据潼关。"①

　　案例二：《宋史·高宗纪六》载："［绍兴十一年（1141 年）］乙丑，明州僧王法恩等谋反伏诛。"②

　　案例三：《宋史·胡舜陟传》载："济南僧刘文舜聚党万余，保舒州投子山纵剽，舜陟遣介使招降之。时丁进、李胜合兵为盗蕲、寿间，舜陟遣文舜破之。"③

　　案例四：《宋会要辑稿·刑法二》载："［绍兴二年（1132 年）］十月二十九日，枢密院言：'宣和间，温、台村民多学妖法，号喫菜事魔，瞽惑众听，劫持州县。朝廷遣兵荡平之后，专立法禁，非不严切。访闻日近又有奸猾改易名称，结集社会，或名白衣礼佛会，及假天兵，号迎神会。千百成群，夜聚晓散，传习妖教。州县坐视，全不觉察。'诏令浙东帅宪司、温台州守臣疾速措置收捉，为首瞽众之人依条断遣。"④

　　③元代的佛教徒与谋反案例。元代统治者对佛教采取极为宽容的态度，"在蒙元统治者的支持下，佛教的社会地位更是远远高于两宋"⑤，甚至在法律上对其也多有开脱之处。⑥ 但这种佛教政策并没有达到安抚效果，佛教徒

----

①　（宋）薛居正：《旧五代史》，中华书局 2016 年版，第 1676 页。
②　（元）脱脱等：《宋史》，中华书局 1977 年版，第 549 页。
③　（元）脱脱等：《宋史》，中华书局 1977 年版，第 11669 页。
④　《宋会要辑稿》，刘琳等点校，上海古籍出版社 2014 年版，第 8342 页。
⑤　赖永海：《中国佛教通史》第十一卷，江苏人民出版社 2010 年版，第 3 页。
⑥　元代统治者甚至对佛教徒犯下的十恶犯罪也予以赦免。如《元史·世祖纪二》载："己未，凤翔府龙泉寺僧超过等谋乱遇赦，没其财，羁管京兆僧司；同谋苏德，责令从军自效。"（明）宋濂等：《元史》，中华书局 1976 年版，第 99 页。

在元代的谋反行为极多。出现这种现象的原因是多元的，其中，受佛教影响的白莲教从南宋到元代发生转型可能是重要原因。"南宋茅子元创立的白莲教，其教义与佛教弥勒净土信仰相关联。白莲教与南宋其他净业社团一样，崇拜阿弥陀佛，以往生净土为修行之终极目的，是一种带有明显的出世特点的佛教信仰形式……但是，元代的白莲教却倡导'弥勒降生，明王出世'，转而仅信奉弥勒佛，希望通过'弥勒下生'谶言的实现，往生兜率天的裟婆世界，拯救黎氓于水火之中，同时激起下层民众改变困境与卑微身份的冲动。"① 带有佛教信仰色彩的白莲教不仅成为下层百姓谋反的重要工具，甚至在最终推翻元代统治的过程中扮演了重要角色。试举几例如下。

案例一：《元史·泰定帝纪二》载："［致和元年（1328 年）五月］丙寅，广西普宁县僧陈庆安作乱，僭建国，改元。"②

案例二：《元史·顺帝纪五》载："［至正十二年（1352 年）九月］癸未，中兴义士范忠，偕荆门僧李智率义兵复中兴路，俞君正败走，龙镇卫指挥使俺都剌哈蛮领兵入城，咬住自松滋还，屯兵于石马。"③

案例三：《元史·张桢传》载："颍上之寇，始结白莲，以佛法诱众，终饰威权，以兵抗拒，视其所向，骎骎可畏，其势不至于亡吾社稷、烬吾国家不已也。"④

案例四：《元史·焦德裕传》载："至镇江，焦山寺主僧诱居民叛，丞相阿术既诛其魁，欲尽阬其徒，德裕谏止之。"⑤

案例五：《元史·商挺传商琥附传》载："华亭蟠龙寺僧思月谋叛被擒，其党纵火来劫，民大扰，琥亟诛其魁。"⑥

案例六：《元史·张九思传》载："（至正）十九年（1359 年）春，世祖巡幸上都，皇太子从，丞相阿合马留守。妖僧高和尚、千户王著等谋杀

① 范立舟：《弥勒信仰与宋元白莲教》，《中山大学学报》（社会科学版）2012 年第 3 期。
② （明）宋濂等：《元史》，中华书局 1976 年版，第 686 页。
③ （明）宋濂等：《元史》，中华书局 1976 年版，第 902 页。
④ （明）宋濂等：《元史》，中华书局 1976 年版，第 4267 页。
⑤ （明）宋濂等：《元史》，中华书局 1976 年版，第 3618 页。
⑥ （明）宋濂等：《元史》，中华书局 1976 年版，第 3742 页。

之，夜聚数百人为仪卫，称太子，入健德门，直趋东宫，传令启关甚遽。"①

案例七：《明史·徐寿辉传》载："元末盗起，袁州僧彭莹玉以妖术与麻城邹普胜聚众为乱，用红巾为号，奇寿辉状貌，遂推为主。"②

④明清的佛教徒与谋反案例。明代紧随元代之后，佛教与谋反之间的关系仍然密切。一方面，"白莲教从元末明初开始就十分活跃，它不仅在推翻元朝统治的武装斗争中，起了重要的作用，入明以后，又活跃于民间，把反元的矛盾转向反对明朝统治者"③。另一方面，明代佛教的戒律松弛，佛教徒所受到的约束更为有限。④ 尽管自朱元璋开始，明代统治者就试图强化对佛教徒的规制，但效果并不显著，明人提出的这些约束反而对佛教徒的精诚修道起到负面作用。⑤ 因此，明代佛教与谋反相关联的案例仍然比较多，而且主要是以"白莲教"为号召。清代则在一开始就确定"佛教护国"的政策，同时也注重对佛教的管理与控制。⑥ 整体来看，清代佛教与谋反的关系似乎变弱，相关谋反案例较少，不过其中有几次重大的谋反案与佛教有关。

案例一：《万历野获编》卷二十九《叛贼》载："元末韩林儿起，称小明王，改元龙凤，为史所载久矣。其时相去无几，又有袭其年号者，陕西妖贼王金刚奴，于洪武初聚众于沔县西黑山等处，以佛法惑众，后又与沔县邵福等作乱，其党田九成者，自号汉明皇帝，改元龙凤。"⑦

案例二：《明史·神宗纪一》载："始兴妖僧李圆朗作乱，犯南雄，有司讨诛之。"⑧

---

① （明）宋濂等：《元史》，中华书局 1976 年版，第 3980 页。
② （清）张廷玉等：《明史》，中华书局 1974 年版，第 3687 页。
③ 喻松青：《明清白莲教研究》，四川人民出版社 1987 年版，第 1 页。
④ 参见刘红梅《莲池大师思想研究》，博士学位论文，四川大学，2004 年。
⑤ 参见马晓菲《明代僧官制度研究》，博士学位论文，山东大学，2014 年。
⑥ 赖永海主编：《中国佛教通史》第 12 卷，江苏人民出版社 2010 年版，第 2 页。
⑦ （明）沈德福：《万历野获编》，中华书局 1959 年版，第 748 页。
⑧ （清）张廷玉等：《明史》，中华书局 1974 年版，第 273 页。

案例三：《明史·熹宗纪》载："［天启二年（1622 年）五月］丙午，山东白莲贼徐鸿儒反，陷郓城。"①

案例四：《明史·湘献王柏传》载："会应州人罗廷玺等以白莲教惑众，见充灼为妖言，因画策，约奉小王子入塞，藉其兵攻雁门，取平阳，立充灼为主，事定，即计杀小王子。"②

案例五：《明史·丛兰传》载："河南白莲贼赵景隆自称宋王，掠归德，兰遣指挥石坚、知州张思齐等击斩之。"③

案例六：《明史·何洪传》载："德阳人赵铎反，自称赵王，汉州诸贼皆归之。连番众，数陷城，杀将吏。遣其党何文让及僧悟升掠安岳诸县。洪斩悟升，生擒文让。"④

案例七：《明史·张敷华传》载："妖僧据终南山为逆，廷议用兵，尚书马文升曰：'张都御史能办此。'敷华果以计缚僧归。"⑤

案例八：《明史·岳正传》载："有僧为妖言，锦衣校逻得之，坐以谋反。中官牛玉请官逻者，正言：'事纵得实，不过坐妖言律，逻者给赏而已，不宜与官。'僧党数十人皆得免。"⑥

案例九：《明史·李遂传》载："营卒惑妖僧绣头，复倡讹言。遂捕斩绣头，申严什伍，书其名籍、年貌，系牌腰间，军乃戢。"⑦

案例十：《明史·刘綎传》载："无何，罗雄变起。罗雄者，曲靖属州也，者氏世为知州。嘉靖时，者濬嗣职，杀营长而夺其妻，生子继荣。濬年老无他子，继荣得袭职，遂弑濬。妖僧王道、张道以继荣有异相，奉为主。用符术鍊丁甲，煽聚徒党，独外弟隆有义不从。十三年（1557 年）冬，继荣分党四剽，广西师宗、陆凉诸府州咸被患。"⑧

案例十一：《明史纪事本末》卷二十三《平山东盗》载："成祖永

---

① （清）张廷玉等：《明史》，中华书局 1974 年版，第 300 页。
② （清）张廷玉等：《明史》，中华书局 1974 年版，第 3583 页。
③ （清）张廷玉等：《明史》，中华书局 1974 年版，第 4909 页。
④ （清）张廷玉等：《明史》，中华书局 1974 年版，第 4658 页。
⑤ （清）张廷玉等：《明史》，中华书局 1974 年版，第 4918 页。
⑥ （清）张廷玉等：《明史》，中华书局 1974 年版，第 4680 页。
⑦ （清）张廷玉等：《明史》，中华书局 1974 年版，第 5422 页。
⑧ （清）张廷玉等：《明史》，中华书局 1974 年版，第 6391 页。

乐十八年（1420 年）三月，山东蒲台县妖妇唐赛儿作乱。赛儿，县民林三妻，少好佛诵经，自称'佛母'，诡言能知前后成败事，又云能剪纸为人马相战斗。往来益都、诸城、安州、莒州、即墨、寿光诸州县，煽诱愚民。"①

案例十二：《清史稿·张孟球传》载："兰阳民朱复业附白莲教，自称明裔，煽惑数县。孟球檄杞县知县宁君佐驰往捕治，尽获其党。上命尚书张廷枢往按，从孟球议，诛其与逆谋者，愚民被诱悉释之。"②

案例十三：《清史稿·永保传》载："嘉庆元年（1796 年）春，湖北教匪起，永保奉诏入京，行抵西安，命偕将军恒瑞率驻防兵二千，调陕西、广西、山东兵五千会剿。三月，至湖北，总督毕沅疏陈各路剿杀不下数万，而贼起益炽。"③

案例十四：《清史稿·那彦成》载："（嘉庆）十八年（1813 年），河南天理会教匪李文成等倡乱，陷滑县，直隶、山东皆响应，林清纠党犯禁门。"④

透过历代佛教徒与谋反的相关案例可以发现，佛教并没有完全成为推动社会成员守法的信仰体系，反而在某些情况下成为觊觎统治地位的人吸引民众参与的手段。尤其值得注意的是，随着佛教对传统中国影响的深入，不仅产生不少与佛教相关的特定组织，甚至佛教理论在很多时候也被人利用为谋反的理论工具。特别是在某些人将佛教理论异化后，受佛教影响的地下教会，如吃菜事魔、白莲教等，成为后世谋反的组织者与驱动力。这在宋元及之后尤为突出。以宋代的吃菜事魔为例，其虽然并不属于佛教系统，但却受到佛教观念的影响。⑤ "佛教中的救世思想，尤其是弥勒救世思想——'弥勒佛降生，明王出世'——更成为南北朝隋唐时期的佛教异端教

---

① （清）谷应泰：《明史纪事本末》，中华书局 1977 年版，第 371 页。
② （民国）赵尔巽：《清史稿》，中华书局 1977 年版，第 10206 页。
③ （民国）赵尔巽：《清史稿》，中华书局 1977 年版，第 11163—11164 页。
④ （民国）赵尔巽：《清史稿》，中华书局 1977 年版，第 11460 页。
⑤ 参见刘平《中国"邪教"的由来与演变》，《中国社会历史评论》第六卷；范立舟《论南宋"吃菜事魔"与明教、白莲教的关系》，《杭州师范大学学报》（社会科学版）2016 年第 3 期。

派及明清邪教泛滥的灵魂。"① 吃菜事魔的相关案例在宋代的司法实践中非常多见。② 宋代统治者早就认识到这些问题，故立制以防止佛教成为谋反等罪行的遮掩。如《宋史·太祖纪三》载："［开宝五年（972 年）十一月］癸亥，禁僧道习天文地理。"③ 这种规定的出现，除有继承唐律禁止"私习天文"的因素外，可能就源自宋太祖对佛教与中国传统谶纬之学相联结所产生危害的认识。宋代的这些做法并不是唯一的，如《明史·韩林儿传》载："韩林儿，栾城人，或言李氏子也。其先世以白莲会烧香惑众，谪徙永年。"④ 当然，从本质上说，这些做法与隋代王文同等人的做法十分相似（详见原文引文），都属于防患于未然的手法。因此，当佛教对法律秩序产生严重冲击时，统治者自然而然就会对其做出反应，试图从各个方面加强对佛教的控制。

（3）统治者对因佛教所生谋反的控制。自佛教东传后，统治者就试图通过各种方式加强对佛教徒的控制。其一，最重要的就是建立并强化僧官系统，希望通过深入僧团内部来加强管理；其二，不断对僧侣群体进行沙汰，并试图将之规范化，从而希望实现管理手段从政治化向法律化的转变；其三，对佛教的控制手段逐渐实现从戒律到法律的转变，从而最大化世俗政权对佛教徒的行为控制；其四，统治者还对佛教徒的活动范围及其与世俗接触的方式进行直接规制⑤。这些都是历代统治者从整体意义上对佛教进行的控制。此外，还有一些专门的管控措施。

佛教徒与谋反之间的密切关联，使得统治者在这些方面尤为警觉。例如，统治者对佛教徒的某些聚众或者对民众施恩的行为十分警惕，防范他们

---

① 刘平：《中国"邪教"的由来与演变》，《中国社会历史评论》2005 年卷，第 242 页。

② 如《名公书判清明集》第十四卷有《惩恶门》有"妖教篇"，内有两个关于吃菜事魔的司法案例。参见中国社会科学院历史研究所宋辽金元史研究室编《名公书判清明集》，中华书局 1987 年版，第 535—537 页。

③ （元）脱脱等：《宋史》，中华书局 1977 年版，第 38 页。

④ （清）张廷玉等：《明史》，中华书局 1974 年版，第 3681 页。

⑤ 不少朝代都有专门措施规范该问题。如《魏书·高祖纪上》载："诏沙门不得去寺浮游民间，行者仰以公文。"（北齐）魏收：《魏书》，中华书局 2017 年版，第 163 页。又如《辽史·兵卫志上》载："在路不得见僧尼、丧服之人。"（元）脱脱等：《辽史》，中华书局 2016 年版，第 452 页。按《魏书·释老志》的记载，魏晋南北朝时期僧俗杂处的现象非常严重。因此，这些措施的最大目的就是推动僧俗分离，这可能也是解决僧侣犯罪的措施之一。

借此而起谋反之心或行为。这一点早在魏晋南北朝时期就表现得十分明显。试举几例。

　　案例一：《魏书·世祖纪下》载："［太平真君五年（444 年）太武帝］诏曰：'愚民无识，信惑妖邪，私养师巫，挟藏谶记、阴阳、图纬、方伎之书；又沙门之徒，假西戎虚诞，生致妖孽。非所以壹齐政化，布淳德于天下也。自王公已下至于庶人，有私养沙门、师巫及金银工巧之人在其家者，皆遣诣官曹，不得容匿。限今年二月十五日，过期不出，师巫、沙门身死，主人门诛。明相宣告，咸使闻知。'"①

　　案例二：《魏书·孝文五王传》载："时有沙门惠怜者，自云呪水饮人，能差诸病。病人就之者，日有千数。灵太后诏给衣食，事力优重，使于城西之南，治疗百姓病。怿表谏曰：'臣闻律深惑众之科，礼绝妖淫之禁，皆所以大明居正，防遏奸邪。昔在汉末，有张角者，亦以此术荧惑当时。论其所行，与今不异，遂能眩诱生人，致黄巾之祸，天下涂炭数十年间，角之由也。昔新垣奸，不登于明堂；五利伪，终婴于显戮。'"②

　　案例三：《魏书·胡叟传》载："时蜀沙门法成，鸠率僧旅，几于千人，铸丈六金像。刘义隆恶其聚众，将加大辟。叟闻之，即赴丹阳，启申其美，遂得免焉。"③

　　在这三个案例中，统治者表现出对佛教徒极度的不信任。太武帝将佛教徒比拟妖孽，认为他们的言论对政权可能有很高的威胁；拓跋怿则认为慧怜的做法无异于收买人心，④ 对政权稳定存在潜在威胁，甚至把慧怜比作张角，这种看法充分反映出当时部分人对佛教的警惕心态；宋文帝刘义隆则仅

---

① （北齐）魏收：《魏书》，中华书局 2017 年版，第 113—114 页。
② （北齐）魏收：《魏书》，中华书局 2017 年版，第 666 页。
③ （北齐）魏收：《魏书》，中华书局 2017 年版，第 1264 页。
④ 不过从佛教理论来看，为百姓治病的行为是一种慈善行为。参见陈义和《佛教与宋代法律》，中国政法大学出版社 2015 年版，第 189—192 页。因此，也可以认为，拓跋怿的说法反映出统治者在佛教徒不断谋反背景下的杯弓蛇影心理。

仅因为法成聚众造像就想将其处以死刑，更显示统治者在内心深处对佛教的不信任。这种对佛教的深刻抵触心理，随着佛教影响的扩张未见衰退，反而在某些朝代有严重扩张的表现。试举两例。

　　案例一：《隋书·酷吏·王文同传》载："及（隋炀）帝征辽东，令文同巡察河北诸郡。文同见沙门斋戒菜食者，以为妖妄，皆收系狱……求沙门相聚讲论，及长老共为佛会者数百人，文同以为聚结惑众，尽斩之。又悉裸僧尼，验有淫状非童男女者数千人，复将杀之。郡中士女号哭于路，诸郡惊骇，各奏其事。帝闻而大怒，遣使者达奚善意驰锁之，斩于河间，以谢百姓。仇人剖其棺，脔其肉而噉之，斯须咸尽。"①

　　案例二：《旧唐书·高元裕传》载："寻而蓝田县人贺兰进与里内五十余人相聚念佛，神策镇将皆捕之，以为谋逆，当大辟。元裕疑其冤，上疏请出贺兰进等付台覆问，然后行刑，从之。"②

　　在案例一中，作为地方官的王文同对佛教徒的行为采取了相较前代更为警惕的态度。前代君臣对佛教徒的警惕主要表现在聚众或者收买人心的行为，但王文同不仅对聚众行为予以严惩，而且还对佛教徒的素食习惯予以严厉处罚。不过，由于隋炀帝深厚的佛教信仰，他对王文同的做法极为不满，故对之处以极刑，以彰显自己的态度。尽管王文同的做法被隋炀帝否定，但却反映出当时官吏对佛教采取的防患于未然的基本态度。案例二的做法则是对案例一的继承。这种态度在很大程度上被历代所继承，这也可以从前引诸多案例中看出。

　　随着历史的发展，统治者的这种态度不仅没有收缩，反而随着对自身政权稳定性的疑虑而呈现深化趋势。以清代为例，清代爆发过几次与佛教有关联的谋反案件。虽然无论白莲教还是天理教不能直接认为就是佛教组织，但对传统佛教的组织或者传教行为，清政府保持了高度警惕性，防止这些行为

---

①　（唐）魏徵：《隋书》，中华书局 1973 年版，第 1702 页。
②　（后晋）刘昫：《旧唐书》，中华书局 1975 年版，第 4452 页。

成为引起谋反的导火线。为此试举几例。

案例一：《清实录·乾隆朝实录》卷一百十三"乾隆五年（1740年）三月下"载："署四川巡抚布政使方显奏：据绵竹县知县安洪德，禀称：'县属有陈八台等，供奉神像，抄写经本，藏匿通书，喫斋拜佛，等语。'臣看此案情节，似属邪教，随飞饬该县研讯通详。毋得徇纵。得旨：'看来尚非邪教可比，既已查办，不得过刻，累及无辜也。'"①

案例二：《清实录·乾隆朝实录》卷二百七十五"乾隆十一年（1746年）九月下"载："湖广总督鄂弥达等奏审明，江夏县民旷云章在襄阳倡教造言一案。查，该犯前经投拜已故谷城县钟广国为师，后居襄邑。倡为弥勒邪教，诱人吃斋，招徒聚众。其东明邪书，据称系钟广国留贻，然现在无凭追究。又妄捏不经之说，主令传用惑人，实属不法。合依造妖书妖言律，拟斩监候。"②

案例三：《清实录·乾隆朝实录》卷一千一百九十"乾隆四十八年（1783年）十月上"载："谕军机大臣曰：郝硕奏，安仁县民万兴兆吃斋、念诵劝世忏语，并传授万胜柴等持诵，现在搜查经卷，严究首伙，定拟等语。并将经卷二本、佛榜一纸一并进呈，朕详加披阅。其大乘大戒等卷，只系将佛家词句随意填写，劝人信受奉行。愚民易于煽惑，不过藉得钱财，并无违悖字句。与从前各省所办显然悖逆，并传授多人者不同。该抚既经查出，应将经卷等件烧毁，毋令仍前吃斋念诵，使其改教，不必过事搜求，致滋烦扰。各省地方官遇有此等事件，如果实系邪教、传习徒众及有违悖语句者，自应严行查办，务绝根株。若止系愚民吃斋求福、诵习经卷，与邪教一律办理，则又失之太过。所有案内人等，即著概予省释。经卷等件全行销毁。将此谕令郝硕并各督抚知之。"③

案例四：《清实录·乾隆朝实录》卷一千三百八十二"乾隆五十

① 《清实录》第十册《高宗纯皇帝实录》，中华书局1987年版，第666页下、667页上。
② 《清实录》第十二册《高宗纯皇帝实录》，中华书局1987年版，第599页下、600页上。
③ 《清实录》第二十三册《高宗纯皇帝实录》，中华书局1987年版，第918页下、919页上。

六年（1791年）七月上"载："又谕：据惠龄奏，访获新城县民张允智，设教诵经、敛钱惑众，现在严行审究一摺。内称，张允智之师许作信，先曾兴立龙天门教，念经传徒。许作信病故，徒党俱即星散。张允智穷苦无聊，遂复兴教骗钱，聚会念经。除现获各犯外，均须彻底根究，按名搜捕等语，外省邪教煽惑，最为风俗人心之害。其有悖逆诽谤，滋事不法，自当严行惩治，寘之重典，并究余党，以净根株。若不过吃斋念佛，烧香敛钱，其意只图诓骗钱文，尚无悖逆情事，该地方官审讯明确，即将该犯枷杖示儆；如有情节较重之犯，或即问拟发遣，已足蔽辜。不必辗转株连，波及良民，致多扰累。著传谕惠龄：所有张允智一案，只须就案审办，迅速完结，毋庸别生枝节，以致拖累无辜也。"①

案例五：《清实录·嘉庆朝实录》卷七十四"嘉庆五年（1800年）九月"载："再闻得江西颇有喫斋念佛之徒，若久聚因循，恐滋事端，亦应留心防察。有生事者即行办理，若安静守法，亦勿搜求。朕愿汝常存奉公守法之心，爱民察吏之念，久久不懈。将来为朕宣猷，受福无量，勉之。"②

案例六：《清实录·咸丰朝实录》卷三百十六"咸丰十年（1860年）四月中"载："又谕：有人奏，陕西兴安府属，毗连川楚，咸丰六七年（1856、1857年），有自楚来传邪教者，不一其人，随地变易姓名。有秦姓、覃姓、徐姓等人，劝人喫斋念佛，夜静时演诸邪法，信从者甚众。七年秋，平利县训导史梦熊，目击情形，曾经具禀本府。经兴安府知府林映棠委员查办，拏获匪徒无几，管押数旬，即行释放。未经严办，习教者益无忌惮……民间以其纵容教匪、侵蚀仓粮、形诸谣咏等语，良民染习邪教，例禁綦严，似此地方官一味姑容，必致养痈贻患。"③

案例七：《清实录·同治朝实录》卷四十一载："又谕：前因都兴

---

①　《清实录》第二十六册《高宗纯皇帝实录》，中华书局1987年版，第540页下。
②　《清实录》第二十八册《仁宗睿皇帝实录》，中华书局1987年版，第997页上。
③　《清实录》第四十四册《文宗显皇帝实录》，中华书局1987年版，第642页上下。

阿奏，访获习教匪徒，当经谕令吴棠遴派员弁前往泰州一带查办。兹据吴棠奏，查阅都兴阿咨到经卷等件，并曹怀富等供，不过吃斋学道，拜师收徒，其经卷亦止是华严等经，尚无违悖不法及创立邪教名号等语。愚民惑于果报之说，念佛持斋，寖成风俗，第传徒聚众，结会敛钱，党与过多，必至为地方之害。且据都兴阿奏，访闻该处入教者，男、妇俱穿白衣，其家中祖先牌位，一概劈毁，查询称为新新教。匪犯左戎山即左城山，又供称系普渡教。该习教民人，如果立愿修身，何必均穿白衣、手挈白扇等件，作为记号？又何至毁祖先牌位？是否有新新教、普渡教名号，均应逐一根究，以期弭患未萌。州县官失察地方教匪，处分颇重，往往讳匿不报；即委查各员，率多瞻徇同官，代为掩饰。已获之曹怀富等计已押解到浦，即著吴棠亲行研讯，务得确情，分别惩办。在逃之韩富春等各首犯，仍勒限严拿，毋令漏网。并著饬令道员王荫棠等会同运司乔松年等严密访查，总须严拿首犯，解散胁从。固不可展转株连，累及良善；亦不可颟顸草率，贻患将来。"①

在这些清代的案例中，我们可以看出几个非常有意义的启发。

第一，对佛教的警惕。纵观整个清朝，各级统治者都对佛教的民间传播存有某种程度的不认同。② 实际上，他们在一定程度上采取的是隋代王文同的态度，而且特别关注在家佛教徒的行为。这可能与自明代以来政府对出家佛教徒的管理更为严密，以至于出家佛教徒谋反的可能性降低有关。③

---

① 《清实录》第四十五册《穆宗毅皇帝实录》，中华书局1987年版，第1115页下、1116页上。

② 当然这不是说清代统治者从根本上否定佛教，事实上多数清朝皇帝都有某种程度的佛教信仰。参见任宜敏《清代汉传佛教政策考证》，《浙江学刊》2013年第1期。这只是说，清代统治者可能对不受控制的佛教传播行为采取比较严格的审查态度。

③ 同时，清代的佛教发展过程中存在传统佛教衰落、居士佛教兴起的发展倾向。参见华方田《清代佛教的衰落与居士佛教的兴起》，《佛教文化》2004年第4期。明末清初居士佛教的兴起，不仅意味着它成为相当一部分明朝遗老遗少在新朝代避祸的手段，而且意味着佛教对世俗生活的影响力在扩大。国家对佛教徒的控制方向自然也会有向在家佛教徒转移的趋势。

第二，地方官吏对佛教威胁的敏感性要高于中央政府。[1] 这可能是因为，一旦佛教徒发动谋反，地方政府必然要承担政治责任，中央政府尤其最高统治者则只需对自我负责。因此，地方官吏可能对某些佛教性质的团体采取较为严格的审查态度。当然，这也可能是中央政府试图在利用佛教控制民众与防止民众利用佛教谋反这两方面达致平衡的手段。不过中央的态度有时候也会严于地方，如在案例六、案例七中，当地方官对此不加严办时，咸丰、同治两朝对此甚为不满。这说明，不同时代的统治者对佛教的态度会呈现摇摆状态，这可能与社会稳定程度有关，尤其可能是受到乾隆与嘉庆年间白莲教与天理教几次重大谋反案的影响。

第三，政府采取的态度主要是预防性的，采取的措施则是严格审查。不少所谓佛教徒或者说传播佛教理念的人不过是利用佛教的外表诈骗普通民众。因此，政府希望能够在个案中对这些有不同意图的行为进行甄别。简言之，古代政府在治理佛教中总结了很多成熟经验，利用佛教的谋反一直处于国家监控中，或者说两者在历史过程中呈现反复斗争的状态。

第四，政府对佛教性质行为的审查达到十分细致的程度，甚至还需要审查佛教经典内的语言表述。它不仅说明这些途径在此前已经成为传播特定观念的手段，而且说明政府对佛教的影响力有充分预估，不愿意轻易放过任何对政权可能的不利影响。同时，还说明谋反者对佛教的利用已经进入更为隐秘的阶段，可能会利用正常佛经夹杂某些言论以吸引民众。

总的来说，佛教在中国的发展过程中，一方面发挥了推动虔诚佛教徒积极守法的作用，另一方面也被很多不法分子利用，成为违反法律甚至从事严重犯罪的掩护或者理论支持。这使其对法律实践的作用体现出强烈的两面性。因此，国家在对佛教进行法律规范的过程中，既有推动其发展的一面，也有防范其危害的一面。

2. 佛教徒所犯的其他罪行

由于佛教吸引力的多元性，出家佛教徒成分复杂后，各种犯罪行为也就

---

[1] 这一点在清初就表现得很明显。如雍正时期，江西按察使凌焞曾经上书，要求对邪教查禁不力的官吏乡保严加处分。但雍正帝对此的基本态度是，不可不防但又不能声张扰民、扩大事态。参见梁景之《从"邪教"案看清代国家权力与基层社会的关系》，《清史研究》2003年第3期。

不断发生,并非只有谋反。实际上,按照释加牟尼"随犯随制"的做法,① 正是因为当时的佛教徒不断犯下罪行才逐渐衍生出复杂的戒律。其中部分戒律如盗、妄、淫、杀等,也与世俗法律的禁止性规定相同。亦即在僧团出现的早期,佛教徒违法的行为也是不断出现。这种状态在佛教东传后并未得到根本改变。对此,前揭李力、鲁统彦、陈晓聪、张海峰、陈义和诸论著已经有部分总结。不过,由于一般犯罪即使是僧侣犯罪,也较少被记载入正史,所以证明当时僧侣犯罪情况的材料主要有两种:一是历代僧侣犯罪的具体案例;二是历代对僧侣犯罪状况的整体描述。现试图从这两个方面来深入说明佛教徒在古代的违法犯罪现象。

(1)佛教徒所犯的重罪

中国古代发生的严重犯罪中不乏僧侣的身影,如杀人罪、奸罪、盗罪、罔上罪、发冢罪等。不过,由于僧侣群体在中国传统社会中属于少数,而且有记载的多属高僧大德,因此只能透过有限的记载管窥当时僧侣犯罪的具体情况。值得注意的是,僧侣在古代社会中往往具有多元身份,这使其犯罪状况具有相对典型性。在此,首先试举僧侣犯罪的具体案例来说明情况。

①佛教徒所犯的杀人罪

案例一:《隋书·韦鼎传》载:"又有人客游,通主家之妾,及其还去,妾盗珍物,于夜亡,寻于草中为人所杀。主家知客与妾通,因告客杀之。县司鞫问,具得奸状,因断客死。狱成,上于鼎,鼎览之曰:'此客实奸,而杀非也。乃某寺僧眩妾盗物,令奴杀之,赃在某处。'即放此客,遣掩僧,并获赃物。"②

案例二:《旧五代史·唐书·李克让传》载:"黄巢犯阙,僖宗幸蜀,克让时守潼关,为贼所败,以部下六七骑伏于南山佛寺,夜为山僧所害。"③

---

① 参见劳政武《佛教戒律学》,宗教文化出版社1999年版,第34页。在《摩诃僧祇律》卷一中,佛祖明确表示自己并不愿意在僧侣未曾犯下罪行前就制定戒律。这与现代刑法的罪刑法定原则有很大不同。

② (唐)魏徵:《隋书》,中华书局1973年版,第1772页。

③ (宋)薛居正:《旧五代史》,中华书局2016年版,第786页。

案例三：《宋史·俞献卿传》载："有僧贵宁，积财甚厚，其徒杀之，诣县绐言师出游矣。献卿曰：'吾与宁善，不告而去，岂有异乎?'其徒色动，因执之，得其所瘗尸，一县大惊。"①

案例四：《元史·汪泽民传》载："有僧净广，与他僧有憾，久绝往来，一日，邀广饮，广弟子急欲得师财，且苦其棰楚，潜往它僧所杀之。明日诉官，它僧不胜考掠，乃诬服，三经审录，词无异，结案等报。泽民取行凶刀视之，刀上有铁工姓名，召工问之，乃其弟子刀也，一讯吐实，即械之而出他僧，人惊以为神。"②

案例五：《元史·黄溍传》载："民有后母与僧通而酖杀其父者，反诬民所为，狱将成，溍变衣冠阴察之，具知其奸伪，卒直其冤。"③

案例六：《元史·释老志》载："为其徒者，怙势恣睢，日新月盛，气焰熏灼，延于四方，为害不可胜言。有杨琏真加者，世祖用为江南释教总统，发掘故宋赵氏诸陵之在钱唐、绍兴者及其大臣冢墓凡一百一所；戕杀平民四人；受人献美女宝物无算；且攘夺盗取财物，计金一千七百两、银六千八百两、玉带九、玉器大小百一十有一、杂宝贝百五十有二、大珠五十两、钞一十一万六千二百锭、田二万三千亩；私庇平民不输公赋者二万三千户。他所藏匿未露者不论也。"④

案例七：《明史·周新传》载："一日，视事，旋风吹叶坠案前，叶异他树。询左右，独一僧寺有之。寺去城远，新意僧杀人。发树，果见妇人尸。鞫实，磔僧。"⑤

案例八：《明史·黄绂传》载："按部崇庆，旋风起舆前，不得行。绂曰：'此必有冤，吾当为理。'风遂散。至州，祷城隍神，梦若有言州西寺者。寺去州四十里，倚山为巢，后临巨塘。僧夜杀人沉之塘下，

① （元）脱脱等：《宋史》，中华书局1977年版，第9976页。
② （明）宋濂等：《元史》，中华书局1976年版，第4252页。
③ （明）宋濂等：《元史》，中华书局1976年版，第4187页。
④ （明）宋濂等：《元史》，中华书局1976年版，第4521页。
⑤ （清）张廷玉等：《明史》，中华书局1974年版，第4374页。案例七与案例八都窜入神异的内容，这些内容殊不可信，但僧侣杀人作为当时的社会现实，依然可以从中窥见。

分其赀。且多藏妇女于窟中。绂发吏兵围之，穷诘，得其状，诛僧毁其寺。"①

案例九：《清史稿·蒋坚传》载："七岁，从叔入寺，庑坐县役，值与语，谓某寺僧被杀，不得其主名。坚语其叔曰：'杀人者，堂上老僧也！'方诵经，屡顾，意乃不在经。役牵去，一讯而服。"②

案例十：《清史稿·烈女传四》载："曹氏女，无为人。州有寺僧与妇人私，邻童入寺见之，僧杀而埋焉。童父讼于州，僧辞服。僧念罪当死，不如多所连染，得稽刑。乃妄言良家子女与通者三十余人，女家故近寺，亦在诬中。州吏尽逮诸妇，女白父，当诣庭自列，父不可，旦入城，谋诸吏。忽女自至，意色自如，诣庭。州吏出僧质，僧曰：'汝非曹氏女耶？'女曰：'然。'僧曰：'吾所交惟汝最久且密。'女曰：'果尔，吾身有异人处，汝当知。'僧辞遁。女固请入室使妇验，则下体有疣赘，州吏始知僧言妄，慰遣女归。女既归，叹曰：'吾所以蒙耻诣庭者，非为自表暴，盖欲全此三十余人而救其死耳。今事既白，吾废人也，安用生为？且可使昏暴之吏，有所愧惧也。'遂自经死。"③

②佛教徒所犯的奸罪

案例一：《北齐书·武成皇后胡氏传》载："武成宠幸和士开，每与后握槊，因此与后奸通。自武成崩后，数出诣佛寺，又与沙门昙献通……于是昙献事亦发，皆伏法"④。

案例二：《隋书·司马德戡传》载："德戡幼孤，以屠豕自给。有桑门释粲，通德戡母和氏，遂抚教之，因解书计。"⑤

案例三：《宋史·元绛传》载："甲与乙被酒相殴击，甲归卧，夜为盗断足。妻称乙，告里长，执乙诣县，而甲已死。绛敕其妻曰：'归

---

① （清）张廷玉等：《明史》，中华书局1974年版，第4897页。
② （民国）赵尔巽：《清史稿》，中华书局1977年版，第13806页。
③ （民国）赵尔巽：《清史稿》，中华书局1977年版，第14192页。
④ （唐）李百药：《北齐书》，中华书局1972年版，第126页。
⑤ （唐）魏徵：《隋书》，中华书局1973年版，第1893页。

治而夫丧，乙已伏矣。'阴使信谨吏迹其后，望一僧迎笑，切切私语。绛命取僧系庑下，诘妻奸状，即吐实。人问其故，绛曰：'吾见妻哭不哀，且与伤者共席而襦无血污，是以知之。'"①

案例四：《宋史·包恢传》载："有母愬子者，年月后状作'疏'字，恢疑之，呼其子至，泣不言。及得其情，母孀居，与僧通，恶其子谏，以不孝坐之，状则僧为之也。因责子侍养跬步不离，僧无由至。母乃托夫讳日，入寺作佛事，以笼盛衣帛，因纳僧于内以归。恢知之，使人要之，置笼公库，逾旬，吏报笼中臭达于外，恢命沉于江，语其子曰：'为汝除此害矣。'"②

案例五：《清史稿·烈女传四》载："许会妻张，颍州人。姑姣而虐，恶张端谨不类，日诟且挞，张事姑益恭。姑病，刲股以疗，姑虐如故。姑与邻寺僧通，欲乱张。姑匿僧室，召张入，而出键其户，张大号，僧遁去。翌日，自沉于井。有司捕得僧，论如律。乡人裂僧尸以祭张。"③

③佛教徒所犯的盗罪

案例一：《周书·柳庆传》载："有贾人持金二十斤，诣京师交易，寄人停止。每欲出行，常自执管钥。无何，缄闭不异而失之。谓主人所窃，郡县讯问，主人遂自诬服。庆闻而叹之，乃召问贾人曰：'卿钥恒置何处？'对曰：'恒自带之。'庆曰：'颇与人同宿乎？'曰：'无。''与人同饮乎？'曰：'日者曾与一沙门再度酣宴，醉而昼寝。'庆曰：'主人特以痛自诬，非盗也。彼沙门乃真盗耳。'即遣吏逮捕沙门，乃

---

① （元）脱脱等：《宋史》，中华书局1977年版，第10905—10906页。

② （元）脱脱等：《宋史》，中华书局1977年版，第12592页。该案十分有趣。包恢见诉状后有"疏"字而起疑，疏是对佛经进行注释的注解方式。这不仅说明包恢对案件的敏感性，而且说明他可能对佛经有所了解，体现出当时佛教社会化的程度。同时这还说明，该犯奸罪的僧侣不是伪装的出家人，而且应该是熟识佛教的人，否定也不会将注解习惯带到诉状中去。这意味着，当时犯罪的僧侣可能不仅是那些以佛教为寄身的群体，还可能包括当时僧团中较高阶的成员。

③ （民国）赵尔巽：《清史稿》，中华书局1977年版，第14171页。

怀金逃匿。后捕得，尽获所失之金。"①

④佛教徒所犯的行贿、受贿罪

案例一：《魏书·高遵传》载："先是，沙门道登过遵，遵以道登荷宠于高祖，多奉以货，深托仗之。道登屡因言次申启救遵，帝不省纳，遂诏述赐遵死。时遵子元荣诣洛讼冤，犹恃道登，不时还赴。道登知事决，方乃遣之。"②

案例二：《魏书·张赦提传》载："赦提克己厉约，遂有清称。后颇纵妻段氏，多有受纳，令僧尼因事通请，贪虐流闻。"③

案例三：《北齐书·封隆之传封孝琰附传》载："时有道人昙献者，为皇太后所幸，赏赐隆厚，车服过度。又乞为沙门统，后主意不许，但太后欲之，遂得居任，然后主常憾焉。因有僧尼以他事诉竞者，辞引昙献。上令有司推勃。孝琰案其受纳货贿，致于极法，因搜索其家，大获珍异，悉以没官。"④

案例四：《旧唐书·僧鉴虚传》载："僧鉴虚者，自贞元中交结权倖，招怀赂遗，倚中人为城社，吏不敢绳。会于頔、杜黄裳家私事发，连逮鉴虚下狱。存诚案鞫得奸赃数十万，狱成，当大辟……鉴虚竟笞死。"⑤

案例五：《元史·邓文原传》载："五年，出佥江南浙西道肃政廉访司事，平江僧有憾其府判官理熙者，贿其徒，告熙赃，熙诬服。文原行部，按问得实，杖僧而释熙。"⑥

---

① （唐）令狐德棻：《周书》，中华书局1971年版，第370—371页。
② （北齐）魏收：《魏书》，中华书局2017年版，第2080页。严格来说，道登此举不能算是受贿，他并没有滥用权力，而且最终也并未成功。但他利用自身的地位，试图对孝文帝产生影响，具有受贿罪的形式。因此，本书将其作为佛教徒影响权力运行的案例列出，着重反映佛教徒利用国家权力的途径与方式。
③ （北齐）魏收：《魏书》，中华书局2017年版，第2081页。
④ （唐）李百药：《北齐书》，中华书局1972年版，第308页。
⑤ （后晋）刘昫：《旧唐书》，中华书局1975年版，第4090页。
⑥ （明）宋濂等：《元史》，中华书局1976年版，第4023页。

⑤佛教徒所犯的欺诈罪

案例一：《旧唐书·李德裕传》载："宝历二年（826年），亳州言出圣水，饮之者愈疾。德裕奏曰：'臣访闻此水，本因妖僧诳惑，狡计丐钱，数月已来，江南之人，奔走塞路。每三二十家，都顾一人取水。拟取之时，疾者断食荤血，既饮之后，又二七日蔬飧，危疾之人，俟之愈病。其水斗价三贯，而取者益之他水，沿路转以市人，老疾饮之，多至危笃。昨点两浙、福建百姓渡江者，日三五十人。臣于蒜山渡已加捉搦。若不绝其根本，终无益黎甿。昔吴时有圣水，宋、齐有圣火，事皆妖妄，古人所非。乞下本道观察使令狐楚，速令填塞，以绝妖源。'从之。"①

案例二：《旧唐书·郎余令传》载："时有客僧聚众欲自焚，长史裴照率官属欲往观之。余令曰：'好生恶死，人之性也。违越教义，不近人情。明公佐守重藩，须察其奸诈，岂得轻举，观此妖妄！'照从其言，因收僧按问，果得诈状。"②

案例三：《宋史·胡颖传》载："潮州僧寺有大蛇能惊动人，前后仕于潮者皆信奉之。前守去，州人心疑焉，以为未尝诣也；已而旱，咸咎守不敬蛇神故致此，后守不得已诣焉，已而蛇蜿蜒而出，守大惊得疾，旋卒。颖至广州，闻其事，檄潮州令僧舁蛇至，至则其大如柱而黑色，载以阑槛，颖令之曰：'尔有神灵当三日见变怪，过三日则汝无神矣。'既及期，蠢然犹众蛇耳，遂杀之，毁其寺，并罪僧。"③

案例四：《宋史·周怀政传》载："右街僧录澄远以预闻妖诈，决杖黥配郴州。"④

案例五：《清史稿·石承藻传》载："王树勋者，江都人，乾隆末入京应试不售，乃于广慧寺为僧，名曰明心。开堂说法，假扶乩卜筮，

---

① （后晋）刘昫：《旧唐书》，中华书局1975年版，第4516页。
② （后晋）刘昫：《旧唐书》，中华书局1975年版，第4961—4962页。
③ （元）脱脱等：《宋史》，中华书局1977年版，第12479页。
④ （元）脱脱等：《宋史》，中华书局1977年版，第13616页。

探刺士大夫阴私，扬言于外，人益崇信。达官显宦，每有皈依受戒为弟子者。朱珪正人负重望，亦与交接。"①

案例六：《清史稿·履懿亲王允裪附弘昆传》载："乾隆四十二年（1777年），高宗南巡，还跸次涿州，有僧携童子迎驾，自言永珹庶子，为侧室福晋王氏所弃，僧育以长。上问永珹福晋伊尔根觉罗氏，言永珹次子以痘殇。乃令入都，命军机大臣诘之。童子端坐名诸大臣，诸大臣不敢决。军机章京保成直前批其颊，叱之，童子乃自承刘氏子，僧教为妄语。斩僧，戍童子伊犁，仍自称皇孙，所为多不法。"②

⑥佛教徒所犯的妖书妖言罪

案例一：《隋书·滕穆王瓒传》载："有沙门惠恩、崛多等，颇解占候，纶每与交通，常令此三人为度星法。有人告纶怨望咒诅，帝命黄门侍郎王弘穷治之。弘见帝方怒，遂希旨奏纶厌蛊恶逆，坐当死。"③

案例二：《宋史·王济传》载："睦州有狂僧突入州廨，出妖言，与转运使陈尧佐按其实，斩之，上嘉其能断。"④

案例三：《宋史·师罪传》载："有僧号散圣者，以妖术惑众，师罪捕治黥之。"⑤

案例四：《元史·世祖纪三》载："〔至元三年（1277年）二月〕壬午，平阳路僧官以妖言惑众伏诛。"⑥

案例五：《元史·成宗纪一》载："荆南僧晋昭等伪撰佛书，有不道语，伏诛。"⑦

① （民国）赵尔巽：《清史稿》，中华书局1977年版，第11319页。
② （民国）赵尔巽：《清史稿》，中华书局1977年版，第9077页。
③ （唐）魏徵：《隋书》，中华书局1973年版，第1222页。
④ （元）脱脱等：《宋史》，中华书局1977年版，第10068页。
⑤ （元）脱脱等：《宋史》，中华书局1977年版，第8748—8749页。
⑥ （明）宋濂等：《元史》，中华书局1976年版，第110页。
⑦ （明）宋濂等：《元史》，中华书局1976年版，第398页。

⑦佛教徒所犯的诬告罪

案例一：《旧唐书·裴怀古传》载："时恒州鹿泉寺僧净满为弟子所谮，密画女人居高楼，仍作净满引弓而射之，藏于经笥。已而诣阙上言僧咒诅，大逆不道。则天命怀古按问诛之。怀古究其辞状，释净满以闻，则天大怒，怀古奏曰：'陛下法无亲疏，当与天下画一。岂使臣诛无辜之人，以希圣旨。向使净满有不臣之状，臣复何颜能宽之乎？臣今慎守平典，虽死无恨也。'则天意乃解。"①

案例二：《宋史·武行德传》载："时禁盐入城，犯者法至死，告者给厚赏。洛阳民家姬将入城鬻蔬，俄有僧从姬买蔬，就筐翻视，密置盐筐中，少答其直，不买而去。姬持入城，抱关者搜得盐，擒以诣府。行德见盛盐褛非村姬所有，疑而诘之，姬言：'适有僧自城外买蔬，取视久之而去。'即捕僧讯治之，具伏与关吏同诬姬以希赏。行德释姬，斩僧及抱关吏数辈。"②

案例三：《宋史·徐铉传》载："淳化二年（991年），庐州女僧道安诬铉奸私事，道安坐不实抵罪，铉亦贬静难行军司马。"③

案例四：《清史稿·王缣传》载："无锡民殴攻皮匠，匠死，僧与民仇，证为斗殴杀。缣察斗殴日月在保辜限外，诘曰：'伤重何不医？'出医方，则匠死于伤寒，僧乃服。"④

⑧佛教徒所犯的其他重罪

案例一：《宋书·垣护之传垣阆附传》载："遵子阆，元嘉中，为员外散骑侍郎。母墓为东阿寺道人昙洛等所发，阆与弟殿中将军闳共杀昙洛等五人，诣官归罪，见原。"⑤

---

①　（后晋）刘昫：《旧唐书》，中华书局1975年版，第4807—4808页。
②　（元）脱脱等：《宋史》，中华书局1977年版，第8856页。
③　（元）脱脱等：《宋史》，中华书局1977年版，第13045页。
④　（民国）赵尔巽：《清史稿》，中华书局1977年版，第10205页。
⑤　（南朝梁）沈约：《宋书》，中华书局1974年版，第1452页。

案例二：《续高僧传·释法琳传》载："至十三年冬，有黄巾秦世英者，挟方术以邀荣，遂程器于储贰，素嫉释种，阴陈琳论谤讪皇宗，罪当罔上。帝勃然下勅沙汰僧尼。"①

案例三：《旧唐书·玄宗废后王氏传》载："后兄守一以后无子，常惧有废立，导以符厌之事。有左道僧明悟为祭南北斗，刻霹雳木书天地字及上讳，合而佩之，且祝曰：'佩此有子，当与则天皇后为比。'事发，上亲究之，皆验。"②

案例四：《旧唐书·裴寂传》载："三年，有沙门法雅，初以恩幸出入两宫，至是禁绝之，法雅怨望，出妖言，伏法。"③

案例五：《旧唐书·薛登传》载："时僧惠范恃太平公主权势，逼夺百姓店肆，州县不能理。"④

案例六：《宋史·王继勋传》载："长寿寺僧广惠常与继勋同食人肉，令折其胫而斩之。洛民称快。"⑤

案例七：《元史·仁宗纪二》载："大万宁寺住持僧米普云济以所佩国公印移文有司，紊乱官政，敕禁止之。"⑥

案例八：《元史·杨景行传》载："金溪豪僧云住，发人冢墓取财物，事觉，官吏受贿，缓其狱，景行急按之，僧以贿动之，不听，乃赂当道者，以危语撼之，一不顾，卒治之如法。"⑦

案例九：《宋史·陈希亮传》载："有僧海印国师，出入章献皇后家，与诸贵人交通，恃势据民地，人莫敢正视，希亮捕治寘诸法，一县大耸。"⑧

案例十：《清史稿·熊枚传》载："［乾隆］五十八年（1793年），

---

① （唐）道宣：《续高僧传》，郭绍林点校，中华书局2014年版，第956—957页。
② （后晋）刘昫：《旧唐书》，中华书局1975年版，第2177页。
③ （后晋）刘昫：《旧唐书》，中华书局1975年版，第2288页。
④ （后晋）刘昫：《旧唐书》，中华书局1975年版，第3141页。
⑤ （元）脱脱等：《宋史》，中华书局1977年版，第13543页。
⑥ （明）宋濂等：《元史》，中华书局1976年版，第575页。
⑦ （明）宋濂等：《元史》，中华书局1976年版，第4366页。
⑧ （元）脱脱等：《宋史》，中华书局1977年版，第9918页。

迁江苏按察使。逮治博徒马修章及竹堂寺僧恒一，皆稔恶戢法者。"①

透过这些案例可以发现，僧侣群体中可能存在着各种严重犯罪行为，不仅包括像杀人罪、盗窃罪等一般意义上的重罪，而且包括像发冢罪、诬告罪等较为少见的重罪。尤其需要注意的是，以上佛教徒的犯罪主要有如下几个特点。

第一，这些重罪与当时僧侣的社会地位或者佛教的传播特点有关。在佛教东传的早期，上层社会受到的影响较大，很多僧侣不仅成为上层社会的座上宾，而且逐渐参与政治。② 因此，在与政治有关的犯罪如恶逆、罔上罪、造祆书祆言罪中均可见到僧侣的身影。而且，不少统治者宠溺佛教，使得少部分佛教徒或者直接拥有权力（如成为僧官），或者极为靠近权力中心。在这些僧侣群体中，不仅其所犯罪行中多有行、受贿等因滥用权力而产生的犯罪，而且因统治者优宠而骄横的犯罪者比比皆是，甚至不惜杀人。同时，还有一些行为虽然没有被认定为犯罪，但如果不是得到统治者的特别许可，本应作为犯罪处理。《旧唐书》卷六《则天皇后纪》载："有沙门十人伪撰《大云经》，表上之，盛言神皇受命之事。制颁于天下，令诸州各置大云寺，总度僧千人。"③ 从这段记载来看，这些僧侣的政治投机行为合乎《唐律疏议·贼盗律》"造祆书祆言"条④的规定，但因其投武后之所好，反而被认可。亦即，这些行为是否会被定罪取决于政治需求。随着佛教世俗化的发展，佛教徒所犯的罪行越发多样化，尤其是他们利用佛教进行财产诈骗或者与民间女性通奸的案例也逐渐增多。

第二，僧侣所犯重罪中性犯罪的比例很高。作为出家人，僧侣本应严守

---

① （民国）赵尔巽：《清史稿》，中华书局 1977 年版，第 11329 页。

② 参见王永平《晋宋之间佛教僧尼与宫廷政治之关系考述》，《社会科学战线》2012 年第 5 期；王永平《刘宋时期佛教僧与社会政治之关系考述》，《扬州大学学报》（人文社会科学版）2013 年第 3 期；等等。

③ （后晋）刘昫：《旧唐书》，中华书局 1975 年版，第 121 页。

④ 《唐律疏议·贼盗律》"造祆书祆言"条规定："诸造祆书及祆言者，绞。造，谓自造休咎及鬼神之言，妄说吉凶，涉于不顺者。"（唐）长孙无忌等：《唐律疏议》，刘俊文点校，中华书局 1983 年版，第 345 页。

戒律而禁欲，但出家僧侣很多并不是基于信仰，或者受到不同诱惑，因此性犯罪的比例很高。佛教徒的性犯罪广为古人诟病，如《广弘明集》卷六《叙历代王臣滞惑解上》云："又诋诃淫荡，有尼有优婆夷，实是僧之妻妾。损胎杀子，其状难言。今僧尼二百许万，并俗女向有四百余万；六月一损胎，如是则年族二百万户矣。"①《广弘明集》卷七《叙历代王臣滞惑解上》亦称："自魏晋已来，胡妖乱华。背君叛父，不妻不夫。而奸荡奢侈，控御威福。坐受加敬，轻欺土俗。妃主昼入僧房，子弟夜宿尼室。"② 这些记载不仅说明当时僧侣守戒情况的不堪，而且暗示当时僧侣群体中性犯罪具有普遍性。这一点似乎历代皆然，甚至在明人陈玉秀所编纂《律条公案》中有专门的"淫僧类"。因此，僧侣性犯罪比例之高在历代存在某些共识。③ 而且，因奸而出现的次生犯罪也不断出现，如因之而生杀人罪、诬告罪，等等。

第三，僧侣因为财产所引起的犯罪不断发生，并且存在次生犯罪。在中国佛教发展的过程中，财产犯罪也是高发区域。一方面，佛教理论中存在三宝供养的信仰。④ 所谓三宝是为佛、法、僧，向佛教徒提供金钱甚至土地等财产成为信仰佛教者积福行善的方式。不少佛教徒就利用这种途径进行敛财，甚至通过神异等伪装来诈骗民众，如前文所引《宋史·胡颖传》中的大蛇案。另一方面，当佛教徒积累大量财富之后，也容易产生内部冲突，从而引发犯罪行为。如前文所引《宋史·俞献卿传》《元史·汪泽民传》中的两案皆是。另外，前文所引《旧唐书·裴怀古传》中弟子害师傅的诬告案也有可能起意于谋取财产。还有其他一些因为财产引发的僧侣犯罪，如强占

---

① （唐）道宣：《广弘明集》，收入大正新修大藏经刊行会编《大正新修大藏经》第五十二册，台北新文丰出版股份有限公司 1986 年版，第 128 页中。

② （唐）道宣：《广弘明集》，收入大正新修大藏经刊行会编《大正新修大藏经》第五十二册，台北新文丰出版股份有限公司 1986 年版，第 131 页下。

③ 也因此，不少朝代对僧侣与女性的接触持否定态度。如《明史·太祖纪二》载："僧道斋醮杂男女，恣饮食，有司严治之。"（清）张廷玉等：《明史》，中华书局 1974 年版，第 27 页。又参见陈玉女《明代的佛教与社会》，北京大学出版社 2011 年版，第 322 页。

④ 参见石云涛《东晋南朝佛教三宝供养风俗》，收入耿昇、戴建兵主编《历史上中外文化的和谐与共生：中国中外关系史学会 2013 年学术研讨会论文集》，甘肃人民出版社 2014 年版，第 106—120 页。

他人财物等。自古财帛动人心，某些修行不坚定的僧侣显然也不能免俗。

（2）佛教徒所犯的轻罪

重罪能够代表僧侣的违法程度，但僧侣群体不仅会犯下这些重罪，还可能触犯一些小罪。不过，由于僧侣群体人数相对较少，而且小罪相较于严重犯罪影响更小，历史文献中更不容易留下记载。因此，能够找到的案例较少，但这并不能说明僧侣群体很少犯下小罪。试举几例：

案例一：《南齐书·江谧传》载："僧遵道人与谧情款，随谧莅郡，犯小事，饿系郡狱，僧遵裂三衣食之，既尽而死。"①

案例二：《旧唐书·柳浑传》载："州理有开元寺僧与徒夜饮，醉而延火，归罪于守门痼奴，军候亦受财，同上其状，少游信焉。人知奴冤，莫肯言。浑与崔祐甫遽入白，少游惊问，醉僧首伏。"②

案例三：《旧唐书·郑余庆传》载："时有玄法寺僧法凑为寺众所诉，万年县尉卢伯达断还俗，后又复为僧，伯达上表论之。"③

案例四：《宋史·薛奎传》载："州民常聚博僧舍，一日，盗杀寺奴取财去，博者适至，血偶溅衣，逻卒捕送州，考讯诬伏。奎独疑之，白州缓其狱，后果得杀人者。"④

案例五：《元史·八思巴传》载："又至大元年（1308年），上都开元寺西僧强市民薪，民诉诸留守李璧。璧方询问其由，僧已率其党持白梃突入公府，隔案引璧发，捽诸地，捶扑交下，拽之以归，闭诸空室，久乃得脱，奔诉于朝，遇赦以免。二年，复有僧龚柯等十八人，与诸王合儿八剌妃忽秃赤的斤争道，拉妃堕车殴之，且有犯上等语，事闻，诏释不问。"⑤

案例六：《清史稿·烈女传四》载："梅氏，名兰姑，不知何县人。嫁夫不肖，欲携以为豪家奴，梅不可；又使出乳人子为佣，亦不可。夫

---

①（南朝梁）萧子显：《南齐书》，中华书局1972年版，第570页。

②（后晋）刘昫：《旧唐书》，中华书局1975年版，第3553页。

③（后晋）刘昫：《旧唐书》，中华书局1975年版，第4163页。

④（元）脱脱等：《宋史》，中华书局1977年版，第9629页。

⑤（明）宋濂等：《元史》，中华书局1976年版，第4521—4522页。

引僧入其室，梅力拒。邻以告官，官笞僧及其夫。"①

透过这些案例可以发现，佛教徒的生活范围并未局限于僧团之内，在与社会接触的过程中，一部分佛教徒并没有谨守戒律，反而在与世俗之人的交往过程中自律有限。尽管他们已经受戒出家，但其生活却与世俗生活没有适当隔离。因此，在他们的生活中，不仅会发生如案例五中的强买强卖，还存在吃、喝、嫖、赌等诸多违反戒律的行为，甚至因此违法犯罪。这既反映出佛教徒（主要是出家佛教徒）参与世俗生活的广度，也反映出戒律在某些佛教徒修行中的意义。由此也可以想见，无论来自戒律的自律还是僧团的他律，在很多时候并没有很好地约束僧侣，这就弱化了佛教在推动守法实践上的意义。

3. 对佛教徒违法行为的整体评价

通过这些案例可见，在中国古代社会中，部分出家佛教徒并没有严守戒律，也没有严守法律，而是存在诸多违法犯罪行为。当然，这些案例能否反映佛教徒犯罪的全貌恐需斟酌，佛教对守法实践的消极影响需要全面考察。这点也可以从历代政治家对佛教的论述中管窥。

因为僧团的独立性，及其在各方面的特权所导致的僧侣犯罪，最晚从东晋时期就已经被统治者所认识。《晋书·简文三子·文孝王传》载："僧尼乳母，竞进亲党，又受货赂，辄临官领众。无卫霍之才，而比方古人，为患一也。臣闻佛者清远玄虚之神，以五诫为教，绝酒不淫。而今之奉者，秽慢阿尼，酒色是耽，其违二矣。"② 针对佛教徒的违法行为，东晋统治者在容忍一段时间后，终于试图加以整顿。《弘明集》卷十二《庐山慧远法师与桓玄论料简沙门书》中附有桓玄沙汰僧尼的政令，其称："京师竞其奢淫，荣观纷于朝市；天府以之倾匮，名器为之秽黩。避役钟于百里，逋逃盈于寺庙；乃至一县数千，猥成屯落。邑聚游食之群，境积不羁之众。其所以伤治害政，尘滓佛教，固已彼此俱弊，实污风轨矣。"③ 这份政令不仅指出僧侣

---

① （民国）赵尔巽：《清史稿》，中华书局 1977 年版，第 14175 页。
② （唐）房玄龄：《晋书》，中华书局 1974 年版，第 1733 页。
③ （南朝梁）僧祐、李小荣校笺：《弘明集校笺》，上海古籍出版社 2013 年版，第 701—702 页。

与寺庙成为逃避赋役的途径，而且提出这种毫无信仰的僧侣具有潜在危险性或者不稳定性，从而可能成为损害政治稳定和社会治理的因素。这也成为古人"另一个常见的反对僧权的论点，是针对在政府控制之外的自治群体的危险性，认为它很容易成为滋生诸如匪徒、逃税，特别是流民等不安定因素的黑窝"①。不过，桓玄沙汰僧尼的效果似乎比较有限。② 其后，东晋人将僧侣视为"五横"之一。所谓五横，释道恒《释驳论》称："云'世有五横。沙门处其一焉'。凡言横者，以其志无业尚，散诞莫名：或博易放荡，而倾竭家财；或名挂编户，而浮游卒岁；或尸禄素餐，而莫肯用心；或执政居势，而渔食百姓；或驰竞进趣，而公私并损；或肆暴奸虐，而动造不轨。"③ 通过这些论述，完全可以想见当时僧侣的违法状况。

当相当一部分人推崇佛教在社会治理方面的积极功能时，显然也不能忽视这些消极作用的论述。以后的历朝历代也都没有忽视这种消极作用。

魏晋南北朝时期，出家佛教徒急剧增加，人员的复杂性使其整体违法情况有所恶化。《高僧传·佛图澄传》载："今沙门甚众，或有奸宄避后（疑为"役"字），多非其人，可科简详议。"④ 又载："澄道化既行，民多奉佛，皆营造寺院，相竞出家，真伪混淆，多生愆过。"⑤ 《陈书·后主纪》载："又僧尼道士，挟邪左道，不依经律，民间淫祀妖书诸珍怪事，详为条制，并皆禁绝。"⑥ 《魏书·释老志》载："私度之僧，皆由三长罪不及己，容多隐滥。自今有一人私度，皆以违旨论。"⑦ 同志又载："今之僧寺，无处不有。或比满城邑之中，或连溢屠沽之肆，或三五少僧，共为一寺。梵唱屠音，连檐接响，像塔缠于腥臊，性灵没于嗜欲，真伪混居，往来纷杂。下司因习而莫非，僧曹对制而不问。其于污染真行，尘秽练僧，薰莸同器，不亦甚欤！往在北代，有法秀之谋；近日冀州，遭大乘之变。皆初假神教，以惑

① ［荷］许理和：《佛教征服中国：佛教在中国中古早期的传播与适应》，李四龙、裴勇等译，江苏人民出版社 2017 年版，第 377 页。

② 参见罗骧《慧远与东晋佛教的变迁》，博士学位论文，南开大学，2010 年。

③ （南朝梁）僧祐、李小荣校笺：《弘明集校笺》，上海古籍出版社 2013 年版，第 308 页。

④ （梁）释慧皎：《高僧传》，汤用彤校注，中华书局 1992 年版，第 352 页。

⑤ （梁）释慧皎：《高僧传》，汤用彤校注，中华书局 1992 年版，第 352 页。

⑥ （唐）姚思廉：《陈书》，中华书局 1972 年版，第 108 页。

⑦ （北齐）魏收：《魏书》，中华书局 2017 年版，第 3305 页。

众心，终设奸诳，用逞私悖。"① 在这些论述中，统治者认识到，僧侣出家并不总是基于信仰，反而常常是受经济或者其他利益引诱的结果。这就导致佛教徒群体的"真伪"难辨，也因此其中多有犯罪发生。

此后，佛教徒的整体犯罪状况也并未得到改观。从前文可见，魏晋南北朝时期，时人对佛教徒违法状况的总结主要集中在规避赋役、潜在的犯罪倾向或者利用巨大影响力犯罪的案件。隋唐时期，佛教徒的整体犯罪状况似乎有恶化趋势。《旧唐书·高祖纪》载唐高祖诏曰："自觉王迁谢，像法流行，末代陵迟，渐以亏滥。乃有猥贱之侣，规自尊高；浮惰之人，苟避徭役。妄为剃度，托号出家，嗜欲无厌，营求不息。出入闾里，周旋阛阓，驱策田产，聚积货物。耕织为生，估贩成业，事同编户，迹等齐人。进违戒律之文，退无礼典之训。至乃亲行劫掠，躬自穿窬，造作妖讹，交通豪猾。每罹宪网，自陷重刑，黩乱真如，倾毁妙法。譬兹稂莠，有秽嘉苗；类彼淤泥，混夫清水。"② 从唐高祖的"沙汰佛道诏"中可以看出，唐初的佛教徒犯罪，不仅犯罪行为与犯罪手段更加多元，而且屡犯重罪。唐高祖本来对佛教徒的教化还有所期待，但当发现他们"事同编户，迹等齐人"后，颇为不满，这也从侧面证明佛教在推动守法实践方面的有限性。这正是导致唐初屡次沙汰僧尼的一个重要原因。

佛教徒在唐代的犯罪状态也被许多儒家知识分子视为攻击的武器。《旧唐书·傅奕传》载傅奕云："佛在西域，言妖路远，汉译胡书，恣其假托。故使不忠不孝，削发而揖君亲；游手游食，易服以逃租赋。演其妖书，述其邪法，伪启三途，谬张六道，恐吓愚夫，诈欺庸品。"③ 《旧唐书·狄仁杰传》载狄仁杰云："游僧一说，矫陈祸福，剪发解衣，仍惭其少。亦有离间骨肉，事均路人，身自纳妻，谓无彼我。皆托佛法，诖误生人。"④ 《旧唐书·玄宗纪上》载："［开元二年（714年）］丙寅，紫微令姚崇上言请检责天下僧尼，以伪滥还俗者二万余人。"⑤ 《旧唐书·彭偃传》载彭偃云：

---

① （北齐）魏收：《魏书》，中华书局 2017 年版，第 3307 页。
② （后晋）刘昫：《旧唐书》，中华书局 1975 年版，第 16 页。
③ （后晋）刘昫：《旧唐书》，中华书局 1975 年版，第 2715 页。
④ （后晋）刘昫：《旧唐书》，中华书局 1975 年版，第 2893 页。
⑤ （后晋）刘昫：《旧唐书》，中华书局 1975 年版，第 172 页。

"当今道士，有名无实，时俗鲜重，乱政犹轻。唯有僧尼，颇为秽杂。自西方之教，被于中国，去圣日远，空门不行五浊，比丘但行粗法。"① 在这些儒家知识分子的论述中，佛教徒被认为结构复杂，具有潜在的犯罪倾向，因此应该对其进行更为严格的监管甚或取缔。一方面，之所以相当多的朝臣对佛教徒的守法状况提出异议，是因为儒释之间的斗争由来已久；另一方面，佛教徒的守法状况在某些时候确实堪忧。因此，在儒释斗争的过程中，佛教徒内部的这些问题就成为儒家知识分子攻击佛教的有力借口。

佛教徒的犯罪状况，在隋唐之后也不能完全令统治者放心。五代时期属乱世之秋，《旧五代史·周书·世宗纪二》载："近览诸州奏闻，继有缁徒犯法，盖无科禁，遂至尤违，私度僧尼，日增猥杂，创修寺院，渐至繁多，乡村之中，其弊转甚。漏网背军之辈，苟剃削以逃刑；行奸为盗之徒，托住持而隐恶。"② 但五代之后，僧尼犯罪并未有多少衰退。如《宋史·许几传》载："擢第，调高安、乐平主簿，知南陵县，还民之托僧尼为奸者数百人。"③ 显然，自五代至两宋，佛教徒的犯罪状况还是比较严重。不过相比前代，这一时期的僧尼犯罪似乎并未恶化。如宋真宗时，王禹偁上疏言五事称"四曰沙汰僧尼，使疲民无耗"，虽然他指摘僧尼为"民蠹"，但并未言及其犯罪状况。④ 其他人也较少言及。

元朝统治者对佛教尤其藏传佛教特加恩宠，佛教徒的刑事特权相比前代大为扩张。如蒙元自成宗开始不断下诏，要求佛教徒犯罪时应付有司裁决，即由专门司法机关如宣政院等断决。

　　①《元史·成宗纪二》载："诏僧道犯奸盗重罪者，听有司鞫问。"⑤

　　②《元史·成宗纪二》载："［大德二年（1298 年）三月］戊子，

---

① （后晋）刘昫：《旧唐书》，中华书局 1975 年版，第 3580 页。

② （宋）薛居正：《旧五代史》，中华书局 2016 年版，第 1777 页。

③ （元）脱脱等：《宋史》，中华书局 1977 年版，第 11149 页。

④ 参见（元）脱脱等《宋史》，中华书局 1977 年版，第 9797 页。

⑤ （明）宋濂等：《元史》，中华书局 1976 年版，第 412 页。

诏僧人犯奸盗诈伪，听有司专决，轻者与僧官约断，约不至者罪之。"①

③《元史·成宗纪三》载："诏自今僧官、僧人犯罪，御史台与内外宣政院同鞫，宣政院官徇情不公者，听御史台治之。"②

④《元史·成宗纪四》载："［大德八年（1304年）十一月］壬申，诏凡僧奸盗杀人者，听有司专决。"③

⑤《元史·仁宗纪一》载："［至大四年（1311年）十月］丁丑，禁诸僧寺毋得冒侵民田。辛巳，罢宣政院理问僧人词讼。"④

⑥《元史·仁宗纪一》载："［皇庆元年（1312年）正月］癸卯，敕诸僧犯奸盗、诈伪、斗讼，仍令有司专治之。"⑤

⑦《元史·纳麟传》载："［至正二年（1342年）］上天竺耆旧僧弥戒、径山耆旧僧惠洲，恣纵犯法，纳麟皆坐以重罪。请行宣政院设崇教所，拟行省理问官，秩四品，以治僧狱讼，从之。"⑥

一般认为，宋代之后国家对佛教徒的法律规制采取的是"僧事俗制"的政策，⑦统治者主要通过世俗政府与法律来规范佛教徒。既然这已是定制，何以元代多位君主反复重申要将僧侣犯罪交由"有司"处罚？按《佛祖历代通载》卷二十二载："（元世祖）帝以俗制于僧失其崇敬，遍谕天下各主纲维、主掌教门护持佛法。"⑧亦即自元初始，元代制度在整体上可能仍然赋予佛教自身的管理机构处理佛教徒犯罪的司法特权。从前揭多份关于佛教徒犯罪处理的诏书中可以发现，不仅佛教徒的犯罪率之高可能使得君主不得不违背祖制，而且佛教徒的这种刑事特权较前代应该有很大扩张。对此，元代郑介夫称："往往嗣法者，失其初意耳。愚氓俗子，不知所以为佛，

---

① （明）宋濂等：《元史》，中华书局1976年版，第418页。

② （明）宋濂等：《元史》，中华书局1976年版，第439页。

③ （明）宋濂等：《元史》，中华书局1976年版，第461页。

④ （明）宋濂等：《元史》，中华书局1976年版，第547页。

⑤ （明）宋濂等：《元史》，中华书局1976年版，第549页。

⑥ （明）宋濂等：《元史》，中华书局1976年版，第3407页。

⑦ 参见郭文《中国佛教僧制思想史》，博士学位论文，南京大学，2013年。

⑧ （元）念常：《佛祖历代通载》，收入《大正新修大藏经》第四十九册，台北新文丰出版有限公司1983年版，第725页上。

所以为天师者云何？但见赭其头，即指为佛；黄其冠，即指为天师。虽百喙不能解其惑，其可为世道一慨！朝廷特加宠异，另立宣政院。道教所以其弃俗出家，非有司所可统摄也。而乃恃宠作威、贿赂公行、以曲为直、以是为非，僧道词讼数倍民间。如奸、盗、杀人诸般不法之事，彼皆有之矣。学释老者，离嗜欲、去贪嗔，异乎尘俗可也。而艳妻秾妾、汗秽不羞、夺利争名、奔竞无已，虽俗人所不屑为，甚非僧道之宜然也。僧道之盛，莫甚今日，而僧道之弊，亦莫甚今日。朝廷若不稍加裁抑，适所以重其他日之烈祸也。能律以礼法，制以分义，使不至于骄奢无度、败坏宗风，乃为敬奉之至矣。"① 透过郑介夫的说法，元代佛教徒的整体守法状况不容乐观，甚至存在"僧道词讼数倍民间"的严重状况。元代佛教徒的犯罪状况反映出特权与犯罪之间的紧密联系，也更为深刻地揭露了部分佛教徒之所以不断犯罪的深层次原因。

　　针对元代僧侣违戒又犯罪的现实，明代统治者的佛教政策做出很大调整，清代则沿用这套制度。② 对于明清的佛教制度，或以为，"其所创之僧官体系，控制严密、政治色彩极其浓厚；对佛教教团的严厉整顿以及所颁《周知版册》《寺院名册》《申明佛教榜册》《榜示佛教条例》等，规定之琐细、人身控制程度之严酷，不仅为历代所见，而且比之为控制全国民户所制定并推行的'黄册'和'里甲制度'，亦有过之而无不及"③。在这种严密控制之下，如前揭受佛教影响的地方教会等仍然是潜在的犯罪主体，但在国家控制下的僧团似乎犯罪率变成相对较低。因此，在时人的论述中，佛教的危害主要被认为是贪食民财。如《明史》的《刘定之传》载："僧尼蠹国当严绝。"④　《周叙传》载："僧道数万，日耗户口，流民众多，莫为矜恤。"⑤《金濂传》载："寻复条上节军匠及僧道冗食共十事。"⑥《钟同传》

① （明）黄淮、杨士奇编：《历代名臣奏议》卷六十七《治道》，台北学生书局 1985 年版，第 955 页下。

② 参见周奇《试论明太祖的佛教政策》，《世界宗教研究》1998 年第 3 期。

③ 任宜敏：《明代佛教政策析论》，《人文杂志》2008 年第 4 期。

④ （清）张廷玉等：《明史》，中华书局 1974 年版，第 4692 页。

⑤ （清）张廷玉等：《明史》，中华书局 1974 年版，第 3178 页。

⑥ （清）张廷玉等：《明史》，中华书局 1974 年版，第 4360 页。

载："禁僧道之蠹民，择贤将以训士。"① 《邹缉传》载："京师聚集僧道万余人，日耗廪米百余石，此夺民食以养无用也。"② 也就是说，佛教僧团的犯罪率问题已经不再被朝臣所重视。当然，这并不是说僧团中的犯罪已经不存在，只是说相对于僧团等所引起的其他问题，僧侣犯罪率及其潜在性已经不再是政治上所面临的主要问题。

综上所述，佛教在对中国传统守法实践发挥积极作用的同时，还在不同朝代发挥了消极作用。只是需要认识到，尽管佛教理论中存在对世俗政治或伦理的否定因素，但这些可能并非导致佛教徒犯罪的原因。一方面，佛教的这些否定已经随其中国化被部分消解。另一方面，佛教之所以能够产生消极影响，很大程度上并不是因为佛教戒律本身的问题，而是源于佛教在中国古代所享有的特权。统治者给予的特权使佛教吸引了大量信仰不坚定的人员，从而使得佛教徒群体复杂化。而且，特权所带来的腐败也孕育着佛教徒的潜在犯罪行为。由此，统治者本想利用佛教的教化功能保持社会稳定，却反为犯罪培育了土壤。不过，佛教在守法实践方面所发挥的消极作用是否会大于积极作用，还需要参考前揭道世在《法苑珠林》卷三十《述意部》中的话，也就是说积极作用可能还是大于消极作用。

---

① （清）张廷玉等：《明史》，中华书局 1974 年版，第 4409 页。
② （清）张廷玉等：《明史》，中华书局 1974 年版，第 4436 页。

结　　语

　　作为外来文化，佛教对中国传统法律文化产生过深远影响，这种影响奠定在佛教与整个中国传统文化相融合的基础上。佛教与中国传统文化之间的改造是相互的，前者固然影响到后者，实际上后者对前者的影响可能更大。这就意味着，佛教中国化不仅是佛教在中国广植深耕的基础，也是佛教能够影响中国传统法律文化的基本前提。站在这个判断的基础上，佛教对中国传统法律文化的影响必然是有限的。因此，不能基于研究论题或者研究倾向而过度夸张佛教影响中国传统法律的程度。考察这一命题需要立足在深刻和有限这两个层面上，具体来看，可以从四个方面检视佛教对中国传统法律的影响。本书试总结如下。

一　佛教影响中国传统法律的背景

　　佛教自东传之后，逐渐在中国生根，并从一个外来宗教转变为具有深厚本土性的宗教。在与中华文明的碰撞中，佛教不失自我但又自发地改变了自我，从而被中国传统理念所认同，并深入中国社会的各个角落。佛教这种形态的演变，与中华文明的性质有关，也是在中华文明的影响下逐渐形成的。

　　自先秦以来，在农耕经济的社会特征影响下，中国古代国家逐渐形成以家族主义和君主专制为基础的政治、社会秩序。与此同时，先秦时期诸子百家的争鸣状态逐渐转变为以儒法为主流。政治制度、意识形态以及经济方式的结合，使得中国古代社会呈现所谓的超稳定结构。① 在这种背景下，中国古代法律呈现出世俗性、伦理性等特征。在基本意识形态、政治和社会的组织方式等方面，中国传统本质上是拒斥新文化的。不过，中国传统文化在信仰层面保持了多元化特点。主流意识形态虽追求信仰上的一元，但在实用主义指导下对其他意识形成保持了相对宽容。

　　在佛教传入之前，中国古代就是一个神灵多元的社会，诸神纷争，但很少直接因此产生国家层面的冲突。而在神权与王权的斗争中，王权具有绝对优势。无论宗教人员还是宗教活动都受到国家的规制，秦代甚至在书同文、车同轨的同时，还对民间信仰进行整合。仍旧延续于民间的信仰或者宗教活动，则往往成为国家打击的对象，汉末的黄巾军起义也证明这种内在冲突在特定时空下会趋于激烈化。这些规则对于当时的国家和社会来说有其现实性。

　　佛教主张自己是方外之宾，不受国法与世俗伦理的拘束，因此无父无君。这与中国传统政治伦理、社会伦理有着巨大隔阂。受此影响，佛教在中国的传播和发展面临巨大阻力。但是，为了能够在中国继续发展并得到统治者的青睐，再加上佛教本身具有填补中国古代在宗教信仰层面上缺失的功能，因此，佛教徒竭力化解佛教与中国传统的冲突，力图实现佛教与中土文化的结合。

　　在佛教中国化的背景下，佛教逐渐完成了从外来之神向本土之宗的转变，逐渐从外国人的信仰转变成为中国人的信仰，逐渐从淫祀转变为正统宗教。但是，佛教的本土化并非一蹴而就，而是循序渐进的。在某种意义上，这是佛教向政治现实低头的表现。佛教与法律之间关系的转变，则是其本土化过程的一个重要方面。在规制与吸纳之间，国家法律也在协助这一变化。当然，佛教也因其重要地位推动了中国古代法律在某些方面的转变。

　　佛教影响中国传统法律甚广，除前述法律意识外，法律指导思想中的平等、慈悲、慎刑、报应等观念，具体的立法内容乃至司法实践，犯罪预防与矫正等，皆可见到佛教的踪影。这种影响具体表现为如下的特征：佛教对中

---

　　① 参见金观涛《在历史的表象背后：对中国封建社会超稳定结构的探索》，四川人民出版社1983年版。

国传统法律渗透的多元性、佛教影响中国传统法律内容的复杂性以及佛教影响中国传统法律进程的曲折性。

二　佛教影响中国传统法律途径的多元性

尽管不宜夸大佛教的影响，但它确实对中国古代的立法、行政乃至司法等都产生过深远影响。具有佛教色彩的法律规范不仅能够透过立法者、执法者以及司法者渗透入中国传统法律体系之中，还能透过普通的虔诚佛教徒影响到日常法律实践。人能弘道，而非道能弘人，之所以佛教能够通过这些掌握国家权力以及践行法律的主体影响到传统法律，根本上是因为佛教理念或者功能得到他们的认同。这些人的法律思维、法律实践等因之发生变化。

毋庸讳言，佛教所建立起的理论体系与世界构想具有相当大的吸引力。无论是试图通过佛教获得灵魂解脱，还是试图通过佛教求得来世福报，抑或借助佛教获得自身所急需的特定利益，相当多的传统中国人积极认同佛教。其中既包括普普通通的百姓，也包括高居庙堂的朝臣，还有许多乾纲独断的君主。由于佛教信仰主体的多元性，佛教对法律影响的途径也呈现多元色彩，但又最终受制于中国本土的法环境。如拥有最高立法权与司法权的中国历代君主，对吸收佛教要素进入法律曾经起到重要的推动作用，从而显示世俗权力的决定性作用。这与同样信仰佛教的古代印度国王情形迥异，其只是适用"法"（dharma），亦即只能对犯罪行为（违反"dharma"的行为）定罪量刑，而决不是立法者。换言之，古代印度的国王只能是秩序的维持者，而不能是价值的创造者，① 更遑论欧洲中世纪教权对王权压制下的情形。

再如，中国古代社会不存在"宗教的权威"，因为在中国古代社会权力呈金字塔形结构下，"世俗的权威"显然压制着"宗教的权威"。虽然中国的司法官吏能够基于自身的佛教信仰而采取轻缓的刑罚，普通民众也能够基于对佛教戒律的遵循而实现守法效果（当然，在某些情况下也能转换成对法

---

① 参见［日］赤松明彦《古代インドにおける死刑——サンスクリット文献に見える刑罰の分析を通じて》，冨谷至编《東アジアの死刑》，京都大学学术出版会 2008 年版，第 419—459 页。

律的违反），但"宗教的权威"始终难以成为权力的一极。与中国有别，佛教传入后的日本在这一点上则显示出一定的独立性。日本学者井上光贞指出："在唐朝，国家权力始终朝着直接统治教界的形态发展，而日本在借鉴中国的基础上，其国家权力则通过教界的代表者来实现统治。……这就体现了日本佛教界相对较高的独立性。"仅从寺院僧纲、三纲的任命采取选举方式看，"可以说在日本律令制之下，僧伽原有的独立性、自治性更受重视"。① 此外，佛教在东亚的传播过程中，不拜君亲论在中国遭遇过激烈的连绵争议，而在日本并没有被当成一个重要问题来讨论。由此可见，同在东亚，日本"宗教的权威"的程度显然高于中国，更遑论在古代印度世界，彼地并不存在中国那样的绝对权力中心。古代印度法环境下形成的是"权威的三极构造"，即"司祭"（婆罗门）的"宗教的权威"、"王权"（刹帝利）的"世俗的权威"与"弃世苦行者"（沙门）的"反社会性的权威"。② 至于欧洲中世纪基督教一支独大的情形，则更不存在。

通过研究可以发现，中国传统法律无论表现形式（如义疏体、问答体、法律语言），还是法律实质（如罪的观念），都深受佛教影响。这种深刻与广泛的影响程度，一方面说明中国古代的国家权力能够达到的深度和广度，国家权力在修正历史传统方面具有相当强的独断性，君权能够受到的制约是有限的。另一方面还说明，中国传统君、臣的立法权与司法权保存了相当程度的开放性，能够容纳不同价值观念于一炉。这既体现出中国传统法律体系所具有的弹性，也体现出中国传统法律体系的工具主义色彩，即对现实政治有所助益的价值体系，能够在一定程度上成为新的法律内容，如断屠月日等的入律。

这不仅有助于思考佛教影响中国传统法律的途径及其可能性，还有助于思考构成中国传统法律体系的根本性价值究竟在哪里。例如，法律儒家化作为中国传统法律发展的最重要的方向，乃是儒家理念不断扩张的结果。它之所以能够长盛不衰，除了社会经济文化的适应性和儒家知识分子的努力外，

---

① 转引自［日］井上光贞《日本古代の國家と佛教》，岩波书店1971年版。此观点承蒙京都大学法学部伊藤孝夫教授邮件教示，特致谢意。

② 参见［日］赤松明彦《古代インドにおける死刑——サンスクリット文献に見える刑罰の分析を通じて》，冨谷至编《東アジアの死刑》，京都大学学术出版会2008年版，第419—459页。

究竟在多大程度上仰赖统治者对儒家的工具性利用？进一步说，儒、法、道、释作为对中国传统政治与法律文化影响最为深刻的意识形态，它们究竟在多大程度上受统治者的信服，又在多大程度上作为治理工具而存在？其工具性对于认识这些理念的终极性究竟有什么样的意义？等等，这些还需要进一步思考。

三　佛教影响中国传统法律内容的复杂性

只有当佛教理念与中国传统法律之间存在差异时，前者对后者的影响才能更显著地呈现。不同于中国传统的佛教内容之所以能够被传统法律接纳，既说明其显然不可能与中国传统存在无法调和的矛盾，同时也说明其有相当程度的吸引力。当然，还有一部分内容可能虽因中土所无，但它们的存在能够对中国传统法律体系所欲达成的目的具有辅助作用，如十恶概念、地狱观念就是这方面的典型。在冲突与利用之间，佛教与中国传统法律实现了媾和。

首先，佛教冲击了中国传统中的核心观念，但又以自身的中国化缓和了这一矛盾。忠孝是中国传统理念中最重要的伦理要求，佛教的忠孝观与之差异明显。尊亲重君、三纲入律在中国传统文化中至关重要，法律儒家化也是试图建立起儒家式的君臣、父子、夫妻等名分关系。在佛教平等观念下，沙门不拜君亲有其深厚的理论依据，这也成为佛教长期遭受非难的事由。为迎合中国本土的现实需求，佛教不得不对忠孝观念进行中国化改造，其对忠孝的态度只在有限程度上影响中国传统法律，如缓和族刑、出家人不受刑罚株连等。① 当然，沙门应否致拜君亲的争议既是佛法与王法（俗与圣）孰先孰后的斗争，也是佛教平等观与儒家忠孝观的冲突在法思想、法制度上的反映，只是这种冲突最终以佛教徒的失败而告终。《大明律·礼律》"僧道拜父母"条更对此做出明确规定，佛教徒的法律地位仍然受制于世俗中的君亲

① （唐）长孙无忌等撰：《唐律疏议·名例律》"除名"条问答："缘坐之法，惟据生存。出养入道，尚不缘坐。"中华书局1983年版，第48页。

关系。

其次，佛教深入影响了中国传统中的其他善恶观念，进而改变了很多刑法规范。佛教对何为罪有专门看法。① 而且，佛教将罪的性质或生成与人的身份联系在一起，不同身份的人受到不同规范的约束。做出相关行为的人会因为身份差异而得到不同评价，这不仅在僧侣与世俗人之间设立了某种规范屏障，而且使得佛教与王权能够相互宽容。这就为佛教之罪进入中国传统法律创造了基本前提，而且普遍性的佛教观念也借此影响到中国传统法律。例如，在业报观影响下，佛教主张业与报的分离，它对中国传统法律中罪、刑难分的意识产生作用，进而推动两者的分离。又如，佛教在罪的后果上采取报应论的观念，业与报、罪与罚的关系都带有强烈的个人色彩，亦即罪责应当自负。这与中国传统的家族刑法观存在巨大差异。② 但是，自汉文帝十三年刑制改革后，整个中国刑法理念都走向轻缓化。当佛教理念与族刑、肉刑等酷刑削弱并向发展的时候，佛教在这一问题上的观念就能在一定程度上被接受。因此，尽管佛教的某些观念与中国传统有别，但两者却能够相向而行，可见佛教的影响有超越限制的因素，并最终成为中国传统法律制度与文化的组成部分。

最后，佛教对中国法律中的不少具体制度也产生过直接影响。再以刑罚为例，佛教理念对中国传统刑罚观的轻缓化形成有力助推。在中国刑罚制度的发展过程中，法家的轻罪重刑思想曾经占据主流，成为国家刑事政策和刑罚制度的指导理念。但刑罚轻缓化一直是此后的发展趋势，其原因在于深受汉初黄老思想以及汉代以降儒家观念的影响。不过，相比之下，佛教的刑罚观更为轻缓。因此，随着佛教势力的壮大，在从上古刑罚向中古五刑的变迁过程中，刑罚制度难免受到佛教的潜在影响。当然，佛教的刑罚观或处罚的态度可以从多方面理解，如有佛教针对自身的处罚观、地狱刑罚观和世俗刑罚观等。通过与政治有密切关系的高僧、崇佛的君主

① 参见周东平、李勤通《论佛教之"罪"在中国古代的法律化及其限度》，《厦门大学学报》（哲学社会科学版）2017 年第 5 期。

② 参见周东平、姚周霞《论佛教对中国传统法律中罪观念的影响》，《学术月刊》2018 年第 2 期。

等，佛教对世俗法律的轻缓化发挥过重要作用。① 佛教不仅推动髡刑在中
国的消失，还对中国传统刑罚的执行产生莫大影响。如自魏晋南北朝以
来，断屠月日等不行刑逐渐成为定制，因为佛教而施行的赦免也不断出
现。不过，佛教还可能以某种特定方式致使实践中的刑罚以及刑讯等变得
更加残酷。② 例如，佛教地狱刑罚观本来具有教育刑意义，但其负面作用
却启发世人尤其官吏对严刑的想象与模仿。而且，佛教对中国社会中普遍
法律观念和诉讼理念的塑造、对中国古代法官司法理念和活动的影响，仍
是值得探讨的论题。

　　透过这些评述可知，佛教理念的原初特征，佛教中国化后所产生的变化
等，都与中国传统法律的发展交织在一起，甚或呈现一种互动形态。当然，
本书对佛教影响中国传统法律的研究主要集中在刑法领域。事实上，中国传
统民事法律、行政法律的内容也可能受到佛教的影响。例如，佛教的发展推
动典权的出现，寺院经济催生佛教徒的市场交易行为。再如，中国传统行政
法律中原本并无僧官的制度设计，但由于佛教的传入和昌盛，独立的僧官制
度得到不断发展完善，历经一千余年而不曾断绝。因此，随着佛教的传入及
其对中国社会各层面影响的加剧，中国传统法律不得不回应这些领域所出现
的独特问题，以至于自身内部也发生或隐或显的变化。由此，出现深受其影
响的新法律内容，也就顺理成章。

---

　　① 　历史上一些刑罚轻缓化的措施，可能也受到佛教的影响。例如在佛教兴盛的隋代，政治固
然深受佛教影响，其法律亦莫能例外。史称"隋弘释教，而开皇之令无虐"［（唐）道宣：《广弘
明集》卷14《内德论》，收入大正新修大藏经刊行会编《大正新修大藏经》第五十二册，台北新
文丰出版股份有限公司1986年版，第187页下］，自有其道理。隋文帝诏曰："好生恶煞，王政之
本"［（隋）费房长：《历代三宝记》卷十二，收入中华大藏经编辑局编《中华大藏经》（汉文部
分）第五十四册，中华书局1992年版，第317页下］，认为"枭首轘身，义无所取，不益惩肃之
理，徒表安忍之怀"。故在制定《开皇律》时，"枭轘及鞭，并令去也"，"其余以轻代重，化死为
生，条目甚多，备于简策"（均见《隋书·刑法志》）。显然，其法律具有以佛教精神为基础的内
在性格。参见周东平《隋〈开皇律〉与佛教的关系论析》，中国法律史学会编《中国文化与法
治》，社会科学文献出版社2007年版，第188页。
　　② 　参见王晶波《佛教地狱观念与中古时期的法外酷刑》，《敦煌学辑刊》2007年第4期。

四　佛教影响中国传统法律进程的曲折性

佛教对中国传统法律的影响既是必然的，但又是有限的。其影响的程度究竟如何，需要多角度分析。对这一命题需要特别警醒。之所以如此，在很大程度上是因为，社会科学的研究者往往容易对自己所专注的领域予以夸大。指出这一点，不仅仅是一种自我提醒，同时也是深入研究所得出的基本结论。透过对既往研究成果的整体检视，可以发现佛教对中国传统法律有着深刻影响，但这些影响不仅有其限度，[①] 而且发展趋势呈抛物线样态。

首先，佛教在影响中国传统法律的罪观念时呈现两面性。佛教的罪观念深刻地影响着中国传统法律中的罪观念，何种行为为罪、何种行为应受刑罚处罚，都需要罪的观念提供正当性基础。中国传统法律发展中罪与刑的分离、罪责自负的深化等，都可能受到佛教影响，甚至某些特定的罪名从形式或者实质上，都能找到佛教的影子。但总的来说，由于中国传统法律中的罪观念早已存在，质的规定性基本确定，故佛教影响相对于整个中国传统法律仍然较小。而且，某种佛教的罪观念之所以能够对中国传统法律产生影响，不少时候是因其合乎中国传统法律中罪观念的某种侧面，因此其作用是助推而非主导。同时更为重要的是，法律对佛教罪的引入，更多的是将其重心放在规范佛教徒身上。也就是说，佛教罪对中国传统法律的影响在相当程度上表现为对佛教徒的行为指导。

其次，在佛教术语深入影响中国传统文化的同时，法律却保持了相对的独立性。通过研究可以发现，法律术语在尽量避开佛教术语。随着历史发展，佛教对中国的影响逐渐深入，语言是最能体现这种影响程度的标志之一。但佛教语言在进入中国传统法律的过程中受到某种程度的限制，这可以从多方面得到验证。一方面，与佛教语言在诸如文学等其他领域中的泛滥相比，佛教进入法律中的速度与程度都相当有限；另一方面，在中国近代法律

---

① 例如，中国古代法律对佛教之"罪"的吸收就存在限度。参见周东平、李勤通《论佛教之"罪"在中国古代的法律化及其限度》，《厦门大学学报》（哲学社会科学版）2017年第5期。

改革的过程中，原先具有佛教色彩的语言不再被法律排斥，而大量进入法律。这意味着，尽管中国传统法律不断受到外来文化的影响，但仍然无法撼动儒家的底色，尤其法典编纂更多是受儒家文化的影响。在传统儒家知识分子群体及其理论体系中，佛教（特别是尚未完成本土化时期的佛教）在很大程度上是作为"异端"存在的。简言之，佛教对中国传统法律语言的影响，在不断拓展的同时也呈现出有限性。

最后，随着历史发展，中国传统法律中的佛教内容呈现抛物线式的发展趋势。在传入中国的早期，佛教虽然对中国传统文化不断施加影响，不同阶层的人都开始信服佛教，但其对法律的影响相对较小。随着佛教中国化的深入，以及统治者对佛教的崇信，尤其经过诸如隋文帝等既在立法史上有深刻影响又是极度虔诚的佛教徒的努力，佛教对法律的影响在隋唐时期达到顶峰。但随着佛教对社会治理的负面影响不断暴露，儒家重振，在与佛教的斗争中占据上风，佛教对中国传统法律的影响又在削弱。这不仅体现为法律逐渐禁止佛教的特权，而且体现为法律也在某些层面上逐渐取代内律成为佛教徒的行为规范。佛教对中国传统法律的影响从逐渐增强，再到逐渐减弱的趋势，是一种典型的抛物线轨迹。

总体来说，佛教作为外来文化虽然对中国传统法律有着深远影响，但这种影响不能从根本上背离中国传统价值。只有在佛教理念的某些内容与中国传统法律文化相吻合的场合，它才更容易产生积极影响。可以说，这意味着佛教对中国传统法律影响的程度无法逾越根本上的规定性。因此，佛教对中国传统法律的影响不可能超越必要限度，更不可能成为法律理念的主流。

五　中国传统法律对佛教的制约

佛教对中国传统法律的影响并非以后者对前者的一味接纳为基调。尽管针对佛教等宗教，中国古代国家主要采取以"内部规范"实现相对自治的法律管理策略。在传入中国以及中国化的过程中，佛教必然会对中国传统法律秩序构成冲击。这些冲击不仅包括法律史学者所熟知的传统忠孝法律观与佛教平等观念等的冲突与斗争，也包括在某些时代，由于中国佛教特殊性而导致的佛教徒违法行为的泛滥。以君主专制为基础的传统治理模式坚持儒法作为主流意识形态，很难全部接受佛教所产生的影响。因此，历朝历代都曾试图对佛教等宗教进行改造。针对这些问题，中国传统法律试图通过种种努力实现对佛教的制约。

（一）佛教笼罩在儒法的基本法律价值统摄之下

作为历代政治的主要影响者，儒法各有其不同功能，"王道作为儒家的政治理想和王者的向往，其实效却只能在与霸道的配合中实现"①，治国者往往"霸王道杂之"。在这种背景下，王权对神权具有绝对优势。

在政权压制教权的中国古代，外来佛教主张自己是方外之宾，不受国法与世俗伦理的拘束，无父无君，与中国传统政治伦理、社会伦理存在着巨大的隔阂。在与中国传统法律碰撞的过程中，佛教不仅是一个改造者，也是一个被改造者。中国传统法律所保障的是以君主为中心的政治统治秩序。所谓佛教的中国化就是佛教理念被中国主流价值观改造的过程，是一个佛教从方外之宾转变为君主之臣民的过程，也是一个佛教被君权规训的过程。佛教与中国传统法律相合的部分被发扬，与中国传统法律相悖的部分被改变或摒弃。而且，中国传统法律迅速实现了佛教内部关系的中国化伦理改造。例如，僧团内部的授业关系被类比为中国传统身份关系，受特定服制秩序的约束，这成为法律的重要内容。自佛教东传，中国传统法律试图将佛教纳入法律秩序的做法就不曾断绝，只是在不同时代有不同特征。这样，传统法律对佛教理念既接受又限制。最终，佛教不得不接受儒法的基本法律价值统摄，与儒法之学为君主所用一样。佛教匍匐于皇权面前，与儒、道争宠，导致中国古代的儒释道三教，均不过是人主的治国之具而已。

（二）统治者控制佛教的企图与努力不断增强

随着佛教的壮大及其对社会影响的深入，统治者控制佛教的企图与努力也在不断增强。历代政府对佛教的管理法令即"外部规范"不断完善。自魏晋南北朝开始，僧官制度就成为以俗制教的重要方式，并为历代所继承，

---

① 韩星：《儒法整合：秦汉政治文化论》，中国社会科学出版社2005年版，第242页。

成为重要的行政法律制度①；唐代《职员令》规定了僧道的隶属机构和僧道管理机构，《田令》规定了僧道授田的数量；沙门是否致拜君亲的争论最终也以佛教的失败而告终，在宋代以后尤其是明清律中体现为具体的法律实践；僧尼的出家、沙汰等，都受到历朝的法律管控；佛教徒的诸种特权也不断被削弱，需要承担越来越多的法律义务，等等。

中国传统法律之所以接纳佛教，既受信仰的影响，也有政治统治的需求。因此，当佛教壮大所带来的弊端逐渐显现时，作为社会治理工具的法律肯定要做出回应，以反馈这种新情况。由此可见，中国传统法律体系在对佛教影响保持相当开放性的基础上，仍然设定了底线和框架。

（三）中国传统刑律对佛教的系统规制

中国古代统治者重视用刑律规制佛教和道教。唐、宋、明、清的法律中有多处涉及僧道的刑事法律责任确定问题，包括寺院的设置、擅自充任僧道、僧道犯奸或娶妻、毁坏佛像天尊像、不拜父母、触犯师尊，以及窃盗诈伪、斗殴杀人等。对于违犯者，都规定明确的处罚措施。例如，在限制寺院规模和僧侣人数方面，早在太和十六年（492年）孝文帝诏曰："四月八日、七月十五日，听大州度一百人为僧尼，中州五十人，下州二十人，以为常准，著于令。"② 而僧尼"入道"，原则上需要得到国家"度牒"的许可，否则即为"私入道"，应受处罚。《唐律疏议·户婚律》"私入道"条对私度者及相关人员如家长、本贯主司、观寺三纲等的刑事责任就有具体规定。又如，《大明律·户律》"私创庵院及私度僧道"条规定不许私自创建寺观庵院，对于不给度牒的私自簪剃行为，也予以严禁。此外，明代的《问刑条例》对僧道擅收徒弟、民间子弟不符合条件的出家等行为，均有处罚规定。

通过这些不同层面，可以深层次透视佛教与中国传统法律之间复杂而纠结在一起的关系。佛教理念在经历中国化后，奠定了影响中国传统法律的基本前提。作为推动法律治理的方式，佛教实际上呈现出两面性，即佛教的忍

---

① 例如，通常认为宋代之后的国家对佛教徒的法律规制，采取的是"僧事俗治"政策。参见郭文《中国佛教僧制思想研究》，博士学位论文，南京大学，2013年。

② （北齐）魏收：《魏书》，中华书局2017年版，第3302页。

让、禁欲、自律等有助于国家对社会的控制，但佛教理念与中国传统法律文化在根本上的不一致，仍然会使得这种控制一不小心就可能失控。① 因此，中国传统法律的佛教影响建立在整体的宗教管理体制下，体现为中国本土法律文明与外来宗教文明、法律文明的深刻冲突。只是这种冲突的结果，既非本土战胜外来，也非外来战胜本土，而是本土对外来文明的有限接受。换言之，中国传统法律文化既试图从佛教理念中吸收优秀的成分（从对统治有利的角度讲则是有利成分），也试图排除佛教理念中糟粕的部分。从这种历史发展脉络中可以发现，中国传统法律的文明化确实在某些层面受到佛教的有益影响。同时，前者仍然试图通过具体的法律规范将佛教与佛教徒变成政府可以管控的顺民，并且，这种管控的程度比同是信仰佛教的东瀛日本来得更深入。在这种两面性中，不仅佛教的功能得以体现，法律的功能也得到展现。信仰何以影响法律，法律又何以反控信仰，这构成本书最为重要的研究主题。

六　规制与反制：宗教与中国传统法律的互动

从佛教对中国传统法律的影响中可以发现，宗教与中国传统法律之间的关系是动态的。宗教在改变法律，法律也在改变宗教。当佛教被中国古代社会所纳时，法律必然发生转变。只是，以儒法为基础所建立的秩序并未给佛教留下多少法律生存空间。因此，虽然法律秩序在变迁中要为佛教做出改变，但是传统政治观念不允许存在不受控制的势力。

中国传统伦理观念根深蒂固，这种观念的形成本质上是受儒家影响的；中国的政治实践则又极为现实，以维护君主专制为基础，以保障经济、民生为手段。在前者看来，佛教伦理观与儒家的冲突是后者所不能容忍的。因此，宋儒指斥佛教为异端。但是，随着信奉佛教者的增多，统治者开始善用

① 学者指出："宋元以来，传统宗教在传播过程中，部分思潮与区域化的宗法体系相结合，形成隐蔽独立的社团组织，给中国传统社会治理也带来一定困难，社会不稳定时，尤为显现。"参见建志栋《中国古代宗教治理的法律解读》，《政法论坛》2019 年第 2 期。

佛教巩固自己的统治，甚至以之作为自身正当性的基础。历史上声称自己与佛教神灵有内在关系的皇帝并不稀少。

但是剑分两刃，在中国古代，宗教能够支持君权，也能够对之造成冲击。这不仅体现在宗教会与国家争夺人、财、物等资源，而且宗教能够为摧毁现行统治秩序的做法提供正当性依据甚或组织体。以宗教为名而发起的起义或者谋反并不在少数，甚至很多大事件的背后都有宗教的影子，这里面不仅仅包括佛道家，还包括一些民间宗教甚至邪教。这使得君主必须要将宗教纳入可控的范围，防止其发生异变。作为重要的工具，法律也会做出适度调整，当然非法律的整治措施也会成为手段。

同时，宗教在演化中也会内生出许多问题。以佛教为例，以出世修行为理念的佛教要求僧侣们能够摒弃世俗，全身心投入到对佛理的研修和践行中。但是，僧侣的某些身份优势往往吸引很多心怀异志的人参与。他们并非单纯的佛教徒，而且只是试图利用僧侣身份的世俗人。当僧团不能自净时，国家就会承担起相应的角色，法律的机制也会启动。当然，这种做法与中国古代国家的政治观念有关。

在中国古代，法律对宗教的规制是必然的，希望借此将宗教纳入统治者的掌控之内，这合乎传统伦理，也合乎政治需求。但是，宗教的发展也要求其能够为国家所认可，或者说获得正统、正祀的地位，这又对传统法律提出变动要求。法律需要迎合宗教的生长需求，但是又需要对之进行应有的规制。在规制与反制之间，中国古代法律也逐渐演变，并为中华法系的形成发挥了作用。

参考文献

一　一般古籍类

（唐）白居易：《白氏六帖事类集》，民国景宋本。

（汉）班固：《汉书》，中华书局1962年版。

（汉）班固：《汉武帝内传》，明正统道藏本（托伪班固撰）。

曹胜高、安娜译注：《六韬·鬼谷子》，中华书局2007年版。

（晋）陈寿：《三国志》，中华书局1964年版。

陈高华等点校：《元典章》，中华书局、天津古籍出版社2011年版。

《大元圣政国朝典章》，中国广播电视出版社1998年版。

（汉）董仲舒：《春秋繁露》，清武英殿聚珍版丛书本。

（清）董诰等编：《全唐文》，中华书局1983年版。

（唐）杜佑：《通典》，王文锦等点校，中华书局1988年版。

（南朝宋）范晔：《后汉书》，中华书局1965年版。

（唐）房玄龄：《晋书》，中华书局1974年版。

傅璇琮主编，北京大学古文献研究所编：《全宋诗》，北京大学出版社1991年版。

高亨注译：《商君书注译》，中华书局1974年版。

高明士主编：《天圣令译注》，台湾元照出版公司2017年版。

（清）谷应泰：《明史纪事本末》，中华书局1977年版。

（晋）郭象注，（唐）成玄英疏：《庄子注疏》，曹础基、黄兰发整理，中华书局2011年版。

（唐）韩愈：《韩昌黎文集校注》，马其昶校注，马茂元整理，上海古籍出版社 2014 年版。

（战国）韩非：《韩非子新校注》，陈奇猷校注，上海古籍出版社 2000 年版。

何宁撰：《淮南子集释》，中华书局 1998 年版。

（五代）和凝：《疑狱集》，清文渊阁四库全书本。

（汉）桓宽：《盐铁论校注》，王利器校注，中华书局 1992 年版。

（明）黄淮、杨士奇编：《历代名臣奏议》，台湾学生书局 1985 年版。

《黄帝内经》，姚春鹏译注，中华书局 2010 年版。

黄寿祺、张善文：《周易译注》，上海古籍出版社 2001 年版。

（清）纪昀：《四库全书总目提要》，河北人民出版社 2000 年版。

（汉）贾谊：《新语校注》，王利器校注，中华书局 1986 年版。

（汉）孔安国传，（唐）孔颖达正义：《尚书正义》，黄怀信整理，上海古籍出版社 2007 年版。

（清）崑冈等续修：《清会典》，商务印书馆 1936 年版。

黎翔凤撰：《管子校注》，梁运华整理，中华书局 2004 年版。

（宋）李昉：《太平御览》，夏剑钦等点校，河北教育出版社 1994 年版。

（宋）李昉：《太平御览》，中华书局 1966 年版。

（唐）李百药：《北齐书》，中华书局 1972 年版。

（唐）李林甫等：《唐六典》，陈仲夫点校，中华书局 2014 年版。

（唐）李隆基注，（宋）邢昺疏：《孝经注疏》，金良年整理，上海古籍出版社 2009 年版。

（唐）李延寿：《北史》，中华书局 1974 年版。

（唐）李延寿：《南史》，中华书局 1975 年版。

（元）李京：《云南志略辑校》，王权武校注，云南民族出版社 1986 年版。

（宋）廖刚：《高峰文集》，清文渊阁四库全书本。

（唐）令狐德棻：《周书》，中华书局 1971 年版。

（后晋）刘昫：《旧唐书》，中华书局 1975 年版。

（清）刘统修，（清）刘炳纂：河北省《任邱县志》，台湾成文出版社

1976 年版。

　　刘尚慈译注：《春秋公羊传译注》，中华书局 2010 年版。

　　（宋）陆游：《老学庵笔记》，李剑雄、刘德权点校，中华书局 1979 年版。

　　（战国）吕不韦编：《吕氏春秋集释》，许维遹集释，梁运华整理，中华书局 2009 年版。

　　（战国）吕不韦门客编：《吕氏春秋全译》，关贤柱译注，贵州人民出版社 1997 年版。

　　（汉）马融撰，（汉）郑玄注，（明）陶原良详解：《忠经详解》，《续修四库全书》编纂委员会：《续修四库全书》第九百三十三册，上海古籍出版社 1995 年版。

　　（元）马端临：《文献通考》，中华书局 1986 年版。

　　（宋）欧阳修：《欧阳文忠公集》，四部丛刊景元本。

　　（宋）欧阳修：《新五代史》，中华书局 1974 年版。

　　《潘公免灾宝卷》，张希舜等主编：《宝卷初集》第二十三册，山西人民出版社 1994 年版。

　　潘重规编：《敦煌变文集新书》，文津出版社 1994 年版。

　　《清实录》第二十八册《仁宗睿皇帝实录》，中华书局 1987 年版。

　　《清实录》第二十六册《高宗纯皇帝实录》，中华书局 1987 年版。

　　《清实录》第二十三册《高宗纯皇帝实录》，中华书局 1987 年版。

　　《清实录》第十册《高宗纯皇帝实录》，中华书局 1987 年版。

　　《清实录》第十二册《高宗纯皇帝实录》，中华书局 1987 年版。

　　《清实录》第四十四册《文宗显皇帝实录》，中华书局 1987 年版。

　　《清实录》第四十五册《穆宗毅皇帝实录》，中华书局 1987 年版。

　　（明）丘濬：《大学衍义补》，金良年整理，朱维铮审阅，上海书店 2012 年版。

　　（清）阮元校刻：《十三经注疏（清嘉庆刊本）》第一册《周易正义》，中华书局 2009 年版。

　　（清）阮元校刻：《十三经注疏（清嘉庆刊本）》第五册《春秋穀梁传》，中华书局 2009 年版。

（清）阮元校刻：《十三经注疏（清嘉庆刊本）》第五册《尔雅注疏》，中华书局 2009 年版。

（明）申时行：《大明会典》，明万历内府刻本。

（明）沈德符：《万历野获编》，中华书局 1959 年版。

（南朝梁）沈约：《宋书》，中华书局 1974 年版。

（清）沈家本：《历代刑法考》，邓经元、骈宇骞点校，中华书局 1985 年版。

《十三经注疏》整理委员会整理，李学勤主编：《十三经注疏·春秋左传正义》，北京大学出版社 2000 年版。

（宋）释契嵩：《镡津集》，四部丛刊三编景明弘治本。

（唐）释道宣：《大唐内典录》，清径山藏本。

［日］释圆仁：《入唐求法巡礼行记校注》，［日］小野胜年校注，白化文、李鼎霞、许德楠修订校注，花山文艺出版社 1992 年版。

睡虎地秦墓竹简整理小组：《睡虎地秦墓竹简》，文物出版社 1990 年版。

（汉）司马迁：《史记》，中华书局 2014 年版。

（宋）司法光撰，（元）胡三省注：《资治通鉴》，点校资治通鉴小组点校，中华书局 1956 年版。

（明）宋濂等：《元史》，中华书局 1976 年版。

（宋）宋敏求：《唐大诏令集》，中华书局 2008 年版。

《宋会要辑稿》，刘琳等点校，上海古籍出版社 2014 年版。

（宋）苏轼撰，（明）茅维编：《苏轼文集》，孔凡礼点校，中华书局 1986 年版。

（清）孙星衍：《汉官六种》，周天游点校，中华书局 1990 年版。

（清）谭嗣同：《仁学》，收入《谭嗣同全集》，生活·读书·新知三联书店 1954 年版。

（南朝梁）陶弘景：《真诰》，赵益点校，中华书局 2011 年版。

天一阁博物馆、中国社会科学院历史研究所天圣令整理课题组校证：《天一阁藏明钞本天圣令校证·附唐令复原研究》，中华书局 2006 年版。

（元）脱脱等：《金史》，中华书局 1975 年版。

（元）脱脱等：《辽史》，中华书局 2016 年版。

（元）脱脱等：《宋史》，中华书局 1977 年版。

（汉）王充著，黄晖撰：《论衡校释（附刘盼遂集解）》，中华书局 1990 年版。

（汉）王逸：《楚辞章句》，四部丛刊景明翻宋本。

（明）王守仁：《王阳明全集》，吴光等编校，上海古籍出版社 1992 年版。

（清）王先谦：《荀子集解》，沈啸寰、王星贤点校，中华书局 2012 年版。

（清）王先慎：《韩非子集解》，钟哲校注，中华书局 1998 年版。

（宋）王溥：《唐会要》，中华书局 1955 年版。

（宋）王钦若：《册府元龟》，明刻初印本。

（宋）王栐撰：《燕翼诒谋录》，诚刚点校，中华书局 1981 年版。

（魏）王弼：《王弼集校释》，楼宇烈校释，中华书局 1980 年版。

王德明主编：《孔子家语译注》，广西师范大学出版社 1998 年版。

王明编：《太平经合校》，中华书局 1960 年版。

（北齐）魏收：《魏书》，中华书局 2017 年版。

（唐）魏征：《隋书》，中华书局 1973 年版。

（唐）吴兢：《贞观政要》，上海古籍出版社 1978 年版。

（元）吴亮：《忍经》，刘成荣译注，中华书局 2013 年版。

《息讼词》，袁啸波编：《民间劝善书》，上海古籍出版社 1995 年版。

（南朝梁）萧统编，（唐）李善注：《文选》，中华书局 1977 年版。

（南朝梁）萧子显：《南齐书》，中华书局 1972 年版。

（汉）许慎撰，（清）段玉裁注：《说文解字注》，许惟贤整理，凤凰出版社 2015 年版。

（清）薛允升：《唐明律合编》，怀效锋、李鸣点校，法律出版社 1999 年版。

（宋）薛居正：《旧五代史》，中华书局 2016 年版。

（汉）荀悦撰，（明）黄省曾注：《申鉴注校补》，孙启治校补，中华书局 2012 年版。

（清）严可均校辑：《全上古三代秦汉三国六朝文》，中华书局 1958

年版。

（宋）杨万里：《诚斋集》，四部丛刊景宋写本。

杨伯峻译注：《论语译注》，中华书局 1980 年版。

杨伯峻译注：《孟子译注》，中华书局 1960 年版。

（唐）姚思廉：《陈书》，中华书局 1972 年版。

（唐）姚思廉：《梁书》，中华书局 1973 年版。

（汉）应劭：《风俗通义校注》，王利器校注，中华书局 1981 年版。

（清）永瑢：《四库全书总目提要》，清乾隆武英殿刻本。

（清）俞正燮：《癸巳存稿》，清连筠簃丛书本。

（清）裕谦：《救生不救死论》，（清）盛康辑《皇朝经世文编续编》卷九八《刑政·刑论》，见《近代中国史料丛刊》847，台湾文海出版社 1972 年版。

（东晋）袁弘：《后汉纪》，张烈点校，中华书局 2002 年版。

（明）云栖袾宏撰，明学主编：《莲池大师全集》，上海古籍出版社 2011 年版。

（清）张廷玉等：《明史》，中华书局 1974 年版。

（唐）张彦远：《历代名画记》，俞剑华注释，上海人民美术出版社 1964 年版。

张家山二四七号汉墓竹简整理小组：《张家山汉墓竹简［二四七号墓］：释文修订版》，文物出版社 2006 年版。

（汉）赵晔：《吴越春秋校注》，张觉校注，岳麓书社 2006 年版。

（民国）赵尔巽：《清史稿》，中华书局 1977 年版。

（宋）真德秀：《读书记》，清文渊阁四库全书本。

（汉）郑玄传，（唐）贾公彦疏：《仪礼注疏》，王辉整理，上海古籍出版社 2008 年版。

（汉）郑玄注，（唐）贾公彦疏：《周礼注疏》，彭林整理，上海古籍出版社 2010 年版。

（汉）郑玄注，（唐）孔颖达正义：《礼记正义》，吕友仁整理，上海古籍出版社 2008 年版。

（宋）郑樵：《通志二十略》，王树民点校，中华书局 1995 年版。

（唐）中敕：《大唐开元礼》，民族出版社 2000 年版。

中国社会科学院历史研究所宋辽金元史研究室编：《名公书判清明集》，中华书局 1987 年版。

周才珠、齐瑞端译注：《墨子全译》，贵州人民出版社 1995 年版。

周振鹤撰集，顾美华点校：《圣谕广训：集解与研究》，上海书店 2006 年版。

（明）朱元璋：《明太祖集》，胡士萼点校，黄山出版社 1991 年版。

（宋）朱熹：《晦庵先生朱文公文集》，《朱子语类》，朱杰人等主编：《朱子全书》，上海古籍出版社、安徽教育出版社 2002 年版。

（唐）朱景玄：《唐朝名画录》，清文渊阁四库全书本。

［日］竹添光鸿：《毛诗会笺》，台湾大通书局 1975 年版。

二　法律古籍类

（唐）长孙无忌等：《唐律疏议》，刘俊文点校，中华书局 1983 年版。

（宋）窦仪等：《宋刑统》，吴翊如点校，中华书局 1984 年版。

（宋）窦仪等：《宋刑统》，薛梅卿点校，法律出版社 1999 年版。

（宋）窦仪等详定：《宋刑统校证》，岳纯之校证，北京大学出版社 2015 年版。

（宋）傅霖：《刑统赋解》，清道光二年黄氏礼居钞本。

郭成伟点校：《大元通制条格》，法律出版社 2000 年版。

怀效锋点校：《大明律（附大明令 问刑条例）》，辽沈书社 1990 年版。

黄彰健编著：《明代律例汇编》（上下），台湾中研院历史语言研究所 1994 年版。

蒋宗许等笺注：《龙筋凤髓判笺注》，法律出版社 2013 年版。

刘俊文：《唐律疏议笺解》，中华书局 1996 年版。

［日］日本律令研究会编：《譯註日本律令》第 5—8 卷《唐律疏議譯註篇一-四》，东京堂 1979 年、1984 年、1987 年、1996 年版。

（明）舒化：《大明律附例》，明嘉靖刻本。

（宋）宋慈：《洗冤集录译注》，高随捷、祝林森译注，上海古籍出版社 2016 年版。

（宋）谢深甫：《庆元条法事类》，清钞本。

（元）徐元瑞：《吏学指南》，元刻本。

（清）薛允升：《唐明律合编》，怀效锋、李鸣点校，法律出版社 1999 年版。

岳纯之点校：《唐律疏议》，上海古籍出版社 2013 年版。

三　佛教古籍类

《般泥洹经》（作者佚名），收入《中华大藏经》（汉文部分）第三三册，中华书局 1988 年版。

（明）（不著撰人名氏）：《神僧传》，收入大正新修大藏经刊行会编：《大正新修大藏经》第六二册，台湾新文丰出版股份有限公司 1986 年版。

（唐）澄观：《大方广佛华严经随疏演义钞》，收入中华大藏经编辑局编：《中华大藏经》（汉文部分）第八六册，中华书局 1994 年版。

（唐）道宣：《四分律删繁补阙行事钞校释》，学诚法师校释，宗教文化出版社 2015 年版。

（唐）道宣律师著述：《四分律比丘含注戒本校释》，学诚法师校释，宗教文化出版社 2015 年版。

（唐）道宣：《广弘明集》，收入大正新修大藏经刊行会编：《大正新修大藏经》第五二册，新文丰出版股份有限公司 1986 年版。

（唐）道宣：《释迦氏谱》，收入中华大藏经编辑局编：《中华大藏经》（汉文部分）第五二册，中华书局 1992 年版。

（唐）道宣：《续高僧传》，郭绍林点校，中华书局 2014 年版。

（元）德辉编：《敕修百丈清规》，李继武点校，中州古籍出版社 2011 年版。

（隋）阇那崛多译：《佛本行集经》，收入中华大藏经编辑局编：《中华大藏经》（汉文部分）第三五册，中华书局 1989 年版。

（晋）法显：《佛国记注译》，郭鹏等注译，长春出版社 1995 年版。

（西晋）法炬译：《阿阇世王问五逆经》，收入大正新修大藏经刊行会：《大正新修大藏经》第十四册，台湾新文丰出版有限公司 1983 年版。

（东晋）佛陀跋陀罗、法显译：《摩诃僧祇律》，收入中华大藏经编辑局编：《中华大藏经》（汉文部分）第三六册，中华书局 1989 年版。

（后秦）佛陀耶舍、竺佛念译：《四分律》，收入中华大藏经编辑部：《中华大藏经》（汉文部分）第四十册，中华书局 1990 年版

（后秦）弗若多罗、鸠摩罗什译：《十诵律》，收入中华大藏经编辑局编：《中华大藏经》（汉文部分）第三七册，中华书局 1989 年版。

恒强校注：《阿含经校注·长阿含经》，线装书局 2012 年版。

恒强校注：《阿含经校注·杂阿含经》，线装书局 2012 年版。

恒强校注：《阿含经校注·中阿含经》，线装书局 2012 年版。

（隋）吉藏：《观无量寿经义疏》，收入《大正新修大藏经》第三十七册，台湾新文丰出版有限公司 1983 年版。

（五胡十六国）迦旃延子造，五百罗汉释，［北凉］浮陁跋摩共道泰等译：《阿毗昙毗婆沙论》，收入《中华大藏经》（汉文部分）第四四册，中华书局 1990 年版。

（南朝宋）畺良耶舍译：《佛说观无量寿佛经》，收入《中华大藏经》（汉文部分）第一八册，中华书局 1986 年版。

（后秦）鸠罗摩什译：《大智度论》，收入中华大藏经编辑局编：《中华大藏经》（汉文部分）第二五册，中华书局 1987 年版。

（曹魏）康僧铠译：《佛说无量寿经》，收入中华大藏经编辑局编：《中华大藏经》（汉文部分）第九册，中华书局 1985 年版。

赖永海主编，戴传江译注：《梵网经》，中华书局 2013 年版。

赖永海主编，王彬译注：《法华经》，中华书局 2013 年版。

龙树造，（后秦）鸠摩罗什译：《十住毗婆沙论》，收入中华大藏经编辑局编：《中华大藏经》（汉文部分）第二九册，中华书局 1987 年版。

（元）念常集：《佛祖历代通载》，收入《大正新修大藏经》第四十九册，台湾新文丰出版有限公司 1983 年版。

（隋）菩提灯译：《占察善恶业报经》卷上，收入中华大藏经编辑部：《中华大藏经》（汉文部分）第二三册，中华书局 1987 年版。

（明）如惺：《大明高僧传》，收入大正新修大藏经刊行会编：《大正新修大藏经》第五十册，台湾新文丰出版股份有限公司 1986 年版。

《萨婆多毗尼毗婆沙》（译者不详），收入中华大藏经编辑局编：《中华

大藏经》（汉文部分）第四二册，中华书局 1990 年版。

（后秦）三藏法师、鸠罗摩什、僧叡译：《摩诃般若波罗蜜经》，收入中华大藏经编辑局编：《中华大藏经》（汉文部分）第七册，中华书局 1985 年版。

（南朝梁）僧祐：《弘明集校笺》，李小荣校笺，上海古籍出版社 2013 年版。

（南朝梁）释慧皎：《高僧传》，汤用彤校注，汤一玄整理，中华书局 1992 年版。

（南朝梁）释僧祐：《出三藏记集》，苏晋仁、萧錬子点校，中华书局 1995 年版。

（宋）释元照：《四分律行事钞资持记》，收入大正新修大藏经刊行会编：《大正新修大藏经》第四十册，台北新文丰出版股份有限公司 1986 年版。

（隋）释慧远：《大乘义章》，收入大正新修大藏经刊行会编：《大正新修大藏经》第四十四册，台北新文丰出版股份有限公司 1986 年版。

（唐）释澄观：《大方广佛华严经疏》，收入中华大藏经编辑局编：《中华大藏经》（汉文部分）第八五册，中华书局 1994 年版。

（唐）释道世：《法苑珠林校注》，周叔迦、苏晋仁校注，中华书局 2003 年版。

（北凉）昙无谶译：《大方等大集经》，收入中华大藏经编辑局编：《中华大藏经》（汉文部分）第十册，中华书局 1985 年版。

（北凉）昙无谶译：《大方广三戒经》，收入中华大藏经编辑局编：《中华大藏经》（汉文部分）第九册，中华书局 1985 年版。

邢东风辑校：《马祖语录》，中州古籍出版社 2008 年版。

（唐）玄奘译：《瑜伽师地论》，收入大正新修大藏经刊行会编：《大正新修大藏经》第三十册，台湾新文丰出版股份有限公司 1986 年版。

（北魏）杨衒之撰：《洛阳伽蓝记校释》，周祖谟校释，中华书局 2010 年版。

（宋）赞宁：《大宋僧史略校注》，富世平校注，中华书局 2015 年版。

（宋）赞宁：《宋高僧传》，中华书局 1987 年版。

（汉）支娄迦谶译：《佛说遗日摩尼宝经》，收入中华大藏经编辑局编：《中华大藏经》（汉文部分）第九册，中华书局 1985 年版。

（宋）志磐：《佛祖统纪》，收入中华大藏经编辑局编：《中华大藏经》（汉文部分）第八二册，中华书局 1994 年版。

（隋）智者大师：《〈释禅波罗蜜次第法门〉译释》，苏树华译释，宗教文化出版社 2005 年版。

（隋）智者大师说，弟子法慎记，弟子灌顶再治：《释禅波罗蜜次第法门》，收入《中华大藏经》（汉文部分）第九七册，中华书局 1995 年版。

（隋）智者大师智顗说：《摩诃止观》，收入中华大藏经编辑局编：《中华大藏经》（汉文部分）第九四册，中华书局 1995 年版。

（南朝梁）诸大法师集撰：《慈悲道场忏法》，收入大正新修大藏经刊行会编：《大正新修大藏经》第四五册，台北新文丰出版股份有限公司 1986 年版。

（后秦）竺佛念译：《出曜经》，收入中华大藏经编辑局编：《中华大藏经》（汉文部分）第五十册，中华书局 1992 年版。

（宋）宗赜：《禅苑清规》，苏军点校，中州古籍出版社 2001 年版。

四　中文著作类

岑仲勉：《隋唐史》，商务印书馆 2015 年版。

陈登武：《从人间世到幽冥界——唐代的法制、社会与国家》，北京大学出版社 2007 年版。

陈登武：《地狱·法律·人间秩序：中古中国宗教、社会与国家》，台湾五南图书出版公司 2009 年版。

陈顾远：《中国法制史概要》，商务印书馆 2011 年版。

陈俊强：《皇恩浩荡——皇帝统治的另一面》，台湾五南图书出版公司 2004 年版；《皇权的另一面——北朝隋唐恩赦制度研究》，北京大学出版社 2007 年版。

陈明光：《唐代财政史新编》，中国财政经济出版社 1999 年版。

陈晓聪：《中国古代佛教法初探》，法律出版社 2014 年版。

陈晓枫、柳正权：《中国法制史》，武汉大学出版社 2012 年版。

陈晓枫主编：《中国法制史新编》，武汉大学出版社 2007 年版。

陈兴良主编：《刑法学》，复旦大学出版社 2016 年版。

陈义和：《佛教与宋代法律》，中国政法大学出版 2015 年版。

陈寅恪：《隋唐制度渊源略论稿》，生活·读书·新知三联书店 1963 年版。

陈玉女：《明代的佛教与社会》，北京大学出版社 2011 年版。

成建华：《佛教义理研究》，宗教文化出版社 2012 年版。

程树德：《九朝律考》，中华书局 1963 年版。

丁凌华：《五服制度与传统法律》，商务印书馆 2013 年版。

董志翘：《中古文献语言论集》，巴蜀书社 2000 年版。

杜继文主编：《佛教史》，江苏人民出版社 2008 年版。

范文澜：《中国通史》第二册，人民出版社 1994 年版。

高国藩：《中国巫术通史》，凤凰出版社 2015 年版。

高旭晨：《在神权与王权之间——中国古代宗教法律规制述略》，中国社会科学出版社 2019 年版。

葛兆光：《增订本中国禅思想史：从六世纪到十世纪》，上海古籍出版社 2008 年版。

葛兆光：《中国思想史》，复旦大学出版社 2001 年版。

龚汝富：《明清讼学研究》，商务印书馆 2008 年版。

顾吉辰：《宋代佛教史稿》，中州古籍出版社 1993 年版。

韩星：《儒法整合：秦汉政治文化论》，中国社会科学出版社 2005 年版。

何兹全主编：《中国历代名僧》，河南人民出版社 1995 年版。

贺科伟：《移风易俗与秦汉社会》，中国社会科学出版社 2014 年版。

洪湛侯：《诗经学史》，中华书局 2002 年版。

黄新亚：《中国魏晋南北朝艺术史》，人民出版社 1994 年版。

黄源盛：《汉唐法制与儒家传统》，台北元照出版有限公司 2009 年版。

黄源盛：《中国法史导论》，台北元照出版有限公司 2012 年版；广西师范大学出版社 2014 年版。

黄正健：《天圣令与唐宋制度研究》，中国社会科学出版社 2011 年版。

贾丽英：《秦汉家族犯罪研究》，人民出版社 2010 年版。

姜广辉：《中国经学思想史》第二卷，中国社会科学出版社 2003 年版。

蒋维乔：《中国佛教史》，群言出版社 2013 年版。

瞿同祖：《中国法律与中国社会》，中华书局 1981 年版。

宽忍法师：《佛教手册》，中国文史出版社 2010 年版。

赖永海主编：《中国佛教通史》第一卷，江苏人民出版社 2010 年版。

赖永海主编：《中国佛教通史》第八卷，江苏人民出版社 2010 年版。

赖永海主编：《中国佛教通史》第九卷，江苏人民出版社 2010 年版。

赖永海主编：《中国佛教通史》第十一卷，江苏人民出版社 2010 年版。

赖永海主编：《中国佛教通史》第十二卷，江苏人民出版社 2010 年版。

蓝吉富：《隋代佛教史述论》，商务印书馆（台北）股份有限公司 1998 年版。

劳政武：《佛教戒律学》，宗教文化出版社 1999 年版。

李春华等：《佛教学》，当代世界出版社 2000 年版。

李俊芳：《晋朝法制研究》，人民出版社 2012 年版。

李申：《中国儒教史》（上卷），上海人民出版社 1999 年版。

李文玲、杜玉奎：《儒家孝伦理与汉唐法律》，法律出版社 2012 年版。

李泽厚：《新版中国古代思想史论》，天津社会科学院出版社 2008 年版。

梁启超：《翻译文学与佛典》，收入梁启超：《梁启超全集》，北京出版社 1999 年版。

梁启超：《梁启超论中国法制史》，商务印书馆 2012 年版。

梁启超：《五十年中国进化概论》，收入梁启超：《饮冰室合集》，中华书局 1989 年版。

梁晓虹：《佛教词语的构造与汉语词汇的发展》，北京语言学院出版社 1994 年版。

刘后滨：《唐代中书门下体制研究——公文形态·政务运行与制度变迁》，齐鲁书社 2004 年版。

刘俊文：《敦煌吐鲁番唐代法制文书考释》，中华书局 1989 年版。

刘淑芬：《中古的佛教与社会》，上海古籍出版社 2008 年版。

刘小平：《中古佛教寺院经济变迁研究》，中央编译出版社 2016 年版。

刘晓林：《唐律"七杀"研究》，商务印书馆 2012 年版。

吕澂：《中国佛学源流略讲》，中华书局 1979 年版。

吕思勉：《中国制度史》，上海教育出版社 2002 年版。

马宗霍、马巨：《经学通论》，中华书局 2001 年版。

牟润孙：《论儒释两家之讲经与义疏》，弥勒出版社 1984 年版。

潘允中：《汉语词汇史概要》，上海古籍出版社 1989 年版。

钱穆：《国史大纲》，商务印书馆 1996 年修订版。

钱穆：《中国文化史导论》，商务印书馆 1994 年修订版。

钱宗范：《周代宗法制度研究》，广西师范大学出版社 1989 年版。

秦晖：《传统十论》，东方出版社 2014 年版。

邱兴隆：《关于惩罚的哲学：刑罚根据论》，法律出版社 2000 年版。

邱兴隆主编：《比较刑法》第一卷，中国检察出版社 2001 年版。

任继愈主编：《中国佛教史》第三卷，中国社会科学出版社 1988 年版。

任继愈主编：《中国佛教史》第一卷，中国社会科学出版社 1985 年版。

商务印书馆编：《敦煌遗书总目索引》，中华书局 1983 年版。

圣凯：《中国佛教信仰与生活史》，江苏人民出版社 2016 年版。

圣严法师：《戒律学纲要》，宗教文化出版社 2006 年版。

孙家红：《关于"子孙违犯教令"的历史考察——一个微观法史学的尝试》，社会科学文献出版社 2013 年版。

汤用彤：《汉魏两晋南北朝佛教史》，商务印书馆 1938 年版；上海人民出版社 2015 年版。

唐长孺：《魏晋南北朝史论拾遗》，中华书局 1983 年版。

唐大潮：《明清之际道教"三教合一"思想论》，宗教文化出版社 2000 年版。

田继周：《先秦民族史》，四川民族出版社 1996 年版。

王国维：《观堂集林》，河北教育出版社 2001 年版。

王海明：《新伦理学》（修订版），商务印书馆 2008 年版。

王建光：《中国律宗思想研究》，巴蜀书社 2004 年版。

王建光：《中国律宗通史》，凤凰出版社 2008 年版。

王力：《汉语史稿》，中华书局 1980 年版。

王月清：《中国佛教伦理研究》，南京大学出版社 1999 年版。

魏道明：《始于兵而终于礼——中国古代族刑研究》，中华书局 2006 年版。

文霞：《秦汉奴婢的法律地位》，社会科学文献出版社 2016 年版。

吴福助：《睡虎地秦简论考》，台北文津出版社 1994 年版。

吴亚荣主编：《中国税收犯罪通论》，中国税务出版社 1999 年版。

夏德美：《晋隋之际佛教戒律的两次变革：〈梵网经〉菩萨戒与智顗注疏研究》，中国社会科学出版社 2015 年版。

向熹：《简明汉语史》（上），高等教育出版社 1998 年版。

项楚：《敦煌变文选注》（增订本），中华书局 2019 年版。

谢重光：《中古佛教僧官制度与社会生活》，商务印书馆 2009 年版。

谢重光、白文固：《中国僧官制度史》，青海人民出版社 1990 年版。

邢义田：《治国安邦：法制、行政与军事》，中华书局 2011 年版。

徐忠明：《众声喧哗：明清法律文化的复调叙事》，清华大学出版社 2007 年版。

薛菁：《魏晋南北朝刑法体制研究》，福建人民出版社 2006 年版。

严耀中：《佛教戒律与中国社会》，上海古籍出版社 2007 年版。

阎步克：《士大夫政治演生史稿》，北京大学出版社 2015 年版。

杨一凡：《明大诰研究》，江苏人民出版社 1988 年版。

业露华：《中国佛教伦理思想》，上海社会科学院出版社 2000 年版。

叶孝信主编：《中国法制史》，复旦大学出版社 2014 年版。

于向东：《敦煌变相与变文研究》，甘肃教育出版社 2009 年版。

俞荣根：《儒家法思想通论》，广西人民出版社 1998 年版；修订本，商务印书馆 2018 年版。

喻松青：《明清白莲教研究》，四川人民出版社 1987 年版。

曾宪义等：《中国传统法律文化研究》（第 1 卷），中国人民大学出版社 2011 年版。

张海峰：《唐代佛教与法律》，上海人民出版社 2014 年版。

张箭：《三武一宗抑佛综合研究》，世界图书出版公司 2015 年版。

张金鉴：《中国法制史概要》，台北正中书局 1974 年版。

张晋藩：《中华法制文明的演进》，法律出版社 2010 年版。

张文显主编：《法理学》，高等教育出版社 2007 年版。

郑学檬主编：《中国赋役制度史》，厦门大学出版社 1994 年版。

中华大藏经编辑局编：《佛说观无量寿经》，收入《中华大藏经（汉文部分）》第十八册，中华书局 1986 年版。

周永坤：《解禁中的人权——中国大陆人权研究》，台北元照出版有限公司 2013 年版。

周振鹏、李晓杰、张莉：《中国行政区划通史·秦汉卷（上）》，复旦大学出版社 2017 年版。

五　中文论文类

［日］釜谷武志：《先秦至六朝时期的罪与罚》，《复旦学报》（社会科学版）2015 年第 1 期。

［日］宫宅洁：《中古古代"罪"的概念——罪秽、净化、分界》，柳立言主编：《史料与法史学》，"中研院"历史语言研究所 2016 年版。

［日］水间大辅：《汉初三族刑的变迁》，《厦门大学学报》（哲学社会科学版）2012 年第 6 期。

［日］水间大辅：《秦律、汉律中的杀人罪类型》，中国秦汉史研究会编：《秦汉史论丛》（第九辑），三秦出版社 2004 年版。

柏桦、刘更光：《宗教与邪教——明清时期刑罚政治观》，《西南大学学报》（人文社会科学版）2007 年第 1 期。

曹旅宁：《释秦律"拔其须眉"及"斩人发结"兼论秦汉的髡刑》，《中国史研究》2001 年第 1 期。

曹彦：《佛教的业报与疾病观》，《湖北社会科学》2015 年第 3 期。

常红星：《从清〈刑案汇览〉看法律层面的以儒摄佛》，《乐山师范学院学报》2010 年第 10 期。

晁福林：《试论殷代的王权与神权》，《社会科学战线》1984 年第 4 期。

陈翔：《新校〈白居易传〉及〈白氏文集〉佚文汇考》，《文学遗产》2010 年第 6 期。

陈迪：《王杖简册所见逆不道罪探析——兼论秦汉时期的上谳制度》，华中科技大学法学院"法律史料整理与研究工作坊"2015 年学术研讨会

（论文集，内部交流）。

陈根发：《论宗教宽容的政治化和法律化》，《环球法律评论》2007 年第
2 期。

陈观胜、赵红：《中国佛教中的孝》，赵红译，《敦煌学辑刊》1988 年第
1、2 期。

陈雷：《宋代佛教世俗化的向度及其启示》，《宁夏社会科学》2019 年第
5 期。

陈灵海：《通往唐永徽〈律疏〉之路——中古佛教律学与世俗律学互动
论》，《学术月刊》2015 年第 9 期。

陈玲、张红岩：《汉代髡钳城旦刑考略》，《青海民族大学学报》（社会
科学版）2010 年第 3 期。

陈乃华：《秦汉族刑考》，《山东师大学报》（哲学社会科学版）1985 年
第 4 期。

陈涛、高在敏：《中国法典编纂的历史发展与进步》，《法律科学·西北
政法学院学报》2004 年第 3 期。

陈晓聪：《中国古代佛教法的证成》，《中国海洋大学学报》（社会科学
版）2014 年第 3 期。

陈义和：《佛教观念对中国古代法律的影响初探》，《比较法研究》2014
年第 4 期。

陈寅恪：《论韩愈》，收入陈寅恪：《金明馆丛稿初编》，生活·读书·
新知三联书店 2001 年版。

程大力、张卓：《少林寺"十三棍僧救唐王"详考》，《成都体育学院学
报》2007 年第 1 期。

崔永东：《〈王杖十简〉与〈王杖诏书令册〉法律思想研究——兼及
"不道"罪考辨》，《法学研究》1999 年第 2 期。

崔永东：《从竹简看儒法两家法律思想的法律化》，收入氏著：《简帛文
献与古代法文化》，湖北教育出版社 2003 年版。

戴建国：《唐〈开元二十五年令·田令〉研究》，《历史研究》2000 年
第 2 期。

戴炎辉：《唐律十恶之溯源》，中国法制史学会出版委员会编：《中国法

制史论文集》，台北成文出版社 1981 年版。

丁明夷：《佛教与中国雕塑》，文史知识编辑部编：《佛教与中国文化》，中华书局 1988 年版。

董春林：《论唐宋僧道法之演变》，《江西社会科学》2010 年第 10 期。

董群：《佛教戒律的伦理诠释》，《东南大学学报》（社会科学版）1999 年第 3 期。

董群：《佛教轮回观的道德形而上学意义》，《东南大学学报》（哲学社会科学版）2007 年第 6 期。

董涛：《秦汉简牍〈日书〉所见"日廷图"探析》，《鲁东大学学报》（哲学社会科学版）2013 年第 5 期。

杜斗城：《〈地狱变相〉初探》，《敦煌学辑刊》1989 年第 1 期。

段塔丽：《论唐代佛教的世俗化及对女性婚姻家庭观的影响》，《陕西师范大学学报》（哲学社会科学版）2010 年第 1 期。

范立舟：《论南宋"吃菜事魔"与明教、白莲教的关系》，《杭州师范大学学报》（社会科学版）2016 年第 3 期。

范立舟：《弥勒信仰与宋元白莲教》，《中山大学学报》（社会科学版）2012 年第 3 期。

范依畴：《羞辱性刑罚：传统价值及其现代复兴》，《政法论坛》2016 年第 2 期。

范忠信：《律令关系、礼刑关系与律令制法律体系演进》，《法律科学》2014 年第 4 期。

方立天：《佛教与中国政治》，《社会科学战线》1987 年第 2 期。

方立天：《中国佛教伦理思想论纲》，《中国社会科学》1996 年第 2 期。

冯浩菲：《疏体小议》，《文献》1995 年第 4 期。

甘怀真：《〈唐律〉"罪"的观念》，中南财经政法大学法律文化研究院编：《中西法律传统》第六卷，北京大学出版社 2008 年版。

高惠娟：《由〈三国演义〉论头发与古代刑罚》，《殷都学刊》2012 年第 3 期。

高明士：《"义"与非血缘人伦秩序——以唐律所见义合与义绝为例》，《法律史译评》第八卷，中西书局 2020 年版。

高圣兵、刘莺：《"格义"思想杂合之途》，《外语研究》2006 年第 4 期。

葛兆光：《思想史研究视野中的图像》，《中国社会科学》2002 年第 4 期。

龚培：《本土禅宗流变与国民无讼心理》，《兰州学刊》2005 年第 4 期。

顾俊杰：《论佛教与中国传统法律文化的冲突与融合》，《同济大学学报》（社会科学版）2006 年第 3 期。

关桐、袁建：《原始佛教哲学的"缘起"说》，《五台山研究》1994 年第 4 期。

桂齐逊：《唐格再析》，徐世虹主编：《中国古代法律文献研究》第 4 辑，法律出版社 2010 年版。

郭东旭：《论宋代赦降制度》，《宋史研究论丛》1999 年总第 3 辑。

何柏生：《从衙署楹联看中国古代官吏的法律意识》，《法学》2019 年第 12 期。

何柏生：《佛教与中国传统法律文化》，《法商研究》1999 年第 4 期。

何铭：《论"无讼"》，《江苏大学学报》（社会科学版）2004 年第 6 期。

何勤华：《宗教法本质考》，《法学》2014 年第 11 期。

何蓉：《佛教寺院经济及其影响初探》，《社会学研究》2007 年第 4 期。

何善蒙：《批判、模仿与价值认同：对传统中国民间宗教与正统之间互动关系的一种考察》，《世界宗教研究》2011 年第 3 期。

何兹全：《中古时代之中国佛教寺院》，收入何兹全主编：《五十年来汉唐佛教寺院经济研究》，北京师范大学出版社 1986 年版。

贺万里：《儒学伦理与中国古代画像赞的图式表现》，《文艺研究》2003 年第 4 期。

侯欣一：《孝与汉代法制》，《法学研究》1998 年第 4 期。

胡文和：《地狱变相图》，《四川文物》1988 年第 2 期。

胡晓明：《论儒家阴阳思想下的汉代赦宥》，《南京农业大学学报》（社会科学版）2006 年第 1 期。

胡兴东：《赦宥在中国古代死刑适用中的作用》，《现代法学》2008 年第

5 期。

　　胡兴东、刘婷婷：《中国古代死刑适用机制初探》，《云南大学学报法学版》2006 年第 2 期。

　　华方田：《清代佛教的衰落与居士佛教的兴起》，《佛教文化》2004 年第 4 期。

　　黄东海、范忠信：《春秋铸刑书刑鼎究竟昭示了什么巨变》，《法学》2008 年第 2 期。

　　黄剑华：《略论早期佛教图像的传播》，《中原文物》2014 年第 1 期。

　　黄丽、刘志坚：《论佛教对中国法治的借鉴意义》，《政法学刊》2012 年第 1 期。

　　黄心川：《从印度到中国：佛教造像的艺术之路》，《世界宗教文化》2001 年第 2 期。

　　黄展岳：《记凉台东汉画像石上的"髡笞图"》，《文物》1981 年第 10 期。

　　黄振萍：《中国传统孝文化的历史演变》，《中州学刊》2014 年第 5 期。

　　霍存福、丁顺相：《〈唐律疏议〉"以""准"字例析》，《吉林大学社会科学学报》1994 年第 5 期。

　　纪华传：《坚持佛教中国化方向的历史根源与时代意义》，《世界宗教文化》2017 年第 5 期。

　　贾艳红：《论汉代政权对民间信仰的多重政策》，《齐鲁学刊》2012 年第 4 期。

　　简修炜、庄明辉：《南北朝时期寺院地主经济与世俗地主经济的比较研究》，《学术月刊》1988 年第 11 期。

　　剑艺、万禄：《我国古代的假发》，《民俗研究》1995 年第 1 期。

　　江傲霜：《同经异译的〈维摩诘经〉及其对汉语词汇发展的贡献》，《海南大学学报人文社会科学版》2007 年第 2 期。

　　姜涛：《〈唐律〉中的量刑制度及其历史贡献》，《法学家》2014 年第 3 期。

　　姜涛：《基于法益保护位阶的刑法实质解释》，《学术界》2013 年第 9 期。

净因：《国法与教规的关系——从佛教戒律的角度阐释》，《中国宗教》2016 年第 1 期。

孔学：《〈庆元条法事类〉研究》，《史学月刊》2000 年第 2 期。

李放：《南北朝时期佛教对法律思想的影响》，《船山学刊》2008 年第 3 期。

李海波：《佛教信仰及其死亡观念的当代意义》，《华东师范大学学报》（哲学社会科学版）2013 年第 5 期。

李静杰：《北朝隋代佛教图像反映的经典思想》，《民族艺术》2008 年第 2 期。

李俊强：《从佛教史的角度看髡刑的废除》，《湘潭大学学报》（哲学社会科学版）2014 年第 2 期。

李力：《出家·犯罪·立契——1—6 世纪“僧人与法律”问题的初步考察》，《法制史研究》第 17 期，2010 年 6 月。

李明权：《从语言学看佛教对中国文化的影响》，《法音》1993 年第 1 期。

李勤通：《“辜”与“罪”及其所见之刑法观的变迁》，《华东政法大学学报》2016 年第 6 期。

李勤通：《公私观念下罪与非罪的界限》，《中国社会历史评论》2016 年第 17 卷（上）。

李勤通：《令、格、式何以称刑书——对〈新唐书〉“唐之刑书有四”的解读》，《唐史论丛》第 22 辑，三秦出版社 2016 年版。

李勤通：《论礼法融合对唐宋司法制度的影响》，《江苏社会科学》2018 年第 4 期。

李勤通、周东平：《秦汉初期律令中的史官职业教育体系》，《现代大学教育》2016 年第 1 期。

李四龙：《论儒释道“三教合流”的类型》，《北京大学学报》（哲学社会科学版）2011 年第 2 期。

李向平、黄海波：《中国古史上的宗教管理——世俗皇权下的神圣世界》，《学术月刊》2005 年第 1 期。

李学竹：《佛教教义中的爱国思想》，《中国藏学》2007 年第 1 期。

梁景之：《从"邪教"案看清代国家权力与基层社会的关系》，《清史研究》2003 年第 3 期。

梁漱溟：《文化是整体还是可以零售》，《世界经济导报》1988 年 9 月 19 日第 10 版。

梁晓虹：《论佛教词语对汉语词汇宝库的扩充》，《杭州大学学报》（哲学社会科学版）1994 年第 4 期。

林明：《传统法制中的孝道文化因素释义》，《法学论坛》2001 年第 6 期。

林沄：《髡发种种》，《中国典籍与文化》1993 年第 3 期。

刘炳涛：《试论清代调整佛教和道教的法律制度及其特点》，《西安石油大学学报》（社会科学版）2016 年第 5 期。

刘长东：《论宋代的僧管制度》，《世界宗教研究》2003 年第 3 期。

刘海年：《秦律刑罚考析》，中华书局编辑部：《云梦秦简研究》，中华书局 1981 年版。

刘剑锋：《两晋沙门敬不敬王者之争再考察——以儒佛关系的变迁为切入点》，《北方论丛》2008 年第 5 期。

刘进宝：《从敦煌文书看唐五代佛教寺院的"唱衣"》，《南京师大学报》（社会科学版）2007 年第 4 期。

刘立夫：《论格义的本义及其引申》，《宗教学研究》2000 年第 2 期。

刘立夫：《儒佛政治伦理的冲突与融合——以沙门拜俗问题为中心》，《伦理学研究》2008 年第 1 期。

刘平：《中国"邪教"的由来与演变》，《中国社会历史评论》2005 年卷。

刘绍云：《戒律、家规、国法与中国古代社会的秩序调控》，《理论学刊》2005 年第 10 期。

刘亚丁：《道术：佛教进入中土的法门》，《四川大学学报》（哲学社会科学版）2008 年第 6 期。

刘洋：《"髡刑"的法人类学考察》，《云南大学学报》（法学版）2008 年第 6 期。

刘泳斯：《民间信仰在"三教合一"形成与发展过程中的历史作用》，

《中国文化研究》2012 年秋之卷。

刘跃进、周忠强：《"左图右史"的传统及图像在古代社会生活中的运用》，《苏州大学学报》（哲学社会科学版）2015 年第 3 期。

刘柱彬：《中国古代宗法制度的形成及其精神实质》，《法学评论》1997年第 1 期。

柳立言：《从〈名公书判清明集〉看南宋审判宗教犯罪的范例》，柳立言主编：《性别、宗教、种族、阶级与中国传统司法》，中研院历史语言研究所会议论文之十二，2013 年。

龙大轩：《孝道：中国传统法律的核心价值》，《法学研究》2015 年第3 期。

龙泉：《中国佛教制度史话之一——汉地教团的建立及早期形态》，《法音》1996 年第 8 期。

楼劲：《隋无〈格〉、〈式〉考——关于隋代立法和法律体系的若干问题》，《历史研究》2013 年第 3 期。

楼劲：《唐太宗贞观十一年立法研究——以〈贞观式〉有无之悬疑为中心》，《文史哲》2014 年第 6 期。

陆永峰：《论宝卷的劝善功能》，《世界宗教研究》2011 年第 3 期。

吕丽：《中国传统的慎杀理念与死刑控制》，《当代法学》2016 年第4 期。

吕丽、郭庭宇：《报应观对中国古代司法理念的影响》，《吉林广播电视大学学报》2018 年第 8 期。

马作武：《古代息讼之术探讨》，《武汉大学学报》（哲学社会科学版）1998 年第 2 期。

马作武：《先秦法家重刑主义批判》，《中外法学》2012 年第 6 期。

彭瑞花：《浅议佛教对中国传统法律思想的影响》，《太原师范学院学报》（社会科学版）2014 年第 5 期。

彭永捷：《认识儒教》，《社会科学》2011 年第 11 期。

皮庆生：《论宋代的打击"淫祀"与文明的推广》，《清华大学学报》（哲学社会科学版）2008 年第 2 期。

皮庆生：《宋人的正祀、淫祀观》，《东岳论丛》2005 年第 4 期。

钱大群：《〈唐律疏议〉结构及书名辨析》，《历史研究》2000 年第 4 期。

钱大群：《律、令、格、式与唐律的性质》，《法学研究》1995 年第 5 期。

钱群英：《佛教戒律文献释词》，《语言研究》2004 年第 2 期。

邱高兴：《孝戒关系论——佛教对中国传统伦理观念调和性解释》，《社会科学战线》2005 年第 6 期。

任宜敏：《明代佛教政策析论》，《人文杂志》2008 年第 4 期。

任宜敏：《清代汉传佛教政策考证》，《浙江学刊》2013 年第 1 期。

邵天松：《从〈法显传〉看佛典词汇的中土化》，《四川理工学院学报》（社会科学版）2008 年第 4 期。

沈刚：《汉代廷尉考述》，《史学集刊》2004 年第 1 期。

沈厚铎：《试析中国古代的赦》，《中外法学》1998 年第 2 期。

圣凯：《〈维摩诘经〉僧俗伦理与隋唐"沙门致敬王者"的论争》，《西南民族大学学报》（人文社会科学版）2016 年第 5 期。

圣凯：《戒律对佛教神圣性的建构与诠释》，《中国宗教》2009 年第 4 期。

石云涛：《东晋南朝佛教三宝供养风俗》，耿昇、戴建兵主编《历史上中外文化的和谐与共生：中国中外关系史学会 2013 年学术研讨会论文集》，甘肃人民出版社 2014 年版。

宋立道：《佛教与中国文化》，《佛学研究》2017 年第 1 期。

孙桂彬：《理论与现实：从杖打透视佛教律学本土化》，《世界宗教研究》2016 年第 3 期。

孙家洲：《试论战国、秦、汉时期立法指导思想的演变》，《杭州师院学报》（社会科学版）1986 年第 1 期。

孙英刚：《跨文化中的迷惘："民间宗教"概念的是与非》，《学术月刊》2010 年第 11 期。

孙英刚：《武则天的七宝——佛教转轮王的图像、符号及其政治意涵》，《世界宗教研究》2015 年第 2 期。

孙英刚：《转轮王与皇帝：佛教对中古君主概念的影响》，《社会科学战线》2013 年第 11 期。

谭家健：《云梦秦简〈为吏之道〉漫论》，《文艺评论》1990 年第 5 期。

谭洁：《从汉译〈阿含经〉考察早期佛教孝道思想》，《江汉论坛》2011 年第 7 期。

谭万全：《论传统法制对宗教组织的合法性要求——以汉传佛教寺院为例》，《华中科技大学学报》（社会科学版）2010 年第 5 期。

唐小蓉：《图像中的信仰与信仰中的图像——藏传佛教六道轮回图释义》，《宗教学研究》2007 年第 3 期。

田庆锋、蒙爱红：《法治视域下的清代金瓶挚签立法探析》，《河南师范大学学报》（哲学社会科学版）2012 年第 6 期。

王航：《印度早期佛教乞食制度的衰落及其影响》，《云南社会科学》2016 年第 5 期。

王建光：《禅宗农业的形成与发展》，《中国农史》2005 年第 4 期。

王晶波、王晶：《佛教地狱观念与中古时期的法外酷刑》，《敦煌学辑刊》2007 年第 4 期。

王立民：《唐律与中国传统法制论纲》，《华东政法大学学报》2009 年第 5 期。

王立民：《中国古代刑法与佛道教——以唐宋明清律典为例》，《法学研究》2002 年第 3 期。

王联合：《观念刑论纲》，《法学评论》2013 年第 1 期。

王玲霞：《神圣与世俗之间——从〈沙门不敬王者论〉看慧远的政治思想特点》，《中北大学学报》（社会科学版）2016 年第 2 期。

王青：《孔子的祭祀观及其对汉代社会的影响》，《南都学坛（人文社会科学学报）》2007 年第 5 期。

王森：《秦汉律中髡、耐、完刑辨析》，《法学研究》1986 年第 1 期。

王伟萍：《论佛教在六朝的确立及其对中土丧葬观念的影响》，《云南社会科学》2015 年第 4 期。

王喜旺：《教化视野中的佛道关系》，《纪念〈教育史研究〉创刊二十周年论文集——中国教育思想史与人物研究（2）》，2009 年。

王永会：《佛教政治哲学简论》，《社会科学研究》2000 年第 3 期。

王永平：《东晋中后期佛教僧尼与宫廷政治之关系考述》，《社会科学战线》2010 年第 9 期。

王永平：《晋宋之间佛教僧尼与宫廷政治之关系考述》，《社会科学战线》2012 年第 5 期。

王永平：《刘宋时期佛教僧尼与社会政治之关系考述》，《扬州大学学报》（人文社会科学版）2013 年第 3 期。

王瑜：《宋代"淫祀"观及地方政府官员的政治实践》，《西安电子科技大学学报》（社会科学版）2016 年第 6 期。

王月清：《中国佛教善恶报应论初探》，《南京大学学报》（哲学·人文·社会科学）1998 年第 1 期。

王月清：《中国佛教孝亲观初探》，《南京大学学报》（哲学·人文·社会科学）1996 年第 3 期。

魏承思：《唐代佛教和孝亲观》，《法音》1985 年第 6 期。

吴向红：《典之风俗与典之法律——本土视域中的典制渊源》，《福建师范大学学报》（哲学社会科学版）2007 年第 2 期。

吴晓欧：《古代印度佛教造像艺术溯源》，《吉林艺术学院学报·学术经纬》2004 年第 3 期。

吴信如：《佛法戒律论》，《佛学研究》1996 年刊。

吴燕平：《"教化"与"故实"——汉、晋人物画管窥》，《新美术》2008 年第 3 期。

吴勇：《传统无讼思想的产生及其历史根源》，《广西社会科学》2005 年第 7 期。

武乾：《中国古代对巫术邪教的法律惩禁》，《法学》1999 年第 9 期。

武树臣：《中国古代法律样式的理论诠释》，《中国社会科学》1997 年第 1 期。

夏德美：《南朝祭祀与佛教》，《青岛大学师范学院学报》2012 年第 2 期。

夏金华：《论佛教平等观的独特性及其表现与影响》，《华东师范大学学报》（哲学社会科学版）2009 年第 3 期。

夏清瑕：《佛教伦理对传统法律影响三题》，《江淮论坛》2010 年第

4 期。

夏清瑕:《明代宗教法律制度》,《南京财经大学学报》2004 年第 3 期。

谢晖:《论法律实效》,《学习与探索》2005 年第 1 期。

谢晶:《家可出否:儒家伦理与国家宗教管控》,《北方法学》2015 年第 4 期。

谢无量:《佛学大纲》,蓝吉富:《现代佛学大系》第四十六册,弥勒出版社 1984 年版。

谢重光:《魏晋隋唐佛教特权的盛衰》,《历史研究》1987 年第 6 期。

熊德米:《〈大清律例〉法律术语特征探析》,《西南政法大学学报》2016 年第 4 期。

徐文明:《〈四分律序〉辨伪》,《佛学研究》2010 年总第 19 期。

徐燕斌:《汉简扁书辑考——兼论汉代法律传播的路径》,《华东政法大学学报》2013 年第 2 期。

徐忠明:《"刑治主义"与中国古代法律观念》,《比较法研究》1999 年第 3、4 期。

徐忠明:《明清国家的法律宣传:路径与意图》,《法制与社会发展》2010 年第 1 期。

闫化川:《民间信仰的"正名传播"及其路径考察》,《世界宗教研究》2017 年第 6 期。

严耀中:《佛教戒律与儒家礼制》,《学术月刊》2002 年第 9 期。

严耀中:《论佛教戒律对唐代司法的影响》,荣新江主编:《唐代宗教信仰与社会》,上海辞书出版社 2003 年版。

严耀中:《试论中国佛教戒律的特点》,《世界宗教研究》2005 年第 3 期。

严耀中:《述论中国佛教的居士戒律学》,《上海师范大学学报》(哲学社会科学版)2007 年第 2 期。

严玉明、王文东:《中国佛教戒律的伦理探讨》,《西南民族大学学报》(人文社科版)2003 年第 6 期。

颜洽茂:《试论佛经语词的"灌注得义"》,朱庆之编:《佛教汉语研究》,商务印书馆 2009 年版。

杨广伟：《"完刑"即"髡刑"术》，《复旦学报》（社会科学版）1986年第 2 期。

杨鸿雁：《中国古代耻辱刑考略》，《法学研究》2005 年第 1 期。

杨华：《秦汉帝国的神权统一》，《历史研究》2011 年第 5 期。

杨建宏：《略论宋代淫祀政策》，《贵州社会科学》2005 年第 3 期。

杨梅：《唐代尼僧与世俗家庭的关系》，《首都师范大学学报》（社会科学版）2004 年第 5 期。

杨学勇：《三阶教化度寺无尽藏机构的管理与运转》，《敦煌学辑刊》2017 年第 3 期。

杨耀坤：《刘宋初期的皇权政治与佛教》，《四川大学学报》（哲学社会科学版）1997 年第 1 期。

杨曾文：《为协调佛法与王法立论——慧远〈沙门不敬王者论〉析》，《佛学研究》2004 年刊。

杨振红：《从出土秦汉律看中国古代的"礼"、"法"观念及其法律体现》，《中国史研究》2010 年第 4 期。

叶炜：《北魏〈大律〉新探》，中华书局编辑部编：《文史》2001 年第 1 辑，中华书局 2001 年版。

殷啸虎：《佛教与古代法制》，《文史知识》1994 年第 2 期。

尹富：《〈地藏菩萨本愿经〉综考》，《四川大学学报》（哲学社会科学版）2007 年第 6 期。

尤陈俊：《"讼师恶报"话语模式的力量及其复合功能》，《学术月刊》2019 年第 3 期。

尤俊成：《试论佛教对汉语词汇的影响》，《内蒙古师大学报》（哲学社会科学版）1993 年第 2 期。

游彪：《宋代有关僧尼的法条初探》，《河南大学学报》（社会科学版）2013 年第 3 期。

于豪亮：《中山三器铭文考释》，《考古学报》1979 年第 2 期。

岳纯之：《论唐五代法律中的十恶与五逆》，《史学月刊》2012 年第 10 期。

岳辉：《从魏晋南北朝时"沙门不敬王者论"的争论看佛教的中国化》，

《宗教学研究》2000 年第 2 期。

张光杰：《谈谈佛教的政治法律观》，《社会科学》1987 年第 4 期。

张海峰：《唐律"十恶"一词的佛教渊源》，《现代法学》2012 年第 3 期。

张建国：《叔孙通定〈傍章〉质疑——兼析张家山汉简所载律篇名》，《北京大学学报》（哲学社会科学版）1997 年第 6 期。

张建国：《夷三族解析》，《法学研究》1998 年第 6 期。

张建国：《中国律令法体系概论》，《北京大学学报》（哲学社会科学版）1998 年第 5 期。

张径真：《唐代〈道僧格〉复原研究》，《世界宗教文化》2012 年第 2 期。

张全民：《髡、耐、完刑关系考辨》，《湘潭大学社会科学学报》2001 年第 5 期。

张仁善：《传统"息讼"宣教的现代性启迪》，《河南财经政法大学学报》2015 年第 5 期。

张田田：《元代律学探析》，《中西法律传统》第九卷，北京大学出版社 2014 年版。

张文卓：《从转轮王到顶轮王——佛教轮王思想盛行的政治因素剖析》，《青海社会科学》2013 年第 3 期。

张雪松：《唐代法律对宗教异端书籍查禁制度探析——以佛教疑伪经录为个案的研究》，《世界宗教文化》2015 年第 3 期。

张忠炜：《秦汉律令关系试探》，《文史哲》2011 年第 4 期。

赵晶：《唐代〈道僧格〉再探——兼论〈天圣令·狱官令〉"僧道科法"条》，《华东政法大学学报》2013 年第 6 期。

赵静静：《风俗与教化之间——论唐政府对地方淫祀活动的态度》，《天中学刊》2018 年第 1 期。

郑炳林、屈直敏：《归义军时期敦煌佛教教团的道德观念初探》，《敦煌学辑刊》2006 年第 2 期。

郑定：《"罪"之渊源与哲学依据》，《法学家》2006 年第 5 期。

郑鹏：《元代大赦与政治关系论析》，《史学月刊》2014 年第 12 期。

郑文、张方：《地狱观念的本土化与早期的地狱经变图》，《新疆艺术学院学报》2008 年第 1 期。

郑显文：《唐代〈道僧格〉研究》，《历史研究》2004 年第 4 期。

郑显文、于鹏翔：《试论唐律对唐前期寺院经济的制约》，《中国经济史研究》1999 年第 3 期。

郑式：《道成舍利：重读仁寿年间隋文帝奉安佛舍利事件》，《美术研究》2016 年第 3 期。

周东平：《"举重以明轻，举轻以明重"之法理补论——兼论隋律立法技术的重要性》，《东方学报》（京都）第八十七册，2012 年 12 月。

周东平：《论佛教对儒家思想及传统法律的影响——以隋文帝时代为中心》，《法制史研究》第 24 期，2013 年 12 月。

周东平：《论佛教礼仪对中国古代法制的影响》，《厦门大学学报》（哲学社会科学版）2010 年第 3 期。

周东平：《隋〈开皇律〉十恶渊源新探》，《法学研究》2005 年第 4 期。

周东平：《隋〈开皇律〉与佛教的关系论析》，中国法律史学会编：《中国文化与法治》，社会科学文献出版社 2007 年版。

周东平、李勤通：《〈大明律〉采六部体系编纂模式原因考辨》，《法律科学》2017 年第 1 期。

周东平、李勤通：《论佛教之"罪"在中国古代的法律化及其限度》，《厦门大学学报》（哲学社会科学版）2017 年第 6 期。

周东平、李勤通：《唐明律"轻其轻罪、重其重罪"再辨析》，《法制史研究》2015 年第 27 期，2015 年 12 月。

周建波：《佛教寺院金融与中国金融业的发展》，《世界宗教研究》2018 年第 2 期。

周齐：《试论明太祖的佛教政策》，《世界宗教研究》1998 年第 3 期。

周相卿：《隋唐时期佛教与法的关系》，《贵州民族学院学报》（哲学社会科学版）2002 年第 1 期。

祝总斌：《略论晋律之"儒家化"》，《中国史研究》1985 年第 2 期。

六 硕士、博士学位论文类

党燕妮:《晚唐五代宋初敦煌民间佛教信仰研究》,博士学位论文,兰州大学,2009 年。

董立军:《中国古代造像史纲》,博士学位论文,中国艺术研究院,2005 年。

董云香:《先秦秦汉移祸巫术诸问题研究》,博士学位论文,东北师范大学,2016 年。

冯翠:《〈妙法莲华经〉词汇研究》,硕士学位论文,西北师范大学,2013 年。

冯炜:《〈唐律疏议〉问答体疏证研究》,博士学位论文,吉林大学,2011 年。

傅映兰:《佛教善恶思想研究》,博士学位论文,湖南师范大学,2013 年。

高海燕:《中国汉传佛教本生故事研究——以"舍身饲虎本生"和"睒子本生"为中心》,博士学位论文,兰州大学,2015 年。

郭文:《中国佛教僧制思想研究》,博士学位论文,南京大学,2013 年。

胡长海:《宋儒与宋代宗族文化建设》,博士学位论文,湖南大学,2018 年。

贾彦文:《佛教文化对汉语词汇的影响》,硕士学位论文,天津师范大学,2013 年。

姜宁:《〈春秋〉义疏学研究(南北朝——唐初)》,博士学位论文,南开大学,2010 年。

李勤通:《中国古代罪的观念及其文本化》,博士学位论文,厦门大学,2016 年。

李远明:《春秋时期司法研究——从纠纷解决的视角切入》,博士学位论文,华东政法大学,2012 年。

连宏:《汉唐刑罚比较研究》,博士学位论文,东北师范大学,2012 年。

蔺熙民:《隋唐时期儒释道的冲突与融合》,博士学位论文,陕西师范大学,2009 年。

刘红梅：《莲池大师思想研究》，博士学位论文，四川大学，2004 年。

刘涛：《明〈大诰〉与明代社会管理》，博士学位论文，山东大学，2014 年。

龙大轩：《汉代律章句学考论》，博士学位论文，西南政法大学，2006 年。

鲁统彦：《隋唐时期僧尼角色研究》，博士学位论文，首都师范大学，2005 年。

吕丽：《中国古代刑法特色研究》，博士学位论文，吉林大学，2012 年。

罗骧：《慧远与东晋佛教的变迁》，博士学位论文，南开大学，2010 年。

马刘凤：《中国古书凡例研究》，博士学位论文，武汉大学，2009 年。

马晓菲：《明代僧官制度研究》，博士学位论文，山东大学，2014 年。

彭瑞花：《菩萨戒研究》，博士学位论文，陕西师范大学，2015 年。

田庆锋：《清代西部宗教立法研究——以藏传佛教与伊斯兰教为中心》，博士学位论文，中国政法大学，2011 年。

王迪：《汉化佛教空间的"象"与"教"——以禅为特征》，博士学位论文，天津大学，2013 年。

王宏选：《法律文化视野下的宗教规范研究》，博士学位论文，山东大学，2007 年。

王永会：《中古佛教僧团发展及其管理研究》，博士学位论文，四川大学，2001 年。

邬文玲：《汉代赦免制度研究》，博士学位论文，中国社会科学院，2003 年。

吴智勇：《六到七世纪僧人与政治》，博士学位论文，复旦大学，2013 年。

谢山：《唐代佛教兴衰研究》，博士学位论文，河南大学，2014 年。

杨会永：《〈佛本行集经〉词汇研究》，博士学位论文，浙江大学，2005 年。

杨荔薇：《原始佛教"正法律"的法理学研究》，博士学位论文，四川大学，2005 年。

杨琳：《秦赦免制度研究》，硕士学位论文，湖南大学，2015 年。

张径真：《法律视角下的隋唐佛教管理研究》，博士学位论文，中国社会科学院，2012 年。

张磊：《中国古代怨恨观研究》，博士学位论文，东北师范大学，2016 年。

张鲁君：《〈道藏〉人物图像研究》，博士学位论文，山东大学，2009 年。

赵久湘：《秦汉简牍法律用语研究》，博士学位论文，西南大学，2011 年。

周奇：《唐代宗教管理研究》，博士学位论文，复旦大学，2005 年。

七　译著译文类

［澳］A. L. 巴沙姆主编：《印度文化史》，闵光沛等译，商务印书馆 1997 年版。

［意］贝卡利亚：《论犯罪与刑罚》，黄风译，中国法制出版社 2002 年版。

［日］本田成之：《中国经学史》，李俍工译，上海书店 2001 年版。

［美］伯尔曼：《法律与宗教》，梁治平译，中国政法大学出版社 2003 版。

［日］大庭脩：《汉律中的"不道"概念》，徐世虹译，杨一凡、［日］寺田浩明主编：《日本学者中国法制史论著选·先秦秦汉卷》，中华书局 2016 年版。

［日］夫马进：《中国诉讼社会史研究》，范愉、赵晶等译，浙江大学出版社 2019 年版。

［英］弗里德利希·冯·哈耶克：《法律、立法与自由》，邓正来等译，中国大百科全书出版社 2000 年版。

［日］冨谷至：《从终极的肉刑到生命刑——汉至唐死刑考》，周东平译，《中西法律传统》（总第七卷），北京大学出版社 2009 年版。

［日］冨谷至：《奸罪的观念——从汉律到唐律》，赵晶译，《中国古代法律文献研究》第八辑。

［日］冨谷至：《前近代中国的死刑论纲》，周东平译，《法制史研究》第 14 期，2008 年 12 月。

〔日〕冨谷至：《秦汉二十等爵制和刑罚的减免》，胡平生、陈青译，李学勤、谢桂华主编：《简帛研究二〇〇一》，广西师范大学出版 2001 年版。

〔日〕冨谷至：《秦汉刑罚制度研究》，柴生芳、朱恒晔译，广西师范大学出版 2006 年版。

〔日〕冨谷至：《通往泰始律令之路（Ⅱ）：魏晋的律与令》，朱腾译，中国政法大学法律史学研究院编：《日本学者中国法论著选译》（上册），中国政法大学出版社 2012 年版。

〔德〕柯若朴：《中国民间宗教的基本形态和传承方式》，盛洋译，《文化遗产》2013 年第 6 期。

〔美〕柯家豪：《佛教对中国物质文化的影响》，赵悠等译，中西书局 2015 年版。

〔日〕内藤湖南：《中国史通论》，夏应元等译，社会科学文献出版社 2004 年版。

〔日〕内藤乾吉：《大明令解说》，刘俊文主编：《日本学者研究中国史论著选译》（第八卷·法律制度），中华书局 1992 年版。

〔日〕平川彰：《印度佛教史》，庄昆木译，北京联合出版公司 2018 年版。

〔日〕浅井虎夫：《中国法典编纂沿革史》，陈重民译，李孝猛点校，中国政法大学出版社 2007 年版。

〔日〕仁井田陞：《中国法制史》，牟发松译，上海古籍出版社 2011 年版。

〔美〕芮沃寿：《中国历史中的佛教》，常蕾译，北京大学出版社 2009 年版。

〔法〕苏远鸣：《道教的十日斋》，辛岩译，《法国汉学》第二辑。

〔日〕西原春夫：《刑法的根基与哲学》，顾肖荣等译，法律出版社 2004 年版。

〔日〕辛嶋静志：《佛典语言及传承》，裘云青、吴蔚琳译，中西书局 2016 年版。

〔荷〕许理和：《佛教征服中国：佛教在中国中古早期的传播与适应》，李四龙、裴勇等译，江苏人民出版社 2017 年版。

［英］詹姆斯・乔治・费雷泽：《金枝》，徐育新等译，大众文艺出版社1998 年版。

张芝联：《费尔南・布罗代尔的史学方法》，见［法］费尔南・布罗代尔：《15 至 18 世纪的物质文明、经济和资本主义》，顾良、施康强译，生活・读书・新知三联书店 2002 年版。

八　外文类

［日］浜田直也：《唐代仏教制度管見——仏教と律令》，《仏教史学研究》34.1，1991 年。

［日］布目潮渢：《布目潮渢中國史論集》（上下卷），汲古书院 2003年版。

［日］布目潮渢：《隋開皇律と仏教》，佛教研究论集刊行会编：《仏教研究論集：橋本博士退官記念》，清文堂 1975 年版。

［日］布目潮渢、栗原益男：《隋唐帝国》，讲谈社 1997 年版。

［日］大藪正哉：《元代の法制と仏教——税糧・詞訟・民間信仰関係の規定》，《東京教育大学文学部紀要》86，1972 年。

［日］島田正郎：《清末における近代的法典の編纂——東洋法史論集第三》，创文社 1980 年版。

［日］道端良秀：《唐代佛教史の研究》，法藏馆 1957 年版。

［日］冨谷至：《漢唐法制史研究》，创文社 2016 年版。

［日］冨谷至：《秦漢刑罰制度の研究》，同朋舍 1998 年版。

［日］砺波护：《隋唐の仏教と国家》，中央公论社 1999 年版。

［日］砺波护：《唐代における僧尼拝君親の断行と撤回》，《東洋史研究》1981 年 9 月。

［日］镰田茂雄：《中国仏教史》，大东出版社 2001 年版。

［荷兰］Oliver Moore：《中国の前近代絵入り史話における死刑と暴力の図像》，［日］冨谷至编：《東アジアの死刑》，京都大学学术出版会 2008年版。

［日］若江贤三：《秦漢律における"不孝"罪》，《東洋史研究》55.2，1996 年 9 月。

［日］三浦周行：《法制史の研究》，岩波书店 1919 年版。

［日］藤善真澄：《隋唐時代の仏教と社会——弾圧の狭間にて》，白帝社 2004 年版。

［日］藤善真澄：《唐中期仏教史序説——僧尼拝君親を中心に》，《南都仏教》（22），1969 年 1 月。

［日］小野清一郎：《仏教と法律》，《愛知学院大学宗教法制研究所紀要》34，1987 年。

［日］诸户立雄：《中国仏教制度史の研究》，平河出版社 1990 年版。

［日］竺沙雅章：《中国仏教社会史研究》，同朋舍 1982 年版。

［日］滋贺秀三：《中国法制史論集 法典と刑罰》，创文社 2003 年版。

［日］滋贺秀三主编：《中国法制史基本資料の研究》，东京大学出版会 1993 年版。

［日］佐藤诚实著，泷川政次郎编：《佐藤誠實博士律令格式論集》，律令研究会出版，汲古书院 1991 年版。

Anthony J. Barbieri-Low（李安敦），Robin D. S. Yates（叶山），*Law, State and Society in Early Imperial China：A Study with Critical Edition and Translation of the Legal Texts from Zhangjiashan Tomb no.* 247，Leiden：Brill，2015.

Emily Martin Ahern，*Chinese Ritual and Politics*，Cambridge：Cambridge University Press，1981.

Glen Dudbridge，*Religious Experience and Lay Society in Tang China：A Reading of Tai Fu's Kuang-i chi*，Cambridge：Cambridge University Press，1995.

Hsu Dau-lin（徐道邻）. Crime and Cosmic Order，*Harvard Journal of Asiatic Studies*，Vol. 30（1970）.

Martin Kovan. Buddhism and Capital Punishment：A Revisitation. *Journal of Buddhist Ethics*，Vol. 26（2019）.

Paul R. Katz，*Divine Justice：Religion and the Development of Chinese Legal Culture*，London：Routledge，2009.

Wolfram Eberhard，*Guilt and Sin in Traditional China*，University of California Press，1967.

九　辞典类

慈怡主编:《佛光大辞典》,台北佛光文化事业有限公司 1988 年版。

丁保福编:《佛学大辞典》,上海书店 1991 年版。

孙维张主编:《佛源语词词典》,语文出版社 2007 年版。

望月信亨编:《望月佛教大辭典》(增补版),日本东京世界圣典刊行协会 1957 年版。

综合佛教大辞典编辑委员会编集:《総合仏教大辭典》,日本京都法藏馆 1988 年版。

索　引

后　记

　　我从事中国法律史教学和研究多年，尤其关注中古法史问题。在该领域，既有研究十分深入成熟之处，也遗留有薄弱环节，甚至还有似是而非、需要辨析的地方。站在 21 世纪的当今，跨学科研究也是拓展法史学广度与深度的重要方法。研究佛教与中国传统法律关系的论题，所需知识储备度较高，即使到本世纪初尚留有较多需要深入挖掘之处，这也成为本人近十来年倾注较多精力的领域之一。陆续发表的一些相关成果，从一个侧面大致印证这些年的相关研究轨迹。

　　在这儿顺便向读者交待一下我关注这一论题的缘起。本世纪初为止的学术界，对中国法律史上唐律所效法的《开皇律》"十恶"的来源，尚众口一词地认定源自《北齐律》的"重罪十条"。在多年的教学中，我也曾遵循这一通说，但又觉得于《开皇律》为何不沿袭既有的"重罪十条"之名而突然改称"十恶之条"处，通说的解释犹如隔靴搔痒，语焉不详，无法圆满地说明该类罪在称呼上从"罪"到"恶"的变化，至少不能尽如己意。这种变化在中国法律史上可能是绝无仅有的现象。所思既久，某日突然悟及佛教也有"十恶"，是不是兼受其影响之故。于是，翻遍常见辞书如《辞源》《辞海》《汉语大词典》《大漢和辭典》等，"十恶"条目下均同时列出佛教和法律这两项无任何联系的释义，从而给人们一种互不关联、各自独立存在的印象。而该条在《望月佛教大辭典》《綜合仏教大辭典》《佛学大辞典》等佛学辞典中，只有佛教方面的释义；在法学辞典中，一般仅列出法律方面的释义。但"十恶"在隋朝之前的佛经乃至社会一般用语中都已经流行。由此，我展开文献检索和考论，间接证明隋文帝制定的《开皇律》首创

"十恶"罪名，不仅有从《北齐律》"重罪十条"等发展而来的实质即具体内容的来源，而且还有素为人们所轻忽的借用自佛教"十恶"命名的形式来源，纠正了学术界对"十恶"渊源认识上的偏颇。在这一认识上，我与台北大学历史系陈俊强教授的相关研究，可谓不约而同，殊途同归。

此后，我继续关注该论题，讨论了佛教礼仪对中国古代法律的影响等问题，并申请到国家社科基金项目的支持。我指导的博士生李勤通（现为湖南大学法学院副教授）对该论题也颇为兴趣，在攻读博士研究生的后期加入研究。本书的完成，也是我们分工合作研究的成果。我主要负责导言、结语、第一、第二章和第三章前两节，李勤通主要负责第三章第三节和第四、五章，以及参考文献、词语索引。

围绕本课题，我陆续发表了以下主要论文，本书也在相当程度上吸收了这些成果。兹将其载揭如下，有助于读者认识本课题的研究过程。

1.《隋〈开皇律〉十恶渊源新探》，《法学研究》2005 年第 4 期。

2.《隋〈开皇律〉与佛教的关系论析》，载《中国文化与法治》，社科文献出版社 2007 年版。

3.《论佛教礼仪对中国古代法制的影响》，《厦门大学学报》（哲学社会科学版）2010 年第 3 期。

4.《论佛教对儒家思想及传统法律的影响——以隋文帝的时代为中心》，《法制史研究》2013 年第 24 期。

5.《论佛教对中国传统法律的影响》，载《宗教与法律之多维探寻》，宗教文化出版社 2015 年版。

6.《论佛教之"罪"在中国古代的法律化及其限度》（哲学社会科学版）（第二作者李勤通），《厦门大学学报》2017 年第 6 期。

7.《论佛教对中国传统法律中罪观念的影响》（第二作者姚周霞），《学术月刊》2018 年第 2 期

8.《论佛教对中国传统法律形式的若干影响》（第二作者李勤通），《北方法学》2018 年第 4 期。

9.《论佛教刑罚观对中国传统刑罚理念的影响》（李勤通、周东平），《江苏社会科学》2020 年第 4 期。

10.《佛教影响中国传统法律论纲》，载《中国历史文化新论——高明

士教授八秩嵩寿文集》，台北元华文创股份有限公司 2020 年版。

11.《论中国传统法律中的佛教影响》，《厦门大学学报》（哲学社会科学版）2020 年第 6 期。

感谢上述杂志和相关论文集对本课题阶段性成果的采用；感谢国家社科基金项目、哲学社会科学文库项目的支持，以及各位专家评委提出的宝贵意见。

这个论题的研究涉及面广，需要多学科知识的支撑。我在厦门大学历史系求学期间，硕士、博士研究生导师韩国磐先生及本科生导师郑学檬先生等，培育了我的史学研究基础。京都大学名誉教授冨谷至先生，不仅在长期学术交流中启发我的问题意识，还邀请我参与相关课题和担任客座教授，使我扩大了研究视野，提高了处理史料的能力。已故大阪大学名誉教授布目潮沨先生，指导我学习多年，撰写有《隋開皇律と仏教》一文，堪称别开生面的隋律研究，给我诸多启迪。一路走来，内心铭记太多需要感恩的同仁亲友，恕不一一鸣谢。

在书稿完成后，我指导的博士研究生王舒、硕士研究生刘安迪通读书稿，协助校对；犬女周苇航完成本书相关内容的英译，中国政法大学外国语学院翻译研究所付瑶副教授拨冗审定英译；责任编辑任明先生认真负责。在此特申谢忱！

今年四月，恰逢厦门大学建校一百周年。这所学校是我学习、工作四十多年的地方，本书也是献给百年母校的一份小小礼物。

周东平

2021 年 3 月 30 日于厦门大学法学院办公室

图书在版编目（CIP）数据

论佛教对中国传统法律之影响／周东平，李勤通著. —北京：中国社会科学出版社，2021.8
（国家哲学社会科学成果文库）
ISBN 978-7-5203-8638-8

Ⅰ.①论… Ⅱ.①周…②李… Ⅲ.①佛教—影响—法律—研究—中国 Ⅳ.①D920.4

中国版本图书馆 CIP 数据核字（2021）第 120265 号

出 版 人　赵剑英
责任编辑　任　明
责任校对　李　剑
封面设计　肖　辉　孙婷筠
责任印制　戴　宽

出　　版　中国社会科学出版社
社　　址　北京鼓楼西大街甲 158 号
邮　　编　100720
网　　址　http：//www.csspw.cn
发 行 部　010-84083685
门 市 部　010-84029450
经　　销　新华书店及其他书店

印刷装订　北京君升印刷有限公司
版　　次　2021 年 8 月第 1 版
印　　次　2021 年 8 月第 1 次印刷

开　　本　710×1000　1/16
印　　张　25.5
字　　数　414 千字
定　　价　158.00 元